格拉古實錄

——勞改回憶錄之二

張先癡——著

充分地理解過去——我們可以弄清楚現狀；
深刻地認識過去的意義——我們可以揭示未來的意義；
向後看就是向前進。

俄　赫爾岑

二〇一〇年九月，紀錄片製作人胡杰先生為本書作者所作之畫像

關於作者

張先癡，原名張先知，男，湖北黃岡人，一九三四年出生，晚年定居四川省成都市。

一九四九年歲末，因受中共地下黨學生蠱惑，與時任國民黨高官的父親政見之爭失和，被逐出家門。走投無路中輾轉進入黃埔軍校二十四期。二十天後，在總隊長率領下「起義」投共，轉入中國人民解放軍第二野戰軍軍政大學。在這所既無圖書館、實驗室，也沒有教授講師，卻掛著金字招牌的「大學」裡，只專攻一本俗稱猴子變人的《社會發展史》的小冊子。五個月後我畢業時，記住的金科玉律便是：「革命就是白刀子進紅刀子出」。

與此同時，頭腦簡單一身孩子氣的我，於一九五〇年被吸入「中國新民主主義青年團」（後更名為「共產主義青年團」）。

一九五〇年冬調至通信學校學習，畢業後分往第三通信團任電台報務員，派赴大涼山執行將原始奴隸「解放」成「現代奴隸」的「革命任務」。

一九五四年，按中央新政策我這種家庭出身的人不能在要害部門工作，便以轉業的名義清洗到四川省南充市地方政府繼續「革命」。一九五六年開始以張先癡為筆名，在報刊上發表些「不堪回首」的「黨八股」詩文，自此便進入「犬儒」行列。

一九五七年，在反右派運動中被劃為極右分子，隨即判處五年管制送勞動教養。三年後，因不堪飢餓與肉刑折磨，於一九六一年十月一日，以越獄逃跑的方式「歡度」了那個國慶節。兩個月後在天津市被捕。押解回四川，在灌縣（今都江堰市）看守所獨居關押長達三年零六個月，乃至聲帶萎縮幾近失聲。在其間秘密撰寫了長詩《嘉陵江三部曲》，回憶錄《逃亡者手記》及諷刺小品《英雄外傳》共百餘萬字，密藏於磚牆夾縫中，我服刑期中，得知該看守所推倒重建，所幸那批「罄竹難書」的「鐵證如山」已不知所終，張犯得免一死。

一九六四年，法院以叛國投敵罪對我判刑十八年，先後押往勞改煤礦和農場服刑。

一九八〇年八月，那時我正在大涼山雷馬屏農場服我最後四個月的刑期，我突然收到一張「徹底平反，無罪釋放」的判決書。按慣例，這意味著我將恢復公職，也意味著我不會得到分文賠償！雖然此時我的年齡四十六歲，正是我處以勞教時二十三歲的一倍。

復出後曾任南充市文聯《嘉陵江雜志社》編輯，《星星詩刊》函售部及四川省作家協會文學院函授部教務長，九十年代初隨改革大潮湧往北京，被某冒牌「伯樂」薦至一家二流報社任黨外副社長。於一九九二年提前退休。年逾古稀後，自知來日不多，乃告別消閑麻將，潛心書寫回憶錄，著有《格拉古軼事》和《格拉古實錄》兩本勞改回憶錄。二〇〇六年患眼底出血症，然仍以蝸牛速度在電腦屏幕上爬行，希望在完成個人傳記《格拉古夢魘》後再與世長辭。

序一　歷史在繼續

——張先癡《格拉古實錄》序

錢理群

我曾於二〇〇三年六月二十四日至七月五日為張先癡先生的《格拉古軼事——勞改回憶錄之一》寫序；今天是二〇一二年十二月十七日，又提筆為其《格拉古實錄——勞改回憶錄之二》作序。時間相隔有九年之久，張先癡與錢理群，也許還有更多的朋友，都始終將那段「上個世紀的遠古史」（張先癡語）念茲在茲，不肯也不敢遺忘。張先癡先生說：「無論我走南闖北幹什麼營生，刻骨銘心的監獄往事時不時會走進我的回憶，或者在風雪交加的旅途，或者在閃電雷鳴的深夜，總會在臆想中遇到那些冤死的難友，他們滿臉淚水一身血污地向我走近——」，回憶、思考、記錄那段歷史，成為生命的絕對命令。

這是為什麼？

張先癡先生說：「這是所有的死難者委託給倖存者的使命，它既莊嚴又沉重，沒有任何一個跳動著的良心有勇氣去拒絕」。因此，他永遠不能忘記自己當年在被捆綁吊打以至痛不欲生時所立下的誓言：「我將寫出這一切用血汗換來的記憶」。

我想補充的是：這更是因為「歷史還在繼續」。那些「用血汗換來的記憶」，就不僅是曾經發生的歷史，同時是現實的存在。回憶、思考、記錄過去，首先是為了思考、認識和把握現在。

因此，我把張先癡先生的《格拉古實錄》看作是一個歷史與現實的「隱喻」；最為注重的，是他存留的歷史文獻，而且把它們看作是現實啟示錄。比如這本《勞改犯人守則》，就可以讓我們思考許多問題。

《守則》一開始就強制規定：「犯人必須改造思想」。如張先癡先生所說，這是毛澤東的「格拉古」勞改隊對史達林的「古拉格」流放所，以及希特勒的集中營的「青出於藍而勝於藍的創舉」：不僅要對專政對象進行行動的控制和肉體的摧殘，而且要控制其心靈及思想，進行「精神凌遲」：「將他們的人格尊嚴、文化素養、道德品味像被凌遲者的血肉一片一片的切割下來，讓他們最終成為沒有獨立思想、沒有反抗意識的行屍走肉」，這是真正殘酷與令人恐懼的。問題是這樣的思想控制與強制改造，不僅針對監獄裡的犯人，而且是面向全體公民的，而且至今依然如此。最新的例子是黨的最高領導要求將黨的十八大精神「入心入腦」。在此之前，還有要將黨的思想「進課堂，進頭腦」的要求。這樣露骨的「洗腦」竟然公開刊登於報刊，而且人們都見怪不怪，習以為常，這就更加令人恐懼（原諒我又用了「恐懼」這個詞）。這大概就是「中國特色」，因此有詳加討論的必要。

首先要問：要把中國人（無論是有形監獄裡的「犯人」，還是無形監獄裡的「公民」）「改造」成什麼人？張先癡先生這裡說是「最終成為沒有獨立思想、沒有反抗意識的行屍走肉」，他還有一個概括，就是要成為「黨的馴服工具」和「螺絲釘」。什麼叫「馴服工具」、「螺絲釘」？張先癡先生也有一個分析，就是要「在頭腦中」樹立一個「至高無上的信條」：「黨的利益高於一切」，要自覺地為黨的利益奉獻一切。在〈勞改條例〉裡，就規定得更加明確：「必須服從國家工作人員和警戒人員的一切命令和指揮」，這當然也適用於黨管制（領導？）下的一切公民，只不過話說得比較「溫柔」，例如要「熱愛黨，跟黨走」之類。其目的就是要使黨的專政，成為被專政者的「自覺自願」的「擁護」，獲得心靈上的合法性。「服服帖帖受活罪」，就成為其治下有罪名、無罪名的「犯人」的宿命了。

其二，又要追問：黨憑藉什麼獲得這樣的「至高無上」性？於是，就注意到，在黨的口號裡，「黨至上」之外，還有個「人民至上」，這就是所謂「黨」和「人民」的一體性，「黨性」和「人民性」的統一。張先癡先生一語道破了這樣的自欺欺人的高論的實質：「實際上是用人民的名義反過來奴役人民」。「人民」之外，還有「國家」、「民族利益」。這就是近來喧囂一時的「中國夢」；「中國夢」本身似乎無可非議，問題是背後的邏輯：實現中國夢，就必須找到正確的道路，即所謂「道路決定一切」；而正確的道路就是黨的既定路線，即所謂「人間正道」，已經掌握在黨手裡，人們只需無條件地跟著走；如果還要議論、尋找別的出路，那就是「清談誤國」，「誤國」的罪名，就足以對一切在黨的意志之外思考問題的公民施以「有理專政」了。這使我想起了當年的胡風分子張中曉對毛澤東時代的思維、觀念、體制及其外在語言形式的一個分析，在我看來，它是延續至今的：「它使人不能有自己的心靈世界，而是必須把自己浸沒在絕對的光圈內，才能取得自己的存在」。這個絕對物，可以是人民，民族，國家，真理，歷史必然性（人間正道）——都是「至高無上」，要絕對服從，不容置疑的；而所有這些絕對物都是由「黨」和「黨的領袖」來「代表」的，張中曉稱之為「假先知」。服膺於絕對光圈，就是要服膺於假先知，服膺於黨和領袖；反過來，服膺黨，也就是服膺人民、民族，真理這些絕對物，也就具有了某種神聖性。這是典型的精神迷藥，很多的人都被繞進去了，這才是真正的誤民誤國。

其三，在確立了改造的「絕對必要性與真理性」之後的問題，是「如何改造」？條例裡也有明確規定：必須「聯繫實際，揭發批判犯罪本質，破除犯罪思想」。這裡說的「揭發批判」有兩層意思。一是張先癡先生說的「自我誣陷」，「日復一日，年復一年地強制犯人深挖所謂的犯罪的歷史根源、社會根源和思想根源，不外乎要求犯眾將自己的祖宗從祖墳裡挖出來進行所謂批判，還要每個犯人交代從八歲開始所中的所謂毒素進行當眾割尾巴」。這裡的關鍵又有二，一是要將「人」變成「罪人」：從家庭到社會，從思想到歷史，都是罪惡；二是要打碎人之為人的「尊嚴」，而且是在大庭廣眾之中，而且要強迫「自願」。在這樣的自我誣陷的思想改造之外，還有「勞動改造」。張先癡先生有一個精彩的分析：首先是「把勞動狹隘地定義為簡單的體力勞動，同時把一切非體力勞動者污蔑為『不勞而食的寄生蟲』」，這樣的勞動改造就必然具有「反智主義」的特點，目的就是要把人變成「介乎猴子與人之間的畸形物種」。這樣的思想改造與勞動改造的結合，是最能顯示毛澤東時代和後毛澤東時代的「改造」的本質的，就是要將中國「人」改造為「非人」。——我又要說「恐懼」了。

也許我們更應該注意的，是「揭發批判」的第二個含意，就是要揭發批判他人。在張先癡先生的刻骨銘心的記憶裡，總有這樣一幕：在半年大評和年終總評的「學習改造運動」開始，都會召開動員大會，宣佈對少數犯人「立功減刑」，對「拒絕改造」的犯人實行嚴厲打擊。「立功」的標準是敢於揭發他人；「拒絕改造」的一個重要表現就是拒絕參與共謀。這樣的「賞罰分明」的結果，在犯人中有計劃、有目的地培育了一批所謂的勞改「積極分子」，張先癡先生說，有時候這樣的幫兇、走狗是比其主子更為兇狠的，他們是構成了監獄的有效統治的基礎的。

這樣的對犯人的分化政策，其實是有更深的用意的。首先，這是對人性的惡意誘導，是前述人性改造的重要組成部分。我曾經說過，人性是善、惡並舉的，健全的社會總是「揚善抑惡」，病態的社會就會「揚惡抑善」。這裡所討論的毛澤東時代對幫兇、打手的培養，或強迫犯人之間彼此檢舉，就是對人的動物性中的嗜殺性的惡性誘發，以達到張先癡先生所說的人與人之間的「相互撕咬」，這背後是一個階級鬥爭的邏輯。在今天的後毛澤東時代，所誘發的就是人的慾望，以金錢美女名利誘惑、腐蝕人，這同樣也是一種動物性，是另一種形態的相互撕咬，其背後是一個唯物質主義和實利主義的邏輯。具體邏輯有變化，但將人非人化（動物化，非精神化）以利於統治的大邏輯，卻是不變的。人們經常感慨如今的道德過了底線，其實這正是毛澤東時代和後毛澤東時代一以貫之的揚惡抑善的人性導向所決定的。

不妨順便再討論一個問題。很多人都感到困惑：為什麼奉行盲目信仰主義的毛澤東時代，會如此迅速地蛻變為後毛澤東時代的縱慾主義？前文提到的張中曉有一個精彩的預言。他說，盲目的信仰一旦破產或消退，就很容易陷入什麼都不相信的虛無主義；「如果物質生活提高，而心靈空虛，精神萎縮，那麼精神就不足以養活肉體，必然流為放縱和狂蕩」。盲目信仰主義與縱欲主義，看似兩個極端，其實質都是對人之為人的獨立自由的精神力量的閹割與戕害。

強迫人與人之間相互撕咬，還有一個更為險惡的目的，就是要讓每一個人都成為階級鬥爭的絞肉機的有機組成部分：既是受害者，又不同程度上參與了對他人的迫害。可以說，體制異化了人性，異化的人性又反過來支持了體制。這就是張先癡先生在書中所引述的捷克思想家哈威爾所說：「我們大家都多多少少對這部極權機器之得以運行負有責任。我們當中沒有一個人僅僅是這部機器的受害者。要知道它之所以能夠運行，我們每個人都曾出了一份力」。因此，我讀張先癡先生的書，最感驚心動魄的，是他那篇〈屬於我的痛定思痛〉：在監獄裡被一位看守打得頭破血流之後，突然回憶起同樣的一幕；但施暴者卻是曾為「解放軍戰士」的自己，於是就有了另一種心的疼痛：「明天清早以前，我不可能得到一碗可以清洗血污的水。入睡前我又凝視著鮮血染紅的手掌，似乎未經思索地從口中迸出了一個陌生的詞彙：『報應！』」這報應是殘酷的。這正是每一個那個時代的過來人要與吃人體制決裂的困難所在：這也是和自己身上曾經有過的邪惡的決裂，這是需要勇氣的。

其四，我們還要追問：體制在強制改造時，採取了什麼手段？

《勞改犯人守則》裡又有了這樣的規定：「嚴禁偷閱反動、黃色、封建、迷信的書刊、雜誌，嚴禁唱反動歌曲及利用外語、地方語等散佈反動言論」。這裡所說的「反動、黃色、封建、迷信」是有明確的政治含意的，即指一切不同於馬克思主義、毛澤東思想的主流、正統意識形態的思想、文化、文學、藝術、學術，而判斷的標準又有極大的主觀隨意性，實際上就變成：凡獄吏們不想讓犯人看的讀物，都屬「反動、黃色、封建、迷信的書刊」，最後就是所有的文字記載都屬於「嚴禁」之列。這是發展到極致的蒙昧主義和肆無忌憚的思想禁錮與文化專政。甚至連人們使用什麼語言交流，都要干預，不但禁用外語，連方言也要取締、消滅。問題是這樣的文化禁錮與蒙昧主義今天仍在延續。儘管在網路時代，思想與資訊的封鎖越來越困難，當局仍然要逆世界文明潮流而動，對網路、媒體、出版實行嚴控，繼續「嚴禁」人們閱讀他們認為不應該閱讀的書刊，而且依然肆無忌憚，完全無視憲法規定的言論、出版自由。

嚴禁之外，還有嚴懲。這就是張先癡先生書中所提到的條文裡「沒有說過」，卻實際實行的規定：「學習討論會上，任何人不得使用侮辱、謾罵的語言攻擊他人（國家幹部除外）」，「嚴禁在學習會上對參與學習者罰跪、罰站、捆綁吊打（國家幹部唆使者除外）」等等。大概無須再作解釋：「改造」從來都是以「專政」為後盾、基礎的，如果失去了專政的威懾力量，恐怕怎麼費力「洗腦」也是無效的。這樣的軟、硬兩手，也算是中國特色。難怪在中國最活躍的，始終是兩個部門：宣傳與員警。這就不禁使人想起，當年希特勒的統治仰仗的，就是員警頭子戈爾和宣傳總管戈貝爾，這是從一個特定角度反映了中國社會法西斯化的趨向的。據張先癡先生的觀察，如今的中國，除了正規的警員之外，還有街道上形形色色的「協警員」、「治安聯防員」，以及遍佈全國大小企事業單位、大專院校甚至中小學校的保衛處、保衛科，其重要職能就是「幹員警活」，其任務就是要「將敵情消滅在萌芽狀態」。員警的做強做大，未必是一個好兆頭：宣傳的欺騙越來越失靈，就只有求乞於武力維穩了。

其五，也是最後一個追問：這樣的改造是否有效？回答是：既有效，又無效。先談「有效」。最見效果的是其所製造的恐懼感，如張先癡先生所說，幾十年過去了，「但是恐怖的陰影仍像魔鬼一樣隱藏在我們心底深處，時不時將我們從惡夢中嚇醒」。這是最讓人感到揪心之痛的場景：「當我們這群『改正右派』舉行定期聚會喝茶聊天時，如果某人大聲說出一句怒斥執政黨高官的『反動言論』時，座中必有一兩個嚇破了膽的老兄，用膽怯的眼神環顧周邊，似在察看是否有可疑『便衣』在監視我等」，「如果我就這些七老八十的過來人探詢究底，他們的回答驚人的一致：『我們已經無所謂了，只是擔心影響兒女』」。張先癡先生說：「這個細節表明，對一直生活在極權恐怖中的人們而言，『免於恐懼的自由』該有多麼需要」。張中曉也認為，「恐懼」正是極權社會最重要的精神病象。他特別注意到毛澤東時代的「全民恐懼」：不僅「小人」恐懼，而且「君子」亦有恐懼：普通老百姓因一次又一次的政治運動而無安全感，統治者則為統治合法性受到挑戰而憂心。這樣的全民恐懼、全民不安全感，在當下中國，或許是更為嚴重的：老百姓除了生活在員警國家的恐懼外，連基本的衣食住行，都失去了安全感；統治者則為日益加劇的統治危機和社會失控而隨時準備逃離，「裸官」的大量出現，就是一個症候。同時出現的，還有企業家將資金大量轉移國外，官員、商人、知識份子紛紛將子女送往國外的現象，這都是對極權國家失去信心的表現，無力逃脫的普通老百姓則無日不生活在戰戰兢兢之中：這就不僅是社會的病象，而徑直構成了社會的危局。

最讓張先癡先生感到鬱悶不解的，是他在部分右派難友身上，發現了西方心理學家所說的「斯德哥爾摩綜合症」：「受害者對控制其生命的施害者產生一種心理依賴，甚至將施害者視為救命恩人」。而在我們中國，這樣的「將施害者視為救命恩人」又是執政者蓄意製造的。

如張先癡先生所分析，當年給右派「改正」，就是一種「政治謀略」：一方面，出於形勢所迫，也是以胡耀邦為代表的黨內民主派的推動，不得不「改正」；另一方面，又不敢真正面對自己給國家民族造成的傷害並承擔歷史責任，而是以「改正」代替「平反」，依然堅持反右運動的「正當性、必要性」。更為惡劣的是，還要借此為自己貼金，要求受害者感謝黨的「再造之恩」。而且居然還得到受害者中某些人的主動配合，他們或者因為受毒太深，擺脫不了習慣性的奴性，即所謂「愚民後遺症」，其中一位後來反省說：「那時完全被毛澤東的迷魂湯灌瘋了」，或者出於投機心理，而演出了一齣感謝「母親打兒子」的鬧劇。問題是，當局似乎從中嚐到了甜頭，更加自覺地在國民，特別是青少年中進行所謂「感恩教育」。這些年幾乎成了習慣：每當由於執政者的錯誤，造成社會災難，不得不予以有限糾正；或者出於執政者自身的責任，做了一些事情，事後都要大肆宣傳，說成是「黨的恩德」，要求人們「感恩」。這樣，所有產生嚴重後果的傷心事，都會變成「喜事」，都要「慶功」：這也是「中國特色」。應該說大多數老百姓對此是心知肚明，嗤之以鼻的，但也總是有人上當受騙，陷入更深的奴性泥潭。這就是張先癡先生所說的，有的人「什麼都明白卻什麼都不說」，有的則「什麼都不明白，卻什麼都胡說八道」。這或許就是新的中國國民性？

但張先癡先生說，也有清醒而敢於說出真相的。這就說到了問題的另一面：極權統治下的「改造」，更是無效的。即使是在最黑暗的年代，也有人在堅守著心中的光明，絕不屈服，也拒絕合作。張先癡先生說，他們選擇了「換一種活法」：「從騙局中逐步清醒，開始重建自己的精神家園，那種從伏地跪拜中重新站立的自我解放，那種重塑自我、重塑尊嚴的驚世駭俗，可以讓我們自豪終生」。因此，本書中最為感人的篇章，都是對「黑暗王國裡的光明」的回憶與追述。如〈傅汝舟，多麼美麗的名字〉，〈張伯倫的人生傳奇〉，〈三度自殺的「一級警督」〉，〈右派英烈楊應森〉，〈右派詩人孫靜軒的生前死後〉，〈從水電廳到水稻班——「副班長」何堅〉等，這裡所顯現的人性的尊嚴，堅韌，自由與純淨，讓我想起自己在讀張先癡第一本勞改回憶錄以後，所寫下的一句話：「人的天性，人的良知，是任何力量與體制也『網』不住的」。大概這也就是張先癡先生前後兩本回憶錄的共同主題吧。

但張先癡先生又清醒地看到，體制雖然消滅不了人的良知，但它卻可以將其在人們的記憶裡消失。這就是九十年代以來的「強迫遺忘」的思想、文化、教育政策。如張先癡先生所說，它的效果就是今天的青年人，對二十年多前的「六・四」已經茫然無知，更不用說五十多年前的「反右運動」了。被強迫遺忘的不僅是歷史的血腥，更是歷史中的血性人物，這就造成了民族精神譜系的強制斷裂。張先癡先生更指出，這是「對中華民族子民們的素質進行了一次規模宏大的逆向淘汰」：魯迅說的民族「筋骨與脊樑」所體現的「為民請命」、「捨身求法」、「埋頭苦幹」、「拼命硬幹」的民族精神被「消滅於黑暗」中，苟活者的活命哲學、市儈作風則被傳承下來，張先癡先生認為，今天中國社會的道德滑坡，和這樣的「逆向篩選」直接相關，這是有道理的。

但是，人還在，精神就不會泯滅。這就要說到這篇〈黑白分明——紀念「六・四」二十周年〉。它讓我對張先癡先生肅然起敬：這一天，這位七十五歲的「前右派」，「在這個員警國家生活了近六十年」，在勞教勞改中度過了「二十三年的青春年華」以後，又被「請」進員警機關，原因是他「在敏感時期」「東走西走」！可以說，他是以自己的方式，走到了反抗極權統治的第一線。正是張先癡先生的這一壯舉，啟發了我，產生了本文的論題：「歷史在繼續」。這是有三層含義的。首先，它揭示了一個嚴峻的現實：導致五十年前、二十年前的歷史悲劇的專政觀念、思維和體制依然「在繼續」。與此同時，反抗與鬥爭的火焰也沒有熄滅，依然「在繼續」。就以當年的右派而言，他們中的大多數並沒有被嚇倒，而是在洗乾淨身上的血跡以後，又走上了新的抗爭的不歸路：不斷地用書寫回憶錄的方式，揭示歷史的真相；並以衰老之軀，不屈不饒地提出「徹底解決反右運動以及『六・四』等歷史問題」的要求，開展了維權運動。張先癡先生的所作所為（包括本書的寫作）都是這一新的抗爭的有機組成部分，他並不孤立。或許我們更應該注意的是，在張先癡先生和員警在派出所幾個小時的對峙中，為對付這一個「有嚴重視力障礙的瞎老頭」，警方竟出動了那麼多警力，這本身就說明了他們的虛弱；而在審訊過程中的「文明油彩」，更暴露了當年專政者的「理直氣壯」已不復存在，而變得如此缺乏自信，竭力把對反抗者的控制說成是「吃了這碗飯」的職務行為，以求自辯自解。這就意味著，儘管執政者依然掌握著強大的專政的物質機器，但在道義、精神上已經居於下風。這樣的精神力量對比的變化，是意味深長與影響深遠的。

當然，關鍵還在我們自己的鬥爭，絕不能對執政者的「善心」有任何幻想。在就要結束本文的此刻，我的耳邊又響起了張先癡先生引述的詩人孫靜軒的歌唱——

生者與死者各有自己的歸宿
誰生存，誰就該探索前人不曾開拓的航線。

我們已經這麼做了，以後還要這麼做。

二〇一二年十二月十七至十九日

序二　一生負氣成今日

冉雲飛

一

二十五年前，我大學畢業被要到四川省作家協會不久，就與辦《星星詩刊》函授部的張先癡先生相識。我那時也寫點詩，但寫詩只是藥癮子，老杜的「飲酣視八極，俗物何茫茫」，才是日常生活的核心主題。因此看到溫良恭儉讓的張先生，並沒有想要結識的念頭，只能算是點頭之交。經過八九事件後，我的詩心靜悄悄地流淌了兩年，就已基本乾涸。加之讀到阿爾多諾「在奧斯維辛集中營之後，寫詩是可恥的」一說——雖然我不能膠柱鼓瑟地理解阿爾多諾的話，但的確覺得還像原來那樣沒心沒肺地沒有一點社會責任感，於心有所不甘——就更加堅定了結束詩酒癲狂的日子。

結束詩酒癲狂的日子怎麼辦呢？槍聲響後的迷惘依舊困擾著我。因之瘋狂地想瞭解共產黨的歷史，以及他們詛咒的舊社會到底是怎麼回事。於是大規模地開始讀民國書籍，從此胡適、梁漱溟、陳鶴琴、晏陽初、陶行知、吳貽芳、傅葆琛等大批教育家進入我的視野，使我思考民國為何如此不像新朝對「舊社會」之批判的那樣不堪。進而因向流沙河先生請益，聽在座的曾伯炎、黃一龍等老先生談過去舊事，轉而知曉一九五七反右的來龍去脈。於是在不停編輯《流沙河年譜》時，大搜特搜、大讀特讀關於五七反右的史料，編輯《反右資料知見錄》（編年初稿），成為宋永毅兄主編的《反右運動資料庫》的編委，認識了更多的右派前輩。於是重新「認識」了早已認識的張先癡先生。

就像蘇格拉底說「我知道我什麼都不知道」一樣拗口，重新「認識」早已認識的張先癡這句話，變得令人起疑而像繞口令。一些人也許我們很早就是熟人，但一輩子都感到一種不可阻遏的熟悉的陌生；有的人或許是多年的同事，卻一輩子也難以成為朋友。而有些人則暗藏著另外的不幸，看上去很熱絡，但一輩子都無法相知，這是因為有一堵高而厚的心牆在阻礙著我們的交流。傳統的處世哲學教導我們「知人知面不知心」，使得我們有太多的防人之心，心態不夠開放而閉鎖。更要命的是，由於制度性的告密，加以你死我活的生存肉搏，激發人內心的黑暗，讓人性之惡發酵，使得交往成本增高，而使交往成為一種不可能的奢望。《格拉古實錄》一書中記錄了太多的對人際關係的欲言又止和心驚膽顫，在日常生活裡讓民眾互鬥的牧民術，在監獄這樣特殊的社會被極端放大，使得人們心牆高築成為常態，而且像幽靈一樣變成後遺症，死纏爛打他們的餘生。因此有很多人不願將自己的苦難告知後人，心怕交流出來會遇到另外的不測，引發自己和他人的不適，從而使自己的苦難不為外界所知，而沒有形成任何一點有效的價值，遺留給後世。但張先癡先生是個少數的例外。

我本是窮苦苟活下來的農家子，犬馬匍匐，人皆得以隸使之，倒楣是我們日常生活的一部分。親人倒大霉的極端化，就是成批直接餓死。但我們數代人之間與文化絕緣，親戚朋友之間再倒楣也倒不出一個「高級」的右派分子。換言之，我與右派之間的交集，不存在不可抗拒的必然性。有人或許會說你是知識份子，自然也關注你同類的過去，但這邏輯的自洽度也有問題。知識份子可謂多矣，有的既是知識份子又是右派後代，都對右派分子一生的坎壈遭際冷漠無感。所以我與張先癡先生的再度「認識」，得緣於他的親歷和我的認知，有一個共同的「公因式」——右派。但這次我們再度認識，已離上次我們的「認識」，白駒過隙般地過了十幾年。還好，這一切都不算晚。

二

在新世紀初，我得知張先癡先生是右派後，與他有了比較多的交往。但真正令我更深地瞭解他，還是二〇〇七年他把剛出版的回憶錄《格拉古軼事》送予我以後。右派前輩所寫回憶錄，我已讀了不少，但我讀完他的回憶錄，還是驚訝於他的經歷之黑暗，語言之生動詼諧，歷歷如繪。他的秉筆直書，不諱隱，不誇飾，都是極難得的品質，就像他在這本新作《格拉古實錄》所說的一樣：我為我所說的每一句話負責。

接觸愈多，愈覺得張先癡先生與不少右派不一樣。不少右派，自怨自艾，不知反抗和爭取權利為何物，甚至害怕再度陷入被壓制的深淵，令人深深同情和悲憫。一些右派，在為自己爭取權利時，還是能挺身說話的，但除此之外的其它社會事務，則並不關心，這當然是可以理解的。因為人有本能的自私，這種自私應該得到善意的理解。但僅止於此，恐怕也會常常使自身權利受到傷害。因為個人的一些權利或隱或顯地存在於公共領域，私人無論怎麼努力，都不能完全維護。在這樣的情形下，參與公共事務，其實是對自身權利比較好的維護管道和方式。我們必須記住，請不要問喪鐘為誰而鳴，它為你我而敲響。

對於爭取民主自由的各種公共事務，張先癡先生都非常熱心，竭盡自己的能力。不只右派群體的維權，受到他的關心幫助。就是其他維權群體，也有不少得到他的助力。他出版的《格拉古軼事》通過年輕朋友如李波等人替他所做的傳播，使得更多的年輕人知曉那段知道得並不多的歷史，使更多的下一代受到教益，看清中國社會的本質。與此他還與眾多年輕人交上了朋友，如李文倩、馮玉熙、顧乙等人，不僅撰文評論其《格拉古軼事》，而且還做專訪瞭解其為何能在殘酷環境下活下來的心路歷程。在專訪中他說，對母親的愛，以及前妻和僅存的一些好心人的關心，是他活下來的動力。在情感因素之外，看清真相，以及求生的本能，使其放棄了自暴自棄。

很多人受盡一生的苦難，要麼沒有表達的能力——寫作能力不濟；要麼沒有表達的機會——身體不行，被折磨得早逝世；要麼沒有表達管道——不會利用網路等新興傳播工具；要麼囿於親情的阻礙和內在的恐懼——胎死腹中，最後苦難好像不曾在人間發生一樣被帶到了天國，但這一切都不曾發生在張先癡先生身上。上天成全他厚愛他，讓他擁有較好的寫作能力，有心有膽，並得到家人在諸方面無私的支援。如不是他不懈的努力，他的難友如黃倫、傅汝舟、張伯倫、何堅、楊應森等人，所受的苦難就會白受，其昭告後人的價值就會消為烏有。我們可以從他這本新作《格拉古實錄》開篇關首的赫爾岑題詞：「充分地理解過去——我們可以弄清楚現狀；深刻地認識過去的意義——我們可以揭示未來的意義；向後看就是向前進」，就不難窺探其不停記錄過去災難的苦心。

在〈傅汝舟，多麼美麗的名字〉一文裡有一段文字，可以看作是張先癡先生不停寫作自己所見所聞苦難的內心獨白，我恭錄於此，算是我們年輕一代對經歷苦難的老一輩，留下此等文字的敬意，同時亦算是對尚處於沉默中的老人們的殷切期待。「眼看古稀之年一天天靠近，老態龍鍾逐漸體現在舉手投足之間。想起我被饑餓和疲勞折磨得幾乎倒地不起的歲月，想起我被捆綁吊打以致痛不欲生的當時，我咬緊牙關忍受疼痛時，曾不止一次地默默發誓：『我將寫出這一切用血汗換來的記憶』。正是當一名暴行的見證人的願望，支撐我邁過了一次次生死抉擇的關口。後來，每當我的好友有的被打得皮開肉綻，有的被捆得昏死倒地，或者我從一個仰慕者的墳頭走過，我都會對著回憶中的他說：『我一定要把這一切寫出來』。我認為這是所有死難者委託給倖存者的使命，它既莊嚴又沉重，沒有任何一顆跳動著的良心有勇氣去拒絕。」「我將寫出這一切用血汗換來的記憶」、「我一定要把這一切寫出來」，實在令我這樣一直在幫助老年人們回憶歷史的後生，大感振奮。我真希望老一輩們不要把自己所經歷的苦難帶到墳墓裡，一定要想方設法將其寫出來，以便給後人以教益。如果經歷苦難的老人們真的愛自己的後代，就一定不希望自己的後代重蹈你們的覆轍。不重蹈覆轍的最好辦法，就是把那些整人的把戲和愚弄的伎倆，毫髮無遺地告知自己的後代，讓他們能夠吃一塹長一智。若能進一步和年輕人一起爭取民主自由，從改變制度上下功夫，不讓後代再吃你們所吃過的苦，所受的罪，那真是善莫大焉。愛子女愛後人到這個份上，才算是真愛而愛到骨子裡，用茅于軾先生的話來說，真正的愛，就是要給你愛的人以自由。

三

二十幾年前，我第一次見到張先癡先生，給我一個溫良恭儉讓的老好人印象。並不是說我對他這個印象不真實，他善良，頗具同情心，予人溫良的感覺，並不出人意表。但你一旦深入瞭解，就會知道他的剛烈和韌勁過於常人。一九四九年八月，十五歲的張先癡先生上高中二年級時辦《號角》雜誌，替中共地下黨操縱的學生運動作反對國民黨的宣傳工作，不見容於作為國民黨高官的父親，於同年十一月被革出家門。從此，張先癡的一生就像一首歌一樣，被定了弦，要想改變已經來不及。後來的一切遭遇只是他的個性和選擇，在一個無可選擇的壞制度下的必然產物。

不論你再怎麼替共產黨賣命，再怎麼向共產黨輸誠，你作為國民黨高官之子的先天原罪，是怎麼也無法漂洗掉的。所謂出生不由己，關鍵在於自己努力與選擇，被後來諸多血腥的事實證明，只不過是緩期執行的計謀，並非真要給你一個通向光明的出路。你一腳踏進革命營壘時，你家庭出身所帶著的不可磨滅的「紅字」，就像幽靈一樣如影隨行地糾纏你一生，使你的悲劇成為無法更改的先天註定。問題在於，如果面對這樣先天註定的悲劇，你能收斂點，你能像他們所要求的一樣老實點，也許命運不會像張先癡先生一樣如此悲苦。但張先癡先生已經用他一生的經歷來告訴我們：不！

縱觀張先癡先生快八十年的人生，我們從他的談話和文章裡，可以看到他有一個核心的東西貫穿其間，那就是倔。倔這個東西，就是身上有一股氣，不輕易服輸。所以他才可能在監獄裡成為反改造份子，也才可能冒著非常大的危險越獄逃跑。這兩點，都不是一般犯人輕易敢付諸實踐的。同理他為何在身體特別是視力已經非常不好的情況下，依舊筆耕不輟，其感性根源在於他有股骨子裡面不服輸的倔，其理性根源，則在於他如今已上升到不僅為後人留下自己所經歷的可靠信史——他通過自己所存的一些監獄實物材料如數家珍展現了其間的艱辛與荒唐——更在於為民主自由的理念而鬥爭。

有許多人受制於各種條件，如身心之懈怠，家人之阻止，社會之無望，老境之虛無等方面的影響，根本就不可能堅持下來。更多老者，和一些受工具主義影響的勢利年輕人一樣，常愛說做了又怎樣？你說了又如何？還不如得過且過，活一天是一天，把生命當成一種無可奈何的消磨。可是張先癡先生不一樣，他知道記下自身經歷和所看到、聽到的一切，是他來到這個世界不可推卻的責任，他唯一擔心的是，自己去世前未完成自己努力記錄歷史的責任。所以他說：「寫作是一件痛苦的事，尤其是寫回憶錄，等於是又折磨自己一回，把那些苦難重來一遍，有時候寫著寫著便伏案大哭。」但大哭之後，並不停筆，而是繼續完成未竟之寫作。

「一生負氣成今日，四海無人對夕陽」，是大學者陳寅恪先生在一九四五年四月三十日所作的〈憶故居〉詩並序裡的詩句。張先癡先生沒有「眼高四海空無人」（蘇軾〈書丹元子所示李太白真跡〉）的孤傲，雖然社會遠不如人意，但他晚年能與一些老友和不少小友談論家國大事，柴米油鹽，畢竟是幸事一樁。至於說「一生負氣成今日」，那倒是真實的寫照，他傲然有骨，浩然有氣。雖正氣如蚊負山般沉重，但此氣卻如真氣，出自肺腑。因為他既有洛克的信念，「最起碼的自由是大聲說出自己心裡話的自由」，也有索爾仁尼琴的努力：「不讓謊言通過我興風作浪！」

四川有句俗語說「貓翻甑子替狗做」，可以貼切地形容那些早年受共產黨民主自由宣傳蠱惑之騙，而晚年幡然悔悟者的心態，這樣的人，社會上有個通稱，叫做「兩頭真」。一般人只把中共體制內的高官如李銳、李慎之、李普等人看作是「兩頭真」的人物，其實在底層也有一些「兩頭真」知識份子。他們有股子心力，有股子倔勁兒，不像有些人吃了點虧，就全盤繳械投降。追求自由他們永不停步，他們也並不輕易言老，只要一息尚存，就要努力不止，張先癡先生就是其中的佼佼者。我祝福張先癡先生能夠拿回自己曾經努力追求過的「甑子」，並且有機會美美地享受自己努力的成果。

二〇一二年九月初稿，十月八日至九日寫定

目次

中輯　實物．實事

上輯

真人・真情

一、三度自殺的「一級警督」

一九六五年，我背負著十八年有期徒刑的冤假錯案，從四川西部平原上的萬家煤礦調到了大涼山裡的雷馬屏農場，這座嚴密封閉在彝族聚居區裡的大型勞改農場，正從四川省內星羅棋佈的各式勞改隊中調來一批又一批「反改造分子」，在這個遠離現代文明的蠻荒之地，任無產階級專政的鐵蹄肆意踐踏蹂躪。來到農場的當夜，監管獄吏便對著這批新調來的反改造分子宣稱：「在你們沒長出翅膀之前，休想穿過四周的原始森林逃離……」

勞改犯中被稱為反改造分子的犯人多種多樣，其中最有代表性的便是越獄逃跑者，而我正是因為從勞教隊越獄逃跑，被捕回後以「叛國投敵罪」判刑的重刑犯。獄吏對企圖越獄者發出的警告似乎在威脅我，我下意識地對同時聽這句豪言壯語的新犯們掃視了一番，發現從西昌黃連關監獄調來的犯群中，正有一位戴眼鏡的犯兄在掃視中鎖定了我臉上的這副眼鏡，在我倆眼光碰撞的一剎那，我分明看見他的唇邊閃過了一絲會心的微笑，它釋放的善意毋庸置疑，我也用同樣的笑容向他作了回應。應該特別說明的是，在人人自危的勞改隊裡，沒有人敢握手、更沒有人敢於擁抱，唯獨政治犯和政治犯之間才可能泛出這種只可意會不可言傳的微笑，還真像從人性荒漠裡流出的一汪滋潤心田的清泉。

就這樣開始了我和這位姓黃名倫的犯兄之間的交往，其時間持續至今已達四十三年之久。五年前，我在寫《格拉古軼事》這本勞改回憶錄時，涉及到他的章節曾多次出現，因而我幾度徵求他的意見，希

左圖是二〇〇六年初夏黃倫和我們這群勞改右派在茶館裡消閒喝茶時我為他所拍，右圖是他退休證上的照片，他說：「這是我唯一一張披著鬼皮的相片」。

望能像書中其他角色一樣，儘量使用真名實姓，每次他都以「統治者的奸詐和殘忍是無法估量的」而婉言拒絕。直到三個月前，從他七十五歲生日的飯局上退席回家前，他才緊握著我的手輕鬆自如地說：「黃倫這個被你錯愛了幾十年的名字今天就送給你啦」，看來他已授權我寫寫他的故事。

我和這位「踏破鐵鞋無覓處」的密友有太多的近似之處，我倆年齡近似，他只比我大十個月；學歷近似，一九四九年時，我倆都是高中學生；雖然我的家庭出身被稱為反動官僚，他家被鬥成地主，二者似有差異，但在中共戴著的有色眼鏡看去，卻像一對罪該萬死的剝削階級雙胞胎；在興趣愛好方面，我倆都是虔誠的文學門徒，雖然我愛讀翻譯作品，他卻專攻古典文學特別是詩詞歌賦；他會拉小提琴，我愛彈手風琴……

更令人稱奇的是，天各一方的我倆，各自在十六、七歲時，幾乎同時受中共地下黨的矇騙，以為「只有社會主義才能救中國」，都懷著天真的愛國主義情懷，誤入歧途般先後參加了名為解放軍、實為中共黨衛軍設立的軍事院校，而且都隸屬於西南軍區直屬隊，只不過他學了醫，而我卻學了無線電，其實專業並不重要，重要的是其間我倆都參加了掛羊頭賣狗肉的青年團；更讓人歎為觀止的是一九五七年，素昧平生的我倆，竟鬼使神差地同時中了毛澤東的「陽謀」，還真像「遙相呼應」般參與了「鳴、放」，乃至一同被中共反咬一口，誣之為反黨反社會主義的右派分子，並雙雙獲得「極右」的最高峰值，最終一網打盡；一九五八年，我被判處管制五年送勞動教養，他卻破記錄地一步到位直接判刑投入勞改，可譽為捷足先登的先行者；他年齡雖比我長了將近一歲，似乎為了補償而讓他的刑期比我少了一年。如果說冥冥之中真有什麼神靈，這神靈對我和他是「一碗水端平」了的。

黃倫是四川省潼南縣人，雖然他出身在地主家庭，但他並沒有因這個出身而改變他「人人生而平等」的樸素價值觀，他勤奮好學，從未企求過不勞而食的寄生生活。剛進入部隊，便將他調到衛生隊學護理，開學不久，在對學員進行的一次文化考試中，黃倫名列第一，這個成績證明他在高中念書時就是一個品學兼優的好學生。原來此番文化考核也只是為軍區新成立的軍醫大學招募學員而舉行，榜上有名的黃倫在軍醫大學裡如饑似渴地吸取著醫學知識的豐厚營養，由於學業成績優異，他立了個三等功。在那次西南軍區直屬隊召開的慶功大會上，我也是英模代表之一，我也同樣立了三等功。當然我們互不相識，卻一同證實了，我們當年是多麼弱智地任陰謀家擺弄。

一九五四年，這時的黃倫應該被稱作黃醫生了，他從軍醫大學畢業後，分配到十八軍也就是西藏軍區，在拉薩的軍區醫院裡當五官科醫生。同年秋季，十九歲的達賴喇嘛赴北京，到任不久的黃倫醫生調去當了隨團醫生，來到成都經過短暫休整，不作任何解釋便告知黃倫中止隨團北上，這對當年把去北京視為「朝聖」的迷信者來說，幾乎是當頭一棒，肝火正旺的年輕醫生氣憤之極。此時，恰逢黃倫的母親病逝，他要求請假返鄉奔喪未被批准，反而批評他是地主階級的孝子賢孫。黃醫生再也無法忍受，一氣之下，拒絕返回西藏軍區，僵持數月之後，組織上將他臨時安排到中建四公司，在該公司在成都的一個內部門診部上班。這個公司是專門為修建所謂蘇聯援華的一百五十六項大型工程而設立，在成都它有龐大的建築隊伍。無奈之下，黃倫開始在曹家巷的門診部上班。

今天，大陸的中國人多已熟悉了共產黨整人的手法，黃倫醫生所遭遇的正是這一手法的熟練運用。此番被黨組織判定的「極端個人主義發展到與組織對抗」，特別是「一把手」找他談話時所表現的「目無領導」更犯了極權統治的大忌，類似言行，通過「年終鑒定」已一一記入個人檔案。毛時代巧立名目的各種運動，正是為整肅他們認定的異己分子的大好時機，也難怪號召「幫助黨整風」一開始，黃倫醫生周圍的相關領導人，個個都一改高高在上的常態，戴上一副禮賢下士的假面具，要求黃倫醫生「知無不言，言無不盡」……

黃倫這位一貫以「眼睛裡夾不得沙子」而自詡的眼科醫生，不僅對一切他認定的壞人壞事嫉惡如仇，對一切給他扣大帽子，漫無邊際的上綱上線的意見也同樣嫉惡如仇。以致他與那幾個所謂的積極分子的對立鬥爭一天比一天更尖銳更激烈，甚至辱罵甚至動手動腳。在一次互不相讓的鬥爭會上，一位暴跳如雷的外科醫生一記響亮的耳光抽傷了黃倫視為比生命更重要的尊嚴，被激怒的五官科醫生一擊直拳命中對方鷹鉤鼻，頓時血流如注。在政治運動高潮中，這就叫「右派階級敵人對革命群眾的瘋狂反撲」。兩天後，黨委決定緊急召開公捕大會，對行兇報復的現行反革命分子黃倫來了個當場逮捕。

成都市的寧夏街看守所又名四大監，從清王朝而民國而中共已有百多年歷史，這所赫赫有名的監獄關押過的犯人林林總總。但一九五七年九月十八日，以現行反革命名義囚入的犯人黃倫，才為該監獄新增了右派分子這一前無古人的嶄新品種，不到一年，黃倫案已審理終結並提起了公訴。按中共辦案常規，黃倫的判決書早已擬就，只準備在一個節日前夕，召開具有轟動效應的公判大會，以獲得「鼓革命群眾正氣，壓階級敵人歪風」之效果。

一九五八年毛澤東頭腦發熱，發動全民大煉鋼鐵超英趕美，作為已經結案只等宣讀判決書的在押犯人黃倫，也被調到汶川鐵礦去參加小高爐「放高產衛星」，在荷槍實彈的看守兵押解下，強迫每個犯人用背篼背負近百斤的鐵礦石，在崎嶇的羊腸小徑上艱難地搬運。像黃倫這個生平只當過學生和醫生兩種角色的人，可謂難上加難，而且以大躍進的名義加班加點夜以繼日，犯人們體力的耗損已近極限。尤其令黃倫痛心疾首的是，這明擺著的所謂小高爐土法煉鋼，純粹違反科學違背常理的瞎胡鬧，竟能在全國暢通無阻，足見反右運動中，將敢說真話者扔進地獄以後，任獨裁暴君怎樣倒行逆施、胡作非為，再也沒人敢說一個不字。長此以往，我們這個多災多難的民族又將何以自救？想到這裡，黃倫心如刀絞。

第二天出工時，犯人們背著空背篼翻山越嶺，一字長蛇陣蜿蜒在前往生產礦石的工地途中，行進中突然有人高叫：「有人跳岩啦！有人跳岩啦！」原本無精打采的人群像突然中了魔似的緊張起來，犯人們一個個伸長脖子朝岩下看去，但除了繚繞在山林中的晨霧以外卻什麼也看不見。這時傳來命令：「全體犯人不再上工，立即返回工棚！」——獄吏們迫切地想知道跳岩的犯人究竟是誰？

真說不準跳岩的黃倫是運氣好或者是不好，岩間一棵仁慈的樹摟住了他清瘦的身軀。氣極敗壞的黃倫只得緩緩地走下山岩，雙腳剛剛站定，便聽對面傳來吼聲：「不准動！」接著是拉動槍栓的聲音。當過兵的黃倫當然知道這意味著什麼，他的反應讓這名嘴上無毛的小兵目瞪口呆，黃倫用雙手拉開他勞改服的前襟，用他那隻多次拿過手術刀的右手，伸出食指準確地指向心臟部位，對十步開外前面的小兵說：「朝這裡打。」沒聽見槍響也沒有中彈的感覺，緊接著他又大吼一聲，整個山林似在震顫：「我叫你朝這裡打！」他的食指能摸到自己的心臟在急速地跳動。小兵沒有開槍，並非他捨不得那一粒子彈，而是他分明看見黃倫身後的兩名同夥，已經伸出了抓捕的手，他怕誤傷了他們。

被捕的黃倫並沒有押回汶川鐵礦，以免對「放高產衛星」帶來惡劣影響，而是直接將他捆綁回原單位，寧夏街看守所。黃倫不僅是這所監獄關押的第一個右派分子，而且是關押在這所監獄裡的犯人中，獨一無二的在一個月內收到兩張判決書的「連中二元」的「幸運兒」。前一張判決書以反革命行兇打人罪判刑十二年，二十天後，監獄裡召開宣判大會，五花大綁的黃倫又收到一張判決書，稱黃犯思想極端反動，一貫抗拒改造，越獄逃跑，加刑五年。一位省公安廳的頭目，用一口陝西腔為大會作總結報告時說：「老子在延安就管過犯人，還沒見過哪個犯人對著槍口叫往胸口上打，看他這囂張勁，是老子非一槍崩了你這臭知識份子不可」。

黃倫很快離開了寧夏街看守所，當然並非怕挨「老子」的那一槍，而是奉命調動。因為看守所畢竟只是關押、審訊和宣判犯人的單位，而不是勞改犯正式服刑的工廠和農場。黃倫被調到邊遠山區的石棉縣，那裡有一座由勞改犯們開採的新康石棉礦，從新康石棉礦專程來成都接收新犯的一位高姓獄吏，陰差陽錯的曾經讓當年的黃倫醫生作過手術，他一眼就認出了黃犯臉上的那副眼鏡，到石棉礦以後，還沒下到車間，黃倫就直接分配去了礦部醫院。

勞改犯當醫生雖然不像在礦井下那樣勞累並承擔安全風險，但卻得背著雙重人格的沉重包袱走鋼絲，一方面是救死扶傷的道義責任，另一方面是任人喝斥使喚的奴隸處境，是在惡意挑剔下出不得半點差錯的「危險份子」。才幹半個月，黃倫早已厭煩了這「人不人、鬼不鬼」的勞改工種。一天，黃倫正在門診上給三車間的一個司務長診斷眼病，突然住院部主任在過道上大叫：「黃倫，你過來！」這位高人一等的主任，一貫以「奴隸主」的心態在醫院裡趾高氣揚威風八面，而黃倫此時剛剛給司務長作了「散瞳」，按醫療常規此時醫生不能放下病人不管，便沒有馬上過去，幾分鐘後，主任氣勢洶洶地跑過來怒斥黃倫：「我叫你為什麼不動？」黃倫據理力爭：「我剛給病人散了瞳走不開」，那主任知道黃倫的理由正當，但早已養成一呼百諾惡習的主任還是扔給黃倫一句：「我看你又在翹尾巴了」！

當年中國大陸的所謂革命者，在侮辱知識份子時，最尖刻也是使用頻率最高的詞彙便是翹尾巴三個字。幾分鐘後，氣呼呼的黃倫站在主任面前說：「你是人，我也是人，如果人類還有尾巴，你也摸摸你屁股看有沒有尾巴」。一貫盛氣凌人的主任絕對沒想到會有犯人敢於對抗他的侮辱，便猛地從籐椅上站起，揚起手臂，狠狠地抽了黃倫一記耳光連眼鏡也被打飛，忍無可忍的黃倫一擊當胸重拳將主任打到牆壁上靠著，回身衝向自己的診斷室，辦公桌上剛好配有二十毫升阿托品，拿到手上一仰脖子倒進嘴裡，咕嘟嘟地吞下了這足以毒死十條水牛的劑量，然後拴好了房門。

主任漲紅著臉手提一根麻繩，叫了兩個助手，準備把黃犯捆個死去活來，掀開門卻看見倒在地上早已昏死的黃倫，又看見阿托品的空瓶，他只得咬牙切齒地對助手下令：「給他洗胃」。接著又嘰嘰咕咕地自言自語地自我膨脹：「等醒過來老子再收拾他」。

在獄吏任意踐踏犯人的勞改隊，犯人對獄吏的打罰還手絕對屬於頭版頭條的特大新聞，一夜之間，黃倫在石棉礦的犯人心目中成了一個抗暴英雄，這個英雄典型的存在，客觀上對獄吏的威風帶來不利影響。正在礦部考慮怎樣重處這個視死如歸的反改造分子的時候，設在西昌的黃連關監獄來石棉礦調犯人。黃連關是一座專門關押重刑犯的人間地獄：「讓那裡的同志來收拾你。」石棉礦的獄吏們這樣想，同時也沒忘記，在兩個單位交接犯人時，把黃倫的「囂張氣焰」作為個案特別向黃連關來接犯人的獄吏作了一番交代。

和勞改隊打過交道的人都知道，有一個現象發人深思：千方百計蹂躪犯人的獄吏中，常常是那些所謂家庭出身不好，或者有某種歷史問題的人心術最壞、下手也最狠毒。或許他們「心頭有鬼」，隨時隨地防範有人在監視他是否同情階級敵人？因而他們故作姿態，誇大自己對敵鬥爭的堅定性，以期得到「組織上」的贊許，為自己日後撈到什麼油水奠定基礎。

黃倫調到黃連關以後，遇到的正是這位既躊躇滿志又患得患失的王分隊長，在等級森嚴的極權國家，僅僅只管三個犯人班組的分隊長是獄吏中級別最低的。可見這位出身二流子又當過一年「偽鄉丁」的「起碼官」，這個年齡已三十開外的他，在仕途上也並非像他渴求地那樣順暢，他也是到石棉礦押解犯人的獄吏之一。這個背著中共建政前的「歷史包袱」的昔日二流子，對黃倫的反改造「劣跡」已牢記在心，不排除正是他回黃連關監獄後，刻意把這個死硬分子編在自己的治下，以便創造機會向「組織上」展示他「收拾」犯人的才華。

打從黃倫正式編入他治下的這個分隊開始，不論班組開會或者全分隊開會，只要有黃倫在聽眾圈內，王分隊長必會講話，講話中也必會含沙射影的涉及黃倫，盡其所能地對黃犯敲敲打打。例如他說：「你們中那幾個反革命氣焰囂張的傢伙，竟敢對幹部行兇，我看他是活得不耐煩了」。或者說：「有人想自殺，用他那一文不值的狗命去對抗我們對他的改造。」還這樣說：「我要警告你們中的死硬分子，再不回頭，必然只有死路一條。」說這類話時，他那雙三角眼死死地盯住黃倫的身上。黃倫對王分隊長的「來者不善」也早有察覺，他認定這屬於獄吏們的職業病，只要他們不過分。黃倫說：「我可以給任何一個想往上爬的人當墊腳石，但只能用來墊著往上爬，而絕不能踩著它拉屎拉尿」。

王分隊長所管轄的是一個專種蔬菜的分隊，勞動的地區是監獄周邊的蔬菜地。這裡沒有山岩可跳，也沒有阿托品可吞服，中國人最普及的懸樑自縊，在隨時隨地相互監督的犯人群體中，黃倫即便要自殺也無隙可乘。似乎暫時擱置了自殺的念頭，但這並不意味著黃倫對他的生存現狀有了某種認同。

共產黨離不開運動，恰似酒鬼離不開酒精的刺激，這個特點不論在社會生活中或者在勞改隊都別無二致。中共發動的種種運動，說到底也只是為了消滅異己力量，每次運動所打擊的對象許多都關進了勞改隊，這意味著對統治者而言，已經達到了他們開展運動的目的，只需以改造的名義將他們囚禁起來，剝奪其活動能力便萬事大吉了。勞改隊每年雷打不動地都要開展半年大評和年終總評兩次運動，分別在年中和年尾開展，以利對這些「異己分子」進行更有效的監管。其監管過程便是分管獄吏們大顯身手的大好機會。王分隊長今年手下有了黃倫這個罪證確鑿的反改造典型，不愁運動不會開展得有聲有色熱火朝天。

正在進行的年終總評運動很快地進入揭發批鬥階段，此前王分隊長在犯人中已作了足夠的鋪墊，隊上那幾個想立功減刑的所謂積極份子，早已在下面磨拳擦掌蠢蠢欲動。單說那晚已是鬥爭黃倫的第三晚，前兩次都是無功而返草草收兵。今夜，鬥爭者和被鬥者的耐心都已接近底線，再不動刑「加溫」，黃倫的反改造氣焰很可能壓不下去，王分隊長的能耐又何以顯示出來？

學習會主持人王分隊長作了簡短講話以後，便直奔主題，讓黃倫補充交代他反省的結果，並要他不再重複前兩晚已交代過的問題。內心已厭煩至極的黃倫簡單地說：「我沒啥新問題可以補充。」這個簡稱為「關門」的回答似乎激起那幾個真假積極分子的真假憤怒。有一個去年減過兩年刑的勞改積極份子衝到黃倫面前，指手劃腳地說：「昨晚我揭發了你幾句反動言論，今天早上出工時，我走在你前面，聽見你在我身後唱了一句『山中老虎都見過，哪怕你這一條狗』，你分明是在罵我！」這句歌詞本是當年盡人皆知的電影《劉三姐》中的一句唱詞，有幾個曾經被「狗」咬過的犯人在竊笑，黃倫假裝沒看見。只回頭問王隊長：「我現在可以回答他的問題嗎？」王分隊長傲慢地作不屑一顧狀，沒表示反對。黃倫說：「我沒有罵你，你分明是長著兩支腳的人，就不該懷疑自己是條四支腳的狗」。這時王分隊長捏緊了拳頭，向「狗」使了個眼色，「狗」按規定喊了聲「報告」，隨即離開了學習室。

中共稱其勞改方針是「勞動改造與思想改造相結合」，規定犯人每晚都得學習兩小時，其學習內容說到實處就是犯人間相互揭發、批判、鬥爭，因為它有利於共產黨對敵鬥爭的分化瓦解政策，獄吏們嘲笑稱這是「狗咬狗」，似乎也符合制定政策者的初衷。這兩小時中的最後三十分鐘，犯人們私下稱之為「血腥三十分」。因為此時已接近熄燈就寢時間，而捆綁吊打的壓軸戲通常從這時開演，事實上把一個活人整到半死，三十分鐘已經足夠，明天畢竟還得出工，還需要「與勞動改造相結合」。

「狗」返回學習室時，有一個「假積極」正對著黃倫裝模作樣地扣著大帽子。「狗」提著一捲麻繩大搖大擺地走到黃倫背後，示威似的揚了揚這根質地上乘的麻繩，對黃倫說：「把棉衣脫下來！」經驗早已告訴了黃倫，這時的抗爭除了徒增皮肉之苦外不會有任何意義，便脫下了棉衣。這種用勒進肌肉的繩索來阻斷血液流通的刑罰，給受刑者帶來的疼痛感豈止是錐心刺骨四字了得。穿一件薄薄的單衣與穿一件厚厚的棉衣相比較，穿單衣者的肌肉更容易被緊捆的麻繩嵌入，才更能體現中共自詡的對勞改犯進行「大力挽救」的「力」度。這種在勞改隊普及度最高的酷刑，被犯人稱作「挨繩子」，中國大陸的勞改犯百分之九十五以上都被專政機器用這種酷刑「挽救」過，唯一的區別只是被捆綁時間的長短和感受到的疼痛程度的深淺。我無法描述四十四年前黃倫那晚被捆的感受，只是雖然經過漫長歲月的新陳代謝，至今在黃倫那蒼老的胳膊上還留著那繩咬過的傷痕，它已變成幾圈黑碣色的疤痕，它們能告訴你什麼叫苦難深重。

王分隊長站在門口吹響了下學習的哨音，犯人們打著哈欠提著小板凳向寢室走去，學習室內只剩下捆著的黃倫和站在門邊的王分隊長。在四下無人的環境裡，王分隊長叼著香煙踱到黃倫面前，張牙舞爪地現出他二流子的本來面目，挑釁地向黃倫發問：「你信不信老子們捆你龜兒子一個通宵？」受辱的黃倫早已橫了心，直接借用二流子的骯髒詞彙回答說：「你龜兒子最好把老子們捆死，老子好變鬼來找你算帳」。長期被勞改犯嬌生慣養的昔日二流子，哪裡受得了黃倫的平等對抗，他對著黃倫的腹部猛揍一拳，接著罵罵咧咧地吼道：「你給老子們等倒！」說著就衝向了保管室。

此刻，已是深夜時分，氣得臉紅筋脹的前二流子拿著一根粗麻繩走了回來。經驗早已告訴了人們，細麻繩宜於捆人，它更容易勒入肌肉；粗繩子宜於吊人，它承受力較強不易斷裂。顯然前二流子今分隊長要把黃倫吊將起來。因為整個「文化大革命」我和黃倫都一同在勞改隊裡度過，按當年強制執行的「公安六條」的規定，勞改犯一律不准參加那場「革命」，因此，運動中由毛澤東「親自指揮的紅衛兵」廣泛使用的「坐噴氣式」肉刑，我等勞改犯無緣目睹，只能揣想它與今晚黃倫即將經受的「吊」異曲同工，其基本流程就是把已經捆起來的人，用支點在高處放下的粗繩子，繫牢著被捆者臂膀上的細繩子，然後用力拉動粗繩子的另一端，使受刑者的雙腳升立地面人體懸空升起，所以勞改犯俗稱「吊」為「升起」。黃倫心裡暗想，長此以往，在未來那漫長的刑期中，讓這些暴徒慢慢將我折磨而死，還不如我創造死刑條件讓他們殺掉算了⋯⋯。

哪怕意志再堅強的人，一旦被吊離地面，很難不呼媽喊娘發出撕心裂肺的哭叫求饒。黃倫真不愧為血性男子，他沒有鼻涕淚水順流而下，但是他還是發出了呼喊，這一聲呼喊在中國足以驚天動地：「打倒毛澤東！」喊聲一出口，他發現王分隊長突然臉色大變，驚慌失措地跑到黃倫身後阻止他：「不准喊！」並立即動手把黃倫從屋樑上放了下來，畢竟他動作慢了一點，在黃倫雙腳落地之前，他又喊出一句：「打倒共產黨！」這時，心急火燎的王分隊長甚至伸手捂住黃倫的嘴，說道：「不要鬧，我這就給你解繩子」。他那陌生的顫抖聲甚至隱含著乞求的成份。這個不可一世的獄吏此刻渾身發抖只差癱倒在地，顯露出他那膽小鬼的原形。對這個意外變化最感到驚奇的還是正在被鬆綁的黃倫，不管出於什麼原因，這個二流子太害怕我那兩句口號了，對一直受他凌辱的黃倫而言，二流子的狼狽多少都會帶來幾分快意。黃倫要擴大他的這份快意，故意對著二流子那迷亂的眼神說：「剛才那兩句口號是你叫我喊的。」迷亂的眼神更加迷亂趕緊說：「我什麼時候叫你喊的？」黃倫斬釘截鐵地說：「就在你吊我之前。」「政府不會相信你的誣陷。」二流子假裝還有點底氣，黃倫堅定地說：「殺我的頭我都會這樣說，因為這是事實，他們肯定會相信的，勞改隊的犯人有幾個不是冤枉的」？

二流子終於垮了，他垂下了眼皮，輕輕的又緩緩地說：「算了，今晚的事我們兩個都不再提了，你下去睡覺吧。」待黃倫抬腿跨出房門時，身後傳過來一句話，音調裡多少帶有幾分關切：「你明天不出工，在家休息」。

黃倫倒在床上，輾轉反側地無法入眠，今夜，他通過王分隊長靈魂的曝光，更加看清了我們所經歷的這個制度的恐怖陰森，沒有一個人不在它的恫嚇下戰戰兢兢，小到眼前這個勞改隊裡的區區分隊長，大至「開國元勳」、被毛澤東讚譽過的「彭大將軍」，無一不在暴君的淫威之下誠惶誠恐，我比他們自由得多也快樂得多，我為什麼要和自己過不去，幾度三番地要離開這個精彩的世界？

《孫子兵法》這樣說：「置之死地而後生。」黃倫已是第三次將自己置之死地了，唯獨在今晚這第三次的經歷中，從王分隊長幾乎是向他舉白旗投降的意外中，他才找到了自己活下去的理由，他終於看出敵人雖然貌似強大，他們的內心世界卻是脆弱的恐懼的，他們對異己分子的殘酷鎮壓，也是這種虛弱的表現，我有什麼理由向這群懦夫示弱？

黃倫酣然入睡，臉上有久違的笑容。

從此疏菜隊不再有人對黃倫說三道四，「狡猾的」犯人已看出王分隊長不再把訓斥黃倫作為「必修課」，犯人們看不見的是這個前二流子的內心世界，在這段短暫的日子裡，黃倫好像過得相當平靜。

似乎是應了好景不常的那句老話，黃倫突然從黃連關調來了雷馬屏農場，此舉最大的獲益者竟然是王分隊長，通過他的努力，終於除去了身邊這顆令他忐忑不安的定時炸彈。

我和黃倫在雷馬屏農場集訓隊結識以後，通過簡單交談，發現兩人經歷近似，觀點近似，彼此都有較好的印象，更加上我和他都是獄吏們經常敲敲打打的落後分子，似乎在催促我倆「同病相憐」，我和他自然就親近起來，交往由淺入深，最終成了無話不談的知心朋友。除我之外，很少有人知道黃倫在進入勞改隊以後，遭遇過些什麼樣的坡坡坎坎，我倆在人際交往上都奉行一個原則：「整人之心不可有，防人之心不可無」，勞改隊畢竟是一個危機四伏的特殊群體，獄吏們刻意營造的氣氛就是使政治犯成為眾矢之的，通過幾年的勞改實踐，我們都看清了這個事實。

在「文化大革命」以前的勞改隊裡，政治犯們哪怕再簡單不過的行囊中，也會精心保留著幾本心儀的好書，相互間交換各人的書籍珍藏、交流閱讀心得，幾乎成了政治犯們友誼的潤滑劑。我已記不得黃倫借過些什麼書給我，只記得他背誦《古文觀止》、《白香詞譜箋》、《唐詩三百首》中那些千古名句時的如癡如醉，我不僅驚歎他超凡的記憶力，更欽佩他對祖國傳統文化瑰寶的無限鍾愛。在隨之而來的「文革」「破四舊」運動中，獄吏們強行將犯人的珍藏全部搜走付之一炬，任何一個熱愛中華傳統文化的華夏子孫，對這種視祖宗的精神遺產為垃圾的倒行逆施，無不義憤填膺，面對周圍林立的刀槍，人們只能敢怒而不敢言。收繳書後的當晚，在我上廁所的途中，黃倫擦身走在我的身側，我聽見他似乎在自言自語地說了一句：「我懷疑共產黨已經瘋了」。

集訓隊對犯人的監管十分嚴格，勞動方面比起專搞生產的中隊則鬆散得多，雖然出工時四周都有看守兵密切監視，犯人大小便也須高呼「報告！」得到應允後方可走向一側「方便」。但這些看守兵的任務只是防止犯人逃跑，並不在乎你幹活賣力不賣力。勞動強度的減輕對犯人而言，壓力也大大減小，這大概也可以用「塞翁失馬，焉知非福」之類的哲理加以自我調侃。

可惜隨著「文革」的深入，牢房裡再也聽不見黃倫那如泣如訴的二胡聲了，他再也找不到一首可以拉的二胡曲，以往熟悉的曲子統統被打上了封、資、修的反動印記，除了那首令人肉麻讓人討厭的〈東方紅〉以外。某日，分管獄吏拿著一張印好了的歌單交給黃倫，叫他教犯人唱這首語錄歌，歌名是〈領導我們事業的核心力量是中國共產黨〉，黃倫看了看歌單回話說：「我患著咽炎，根本沒辦法大聲說話，更不能拉開嗓門唱歌了」。獄吏進一步「啟發」他：「這可是宣傳毛澤東偉大思想的政治任務，是你立功減刑的機會啊？」黃倫說：「我也想減刑，只是心有餘而力不足」。這句話恰好被在旁的一個文盲犯人聽見，他以後便經常用來這句「成語」來為自己偷奸耍猾行為開脫，只可惜他說成「心有餘而立不住腳」，反而變成在勞改農場流傳甚廣的一句著名俏皮話，這則笑話順帶著宣揚了黃倫拒教語錄歌的往事。

黃倫私下對我說過：「音樂為政治服務就是糟蹋音樂，藝術一旦和政治勾搭成奸，藝術的聖潔便不復存在了，什麼語錄歌，不如乾脆讓人呼政治口號」。又說：「當下最好的生存方式便是閉目養神」，我用魯迅的一句名言作了回應：「沉默是最高的諷刺」。在全國軍民都被毛澤東挑逗得神志不清的日子裡，我們這一大批所謂反改造份子，在集訓隊的嚴管中度過了那場造神運動的發情期。

忽然有一天清晨，集訓隊的周中隊長急匆匆地來到犯人宿舍，他看見剛剛穿好衣服的黃倫，就把他叫住，令黃倫跟他一起走。不一會我們聽見開「城堡」大門的聲音，和黃倫按規定在跨出大門前必高聲呼叫的報告聲，大家都弄不清這個反常現象意味著什麼？一個多小時以後，黃倫回到了犯群中間，他知道，無數善意的和惡意的眼正目不轉睛地盯著他的嘴，但他卻緊閉著一言不發，只是表情異常沉重。事後通過黃倫和其他知情人的講述，我將那天早上發生的突發事件記錄如下：

大涼山裡的彝族分白彝和黑彝兩大類別，白彝俗稱娃子也就是奴隸。也有人喚為白骨頭。黑彝又稱黑骨頭就是奴隸主。一九五四年，中共對涼山周邊的漢族聚居區搞完了剿匪、鎮反和土改等大規模殺人運動以後，其統治已日趨鞏固。隨即便陸續開始征服難度較大的周邊各少數民族地區。蠶食吞併步步為營，其手段除武力進犯以外，也輔以慣用的對彝族上層人士的所謂「統戰」，有部分黑彝頭人確實被「統」進了政協、人大之類的「花瓶」單位。當年涼山彝族自治州的一位瓦查木基副州長就是這樣一個統戰「標本」。而屬於這位瓦查副州長家族內的其他成員，也分別情況或多或少地給了他們「一杯羹」，州長的一位五十歲出頭的堂兄，就留在了農場當幹部，也就是我等當時所在的集訓隊裡當獄吏，我們奉命喊他瓦查隊長，雖然他既不是中隊長也不是分隊長，至於為什麼要名不副實地這樣喊他，那也可能是犯人毋須刨根究底的「國家機密」。

眾所周知，「文化大革命」對所有的「統戰對象」都是一道難以逾越的關口，因為統戰對象和階級敵人在「黨內同志」內部按「毛澤東政治詞典」掌握的原則，本質上就是兩個同義詞，只是根據「革命」形勢發展的需要，將這兩組詞彙交替使用在相關人士頭上罷了。估計瓦查隊長從氣勢洶洶的眾多造反派的語言中，聞到了日益濃烈的火藥味，他作為無產階級鬥爭對象的黑彝奴隸主，等待他的只有接受批鬥的羞辱、甚至是曠日持久的服刑勞改，就像他往日喝斥謾罵的犯人一樣。這對出身血統高貴的黑彝簡直比死亡更為可怕……也許他還後悔自己投靠中共、背叛了自己的民族才走上這條絕路，只不過這一切都成了永遠的秘密。

因為當周中隊長帶著黃倫趕來的時候，躺在地上的瓦查隊長似乎已變成了一具屍體，他上吊用的布條還懸在頭上，屋內站著的是大隊部那位被稱作教導員的獄吏，他那張奇形怪狀的臉，除了用猙獰二字形容外便找不到第二個可用的詞彙。黃倫彎下身去用手指翻開了死者的眼皮，對著周中隊長搖了搖頭，好像是說：「已經沒救了」。周中隊長說：「先前身上還有點熱氣，你是不是給他來點人工呼吸？」他們似乎對失去這個鬥爭對象有些掃興。雖然黃倫知道起死回生的希望已十分渺茫，但他還是對死者施行了人工呼吸。在黃倫按壓死者胸脯的時候，他的右手似乎觸到了死者襯衣口袋裡放著的一塊紙片，在做完人工呼吸後，黃倫順手從襯衣口袋裡掏出了紙片，他抖開紙片正欲交給周中隊長時，忽然聽教導員驚呼似的下令：「快拿過來！」只是在拿過來的傳遞過程中，黃倫已清楚地看見上面寫著：「打倒毛澤東」五個歪歪斜斜的字，一個沒有正規地學過漢語的彝族老人，寫出小學生水準的字已經難為他了。

黃倫的情緒在矛盾中奔突，他對昔日這個少數民族出身的隊長一無所知，但藏在他衣兜裡的絕命書卻勾起他沉重的回憶，在黃連關監獄，當王分隊長將他「升起」在屋樑上時，他不也是高喊了這五個字組成的口號嗎？而曾經勇敢地喊出這句口號的人，此刻卻在料理將口號藏在心裡的死者。瓦查隊長決心自殺，他清楚地知道，暴君縱有再大的權勢也不可能再加害於他，他解脫了，同時實現了他生命的昇華，黃倫咬緊了牙關，不讓他為這位少數民族受難者灑下同情之淚，他們畢竟在心裡呼過一個共同的口號。

在舉腿跨出房門時，面目猙獰的教導員叫住黃倫問道：「你是學醫的吧？」黃倫對這類心懷鬼胎的提問十分厭惡，冷冰冰地回答：「學過一點皮毛。」教導員突然臉色一變，用威脅的語氣警告黃倫：「如果你膽敢對今天早上你看到的事在犯人中散佈流言，你是聰明人，去想想會帶給你什麼後果！」

可惜隨即安排木工犯人釘一個俗稱火匣子的簡易棺材，又派犯人去挖埋死人的坑，又派一群犯人去抬棺材、去挖坑、去掩埋，結果按共產黨慣用的威脅說法就叫作「紙是包不住火的」。一天之內，全集訓隊都知道瓦查隊長上吊自殺的新聞，三天之內桂花大隊便無人不知，只是死者衣兜裡所揣紙條的事知道的人並不很多。

我至今不明白，瓦查隊長的自縊身亡為什麼對黃倫有這麼大的震撼，那天，他激動地對我說：「從今以後，我一定會好好地活下去，除了不出賣靈魂以外，我一定要不擇手段地保全自己的生命，我要期待那美好的節日到來」。

不久，又從其他勞改隊調了些犯人到集訓隊來，新來的人中，《星星》詩刊的編輯石天河（即周天哲）、四川大學中文系學生黃保松，都是右派「升級」到勞改隊來的右派份子，也和黃倫過從甚密。獄吏們對「臭知識份子」之間的關係分外敏感，常在犯人中散佈「小集團」之類的捕風捉影，為告密者暗示跟蹤方位。我們不是什麼地下黨，但得遵守「單線聯繫」的交往原則，朋友們都盡力避免給告密者提供資源。因為我們蹲的是共產黨的監獄，它絕對不同於以往在電影裡，小說中所瞭解的監獄，那些都是非無產階級的監獄，犯人間可以稱為「難友」，可以同舟共濟相互照應。我們這個監獄提倡的是「相互監督，共同促進改造」之類的冠冕堂皇，骨子裡搞的是分化瓦解，也就是像野獸般相互撕咬。

「好景不常」這個令人遺憾的成語，終於輪到了我去咀嚼，集訓隊設在農場的桂花大隊，這個大隊共轄五個中隊，其中的通木溪中隊與集訓隊緊鄰，耕作田塊多有犬牙交錯之處。在一次外出勞動中，通木溪中隊的指導員滕德恩突然遇見了我。十多年前我當兵時，曾經在涼山指揮部電臺當過收發電報的報務員，當年的司令員魯瑞林偶爾會到電臺來坐坐，他是來聽聽當年還比較稀罕的收音機，我則是趁機騙他幾支高級香煙。

那時，這位指導員當年正在給這個司令員當警衛員，按規定他也不能進入我這個「保密重地」，但他還是認識我這個同一單位的起碼官。此番「他鄉遇故知」，他一眼就認出了我，大概為了顯示他的今非昔比，便把我調到了他的治下。在黃倫等朋友還在集訓隊繼續「嚴管」時，我已經結束了集訓來到了通木溪中隊。此後，除了場部或者大隊部召開大會以外，我也很難再見到黃倫了。不過我還是聽說黃倫也出了集訓隊，分到了同屬桂花大隊的向陽坪中隊，又聽說曾經叫他當中隊衛生員，他堅決不幹，他在餵雞，這可是個犯人們垂涎的美差。

作為政黨，中國共產黨肯定是當今世界上最反動、也是最頑固的政黨，但作為個體黨員，也不全都是鐵板一塊。我在這位前警衛員現指導員治下勞改了八年，他對我最大的照顧就是沒有給我新添冤假錯案，按勞改隊一般政治犯的命運，這幾乎已接近奢望。其次，他幫助我得到一些帶有技術含量的工種，如操作一台小型內燃機驅動的農藥噴霧器，雖然只是季節性的勞動，但比起固定在田間耕作的犯人，還是有較大「自由」活動空間的，對不偷吃生產成品就不可能吃飽肚子的勞改犯來說，這個「自由」空間簡直太重要了。我之所以覺得這個「非鐵板一塊」還值得一提，是因為剛和他打交道時，他叫我出賣朋友日後可幫助我減刑，被我支吾拒絕後，再也沒有提出過類似要求，雖然我隨後繼續被他「專政」了七年之久。

整個桂花大隊只有一台機動噴霧器，我已積累了使用和維護它的豐富經驗。它雖然屬於通木溪中隊保管，但全大隊都可以使用，這意味著在農作物病蟲害嚴重發生時，我就得背著它按分管獄吏的指令奔向全大隊屬下的任何一個中隊，當然我最希望能去的就是向陽坪中隊，原因不言自明。

記得頭一次到向陽坪中隊，我在保管室附近收拾機器農藥，黃倫走到我面前微微一笑，就代替了握手擁抱，看來彼此都還健康就是最大的安慰。因為養雞房存有雞蛋，雞蛋是能吃的東西，勞改犯處於「長期吃不飽，短期餓不死」的生存狀態，見到能吃的東西就愛不釋手。所以隊上規定，凡存放能吃的東西的地方，都屬於一般犯人嚴禁涉足的禁區，我也不會靠近黃倫所在的雞棚之類的「是非之地」。午飯後有短暫的休息，我便在一個負責記錄生產進度的犯兄的床上打個盹，醒來時枕邊竟有兩個餘溫尚存的煮雞蛋，一開始我以為還是在夢境之中，定神後我斷定這必然是黃倫的傑作。

估計獄吏安排他獲得養雞的美差，肯定不是為了他能及時得到蛋白質的補充，而是從檔案中知道他是個軍醫大學的畢業生，比隊上那個一知半解的專職衛生員肯定專業得多，在這缺醫少藥的荒野，萬一妻兒老小得了什麼急病，興許這個傢伙還能派上用場。其次是由於他們的誤判，認定像他這種文弱書生般的政治犯，決不至於去偷東西。這一點，共產黨顯然低估了自己的能量：它不僅能逼秀才造反，而且能逼秀才偷雞蛋。

有一天我在向陽坪噴農藥時突發天公作美的暴雨，我回隊躲雨，在空曠的風乾室裡我和黃倫閒談了近兩個小時，打了一次精神牙祭。此前幾天，他們中隊一位管生產的趙姓獄吏，他妻子突然上吊自殺了，黃倫說：「她生了四個兒女，丈夫每月工資才三十多元，怎麼養得起這一家六口？」語氣中對這個不幸的家庭還流露出幾分同情。仔細想來，這些獄吏在踐踏犯人的同時，他們也受著這個絕滅人性的制度的踐踏，這真是我中華民族的一大悲哀。

黃倫離開向陽坪中隊的原因並不像一般犯人調動那麼奉命行事，也是一場令獄吏們尷尬的滿城風雨。事情是這樣的：黃倫除了養雞以外，還兼任中隊保管，紅薯、土豆、玉米、大豆凡隊上收穫的農產品，收穫多少？支出多少？庫房裡進進出出都得經過黃倫過秤登記，做出一副一絲不苟的樣子。黃倫心裡當然明白，一切國營企業的財務帳單，無一不是掩耳盜鈴的糊塗賬，因為「黨」如果認為統計數字不對，經辦人就得按「黨」的要求加以增減，當年「大躍進」的指導原則永遠不會放棄的。事實上中隊裡的大小獄吏，都變著樣在黃倫的帳本上做手腳，或者秤購五斤雞，讓黃倫登記三斤，或者買十斤土豆，暗示黃倫只開六斤的票，黃倫無不照辦，反正看透了這個烏七八糟的社會，什麼老老實實、又什麼實事求是，全是自欺欺人的鬼話。

這群「挖社會主義牆腳」的獄吏中，還數那位四個孩子的父親最賣力，黃倫知道他的工資低得可憐，從來不使他為難。這一天，趙獄吏令兩個犯人挑了兩挑紅薯到他家裡去，雖然下手太毒了一點，黃倫還是一如既往地假裝沒看見，誰知挑紅薯的犯人中有一個叫王光華的，數月前曾被趙姓獄吏賞過兩拳，他懷恨在心，便趁這個天賜良機去向一把手指導員報告了這件「奉命行事」。需知獄吏們幾乎個個都是「挖社會主義牆腳」的「同案犯」，但他們表面上裝起正人君子又一個比一個裝得更像。

如不是王犯此番公然揭發，指導員也會睜一隻眼閉一隻眼放他一馬，事到如今他也只好硬著脖子叫趙獄吏把紅薯弄回保管室去。再說那位偷紅薯的幕後支使者被一把手「破案」後憋了一肚子氣，左猜右想這個舉報者究竟是誰？終於他鎖定在黃倫身上，他將黃倫對他子女的同情，誤以為是對他權威的畏懼，這正是「以小人之心度君子之腹」的典型病例。他開始了報復行動，當晚下學習後，他留下了幾名會寫字的犯人，每人發兩張紙，叫他們針對黃倫寫檢舉材料，準備「收拾」這個敢於「給我趙某添亂的傢伙」，殊不知留下的犯人中，當晚就有兩個將這一緊急情況悄悄告訴了黃倫。

第二天桂花大隊將在桂花溪中隊召開大會聽報告，那裡才有一個能容納一千多人的地壩，向陽坪中隊全隊犯人集合列隊準備前往，剛剛列隊完畢，黃倫在隊列裡大聲向指導員報告說：「我要求指導員證實一下，昨天有人報告趙幹事挑了兩挑紅薯回家，看報告的人是不是我？」這幾句話等於黃倫當著犯人的面揭露了幹部盜竊國家財物。其實這類獄吏偷偷摸摸的事在勞改隊可說盡人皆知，但由一個反革命在大庭廣眾中公開說出來則是耳目一新的奇事一樁，這個意外令指導員中隊長措手不及，為顧全「同志」的面子，他們令黃倫下去再說，黃倫還咕咕噥噥地唱高調說：「法律剝奪了我許多權利，但沒有剝奪我檢舉壞人壞事的權利」。

中國有句「又當婊子又立牌坊」的民諺，用它來概括中共的所作所為只能說話醜理端，獄吏們振振有詞的宣講「愛護國家財產」，趙某偷紅薯的冰山一角如果任黃倫那張利嘴在犯人中廣為張揚，獄吏們的「牌坊」豈不大大受傷？就在犯人們聽報告的過程中，向陽坪中隊的幾個獄吏碰了碰頭，又向大隊的頭目作了請示，在動身回向陽坪中隊之前突然向黃倫宣佈：「不再返回向陽坪中隊，直接調你到桂花溪中隊，個人物品中隊會派人送來。」這是個一箭雙雕的決定，一方面讓黃倫沒機會進一步擴散該隊眾獄吏集體「挖社會主義牆腳」並且相互包庇的家醜；還可以借此機會對這個狡猾的反革命分子進行一次私人物品突擊搜查。

黃倫在桂花溪中隊只待了一個月，這個中隊恰好是全農場距離場部醫院最近的單位，還不足四華里。在獄吏和犯人中，也早有醫院裡那幾位醫生來龍去脈的傳聞，醫生們也聽說過關於黃倫的如此這般，似乎真還有點「慕名神交」的味道，特別這些犯人醫生向醫院領導的鼓吹推動，致使這次將黃倫從桂花溪生產中隊調到農場醫院相當順利，這一去就是二十年，其中當犯人醫生十年，當改正右派醫生又是十年。

決不可小看這所勞改農場的醫院，中共在大陸開始建政時，為對付國民黨長期經營的這個最後據點的複雜背景，北京政府曾將四川省劃為川東川南川西川北四個省級行政區，兩年後撤銷了這四個行政公署，恢復四川省建制。當年川北行署下屬的醫院，大部份設備和部份人員也調來雷波縣西寧鄉的國營雷馬屏農場。正式成為勞改農場醫院以後，又從上萬名犯人中搜羅出不少專業人才，這些由世界一流醫科大學畢業的專家們，中共在各次政治運動中，以美國派遣特務、國民黨骨幹、偷聽敵臺乃至右派反革命之類莫須有罪名，將他們濟濟一堂地囚禁在這座人跡罕至的勞改農場裡，其中如原重慶寬仁醫院院長留美博士余恩梅女士、上海同濟大學教授陳家齊、中國血化研究所研究員羅家瑜、浙江大學教授張超梅、華西醫科大學早期畢業的牙科醫生豐宗錦，內科醫生何鎮湖等等不一一列舉。他們不僅醫術高明，而且醫德高尚。用黃倫自己的話說：「比起他們，我只能算是晚輩」。如果黃倫事前不知道這些令他仰慕的佼佼者，對他的這次調動也不會這樣順利，新康石棉礦那所勞改醫院的教訓不可能輕易忘卻。

像醫院這種技術性很強的單位，「文化大革命」以前，對個別技術骨幹醫生在政策上也會有特殊照顧，因為統治者也同樣要害病。如前述的內科醫生何鎮湖，一九四九年以前是敘永縣衛生院院長，一九五二年以反革命罪判刑十二年後來到這裡，技術上是這所醫院初建時獨一無二的頂樑柱，甚至在他服刑期中，就將他的妻兒老小一家四口全部接到農場，還允許他繼續生兒育女。其他大陸勞改犯能享受這般待遇者，除非他是馬克思的轉世靈童。當然也應該看到問題的另一面，人說沒有白吃的午餐，共產黨給他的敵人吃一口飯已經難上加難，一頓午餐肯定更是談何容易。原來一九五二年這所醫院剛剛建成時，什麼院長、主治醫生，都是當年「進軍大西南」部隊裡的衛生員或者助理醫生轉業而來，他們在部隊衛生學校訓練了幾個月或者最多一年，治點傷風感冒用點紅汞碘酒還可以湊合，真正遇到複雜一點的病就往上級醫院一轉了事。

勞改隊的醫院可不一樣，農場犯人患病後，只要在這所醫院醫不好就必死無疑，因為沒有專醫犯人的高級別醫院可轉。死幾個犯人問題倒不大，在這交通閉塞的山區，有個幹部特別是領導幹部患了什麼急病就麻煩了。此外，那些由連隊衛生員提拔起來的院長、主治醫生們，只要他們願意放下「高人一等」的臭架子，還可以從這些反革命醫生那裡多少學得點真本事，所以對個別技術過硬的反革命醫生給點特殊政策其實也並不虧本。

這所「技術一流，政治不入流」的醫院，此時正缺一名五官科醫生，黃倫的到來填補了這個重要的空缺。黃倫到醫院以後，用他那「只可意會，不可言傳」的微笑贏得了友誼也贏得了信任。隨後黃倫用簡陋的「手持裂隙燈」成功地摘除了眼球中的混濁晶體，為周邊農民治癒白內障近二百例。特別是其中兩名先天性失明的青年，在第一次見到親人的笑容後，敲鑼打鼓地給醫院送來錦旗，甚至要給黃倫下跪磕頭，當然他們並不知道這位恩人是個右派反革命份子。農場醫院在周邊的屏山、雷波、昭覺等地的聲譽更為高漲，遠道而來的慕名求醫者絡繹不絕。黃倫也日益得到同事們的尊重，他用自己的坦誠，換得了一批肝膽相照的朋友，在人人自危的勞改隊，這種友誼至為珍貴。

有一年，我在犁田時，門牙被一條帶有野性的公牛打掉了，給我的生活帶來很大的不便，那時我三十歲出頭，擔心附近牙齒的「連鎖反應」，很想鑲一顆牙，勞改隊有毫無道理的「不成文法」規定，犯人一律不准鑲牙，我很苦惱。

好像是一九七二年冬，在一次勞動中我的右腳大拇指被二錘砸成了粉碎性骨折，腳腫如象腿，用牛車把我拉到醫院看門診時，黃倫看見了我，便悄悄對我說：「你太累了，休息幾天吧。」經過他的一番斡旋，竟讓我這種勞改犯不可能住院的外傷病號住了幾天院，更令我感動不已的是，黃倫說服了牙科醫生，冒違犯「不成文法」的風險，替我鑲上了那顆夢寐以求的門牙。在險象環生的勞改隊，撬開那一扇扇被「看人說話」把守著的後門，沒有無可挑剔的人際關係是很難想像的。

像大陸所有的單位一樣，醫院也決不是階級鬥爭的真空地帶，這裡的等級制更為複雜，雖然同為醫生、護士和勤雜人員，但得分清幹部醫生、滿了刑的就業人員醫生和犯人醫生涇渭分明的三等，護士也同樣分幹部、就業人員和犯人三等。這是三種尊卑不可僭越的身份，相互之間談話時的語氣態度和站立坐下的姿勢都因對方身份的不同而產生相應的變化，這是我們這個名為社會主義實為封建等級制國家必然出現的現象，也可稱為「中國特色」之一。勞改犯不准參加「文化大革命」，但勞改單位的「革命群眾」卻幾近瘋狂地要求革命，這些「紅色鬥士」除鬥爭本單位的走資派以外，個別突出的有代表性的「死老虎」，也是他們鍛煉鬥志的活靶子。這時虔誠的基督徒余恩梅就成為造反派和保皇派共同追逐的鬥爭對象，他們都以鬥倒余恩梅來證明自己多聽毛主席的話。在這些打打殺殺的腥風血雨中，六十高齡的余醫生一度躲向附近的山洞，唯獨滿腔正義的黃倫有勇氣給她送水送飯，使余醫生深受感動。

上世紀八十年代初，余醫生終得平反，在四川省醫學研究會任常務理事，她精湛淵博的學問，都埋葬在瘋狂野蠻的冤假錯案之中。一九九四年，余恩梅醫生背負著一生的遺憾，孤獨地在成都病逝，黃倫曾賦〈念奴嬌〉以弔唁，此詞曾在美國某華文報紙上發表。其上闋云：「思鄉落葉，歸根矣，冠冤美蔣間諜。陷身囹圄三十載，冥淵苦難嘗絕。腕上銬銅，踝間，頭上青絲白。受盡欺凌，仍然儒雅品格……」共產暴政對我中華兒女令人髮指的蹂躪，躍然紙上。

不過也得承認一個事實，余恩梅醫生也好，黃倫醫生也罷，雖然他們都是被這個專制制度壓在最底層的受害者，但比起和他們具有相同政治身份的普通犯人，這些犯人醫生又可稱為犯人貴族。唯一能容忍這個「貴族」存在的原因，就是高高在上的獄吏們也會生病，更使他們無可奈何的是他們都有把病醫好的願望，在這個邊遠地區的山溝裡，除了這些該死的勞改犯、誰又能幫他們解脫疾病的困擾。這時人們就會看到那一張張對他治下的勞改犯兇神惡煞的臉，在給他治病的勞改犯面前變得溫馴聽話甚至諂笑獻媚，求生的人性使這群無產階級專政的冷面殺手戰勝了橫眉冷對的階級性。如果獄吏們不是凡胎肉身，而是一部部沒有五臟六腑的機器人，黃倫有再好的醫術也斷無用武之地，我可以斷言，縱然黃倫在隨後的政治波濤中，磨掉他一些性格棱角，他也會在某次突來的山洪暴發中讓泥石流吞沒，在第五度充其量第六度自殺中身亡。

一九七四年，黃倫服完了他被判的十七年刑期。林彪事件以後，「文化大革命」的慘敗已露端倪，毛澤東的神威也現出多處裂縫。但極左路線對中國的影響，又豈止是根深蒂固四字就能說清。黃倫雖然滿刑，但監獄方強調的是「思想改造永無止境」，那就得留在勞改隊當就業人員，這是當年反革命犯的普遍結局。

一九七六年，毛澤東一命嗚呼，不久中共十一屆三中全會召開，右派問題有所鬆動，承認了「反右擴大化」，並費盡心機的在平反和不平反之間找到一個稱為「改正」的絕妙詞彙，將它揉搓成一粒粒雖不能治病、但卻能鎮痛的新型藥丸，令全國的右派份子每人服上一粒，唯獨黃倫除外。

黃倫除外的原因是一九五七年反右運動時，更精確地說，黃倫由右派直接升級為反革命時，他正臨時性地在中建四公司工作，人事關係並未轉過來。「整風鳴放」中他對抗運動且「行兇打人」又事發突然，逮捕判刑的應急措施均按特事特辦的「從重、從快」方式處理。依常規記載他早期「罪行」的檔案袋，應該在那個專門修建蘇聯援華項目的中建四公司。奈何斗轉星移變化莫測，突然間中蘇分裂，蘇聯援建專案全部撤銷，為這批專案服務的公司也沒有存在的理由，「皮之不存，毛將焉附」，黃倫的檔案袋又將附在哪裡？誰也不知道，誰又能找到？

黃倫還有另一層面的麻煩，它一直所在的農場醫院，那裡的右派、反革命醫生們，老死的老死，平反的平反，「改正」的「改正」，技術骨幹們總算結束了屈辱的勞改生涯，醫院已沒什麼像樣的醫生，在人才奇缺的困境中，農場難道會主動去設法幫黃倫落實政策，讓他也名正言順地脫離苦海，恢復所謂的自由，從不虧待自己的獄吏們決不會幹這種挖自己牆腳的傻事。

一九七九年，黃倫當了五年的就業人員了，這騎牆於犯人和公民之間的尷尬身份，這隨時隨地都背負著「翹尾巴」嫌疑的「二勞改」，這永無止境的屈辱，黃倫已經受夠了。那天，農場一把手黨委書記嚴珊來醫院看病，黃倫找到這位被喚著政委的超級獄吏說道：「我就犯了那麼點事，關了我二十二年也該差不多了吧！」類似的喊冤聲超級獄吏的耳朵裡早已塞滿，他習以為常地回答似乎也無懈可擊：「不是我們不放你，是沒有單位願意接收你。」超級獄吏忘了，他今天遇到的對手是從不信邪的黃倫，他的回答讓超級獄吏啞口無言：「嚴政委，你是中國人，我也是中國人，中國人說話就得算話」，說完黃倫調頭便走。

距離農場咫尺之遙的是雷波縣西寧鄉，不長的街道兩側設有兩個不大不小的單位，一個是泰山壓頂的雷馬屏農場場部，另一個是雷波縣森林工業局，當年中國的森林工業局，其實就是森林砍伐局。共產黨在揮霍我們祖宗留下的遺產方面大刀闊斧決不手軟，砍下的樹木源源不斷地向內地運去。為此，森工局下面還設有一個專門運送木材的汽車隊，與伐木運木相關的工作人員無一不在這所名聲在外的公立醫院裡接受著「公費醫療」，吃五穀生百病的人豈有不認識黃倫醫生者。聽說黃醫生要搭個便車去趟四十公里外的新市鎮，樂於效勞者大有人在。

新市鎮不屬雷波縣而隸屬屏山縣，由雷馬屏三個地名組成的農場簡稱中，第三個屏字指的就是這個縣。有小重慶美譽的宜賓市和這個熱鬧的集鎮之間有小輪船往返，這個繁忙的水旱碼頭也是進出大涼山的咽喉之地。前文說過，黃倫醫道之精良早揚名周邊，不遠的新市鎮上也不乏他的信眾。一個多小時後，黃倫便下了車，大步流星地去到首腦機關，向鎮上的一把手說明來意，幾個喜出望外的頭頭腦腦三言兩語便作了決定，歡迎黃醫生來我鎮衛生所工作，吩咐秘書寫好商調函，蓋上公章交予黃倫。黃倫走向公路，從川流不息的卡車中，攔下一部森工局的返空卡車，登上駕駛室，個把鐘頭就返回了場部，將商調函親手交給了嚴珊政委，因為他畢竟是中國人，中國人就不會不懂「啞巴吃黃連」這句民諺的含義。

第二天，黃倫開始在新市鎮衛生所上班。

七個月後，四十七歲的黃倫生平第一次有了妻子，也就是有了一個屬於自己的家庭。也許是當地政府為了能留下黃倫這個優秀醫生而特意撮合了這樁婚事。比黃倫小十四歲的妻子巫榮升，也有著一段非同尋常的經歷。她二十歲時與一位名叫羅邦喜的小夥子結婚，一年後，這位在森工局工作的小羅，背

黃倫和巫榮升的「婚紗照」

負著「文革」冤案判處死刑執行槍決，留下一個嗷嗷待哺的女兒。一年後小羅得到平反，按規定政府給了家屬八百元人民幣的賠償。這筆費用在當年足夠購買一頭水牛，孤兒寡母的巫榮升分文未要，全部給了小羅那位體弱多病的老母。

這一對被冤假錯案折磨得死去活來的人終於走在了一起，他們相親相愛地撫慰對方心靈的創傷，共同撫育已滿十歲的女兒一天天成長，如今這對恩愛夫妻已攜手走過近三十年的人生之路。

一九八〇年七月下旬，我收到原判法院對我「徹底平反，無罪釋放」的裁定書，在成都音樂學院工作的二妹和妹夫雙雙到雷馬屏農場來接我出獄，在泥石流堵住公路的困境下，急於離開這裡的我們，步行一個通宵到達新市鎮，買下輪船票後，在開船前一小時，我飛快地跑到衛生所找到了黃倫，為的是和他分享右派「改正」這個中性詞彙，至於由「改正」而延伸的判刑十八年的徹底平反，那也是一種不涉及經濟賠償的並不徹底的平反。不過，被斬首的阿Q好像說過，走出監獄畢竟是個好事，特別是在這個冤假錯案多如牛毛的國家。

黃倫高興地隨我登上即將離港的輪船，我倆站在甲板上，二妹夫用他那部古老的海鷗牌一二〇照相機替我們這對難兄難弟照下一張小黑白照片。在寫這篇稿件時，我很想找出來用數碼相機翻拍一張附在這裡，十多本相冊全被數碼相片和五吋彩照塞滿，翻來覆去再也找不到那張「十八世紀」的古董照片。

二〇〇三年，我素來不敢恭維的香港鳳凰衛視搞了個《我這五十年》的訪談節目，採訪了重慶市一個名叫王立喜的企業家。此人當年判刑後，因越獄逃跑而關進雷馬屏勞改農場集訓隊時，是一個剛滿十五歲、一臉稚氣的孩子，也因此他得到了一個王小娃的綽號至今未變。這個求知欲很強的「少年犯」，與黃倫、石天河和我等三、五個右派反革命多有接觸，問這問那不外乎想填補些他過早輟學造成的知識空白。雖然獄吏們危言聳聽地不斷警告他，「不要上反革命份子的當」，他卻因「為人不做虧心事，半夜不怕『黨』敲門」而充耳不聞與我等交往如故。

訪談節目中他強調了這一點，並聲稱是這些右派分子改變了他的人生道路。節目播出後，據說反映還不錯，這時的王立喜不僅年富力強，更重要的是銀行的取款機對他十分慷慨，眾所周知，在那時的中國，只要取款機愛上了你，辦什麼事都比較方便。王立喜不費吹灰之力就將這個訪談節目製成一張張光碟，似乎又不費吹灰之力就找到被他稱作「恩師」的那幾位「改正右派」。神通廣大的企業家王立喜衣冠楚楚地站在寒舍門口，給早已戒煙的我送了一條我見而生畏的高級香煙，一番溢美之詞以後準備告辭時，丟下一句如雷轟頂話：「我還要到黃倫家裡去。」「什麼，你說黃倫也在成都？」我的老天爺，我完全驚呆了，弄不清究竟是地球太小了，還是成都市太大了？

王立喜走後，我立即趕往醫院，看望一位病危中的改正右派，從醫院回家時已近深夜。突然傳來敲門聲，原來王立喜告訴黃倫我的住地以後，黃倫就迫不及待的要王立喜立刻帶路到我家來，他倆上了計程車，從遙遠的南郊來到我家，我們像失散多年的親人般強忍著激動的淚水，興奮地互訴這別後二十三年的人情冷暖世態炎涼。

事實上黃倫直到一九九三年才真正離開將我們折磨得成熟起來的雷馬屏農場。黃倫調到新市鎮衛生所上班後，因此地畢竟距農場很近，不少昔日的熟人或出差或探親路過、甚至專程看病來到這裡，交談中也多多少少對黃倫的右派問題長期未得到「改正」表示過關心，用他們的話來說：「這是個至關重要的政治待遇問題」。同時，雷馬屏農場醫院和場部也為這個醫院缺少像樣的醫生而發愁。其間也有農場較高級別的獄吏出面動員黃倫重回農場醫院，甚至提出不以就業人員即二勞改的低工資待遇付給他為誘餌，均被黃倫婉言謝絕。一九八二年，超級獄吏嚴珊、也就是曾被黃倫授予中國人稱號的政委調離了農場。不久，一位新上任的政委三顧茅廬般親臨黃倫所在的衛生所，亮出一把非同一般的「殺手鐧」：「你回農場去，我們替你去辦落實政策的事，問題解決後，你也得留在農場工作到退休。」對黃倫而言，這個交換條件確實具有非同一般的誘惑力，在原劃右派的單位不復存在的情況下，除了神通廣大的員警系統，誰能撬開那重重疊疊的檔案櫃？

一九八三年，黃倫回到雷馬屏農場醫院，不久，農場領導親自找到四川省的員警頭子、時任公安廳長的白尚武作了特事特辦的批示，相關單位一路綠燈，右派問題順利得到「改正」，判刑、加刑也按政策規定列為冤假錯案隨即平反，醫院裡為此專門開會宣佈此一「進展」，彷彿叫「同志們」別再用「翹尾巴」這個詞來「教育」他。

一九九三年黃倫被授予了一級警督的警銜，在我周圍這群犯兄犯弟中，他算是一名最大的「官」。只不過在談論這個話題時，黃倫臉上泛出的是沉重而淒苦的笑容，這種笑容和他在勞改隊臉上泛出的那種只可意會，不可言傳的微笑真還像一脈相承般原汁原味。一批年邁蒼蒼的勞改朋友打趣著要求他穿著一身警服前來參加聚會，順便開個「憶苦大會」。黃倫卻一臉尷尬地對我說：「看來這個警銜竟成了我黃某的『硬傷』」。

一九九三年，「君子一言，駟馬難追」的黃倫六十歲在農場醫院退休，按異地安置的政策，單位給了他一千多元補貼。不久，他遷來成都市內和妻子、女兒和活潑可愛的外孫女住在一起。

他成了一個釣魚迷，而且沾沾自喜地自稱為垂釣高手，說釣得的魚全家人都吃不完。憑此說法再次證明，我是一個絕對沒有口福的人，因為我和他恢復聯繫前一年，他早已不再釣魚了。那時已有多種疾病困擾著他，我有時故意慫恿他釣幾條魚來嚐嚐鮮，是為我從未吃過他釣的魚而出口悶氣。他卻很認真地回答我說：「早知道你這樣想吃魚，我還真不該把我那套進口高級釣魚家什全都拿去送人」。

近年來黃倫對世風日下，中華民族的整體素質的空前滑落深惡痛絕，他義憤填膺地說：「連教育和醫療這兩個最不應該腐敗的部門都腐敗了，這個國家還有救嗎？」

二〇〇四年十一月，黃倫因尿血而送進華西醫科大學附屬醫院急診室，這是省會成都最好的兩家醫院之一。醫生匆匆診斷後，給了他輸葡萄糖液的處方，黃倫看後對醫生說：「年輕人，我可是個糖尿病患者，如果我想自殺，就不會告訴你我的這個隱私」。他心想，難怪今天醫患糾紛如此頻繁發生。

作為一個幾乎當了一輩子醫生的老人，黃倫對當前很多醫院在掏患者腰包方面的不擇手段痛恨至極，醫生為賺取回扣專給病人開價格昂貴的藥品。乘人之危是民族墮落的一種表現，正是執政黨多年來顛覆傳統道德的惡果之一。部分醫院高唱著「救死扶傷進行曲」，卻幹著「打家劫舍」的無恥勾當，其所作所為，可稱作雙重罪惡。黃倫在讀過這家醫院的第一張催款單以後，哪怕他個人只負擔百分之三十，也感到費用高得離譜，享受醫保的退休「警官」都不堪重負，底層百姓又將何以應對？黃倫想，反正最後確診他患有膀胱癌、冠心病、糖尿病、肺氣腫和腎結石。他知道這些病該怎麼治，便轉到了一家等級較低，因而收費也比較便宜的四川省電力醫院。

恰好這家醫院距我家比較近，步行約四十分鐘便可到達。我每天從早到晚都到醫院去陪他聊天，吃午飯時他妻子便會在附近飯館裡買兩三個菜來湊熱鬧。幾天後，我覺得這樣下去伙食費用開支太大，就提出我每天吃了午飯再來這裡，坐四小時左右回家去。那些日子，我最擔心的是黃倫的生死問題，害怕這些可怕的病奪走他的老命，近些年來，眼看著一個又一個犯兄犯弟棄我而去，每每想到他們在咽氣之前，給兒孫們留下的一句話是：「共產暴政覆滅日，家祭勿忘告乃翁」。我就感到上蒼的不公，讓這些受盡折磨的老人含恨而死。

黃倫知道我這個醫學外行對他那名目繁多的病情所懷的隱憂，安慰我說：「在這個從來不把人當人的國家，像你我這類『異己分子』，能活到七十開外已純屬意外，死亡也是個非常正常的事」。這可能是我們之間唯一的一次談及死亡，雖然它是在黃倫不斷住院的日子，經常令我牽腸掛肚的事。

有一天，我們談到了我兒子的教育問題，我臨走時，黃倫的妻子送我走出醫院大門，途中她告訴我，婚後不久他們就懷上了孩子，有一次，女兒突然對黃倫說：「爸爸，媽媽生了弟弟你就不喜歡我了吧。」孩子一句天真無邪的話，刺傷了黃倫善良的心。他心想，一個家庭裡有兩個不是同一父母所生的兒女，對孩子的成長不可能不產生影響，更可能產生負面的影響。孩子那敏感脆弱的感情很容易受到傷害。從長遠的角度考慮，黃倫認為沒有要這個孩子的必要，終於徵得了妻子的同意，沒有生下自己的那個孩子，專心地培養女兒成長，終使她事業有成對黃倫也關愛有加。

這件事給我留下的印象非常深刻，因為它發生在受傳統教育很深的黃倫身上，他不可能不知道「不孝有三，無後為大。」這八個字在中國文化中的重量，為了對女兒充分的愛，他作出了這個犧牲自我的決定，這是一個有寬闊胸懷的男子漢才能作出的決定。坦率地說，我就做不到，即使我讀過的古書不及黃倫的十分之一。

黃倫出院了，他不同意我用「戰勝死神」這個陳詞濫調來讚頌他，說：「人類可以戰勝病魔，絕不可能戰勝死神，如果真的戰勝了死神，人類自己也就滅亡了」。我對他的咬文嚼字不感興趣，故意挖苦他：「一場病竟把你害成個哲學家了」。

二〇〇五年春末夏初，八十二歲的石天河教授傳來資訊說：「年前他患了一次腦萎縮，病癒後很想念老朋友們，希望能找個機會見見面」。張羅這類事最合適的人選當然還是年富力強、而且又是「取款機的老相好」的王立喜，他風塵僕僕地由重慶趕來成都。考慮到黃倫的健康狀況欠佳，還特意請他夫人全程陪同，並找了一部乘坐比較舒適的小臥車。黃倫特意叮囑我一同前去，因為他知道我和石天河在農場集訓隊相處時間很短，交情並不很深。我只是和這位教授共同有一個刎頸之交的密友，那便是黃倫。我甚至認為他捎信說想見見老朋友，這個泛指的老朋友其實應該是特指的黃倫。他倆都具有相當深厚的古典文學功底，自集訓隊開始，二人間便有詩詞歌賦的秘密唱和，而我對「平仄對仗」就像小學生見到高等數學一樣不明究底。我和黃倫的友誼基礎，是建立在我們共有的自由主義思想上，我所喜愛的新文學只是這個思想的一種載體，它不是目的，更不是方向。

一行十個「改正右派」在成渝高速公路上奔馳四小時，便到了石天河教授所在的永川渝州文理學院，從見面的一剎那起，王立喜就用他隨身攜帶的攝像機，錄下一個個值得紀念的畫面，而我最珍惜的畫面，是黃倫的淚流滿面。他在回憶一樁在勞改農場的往事時竟然泣不成聲，那不是為某次受刑中的皮開肉綻，也不是想起某次度過毅然赴死告別祖國親人的熱淚滾滾。而是在雷馬屏農場醫院裡的某個中秋之夜，當孤獨的黃倫帶著對親人故土的懷念，準備躺倒床上時，突然在他枕邊發現了兩個月餅，來路不明的月餅載運著人間溫暖情深意重，是從冰窟裡長出的兩簇鮮花，唯有她，能使我們的鐵血男兒潸然淚下。

這千載難逢的珍貴畫面，王立喜攝下了嗎？

二〇〇八年一月十六日成都寓中

刊載於美國《人與人權》二〇〇九年三月號、四月號

附記　永別了，我的老友

作者題記：二〇〇九年三月和四月，《人與人權》分兩期刊出我的拙作〈三度自殺的「一級警督」〉，是記敘右派難友黃倫在十七年服刑期中三度自殺，及其右派改正後授予所謂「一級警督」的曲折經歷。本文則追憶黃倫去世後為他舉行追悼會的過程，其間某些「中國特色」也頗耐人尋味，算是該文的續篇。

曾經在雷馬屏勞改農場關押過的改正右派們，凡家住成都市並取得了聯繫的十多位老弱病殘「四類份子」，相約每半月聚會一次於某中低檔茶樓，或發發牢騷怒斥貪官污吏貧富懸殊遠超「解放前」，或搓搓小麻將並冷眼看「擊鼓傳花者」懷中炸彈終落誰手？像這樣來去自由地轉眼度過十多個春夏秋冬，二〇〇九年伊始，七十五歲的黃倫的健康情況日趨惡化，糖尿病的吃藥打針，肺心病的氣喘吁吁，連徒步行走也頗感困難，只偶爾以電瓶車代步來茶館坐坐。今年一月中旬，我突然接到黃倫的電話，說有急事叫我立即到電力醫院某病房去找他。這也是三年前他住過的那家醫院，按中國特色的就醫慣例，因係單位所設醫院，等級較低，患者入院時社保不予報銷的「門檻費」也較低，適於低收入家庭受用。這家

設在東郊的電力醫院距我家不太遠，坐公車不過五站，雖然此時我受眼病困擾視力退化行走不便，但畢竟輕車熟路很快去到了他的病床旁邊。

我見他嘴上戴著吸氧口罩，手臂上插著輸液膠管，看來他病得不輕，他取下口罩嗓音微弱地告訴我說，他此番患病「可能過不了這一關」，似有臨終訣別之意。我知道這位從醫五十多年思維嚴謹的行家此說絕非空穴來風，但還是按人之常情佯裝不信回以寬慰言詞。一小時後我忐忑不安地返回家中，三天後他又來電話稱已出院回家，給了我一個意外的驚喜。

他遠在南郊的家已是我日益衰退的視力所「望塵莫及」，二月二十日，便約了當年和我一起從勞教隊越獄逃跑的「同案犯」周茂岐再度攜手，實際上由他「導盲」助我找到黃府。我倆按看望病人的常規買了點水果去了黃倫家，嫂夫人這才告訴我，因電力醫院離家太遠，讀中學的外孫女沒人照顧，只得出院回家。但黃倫的病仍需繼續治療，女兒便託人情開後門住進附近的一家醫院。兩天後，黃倫一聽說那比電力醫院高出兩倍的門檻費就大罵「混帳」，再一見帳單上那貴得離譜的床位費、似是而非的治療費和以回扣為導向的藥品費便大發雷霆鬧著出院，前後換了三家「天下烏鴉一般黑」的醫院，把家裡人折騰得唉聲歎氣。生性嫉惡如仇的黃倫最後一槌定音說「寧可死在家裡」。

回家後，孝順的女兒特意為老爸買來一台家用吸氧機，他一邊吸氧一邊聽我和周茂岐那些似是而非的寬慰話，如「眼看著春暖花開老毛病便可不醫自癒」或者「你我這類怪物閻王爺都不收」之類的花言巧語自欺欺人，就這樣不到三十分鐘，黃倫已顯得十分疲憊，一會兒仰臥一會兒側臥，口中還喃喃地對我和周茂岐說：「我怎麼睡都難受……」我感到黃倫的情況不容樂觀，回到家裡便打電話和眾難友商量一番，決定從明天起我們輪流去黃倫家陪他一天。

按這個看望黃倫的排程，二月二十八日就輪到我去陪他了，我一邊吃早餐一邊謀劃著等一會我將要對黃倫談些什麼輕鬆話題，突然電話鈴聲響起，聽筒還沒貼近耳朵，就聽見嫂夫人那一聲撕心裂肺的號啕聲：「黃老頭走了……」雖然對此我早已有過思想準備，一旦成為生離死別的無可置疑，我仍然在感情上難以承受，不禁老淚縱橫暗自抽泣。我還得克制住悲痛開始撥打電話，除了通知成都市內的諸難友以外，還得將這個噩耗分別打長途電話告知遠在永川的石天河和重慶的王立喜，以及宜賓的羅鐵夫、王志毅，他們都是黃倫在勞改農場一直看重的患難之交。

據黃倫親屬諮詢到的資訊，市內設有專業的「殯葬服務公司」，是從運送遺體到遺體告別到哀思追悼到骨灰安放進入陵墓的全方位流水線服務。從響徹雲霄的「為人民服務」的口號開始，中國人早已被各種冠冕堂皇的服務「忽悠」得六神無主，第一個自衛本能的反應便是討價還價，對方報出了幾種服務檔次的不同價位，實際是折射出該屍體生前社會地位的高低貴賤。黃倫家屬選定的是價格最低的這家殯儀館，遺體停放一夜的單價，接近一個活人住一晚星級賓館。面對這難以承受的天價消費，家屬決定第二天即舉行遺體告別儀式隨即火化並取走骨灰，這個最低檔次的一口價也接近萬元，已是這個工薪家庭所能忍受的底線。縱觀潔身自好的黃倫醫生，從生病到死亡的過程，真正佐證了民諺所說「中國人病不起死不起」是一句量身定做的至理名言

次日清晨，我們這群難友陸續來到黃倫家裡，見客廳裡已設好了靈堂，點燃了香蠟、擺放了祭品。祭品背後卻豎立著一張黃倫身穿警服的「標準相」。對此我頗有保留意見，心想我們這批勞改難友對著這套警服鞠躬心裡難免犯嘀咕。鑒於這畢竟是嫂夫人的安排，按「客聽主安排」的民俗也只得默默忍受。又聽說稍後還有黃倫的退休單位、現已更名為雷馬屏監獄的在職獄吏按大陸常規將前來「做給活人看」，因而也不排除這幀「標準相」正是細心的嫂夫人刻意安排的「佈景」以「做給活人看」，對看透了這個污七八糟社會風氣的我等，也都心照不宣不言自明。

不一會，雷馬屏農場的難友一行人陸續來到，我們便分別去給遺像的主人燒香鞠躬如儀，對著遺像上黃倫那雙永不瞑目的眼睛，再也不能一吐為快的雙唇，我百感交集難以自制泣不成聲，我似乎已很多年沒有像今天這樣激動過了。

黃倫女兒所在公司的朋友同事也紛紛到來，這狹小的房間似乎已不堪重負。此刻我的手機告訴我，重慶方向的石天河夫婦和重慶的王立喜，正奔馳在成渝高速公路上，估計一小時後便可到達。而宜賓的羅鐵夫、王志毅正在聯繫車子。我們便按主人的安排，下到底樓去那家預約好了的茶館裡休息，等他們到來後一起吃午飯，然後同赴殯儀館。一小時左右，石天河他們徑直從靈堂來到底樓茶館，眾老友久別重逢必然握手寒暄，同時商量著由這位文學教授執筆，為黃倫書寫一篇悼念文字，並由「前少年犯」王立喜在告別儀式上朗讀。

說話間雷馬屏監獄的幾個體制內角色也已在底樓出現，此前顯然他們和挎著攝像機的王立喜在靈堂裡已打過照面，西裝革履的王立喜便上前去遞了一張名片給他們，那名片上印著重慶電視臺記者等拉扯當今官場眼球的字樣，似乎已引起幾位當今獄吏的刮目相看，能證明此說的依據是，當弔唁者分別登車去往殯儀館時，幾位當今獄吏竟熱情邀請王「記者」去乘坐他們那部掛著公安牌照的汽車，練就勞改基本功的王立喜當然不會去犯攀權附勢的低級錯誤，但如果王立喜犯下錯誤上了獄吏們的汽車，在車上誇誇其談地暴露出這位記者，也一度是任他們捆綁吊打的勞改犯，後悔犯下低級錯誤的就該是這幾個獄吏了。

十年前我母親去世時，曾經到過這遠在城郊的火葬場，沒想到「深化改革」後這專賺死人錢的壟斷企業，其地盤竟膨脹到二十倍以上，不知是哪位財運亨通的「官二代」承襲了這個「為人民服務」的機遇，替這財源滾滾的巨型產業嘔心瀝血日進斗金。此情此景觸發我想起今早嫂夫人曾噙著眼淚對我說，在醫院裡黃倫對著那一張張背離醫療常規的高額帳單嚷著要出院時，有一位熟人醫生曾悄悄告訴她說：「這個病人隨時都可能死」，嫂夫人委婉地勸告黃倫，希望他稍加忍耐，因為他的病情已相當嚴重。黃倫說：「你以為我不知道我的命在旦夕嗎？正因為我知道醫院交給我的那些貴重藥品根本沒什麼作用，它真正的作用只不過給醫院增加些利潤而已」，他曾幾次怒吼：「我願意死在自己家裡」！

嫂夫人歎息著說：「他一輩子都是這個犟脾氣……」我倒很理解黃倫吃了一輩子苦頭的原因，不過是為了捍衛一個知識份子的人格獨立。他性格剛毅嫉惡如仇，而他一直憤憤不平的惡，其實都是這個邪惡制度的特色產品，縱使他像今天這樣抗爭到生命終結，別無分號的火葬場交給他那孤兒寡母的高額帳單，那背後有著無限公權的強力支撐，他們又有什麼力量拒付？

火葬場裡的弔唁廳仍然是貧富貴賤等級森嚴，作為弱勢群體的草民，我們自會避開那幾幢人頭鑽動燈火輝煌的豪華大廳，去到那低矮的弔唁「貧民窟」，我估計這一字排開、形似延安「窯洞」的某一間裡，正存放著我密友黃倫的遺體。有人讓我等在這間「窯洞」的門外站定，似乎是職業司儀者操假冒偽劣普通話指揮儀式的流程，當輪到「致悼詞」這道程式時，雷馬屏監獄的一位「角色」走到弔唁行列之前，拿出一張稿紙宣讀了一篇令人髮指的黨八股。別看這幾百字的陳詞爛調，那可是中共用納稅人的血汗錢，轉手變成僅夠糊口的退休金，發給我們這些被冤假錯案折磨了二十三年的改正右派們，攬得了蓋棺定論的話語權。我聽見那「角色」振振有詞地念道：「黃倫同志一貫擁護馬列主義毛澤東思想，擁護鄧小平理論、江澤民三個代表和胡錦濤同志的科學發展觀……」一連串的栽贓陷害，深感這一貫欺世盜名的統治者，竟無恥地盜用一位死者的名字來給自己的臉上貼金。甚至想到在不久的將來，該黨還將在我的屍體上大瓢大瓢潑灑類似髒水，竟有一種不寒而慄的感覺襲上心頭。

接著由王立喜代表我等生前友好，朗讀了石天河君擬就的悼詞，它比較真實地概括了黃倫正直善良的品質和高尚的醫德醫道。同時又刻意迴避了被當局視為水火的黃倫崇尚民主自由的政治理念，這個讓步是為了替黃倫那不諳國事的未亡人作想。年逾花甲的她，今後還得靠公安幹警家屬所得的少許撫恤金度日，每月三百多元略高於城市低保貧民所得。萬一那些被無法無天寵壞了的員警老爺，隨手扔一雙「小鞋」給她穿穿，她又將如何受用？

當身著黑衣黑裙的女兒黃小蘇，屈身跪下連叩三個響頭，然後起身淚流滿面地哽咽出一句「各位叔叔伯伯……」時，彷彿是一陣父愛的颶風襲入這些叔叔伯伯的心頭，我們這群和她養父一樣遍體鱗傷的垂暮老人，無一不揩拭著奪眶而出的縱橫老淚。我想到這個從來沒見過生父一眼的苦命女兒，她可曾知道殺害她生父的暴君也差一點殺死了她的養父？極富文學秉賦的女兒沒辜負黃倫的精心栽培，經商之餘筆耕不輟，並曾彙集成書，其文句的樸質真切深受讀者好評。她在情深意切的悼詞中，感恩養父對她「視為己出」的無限關愛，令我等從另一個側面看出黃倫的寬廣胸懷，那人間的一份真愛，將經由女兒代代傳承下去。

最後的程序是眾弔唁者列隊進入「窯洞」，依次圍繞玻棺中黃倫的遺體作最後的訣別，當臉色沉重的一行人走出「窯洞」時，方知此刻天色已近黃昏，又得知石天河夫人袁教授明晨還要授課，將星夜兼程返回學校，便由王立喜安排在一家中餐館坐下了滿滿兩桌「改正右派」及其家屬們。

如前文所敘，數十年來，石天河、黃倫和我三個人之間，存在著一種微妙的人際關係。黃倫是我和石天河共同的生死之交，而判刑十七年的右派石天河和同為右派被判刑十八年的我，雖然同在一個勞改農場，因不在同一個中隊，在腥風血雨的毛澤東時代，我們雖幾度謀面卻無緣交談隻言片語，彼此也都知道我們之間有一個紐帶似的黃倫存在，有點像當年地下黨的單線聯繫的味道。直到二〇〇五年由王立喜張羅成都的難友一起赴永川看望病癒的石天河，起初我想不去差點惹黃倫生氣，就是他希望我們兩個搞文字工作的人能多在一起切磋交流。

二〇〇九年我寫有關黃倫生平的那篇〈三度自殺的「一級警督」〉時，完稿後還寄給石天河過目。今夜，面對黃倫的溘然逝世，我們內心深處的翻江倒海，還真難找到一句恰當的言詞來描述，突然在互祝健康的頻頻舉杯之中，八十七歲的共產黨員石天河教授憤然站起，用他那依然故我的湖南口音，吼出一句「勞改犯經典句型」：「不管怎麼說，老子們總比毛澤東多活了幾年」！這可能是一個覺醒了的共產黨員對他們「偉大領袖」最高的評語。

我也是個肺氣腫病患者，也一直有買一台家用吸氧機的計畫，這次在黃倫家裡，目睹他用著的這小巧玲瓏的家用機械也很合我的需要。估計黃倫去世後，這機器在他家就派不上用場，便撥通了嫂夫人的電話，問了問這台吸氧機的價格，誰知我還沒開口提到吸氧機的事，她就說：「家裡人正計畫把它處理掉，你有用你就拿去吧」！我早知道她會有這句話，便按我此前擬好的腹稿撒謊說：「我早就有了，是一個年輕朋友要給他老爸買一台」，她說：「你的朋友就等於是老黃的朋友，拿去用就算了」，我又撒謊說：「剛認識不久的熟人而已」。

第二天，我就邀約了一位名叫嚴文漢的忘年交，一同去到黃倫的家裡，因為搬動吸氧機也需要付出體力。在上樓的電梯裡，我把一摞買吸氧機的鈔票交給了小嚴，叫他宣稱是他買給老爸用的。如果賣家知道真買主是我，他們肯定不願收錢我也會過意不去。在小嚴搬動吸氧機的時候，嫂夫人又拿出兩根包裝完好的吸氧膠管說：「這機器我們才買了五天老頭子就走了，他用過的膠管在火化遺體時都燒了，我特意去買了兩根新的」。感謝嫂夫人想得周到，我每天都用著它，也經常會想起黃倫我的老友。

二〇一一年八月於成都寓中

二、右派英烈楊應森

一

一九六一年十月一日，我從四川省公安廳勞動教養築路支隊一〇八中隊越獄逃跑，開創了該支隊右派勞教份子越獄的先河。那時我們住在旺蒼縣一個名叫快活場的鄉鎮上，修建著一條從廣元到旺蒼的鐵路支線。四十天後，我逃到了天津市，衣縫裡仍藏有一張難友寫給他長兄的親筆信，內容是請長兄給我些經濟上的支持。事後我得知，我離開他家後，這位素昧平生的長兄就報了警。公安局跟蹤我以「擴大線索」，後斷定我沒有第二個聯絡人，隨即將我實施逮捕，並關進了河北區看守所。

我外逃期間，築路支隊已遷往灌縣（今都江堰市）修築成汶鐵路，我也就押回了灌縣紫坪鋪，築路支隊特設的集訓隊也稱嚴管隊就在那裡。實際上這是一所與外界完全隔離的監獄，專司關押各種「反改造份子」，其中以外逃捕回的小偷扒手類者居多，成員們不出工，終日學習討論重點是交待自己的外逃罪行。在各式刑具輪番折磨的同時，監管獄吏又唆使所謂的積極分子日夜批鬥，使你在這種求生沒人救、求死無人幫的煎熬中「老實」交代外逃期間的所作所為。

十二月二十八日深夜，突然來了一個班的「戰鬥力」，將我從睡夢中踢醒，喝令我去到一部卡車的尾部，隨即圍上幾個斜背著俄式步槍的大頭兵，他們七手八腳地將我這個戴著反銬且遍體鱗傷的「戰利品」，像扔一口破麻袋般扔進了卡車的底板上。待全班士兵上車站定，卡車起動沿山路下行二十分鐘後，估計是開進了灌縣公安局。我被推搡到一間會議室，有八個審訊者早已在一張乒乓桌旁就座，居中的那位的舉止眼神和左右對他的恭順估計是其中的「頭目」。令我這個被審者在低矮的石凳上坐下，「頭目」便操江浙口音對我進行「坦白從寬，抗拒從嚴」為宣講中心的「政策攻心」。其比較經典的繞口令如斯說：「寬，我們可以寬到無罪釋放；嚴，可以嚴到立即槍決」，似乎被審訊者的生死只在他一念之間，他是何方神聖逕由你去揣想……。

與往常在集訓隊對我的審訊大不相同之處，還不僅僅是審訊的時間地點、出場人物的多寡和級別檔次，而是在於內容的別開生面——他們繞來繞去的總是希望把話題引到我同隊同班的密友楊應森的身上。我暗自思忖，不善的來者似乎在努力將扣在我頭上的那頂「企圖逃往南斯拉夫駐華使館政治避難進而投靠鐵托集團」的大帽子和楊應森聯繫起來，或者引誘我說出我和他還有什麼不可告人的陰謀勾當。

審訊完畢時已近淩晨，我被押進看守所改名換姓為四十九號犯人，從此結束了我三年零七個月的勞教生涯。

楊應森，一九三一年出生在四川省岳池縣一個農民家庭裡，自幼勤奮好學，是當地高中的一名高材生。一九五〇年參加中國人民解放軍，一九五七年，他在瀘州軍事幹部學校擔任射擊教官期間，中共發動了以「陽謀」自詡的整風反右運動。由於楊應森生性耿直，不善逢迎拍馬，並對某些頂頭上司的不學無術多有貶責。早已對他「如鯁在喉」的領導人乘機羅織了幾條「反黨言論」，決定趁這個天賜良機拔掉這個眼中釘。誰知楊應森並不輕易就範，按當年流行的說法是「拒不低頭認罪」，鬥爭會上雙方矛盾激化中，楊應森用了些過激的言詞，這正是整人者求之不得的鋼鞭材料。按照中國「胳膊扭不過大腿」

的鐵律，楊應森被劃為極右分子，受到了剝奪軍銜，開除軍籍送勞動教養的重量級處分。早年我也當過幾年兵，在這座陌生的「流動集中營」裡，和穿著舊軍裝的楊應森分在同一個生產班組，彷彿憑添了幾分「他鄉遇故知」的親近，交談中似有很多共通之處，沒多久我們便成為無話不談的密友。

從一九五八年到一九六一年三年多的勞教期中，正是毛澤東這個獨夫民賊在無人敢說不的「大好形勢」下，胡作非為地搞什麼「大躍進、大放衛星、全民煉鋼、超英趕美」等勞民傷財倒行逆施的歲月，結果造成全國餓死四千萬無辜同胞的史無前例。而我們這批勞教了三年多的右派分子，仍然看不見一絲解除勞教的曙光，人們的忍耐已接近極限。加上修築鐵路這重體力勞動對食物的需求量較大，政府配發口糧的標準卻每況愈下，饑餓的勞教分子便以衣物和金錢找附近居民交換或者購買食物，這被判定為違紀行為，監管獄吏為制止這類行為，對這些「非法尋找食源者」進行捆綁吊打已司空見慣。

七月間，楊應森的胞弟從家鄉農村來勞教隊探親，那天，楊應森特邀請我到他弟弟所借居的一間農舍樓上，聽這位骨瘦如柴的弟弟講述他們在家鄉吃草根樹皮患水腫病的經歷，特別談到父兄親友逐一餓死、甚至無力挖坑掩埋的慘景，兄弟二人抱頭痛哭的場面令我終生難忘。在這些嚴竣的現實面前，老祖宗留下的「國家興亡，匹夫有責」的古訓，便化成一腔熱血在我們年輕的胸膛裡激蕩。交談中我和楊應森都認為，苦難的祖國深陷在一場空前的浩劫之中，而這場浩劫的始作俑者便是政治狂人毛澤東。史達林死後，他就覬覦著世界共運領袖那把空著的交椅，幻想以中國的大躍進奇蹟以贏得「社會主義陣營兄弟國家」的掌聲，進而擴展成全世界人民對他這個「紅太陽」的歡呼擁戴。

朋友圈內，走得最遠的、也是最激進的還是楊應森，家鄉親人的餓死無疑是他最揪心的切膚之痛。那時在我們施工工地的一側，不到一千米的直線距離內，駐有一個加強班的公安兵，配置的武器是當年通用的五零式衝鋒槍和俄式帶三稜刺刀的步槍。這些士兵並不參與對勞教分子的直接監管，估計其功能主要是威懾快活場周邊三個勞教中隊，使這群反動份子見而生畏不敢亂說亂動。有一天收工時我和楊應森走在一起，他對著那一幢公安兵的營房對我說：「老子們真想約幾個人去『摸他龜兒的夜螺絲』」（這是當年部隊所用的「行話」，意為夜間偷襲），接著他對我說：「今天的農村民憤已是一堆乾柴，只要有火種很快就會形成燎原之勢」……他的這些想法對當時現實憤憤然的我，不能說沒有一定影響。但更重要的是我那時的認識仍然局限在「體制沒問題只是毛澤東個人品質壞」上，並未對楊應森的言論作出積極的回應。

九月中旬，我因在附近一農民家裡花三元錢買了一碗米飯，被一名「積極份子」擋獲，我對該「份子」既不恭順又不從命即發生爭吵，他返回隊部向獄吏作了舉報。當晚集合全隊對我進行批鬥，一獄吏喝令幾個「積極份子」對我施以捆綁。我被捆得大汗淋漓呼媽喊娘痛不欲生，醜態百出臉面丟盡人格受辱、簡直忍無可忍。事後我下定決心逃離這座人間地獄。此前我早已聽說二大組的周茂歧有逃跑企圖，就主動找他共同策劃，這個動向除少數積極份子外，多數勞教份子都通過悄悄話口口相傳幾近公開，朋友們對我的受刑表示了同情，並給了我一些錢、糧資助。

記不清是我主動告訴楊應森、還是他從沸沸揚揚的悄悄話中聽說，萬萬沒有想到一貫態度激進的他竟極力勸我不要逃跑，同時告訴我他已經和三大組的楊×業（此人名字中間的一個字再也回憶不起，只記得他早年在西藏軍區當過排長，山東人）商量好了，只要湊夠四個人就可以對那幢營房下手，事成後大夥直奔他老家華瑩山打游擊。我作為一名來自南充的右派，當然知道下屬岳池縣的地理特徵。但是，我的逃跑行動已準備就緒，甚至連公章也由周茂歧用肥皂刻制完成，我又怎能對周茂岐背信棄義，又怎好將大夥給我的錢、糧資助一一退還，只有遺憾地向楊應森表示歉意。

我捕回勞教隊以後，便再沒有和楊應森打過照面，前述十二月二十八日深夜對我進行的「超級審訊」，審訊者繞來繞去地都問到楊應森與我的關係，我也不知道在我逃離一〇八中隊以後的三個月時間裡，楊應森他們在隊上的情況。我暗暗擔心的是「華瑩山打游擊」的事情被敗露，其嚴重性弄不好就是殺身之禍。別說審訊者並沒有對我誘供過這個問題，就是喊名叫姓地問到華瑩山之類的事，我也肯定會斷然否定，這畢竟只是我和楊應森一對一的單獨談話，殺傷力畢竟有限。

二

前述那晚對我的「超級審訊」在淩晨二時左右結束，結束前我聽見江浙口音說：「你避重就輕，態度極不老實」，接著又說：「為了你能更好的交代問題，我們決定給你換個環境繼續反省」。將我押出公安局，步行不到十分鐘，即被關進了灌縣看守所，也就是「換了個環境」。從此我便和勞教份子這個稱號永遠告別，並由看守所替我改名換姓為四十九號勞改犯，三天後我再度升級為獨居關押的重刑犯，但是應該承認，在獨居關押的犯人中，我這種不戴腳鐐手銬、而且住在大監房裡「閒庭信步」，已經算是不幸中的「萬幸」了。

幾天以後，又一次對我進行了「超級審訊」，江浙口音又有新的說法：「在你們這夥人中，你扮演的什麼角色，我們比你更清楚，不要再執迷不悟」。又說：「你說楊應森勸阻你，純粹是騙人的鬼話……」這次審訊結束後，才真正全面落實了「換個環境」的「既定方針」，讓我走進生命歷程中最恐怖的歲月。我不僅戴上腳鐐手銬以咀嚼寸步難行的苦澀，而且還將我押出了這幢監房大院、穿過後門外的一段草坪，走近這一字排開的狹小監房群。前些日子我在大監房時，早已聽「老犯們」介紹說，「這後面有十二間面積不足兩平米的小監房，其中頭兩間是黑監，是死刑犯執行前的過渡房，」我關進的就是兩間黑監的頭一間。所謂黑監指的是白天的漆黑無光，使人聯想到棺材裡的恐怖；入夜，高懸在屋頂的百瓦大燈泡，把黑監照耀得通體透明，使習慣於黑夜睡覺的人難以闔眼。

某夜，我發現木門背後的門框立柱上，有一長串用墨筆書寫的字：「人生自古誰無死，留取丹心照汗青」（上世紀六十年代初，看守所可提供毛筆或者鋼筆給犯人寫交代材料，因不少老式文人尚健在）。那略顯歪斜的字體特徵，我一眼便認出這熟悉的筆跡是楊應森留下的，而這詩句書寫的位置更是匠心獨具。因為一打開門，橫陳的門板自然會掩住門背後的門框，也就擋住了這一行字句，這就是說只有關在房間裡的人，才能讀到民族英雄文天祥的千古名句。是楊應森在激勵自己，也激勵日後將跨入這間黑監的後來人，謝謝你，我的難友！

這正是楊應森的風格，當我們在勞教隊被饑餓折磨、被酷刑蹂躪得痛不欲生的時候，楊應森總會用他那悠揚的歌聲召喚著勇敢的抗爭，他有一副多麼嘹亮的歌喉啊，直到今天，在萬籟無聲的深夜，只要我閉上眼睛默默地思念，彷彿仍能聽見他在天堂裡高唱著雲南民歌《小河淌水》：「月亮出來亮汪汪……」或者南斯拉夫民歌《深深的海洋》：「深深的海洋，你為何不平靜……」時至今日，每當擴音器裡飛出這些熟悉的歌聲時，我都會情不自禁地想到那些早已遠去的歲月。

這時我終於明白，為什麼在對我接二連三的「超級審訊」中，翻來覆去地總是追問楊應森的問題，原來楊應森也在這頂級黑監裡囚禁過，他究竟犯了什麼大案？除了「華瑩山打遊擊」他還會犯下什麼能令當局大動干戈的「事件」？如果真的「華瑩山打遊擊」出了事，那將是轟動築路支隊的特大新聞。我捕回後即便是關押在封閉的集訓隊，在長達五十餘天的時間內，也不可能密不透風完全封閉，我作出這個判斷有一條重要理由：集訓隊關押的「反改造份子」，他們真實的角色應該是「反改造精英」，這裡人才薈萃資訊四通八達，其能量之大為凡夫俗子們的想像力所難企及，「重大新聞」不可能不被採入。

那麼到底是什麼原因導致楊應森作出「留取丹心」的精神準備，簡直令我百思不得其解。

忐忑不安中，我竟在石灰牆壁的一側，發現了一道道用墨筆劃出的橫線，那分明是當年「魯濱遜」被海浪沖上孤島後為計算日月而劃下的一道道痕跡，數了一下共四十五條，這就是說楊應森在這裡關了四十五天。第四十六天他到哪裡去了？有不祥的預感在扭絞著我的心房。

八個月以後，卸下手銬腳鐐的我調出了黑監，返回到這個看守所的大院裡繼續獨居關押，住的是一間寬約十平方米以上的大監房。這稱作二號監房靠近大門邊的「訓話室」，只要掂量一下「訓話」這個詞彙的重量，便可以想到它不容置辨的吹鬍子瞪眼睛地吼叫責罵。這裡是每一個抓進來的倒楣鬼的必經之地，他們在這裡完成登記姓名、搜身檢查，宣講監規紀律，授予編號以替代真名實姓等入監流程；另一種「訓話」則是對已經關在監內、被控違犯紀律者接受拳打腳踢、戴上腳鐐手銬等各種刑具的小房間，因此，從這裡傳出耳光拳頭和打人者的怒罵聲、氣喘吁吁聲，或者被打者哭泣求饒、痛苦呻吟聲都得從二號監房的空間穿越，其地理位置的特殊性便不言自明。

某日，「訓話室」一反常態分外忙碌，開門關門問話答話進進出出川流不息，我從門縫裡向訓話室方向望去，新抓進來的人流中，有兩三個還穿著前兩年賣給勞教份子的工作服，也有三、五個臉上戴著眼鏡，舉手投足間有點知識份子的斯文味、也可說「涉嫌右派份子」的「反動面目」，甚至還有兩張似曾相識的熟面孔。第二天，我從看守所的犯人醫生陳潔中（他原為築路支隊醫院的勞教份子，但並非右派）處打聽到，築路支隊最近破獲了一樁反革命集團案，捲入者近百人之眾……

三

我在這個看守所獨居關押了三年半，不僅將我「改造」成了一具瘦骨嶙峋的「骷髏架」，而且在長年累月的沉默不語中，使我聲帶萎縮，又因一次怒吼而撕裂乃致失聲嘶啞，若非高人指點從小聲說話開始慢慢恢復聲帶功能，否則我將變成一個終生吐詞不清的「準啞巴」。

直到一九六五年夏初，我終於收到了一張判處有期徒刑十八年的判決書，那上面所列四名集團成員名單中，並沒有楊應森三個字。但這位在我之前走出黑監的好友身上究竟發生了什麼事？他憑什麼關進了死刑的過渡房而又不知所終？腦子裝著這些謎團走進了勞改隊，開始了我漫長的服刑歲月，在省內名目繁多的勞改單位裡調來調去，難免在這部絞肉機內的某某「轉運站」、某個「寄押監」裡停留兩三天。其間也曾遇到過一些南來北往的流動人犯，也曾經碰到過幾張熟面孔，甚至巧遇一兩位可以用朋友二字定位的知交。有的在判刑前曾一起在築路支隊勞教過，有的是老同學舊同事乃至朋友的親戚或親戚的朋友不一而足。

寫到這裡，我又得將那句「他鄉遇故知」的老調重彈，還得加上一句「死豬不怕開水燙」的勞改「專業用語」，意思是這類「老犯」早已像「看破紅塵」般看破了中共那「前途光明」的騙局。丟掉了幻想也就減少了顧忌，交談也坦率得多。更何況在這裡畢竟只是些「稍縱即逝」的臨時交往，不存在日後在各種整人運動中相互傷害的威脅。通過這些日積月累的一見如故，我才逐步瞭解到當初對我一再進行「超級審訊」的來龍去脈前因後果，以及楊應森不愧為右派英烈的所作所為：

雖然我早有楊應森命運的不祥預感，而一旦這個預感兌現成無可置疑的真實，我還是心如刀絞不能自制：楊應森於一九六四年一月十八日在灌縣都江堰的河灘上被處死刑，又據說他還有一個同為右派勞教分子的周居正的「同案犯」，也於同一天在永川縣新生茶場的勞教場所被槍殺。知道了答案後我終於明白，其實我更想知道的不僅是後果而是前因，那才是展現他攀登人格高峰的心路歷程。遺憾的是，一直探詢到半個世紀後的今天，通過我和多位朋友的共同努力，仍然只有一鱗半爪的隻言片語，難怪總有「敵對勢力」把我們這種缺乏透明度的國家稱之為鐵幕，以下便是「鐵幕」被撬開的一個小小縫隙：

我逃離勞教隊一個月後，築路支隊便按上級佈署進行了改編調動，準備對這批已經勞教了三年多的右派份子進行一番所謂的「甄別」，即分別對一部分人作出「清放」離隊、另一部份人則「留隊」繼續改造的處理。這時生產停頓，人心惶惶又終日無所事事的右派份子們，三五成群地或在山野田間或茶館酒店談古論今，「指點江山，激揚文字，糞土當年萬戶侯」。其間，楊應森和周居正兩個志同道合者走在了一起。

他倆認定毛澤東是當代秦始皇，是個假馬克思主義者，他大搞個人崇拜，將為民請命的彭德懷元帥判了政治死刑，必需建立革命組織，從危難中拯救祖國。決定由周居正書寫政綱，楊應森草擬宣言。聯絡了魏昭、傅汝舟、楊泉松等六十餘人，共同組建了「中國馬克思列寧主義者聯盟」（以下簡稱「馬盟」）的組織。這個名稱不知是他們刻意創定或者是純屬巧合，竟然和南斯拉夫執政黨「共產主義者聯盟」如出一轍。

更有「馬盟」的一位名叫傅汝舟的骨幹成員（該案中他被判刑二十年，在南寶山勞改農場服刑時，於文革期間被判死刑殺害）據說他曾私下對該組織成員透露說：「我們已派人去北京南斯拉夫駐華使館以取得國際支持……」等似是而非的說詞，而「馬盟」為首者之一的楊應森的密友張先癡，恰在此前越獄逃跑，肯定負有「取得國際支援」的重大使命。對急於破大案立大功的辦案人員，正是升官晉級的天賜良機，把我和周茂岐的逃跑，合併在「馬盟」這樁驚動中央的通天大案中，更容易顯山露水引起上司側目而視，為日後升遷作些鋪墊。若干年後我曾分析，當年將我關入一號黑監時，未必不是刻意將「派人去北京使館」這一說法的原創者傅汝舟關進二號黑監，長達八個月成為我的鄰居，為我和他的「串案」提供天賜良機以獲取證據，只是因為我對隔牆有耳這句成語的情有獨鍾，才避開了節外生枝的添油加醋。

話頭還是回到楊應森身上，他在離開我隨後囚禁的那間黑監以後，便關進了位於成都市梓潼橋街的四川省公安廳第七處看守所，據說那是專門關押重大政治案犯的監所。我在與一些知情者的交談中，他們偶爾也會說到偵訊獄吏在審案時透露出的一些細節，這類真真假假的「啟發性」花言巧語中，人們仍能去偽存真地篩選出楊應森在獄中的表現。據說楊應森入獄後唯一回答獄吏的一句話只是「請你們把我的軍用棉大衣捎來，我要穿」。也不止一個人在私下對我說，在一次給犯人作總結報告的大會上，級別顯赫的一把手在提及楊應森被他們處死的過程時說過：「楊應森在他們那個組織中，只是個川東盟委書記長，連中央委員都不是，我們原本可以不殺他，而他卻以滿腔熱情去填補那個缺空……」我認為這位高級獄吏所說的話有較大的可信性，也比較符合楊應森的精神品位。

終年三十二歲的楊應森沒有妻室兒女，他最後的日子是在哪些令人毛骨悚然的刑具折磨中度過的我無法知道，刑前是否有人割斷了他的喉管，是否有人摘取了他的腎臟我同樣無法知道。我唯一知道他的是一個解放軍手中的步槍擊碎了他的頭顱，而楊應森一直以教解放軍射擊為他的職業，這就像他組建的「中國馬列主義者聯盟」的組織名稱一樣，是對楊應森生命悲劇的嘲諷，但卻是飽含著辛酸和苦楚的嘲諷。

如果我們能更早的得到普世價值的陽光照射，蒙冤而死的右派難友們，其生命必定更加輝煌燦爛。但無論如何敢於和暴政抗爭的犧牲者，終究比苟且偷生的懦夫崇高一萬倍！

楊應森及其難友們將永垂不朽！

作者追記：

（一）、〈右派英烈楊應森〉一文，曾於二〇〇八年七月二日在美國《觀察》網刊上發表，收入本書時，我作了較大的修改，最重大的修改是增加了他與我商量去華瑩山打游擊的內容，原稿隱去這個情節的原因如下：

自上世紀八十年代中期開始，「馬盟」的倖存者曾多次提出申訴要求平反昭雪，特別令我感動的是重慶市（那時的重慶市為四川省轄市）高級法院法官離休老幹部吳民先生，他不顧年老體弱，多次奔波於成、渝兩地的政法機關和檔案館，並與多名冤案受害者交談，最終形成了長達數十頁的申訴文稿送呈主管部門，但近十年的努力均石沉大海。

當年我書寫有關楊應森的稿件時，因擔心節外生枝而影響其案件的複查，特意隱去了「華瑩山打游擊」這個敏感話題，雖然那只是並未造成任何後果的說說而已。

據我所知，至今仍在中共治下艱難掙扎的「馬盟」成員，僅有費字明等二人殘存於世，而為平反此案不辭勞苦甘冒風險的吳民先生也已「壯志未酬身先死」。而統治者幾經換代更替，其冥頑卻有增無減，不如寄希望於民主自由在中國的早日實現

（二）、「馬盟」的首要組織者是周居正，是因為我探索楊應森案的原委時才第一次聽到這個名

字，也因此對他有了些許瞭解。一九四九年以前的國民黨統治時期，他即加入了中共地下黨，並因此而被捕關押在舉世聞名的「渣滓洞」，也就是知名小說及同名電影《紅岩》故事的原發地。當解放軍攻陷重慶時，關押在「渣滓洞」裡的地下黨員集體越獄逃出，周居正便是脫險者之一。

前幾年中共在大陸各地建立了若干個「革命傳統教育基地」，如江西的井崗山、延安的窯洞等，而重慶市的「白公館」、「渣滓洞」均名列其中，遊人也似乎絡繹不絕。今天「渣滓洞」展覽館的牆邊，立有一塊石碑，那碑上鐫刻著當年從這裡逃出的地下黨成員的名單，其中周居正三字仍清晰可辨。

在這裡「受教育」的參觀者，他們做夢也不會想到，當年逃出這座監獄而躲過國民黨殺害的周居正，早已在五十年前，被他所追求的共產黨殺害了。

他的姓名仍留在這裡，是為了控訴嗎？

（三）、二〇一〇年秋，我終於讀到一份來自四川省檔案館的影本，它是「中國馬列主義者同盟」終審記錄和死刑報審批覆的案卷。讀罷這些沉甸甸的文字，有個令我耳目一新的發現，原來人們都以為判刑是人民法院的職責，看了這些案卷之後才知道，其實這一切屠殺人民的操盤手，就是那躲在幕後不動聲色的大小型號的中共政法黨組。這份「馬盟」報批表格的影本上，原用鋼筆潦草填寫的文字，我均轉抄為正規楷體字以利閱讀。而批文最後那顆刻有鐮刀斧頭圖騰的印章，無疑是最刺激眼球的信物。總之作為殺人機器的「黨組」，其「工藝流程」便可一目了然。

另有部份「馬盟」一般成員，破案時已離開築路隊「清放」回原籍，分別由住地法院判處，報表中沒有他們的名字。

四川省高法院判决马盟人的审批表

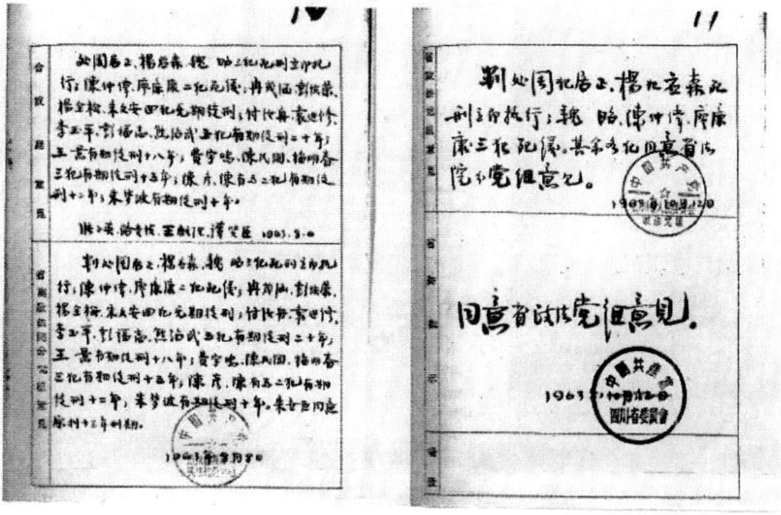

判決「馬盟」案報批過程：

（1）**合議庭意見**：

處周居正、楊應森、魏昭三犯死刑立即執行；陳仲偉、廖廉康二犯死緩；冉茂涵、彭恢榮、楊全松、朱文安四犯無期徒刑；傅汝舟、袁進修、李玉平、彭福志、熊紹武五犯有期徒刑二十年；王景有期徒刑十八年；費宇鳴、陳民國、梅明春三犯有期徒刑十五年；陳彥、陳有為二犯有期徒刑十二年；朱夢波有期徒刑十年。

張子英、路貴禎、王殿理、譚賢臣一九六三年八月六日

（2）**省高法院分黨組意見**

判處周居正、楊應森、魏昭三犯死刑立即執行；陳仲偉、廖廉康二犯死緩；冉茂涵、彭恢榮、楊全松、朱文安四犯無期徒刑；傅汝舟、袁進修、李玉平、彭福志、熊紹武五犯有期徒刑二十年；王景有期徒刑十八年；費宇鳴、陳民

國、梅明春三犯有期徒刑十五年；陳彥、陳有為二犯有期徒刑十二年；朱夢波有期徒刑十年。朱世臣同意原判十三年刑期。

中國共產黨四川省高級人民法院分黨組（章）

一九六三年八月八日

（3）省政法黨組意見

判處周犯居正、楊犯應森死刑立即執行；魏昭、陳仲偉、廖廉康三犯死緩。其餘各犯同意省法院分黨組意見。

中國共產黨四川省人民委員會政法黨組（章）一九六三年十月十二日

（4）省委批示

同意省政法黨組意見。

中國共產黨四川省委員會（章）一九六三年十月十二日

三、傅汝舟，多麼美麗的名字

（美）馬丁路德・金

生命的意義在於充實，而不在於長久。

一、無風不起浪

這件事開始時已經是一九六一年的第三季了，自一九五八年三月四川省公安廳勞動教養築路支隊正式成立，被判勞教的右派份子在這個無期徒刑似的集中營裡（當年的勞教條例並無時限規定）苦苦掙扎了三年半以上，一個接近三百人的中隊，僅僅只有一名小偷出身的壞份子像「樣板典型」般解除了勞教。這個以白面書生為主要成員組成的右派群體，剛開始時對陌生的「勞教」二字，多多少少還懷有幾分輕鬆得近乎天真的幻想，以為這種「最高行政處分」的勞教，充其量兩三年便可解除。而今無情的現實已擺在面前，當初絕對沒有想到，「因言獲罪」的贖罪，會沉重到長年累月永無休止的地步，許多人的忍無可忍已接近極限，那物極必反的古訓正暗藏在一些人的心底蠢蠢欲動。

更重要的是，這連續的三年正是毛澤東以「人定勝天」的狂妄，向自然規律、同時也向傳統倫理挑戰，以炫耀其獨裁淫威的三年。「大躍進」、「大煉鋼鐵」、「大放衛星」之類的倒行逆施，最終遭到慘敗以後，又以「三年自然災害」的栽贓陷害，將罪責嫁禍給永遠沉默的大自然。作為承受惡果的中國人，我等為糧食供應量的每況愈下、腸胃裡的空洞因迫切需要填充物而低聲呻吟，長期的營養不良致使四肢無力骨瘦如柴。我們還目睹了倒在路邊的餓殍、也居住過十室九空的農舍，殘酷的現狀雄辯地對良知未泯的我們說，這場餓死千千萬萬善良同胞的劫難，其元兇不是我們早年奉若神明的毛澤東還能是誰？那句「國家興亡，匹夫有責」的先賢訓詁，如悄悄話般不時在我們的耳邊叨念。

一九六一年春，築路支隊的任務有所變更，據說我們正在修築的這一段成昆鐵路，因「瞎指揮」而設計有誤，奉命下馬停建。我們被調去修築廣元至旺蒼的一條鐵路支線。剛剛由邊遠山區的大涼山遷來內地沒幾天，中隊長在例行的「晚點名」時鄭重宣佈：今後你們給家人寫信，不得再用「公安廳築路支隊」的單位名稱，一律改用「四一五信箱」。這個保密代號的突然誕生，給這個詭秘的「流動集中營」更添加了一層神秘色彩，統治者似乎在刻意掩蓋什麼不可告人的勾當。

彷彿是為了迎接這個欲蓋彌彰的「化名」閃亮登場，四一五信箱發生了兩件建隊以來最具轟動效應的突發事件：其一是國慶日當天，住在旺蒼縣快活場的一〇八中隊的兩名勞教份子一起越獄逃跑，兩人分別是張先癡也就是我和周茂歧。有勞教線人舉報，他們是一個「企圖逃往南斯拉夫駐華使館『政治避難』」的叛國集團，成員中另有任世同、羅鐵夫和范通才暫時按兵未動；其二是在我逃跑二十天以後，成立了一個名為「中國馬列主義者聯盟」（以下簡稱「馬盟」）的地下組織（此事是我捕回獨居關押三年後才知道的）。該組織成立僅數月即因叛徒出賣而被破獲，為首者周居正、楊應森均判死刑並立即執行，於一九六四年一月十八日分別在永川縣和灌縣遭殺害，其餘成員六十餘人，皆於同期在各自居住地分別判處死緩、無期和有期徒刑。

我們的逃跑和他們的組黨，本是兩件各自孤立的事件，不排除前者的「逃往南斯拉夫駐華使館『政治避難』」對後者有某種啟發作用，但這畢竟只是辦案者的事後分析，而非逃跑者事前如此預謀。倒楣的是主管當局，按寧左勿右的辦案慣例，將它們聯成了一樁驚動中央的特大案件大動干戈，這也同樣是我事後三年才得到的確認。有兩個原因促成了主管當局的誤判：原因之一是南斯拉夫的執政黨名為「共產主義者聯盟」，這與剛破獲的「中國馬列主義者聯盟」、顯然同族同宗涉嫌沾親帶故，兩個逃跑者未必不是「馬盟」派往「修正主義集團」以「認祖歸宗」；其二是我與「馬盟」為首者之一的楊應森，不僅同在一個中隊，而且同在一個生產班組，又有線人稱兩人一貫「同鼻孔出氣」。事實上我與他和同隊的另一位鄧姓轉業軍人，確實另有密謀（但並非組黨之類），只因我突然受肉刑捆綁，決心逃跑以洩憤，才自然終止了該項醞釀中的密謀。可以肯定的是我與楊應森的頻繁接觸交往，想必早有「勞教積極份子」彙報在案。

我的逃跑一旦與「馬盟」這一「通天大案」攪在了一起，那永遠說不清道不明的「十萬個為什麼」將等著我受用。它不僅讓我在預審中累受刑訊逼供之苦，還讓我在長達三年半的時間內獨囚一室、從不放風，倍受精神煎熬，但這一切比起楊應森等等先烈的犧牲又多麼不足掛齒……

直到半個世紀以後的二〇一〇年，我因患眼底出血症視力幾乎喪失殆盡，才得到個機會在放大鏡的幫助下，翻閱了「馬盟」的塵封檔案的影本，解開了這個百思不得其解的謎團。

當年的勞教份子，除少數被法院判處管制者以外，大部份人在法律的意義上仍然稱為公民，甚至將他們尊稱為「國家的主人」也很難說是諷刺挖苦，君不見一九五九年眾「勞教公民」還參加過一次裝模作樣的所謂選舉。但實際上他們又是被專政的對象，按勞教紀律「只准規規矩矩，不准亂說亂動」的行為準則「夾著尾巴做人」。如果一定要解釋我國這顛三倒四的身份錯位，足以把全世界的法律博士逼瘋，最好還是交給「中國特色」這把萬能鑰匙去「答記者問」。反正眾「勞教公民」並沒有行動自由，甲隊和乙隊或乙隊和丙隊的「勞教公民」，在「相互監督、促進改造」的恐怖氛圍中，人際交往幾乎成了麻煩的代名詞，特別是勞教之前的陌生人，一句話，我既無機會也沒有必要和本中隊以外的勞教份子交往。

有一位「馬盟」成員名叫傅汝舟，多年以後，他的姓名在我的記憶中佔有特殊地位，手邊屬於他的這幾頁複印案卷也顯得分外沉重。在囚禁著近萬名勞教份子的這只龐大的「四一五信箱」裡，我和他像兩個薄薄的信封不知散落在信箱的哪一個角落。在這位最後被判刑二十年的傅汝舟的審訊筆錄中，記載有他曾對某某人（名字忘了）說過：「我們已派人去南斯拉夫駐華使館……」的話，在審訊中他矢口否認，事實上他對任何指控都予以否認。而我這個被控「企圖逃往南斯拉夫駐華使館」的當事人，對這一似是而非的說法卻一無所知，甚至不知道地球上有一個名叫傅汝舟的人。然而神經高度緊張的辦案人員，又豈敢對「派人去南斯拉夫駐華使館」這一經人舉報的重要線索輕易不予採信？這就導致了下述長達八個月的「圈套」。

二、唯有歌聲多壯志

一九六二年二月的某一天，這時我早已自天津捕回四川，被關押在灌縣看守所的二號監房兩月有餘。突然看守兵打開監房喝令我這個「獨居犯人」抱起鋪蓋調動監房，在看守所這本是司空見慣不足為奇，我的此番調動非同尋常之處在於，我是由普通監房調往關押重點要犯的「小監」。

那年頭灌縣看守所的建築佈局分為兩個部份，主建築是一幢大約四十米見方的木結構四合院，內設十個大小不等的監舍。四合院的一邊的底部，修著一間大廁所，它與鄰近的監房之間留有一段一米多寬的通道，通道的盡頭是一扇木門。跨出此門便是本看守所的第二個部分，它以一片寬約十米的荒地遠離了四合院，對面則是一字排開的十二間小平房，每間約二平米見方，獄方給予的正式名稱為小監。十二間小監的一、二號監房是漆黑無光的黑監，我剛剛遷入的這間就是一號黑監。進門以後看守兵鎖了房門，不一會，我突然聽見相鄰的二號監房內有咳嗽聲，知道我有一位鄰居，他是誰？我心中暗想，但據我此前的坐牢經驗，看守所決不會把兩個案情有關聯的人（勞改專業詞彙叫「同案犯」），關押在有可能互通資訊（勞改專業詞彙叫「串案」）的地方，據此我判定咳嗽者絕對是我不認識的人。

我並不在乎小監黑監，也不在意什麼要犯不要犯，反而更喜愛這恬靜簡單的居住方式。因為自囚入這個看守所，過上了獨居一室的嶄新生活，與世隔絕中難免胡思亂想。回憶起若干年前，在一次文學創作會議上，曾聽過著名老作家李劼人的一次演講，說他在創作小說《死水微瀾》期間，為杜絕外來干擾，一度把自己關閉在小書房裡，連三頓飯都是由家人從門縫間送入……我記住了老作家為這部傳世之作付出的艱辛。對應我時下關進這僻靜的「監獄裡的監獄」，簡直像「天賜良機」般不可多得，立即開始動筆寫作我構思已久的長詩《嘉陵江三部曲》。我不斷以寫交代材料為藉口，向輪換值班的看守兵索要筆墨紙張。我很快地適應了黑監這白天漆黑，夜晚燈光透亮的「黑白顛倒」，只顧潛心寫作，乃至忽視了我還有個二號監房的鄰居存在，他畢竟是個與我無關的陌生人。

引起我分外注意的是我忽然聽見他低聲的唱著一首歌，這首名為《熱血》的歌，它對我情智初開的少年時代具有啟蒙意義，因為那正是中華民族最為光輝的抗日戰爭時代。歌詞開始唱道：「誰願意做奴隸？誰願意做馬牛？人道的烽火，燃遍了整個的歐洲。我們為了博愛平等自由，願付任何的代價，甚至我們的頭顱，我們的熱血，似第聶爾伯河似的奔流……」歌聲低沉凝重，發音很準，估計唱歌者的文化修養在我之上，而熟悉抗日戰爭初期流行歌曲者，通常年齡都長我幾歲（我五歲即讀小學）。更重要的是歌聲中洋溢出那份激昂奮進的熱情，和我那份憂國憂民的心態不謀而合，我甚至懷疑這涉嫌臭老九也是個右派份子，又甚至想過用某種方式與他取得聯繫。

但是且慢，這是什麼地方？它是共產黨關押政治要犯的黑監，而我是負有重大反革命疑案的被偵察者，這危機四伏的險惡處境允許我草率行事輕舉妄動嗎？就憑一副令你激動的歌喉就能將他視為朋友、引為同志嗎？算了吧，快三十歲的人了，別那麼孩子氣，想罷，我冷靜地回到那首《嘉陵江三部曲》的「傳世之作」中。

寫到這裡，似乎有必要把小監的生活規律簡單介紹一下，前文說過，我並不在乎什麼小監黑監，在此我還得補充說明，比起集體關押的大監房（也包括只關一個人的大監房），我更喜愛這一排遠離四合院的小監和黑監。在我看來，這黑監除距離死刑判決更近一點這個「不確定因素」以外，幾乎全是我夢寐以求的居住環境，堪稱難得一見的獄中精品。看守兵雖然偶爾來小監押犯人出監外審訊（勞改專業詞彙叫提訊或者提審），但絕不會刻意過來干擾你的構思寫作或者「幻想變天復辟」什麼的。但他們在交接班時，你最好還是靠牆靜坐作沉痛悔罪狀為佳。反正他的例行公事，只是撥開你門上那直徑十多公分的窺視孔，確認你依然「健在」就萬事大吉。看守兵這種「一分鐘打擾」每天就那麼早中晚有規律的幾次，不像四合院裡的大監房，左鄰右舍吵架打架分菜分開水爭多論少朗讀監規犯人放風挨揍被捆呼媽喊娘哭天嗆地……總之除了強姦案，什麼怪事都可能在這個五顏六色的小空間裡發生，因此，你想靜下心來潛心寫作什麼「傳世之作」純屬癡心妄想，相比之下黑監的優越性也就不言自明。

話頭還是回到我這位住在二號黑監的鄰居身上，也許是為了對極權暴政表示抗爭，也許是為了排遣一人獨居一室的寂寞，他時不時會自娛自樂低聲吟唱一番。不過應當承認，他唱的《流亡三部曲》、

《孤島天堂》、《嘉陵江上》等等、還有些我忘了歌名的抗日歌曲，有時甚至令我感動得潸然淚下。特別他每日必唱的那首名為《驪歌》的夏威夷民歌，真還有點令我百聽不厭。但是我仍然沒有對他作出任何回應（也許他只是自我激勵，並不在乎別人的反應），我只能說這些歌曲所張揚的基本情調，與我正在寫作的《嘉陵江三部曲》的感情主軸不謀而合，使這部歌頌為理想獻身的詩作離「公式概念」稍遠一點，所以我對他的低聲伴唱，不但毫不反感，反而還暗藏一份助過一臂之力的感激之情。

這位鄰居似乎已積累了比較豐富的坐牢經驗，他唱歌時能準確地避開看守兵交接班的危險時段，而且他的音量也相當克制，因此幾個月來，從沒有因他這種違犯監規的「亂說亂動」而招來麻煩。某日，他更心血來潮地唱起了英文歌曲，我讀初中時畢業於武漢市一所基督教名校，對他吟唱的《老黑奴》、《多年以前》、《夏日最後的玫瑰》、《驪歌》等早已耳熟能詳，是當年幾乎同學們人手一冊的《世界名曲101首》（One hundred and one best songs）中的著名歌曲。歌聲讓我回憶起純真美好的學生時代，對比今天面臨的一片險惡黑暗，新仇舊恨在心中激蕩，恨不得跨到門邊，把這位「心有靈犀」的難友也喚到門邊來一訴衷腸……

但是再一次且慢，我絕不能輕舉妄動地跨出這危險的一步。

我不知道用了多大的毅力來壓抑我和他搭訕的願望，從他的歌聲中我無法想像他是一個壞人，或者用二十一世紀的新詞彙說「他是一個五毛黨」，即使有了這樣地確信，我也沒有跨出走向門邊的一步。八個月後我調出了小監，此時我剛剛寫完《嘉陵江三部曲》的第一部。兩個月後，我與一位正直善良的看守兵交上了朋友，在我的詢問下，他告訴我二號黑監關押的人叫傅汝舟，「也是你們四一五的右派反革命」。這是我生平第一次聽見這個名字，心中暗想，這名字似乎還有那麼點詩意。在二〇一〇年我讀罷傅汝舟的審訊筆錄以後，經過一番回憶考量，我甚至認為，這「且慢」的一步，很可能改變了我們兩個人的命運，這樣的揣想絕非空穴來風：

我估計一九六二年二月，將我由四合院裡的二號大監房突然調來一號黑監，這很可能是獄方經過周密策劃而採取的破案步驟。他們故意讓兩個文化背景近似、性格外向或稱囂張的政治犯，安排成似乎可以單獨交談的鄰居，同時在三號監房住入一個貨真價實的「五毛黨」，也可以在後牆調來一個「坐探」（那年代在中國知道「錄音」這個詞彙的人好像並不多），只要能找到一兩句「去南斯拉夫駐華使館」的關鍵字，這個「通天大案」的身價便會大大提升，各路破案「英雄」的提升希望也會相應提升。而在重證據輕口供的所謂原則下，縱使當事人矢口否認，傅犯汝舟和張犯先癡的判決書將輕而易舉地改寫，甚至在草菅人命的刑場上，多個把「人頭落地」也不費吹灰之力。

其實避開了這場陰謀絕非我有什麼先見之明，也不完全是我膽小如鼠，實實在在的是我太珍惜黑監這個「寫作天堂」，太珍愛《嘉陵江三部曲》那所謂的「傳世之作」了。除這部長詩以外，我獨居三年多時間內，還寫過近百萬字的小說散文及時評文字，其形式內容雖然各異，但它們的淒慘命運卻大體相同，全部變成了焚書坑儒的替死鬼，這是後話。

三、怒吼化作的絕唱

回到四合院大監仍然獨居一室的我，因光線條件的夢想成真，使我有了更多的寫作時間，盡心盡力的在《嘉陵江三部曲》的字裡行間斟字酌句，對周圍監舍的雜聲干擾，抱「事不關己，高高掛起」的態度。直到一九六三年元旦節過後不久，一樁似乎與我無關聯的突發事件，使我受到一次空前的震撼，它讓我真正地認識了從未謀面的傅汝舟，他令我高山仰止的勇敢，令我肅然起敬的高尚：

從門外跨入灌縣看守所，首先令你站定的房間有個非同凡響的名稱：「訓話室」。剛入監的犯人，在這裡接受搜身檢查，令你交出褲帶鞋帶等、可以勒死自己和別人的「準兇器」，同時接受看守兵有關遵守監規紀律的「訓話」（請仔細掂量這個詞彙的含金量）。這訓話室也是監內犯人接受捆綁吊打腳鐐手銬的「發源地」。只要在巷道裡巡視的看守兵，判定你犯了某種錯誤，便開始轉動他手中的鑰匙推開監門，惡狠狠地對你吼道：「去訓話室」。該犯便提心吊膽地向「發源地」走去。待看守兵鎖好你剛才跨出的監門，自會前來「收拾」（獄吏及看守兵對犯人的專用動詞之一）你。只要該倒楣鬼走進了這個房間，最輕的處分是對著牆壁罰站，文化人稱作「面壁思過」，勞改犯則自嘲為「日壁頭」，隨手拈來的「教育」是拳頭耳光繩捆索綁，「大力挽救」的方式是腳鐐手銬外搭「煙桿」（此係極為殘忍的特殊刑罰，為避免某類讀者的不良反應故不在此繪聲繪色的慢慢道來）。

大約那天上午十時左右，我突然聽見從訓話室方向傳來一聲怒吼：「你們這就是黑暗」，回答怒吼聲的是拳打腳踢和打累了的氣喘吁吁，還有就是施暴者偶爾迸出的下流話。接著我又聽見一句咬牙切齒的大吼大叫：「你們簡直就是法西斯」。這兩次怒吼的嗓音我太熟悉了，他就是幾個月前與我相鄰而居的傅汝舟。吼聲鏗鏘有力，吐詞精準乾脆，穿透了這座看守所的門窗，直入了每一位難友的心房。這勇敢的吼聲難道不是我們這群受難者想吼卻不敢吼出的言詞嗎……此時此刻，我指的是我修訂此稿的二〇一一年年底，距離事發的當年已經整整半個世紀了。一句話，自這個極權帝國成立至今已六十餘年，真正直接振動我耳膜的類似怒吼，這是第一次而且是唯一聽見的一次，它讓我的聽覺神經得到了永誌不忘的享受，也是我懷念傅汝舟並決心寫下這篇紀念文字的主要動因。

引起傅汝舟憤怒抗爭的緣由我至今也不清楚，結局卻立刻兌現，一陣叮叮噹噹的金屬敲擊聲從訓話室傳出，熟知監獄生活的人都知道，他們給不屈的傅汝舟戴上了腳鐐手銬。我想到他的歌喉即將變為咬緊牙關的呻吟，不禁憤憤不平心如刀絞，再想到他替我們怒吼，幫我們發洩，此刻卻獨自一人去承擔統治者施以的殘忍報復，我們這群受益者就一聲不吭地順從下去是否問心有愧？

我在四合院裡住的是六號監房，這座木結構的監房雖然四周由磚牆密封，但木質的監門仍然留有些自然形成的洞孔和門縫。對外界資訊的渴求興許是被囚者的原始慾望，他們日積月累的利用可乘之機將門縫或孔洞拓寬增大，以便展開視野看見更多監室門外的「風景」。我現在所住監房的右前方二十米左右，就是訓話室通向獄內的大門，我的一隻眼球佔據了六號監室門上的一個孔洞。我終於第一次看見了傅汝舟的身影。他不足一米七零的中等身材，長期的黑監囚禁，使他的臉部顯現出病態的白皙，上面鑲嵌著兩隻噴發著怒火的眼睛，以下則是一對流淌過鮮血的鼻孔，它的下面便是被血痂覆蓋了的嘴唇，戴著腳鐐手銬的傅汝舟艱難地移動著他沉重的腳步……

我領教過腳鐐咬齧腳踝的痛楚，他拖曳著負重的雙腳，一步又一步地緩緩向我走來。這時，臉上泛著獰笑的看守兵還倚靠在訓話室門邊，把玩著在指頭上旋轉的鑰匙扣，算計著這副腳鐐移至二號黑監的時間……當我看見傅汝舟在巷道上向我漸漸靠近，奪眶而出的淚水早已模糊了我的視線，估計他蹣跚到我聲浪所及的區域時，我竟情不自禁的小聲唱出了那首我百聽不厭的《驪歌》，這首歌還有個通俗的名稱叫《珍重再見》：

看那烏雲已籠罩的群山
啊，你就要離開我的身邊
今後我們將遠隔萬里關山
只能默默隱藏我的思念

珍重再見　一路平安
我要時刻等你在美麗的花園
珍重再見　一路平安
祝福你直到再相見

你聽海濤不住的奔騰呼喊
啊，盈徹我心中無限的留戀
我的熱情常燃燒在我心間
我要等待直到我們再相見
珍重再見　一路平安
我要時刻等你在美麗的花園
珍重再見　一路平安
祝福你直到再相見
珍重再見　一路平安
我要時刻等你在美麗的花園

顯然突如其來的歌聲引起了他的驚愕，還故作鎮靜地向歌聲來源的方位瞟了一眼，隨即更加放緩了腳步。此刻他已經清楚地知道，在這飽和著恐怖血腥的監獄裡，仍有一位和他愛著同一首歌的知音。雖然他並不一定知道，此知音曾一度是他近在咫尺的鄰居。總之，貼近孔洞的眼球看見他對著歌聲微微一笑，同時，眼中開放出兩株淚水的花朵……！

這是一幀美麗絕倫的特寫畫面，它一直定格在我閉目沉思的眼前，一直懸掛在我回憶的腦海，因為我再也沒有看見過他了。

四、其實都很可悲

最早替「馬盟」案鳴冤叫屈的是重慶市高等法院的吳明法官，他嘔心瀝血奔走十年，及至離休卻仍無成果，可見此案的阻力非同小可。我在專案組向四川省委報批周居正死刑的材料上，讀過以下字句：「周犯居正……冒充我地下黨員」的「罪行」，後有住在重慶的難友說，直到今天，被譽為紅色教育基地的「中美合作所渣滓洞紀念館」的牆壁上，依然鐫刻著曾經在這裡關押過的地下黨人員的名單，那上面周居正三個字仍然赫然在目。我想還是借用本文開篇時寫過的某段話，作一個理屈詞窮的說明：「如果一定要解釋我國這顛三倒四的身份錯位，足以把全世界的法律博士逼瘋，最好還是交給『中國特色』這把萬能鑰匙去『答記者問』。」這裡便不再贅述。

六十年歲月已匆匆過去，回過頭來審視「馬盟」舊案，同時也反思我們這夥共同經歷的「叛國投敵集團案」，不禁令我產生一種自我嘲弄的羞愧，簡而言之的一句結論是「其實都很可悲」。我們這群「一廂情願」的「馬列信徒」（「馬盟」的組織名稱和我等逃跑的目的地足以證明這一判斷）的所作所為，足以證明我們只是一群沒有吐盡「狼奶」的「腦殘」。轟動一時的「通天大案」，也只不過是眾「腦殘」共同犯下的一次「病急亂投醫」的「路線錯誤」，結局只是用這群「自戀症患者」的生命和青春，去再一次證明這個極權統治者的殘暴——雖然這已經被證明了千萬次。

但是，也應該公正地說，不管傅汝舟等等「馬盟」人的認識受到多麼大的局限，事發當年，在面對餓死幾千萬同胞的嚴峻時刻，作為知識精英的他們，作好慷慨赴義的準備，主動地承擔起拯救民族危亡的責任，其精神之可歌可泣應當給予肯定。這正如那句民諺所說「鷹可以飛得像老鴉一樣低，而老鴉卻永遠不可能飛得像鷹那樣高」。當我們讀罷楊應森、魏昭、傅汝舟和眾多「馬盟」人的事蹟以後，再頌出這樣一段民諺，可算是獻在他們墳頭上的一簇鮮花吧！

話已說到這個份上，剩下的就只有一份永遠的遺憾了：在事發的當年，為什麼我們這群「讀萬卷書」的「臭知識份子」，只知道死死抱住疑雲重重的「馬列主義」不放，竟然不知道還可以從「普世價值」的和煦陽光中，去吸取無窮無盡的熱量，它才是照耀著地球上大部分地區的偉大熱源，除了極少數幾個臭名昭著的「馬列國家」以外。

五、「陪殺場者」如是說

一九八〇年八月，我從臭名昭著的四川省雷馬屏勞改農場平反出獄，此時距離我所判十八年的滿刑期只差四個月。毛澤東死後兩年，全國的右派份子好像「一風吹」似的把帽子「改正」掉了，未曾「折磨致死」的右派們，紛紛從各自的流放地返回了原單位。這時，我常常會想起也是右派的傅汝舟，想到他那頗含詩情畫意的名字：給你一條船，一條能夠幫助你穿過激流險灘的船，一條能載著你跨過驚濤駭浪、駛向天涯海角的船……但是，承載著「改正」右派傅汝舟的那條船，如今停靠在哪裡？

有一種鮮為人知的中國特色：對一個「資深勞改犯」而言，要探詢另外一個「資深勞改犯」的下落，肯定比一般沒有勞改過的「外行」方便得多。這恰似一句四川民諺所說：「耗子洞只有耗子才鑽得過」。我託這句民諺的福，不費吹灰之力，便於一九八一年在重慶找到了另一位「資深勞改犯」齊家柳，他也是出自「四一五信箱」的「改正」右派之一。早年他因所謂「偷聽敵臺罪」判刑十五年，輾轉押往邛崍縣南寶山勞改農場服刑，一九八〇年從那裡平反出獄。他告訴我，在文化大革命狂得發瘋的一九六八年秋，傅汝舟在農場主持召開的一次公判大會上，被判處死刑並當場槍殺，對他宣判的罪行是「惡毒攻擊全世界人民心中的紅太陽偉大領袖毛主席」、「誣衊文化大革命毀滅文化」。這則令我唏噓歎息的惡耗徹底擊碎了我與傅汝舟重逢的希望，也粉碎了我和他一起去歌廳並肩高唱《珍重再見》的美夢。失望中我只有用一條新發現的規律來安慰自己：共產黨敢於嘲笑資產階級的「溫良恭儉讓」，其底氣來源於它有一種跨越人性底線的能耐，能將每一個現行體制的叛逆者，在成為英雄之前，就預先把他變為烈士。

一九九一年，我被一位「資深勞改犯」借到北京去替他打工，三年後返回四川，去原單位辦了退休手續，借「發揮餘熱」的美名替某雜誌編編寫寫，其實只是為掙點錢去對付孩子那高昂的學費。只是不論我走南闖北幹什麼營生，刻骨銘心的監獄往事時不時會走進我的回憶，或者在風雪交加的旅途，或者在閃電雷鳴的深夜，總會在臆想中遇到些冤死的難友，他們滿臉淚水一身血污地向我走近，其中也有從未交談過的傅汝舟，特別是他眼中那兩株淚水的花朵……

眼看古稀之年一天天靠近，老態龍鍾逐漸體現在舉手投足之間。想起我被饑餓和疲勞折磨得幾乎倒地不起的歲月，想起我被捆綁吊打以致痛不欲生的當時，我咬緊牙關忍受疼痛時，曾不止一次地默默發誓：「我將寫出這一切用血汗換來的記憶」。正是當一名暴行的見證人的願望，支撐我邁過了一次次生死抉擇的關口。後來，每當我的好友有的被打得皮開肉綻，有的被捆得昏死倒地，或者我從一個仰慕者的墳頭走過，我都會對著回憶中的他說：「我一定要把這一切寫出來」。我認為這是所有死難者委託給倖存者的使命，它既莊嚴又沉重，沒有任何一顆跳動著的良心有勇氣去拒絕。

但我的眼病又日趨嚴重，很擔心在完全失明之前做不完這件事（我歷來對口述記錄的方式存有疑慮），經歷中很想寫而又很難寫的人物傅汝舟就是其中之一，幾番動筆又幾番擱下，原因是瞭解不多素材太少。只記得多年前曾有人告訴我，傅汝舟有個女兒在雅安市川劇團，我便託人去到雅安，尋訪那裡的川劇界退休老人，他們的回答斬釘截鐵：「從來沒聽說有過姓傅的」。最後我只能根據兩三頁複印案卷所載，他是四川漢源縣人（漢源屬西昌，故委他為「『馬盟』西昌盟委書記長」），一九二六年出生，一九四八年畢業於重慶大學，一九五七年服務於成都市城建局期間，被劃為極右份子送了勞動教養。一九六二年五月他加入了「馬盟」，如此而已。

再一次託那句四川民諺的福，我分別給三個「資深勞改犯」打了電話，「耗子洞」得以再度鑽過，回答說：「『某某』出版社退休老編輯某公，曾經在邛崍縣南寶山勞改農場吃過囚糧，也許他知道你正探詢的這個傅汝舟」。原來這位某公早年也是個右派份子，後誣以反革命罪被判刑十八年，毛死後「改正」出獄。同為「資深勞改犯」，也都涉足文藝界，雖無交往，但也不是完全陌生，便相約次日穿什麼顏色衣服、戴什麼款式帽子，在青羊宮茶園作電影中早年「地下黨」接頭狀。

見面後，相互寒暄如儀，隨即直奔主題，向他打聽傅汝舟，聽到這個名字他神情緊張，語音似在發抖。他說：「一九六八年九月底殺傅汝舟那天，是我陪的殺場」，（默算一下，傅汝舟被殺時四十二歲）接著便向我詳細描述了「陪殺場」的感受，他說儘管中隊長告訴了他不是殺他，捆他的看守兵也對他說，「只是讓你去受受教育」，他自己也知道今天的公判大會是殺傅汝舟而並非殺他，但他無論如何還是控制不住，身體不斷地發抖……作為過來人，早已見慣不驚，相互交流交流也頗投契。

交談間，我想起一九六三年傅汝舟在灌縣看守所訓話室裡的勇敢堅強，問了問傅汝舟臨刑時的情況，他的回答令我大吃一驚：「我看他已經是一個死人了」，我瞪著眼睛沒有回答，他見我面帶疑惑，便加強語氣地重複說：「真的，我在他身旁看得很清楚，他確實已經是一個死人了」……

臨別時，這位八十高齡的「資深勞改犯」，掛著一副頗含歉意的笑容對我說：「如果你要寫關於傅汝舟的稿件，千萬不要用我的真名實姓，我還有兒女」。我接受了他的要求，雖然這已經是八年前的承諾了，前文所寫的某公，便是這位老兄的代名詞（此番定稿時，我甚至把初稿中他所在的出版社的名稱也換成了某某），以證明我是一個貨真價實的「人道主義者」。

進入二十一世紀以後，許多設在邊遠山區的勞改單位，陸續遷往內地某些大城市周邊。剛剛提到的邛崍縣南寶山勞改農場遷走後，原址被改建成了一個旅遊勝地。在掩蓋真相篡改歷史方面，中共堪稱前無古人後無來者的世界冠軍。今天的中國，在所謂的學界精英中，四十歲不知道「陽謀」、「反右」；三十歲不知道所謂「自然災害」、「餓死四千萬」；二十歲不知道「六四天安門」「機槍坦克射殺學生」者比比皆是，更不用說在什麼「旅遊勝地」的腳下，踩踏著多少根傅汝舟們的錚錚白骨了。

出生在共黨東德、而在西德長大受教育的現任德國女總理梅克爾，那年她就任後，第一件外事活動，便是前往以色列，替她的納粹祖輩屠殺猶太人的罪行道歉。登上回國的飛機前，她說了這樣一句話：「一個不敢正視自己歷史的民族，是一個沒有希望的民族」。

想到她這句擊中我中華民族要害的話，作為炎黃子孫，我恨不得放聲痛哭。

二〇〇四年六月初稿
二〇一二年二月改定
二〇一二年三月五日刊於《觀察》

四、張伯倫的人生傳奇

一句「金玉良言」

張伯倫是第二次世界大戰前一位英國首相的名字，將其名字的中文發音翻譯成中國式的姓名真還有那麼點新意，此人在執政期中犯過許多錯誤，但仍不失為一位鼎鼎大名的政治家。本文將寫到的這位老先生，雖然也一字不差的名叫張伯倫，卻是個勞改犯。只要提到勞改犯，誰都知道他是個中國人，因為這個中國特色的人類群體，除了毛澤東量身定做的中國共產黨，誰能把那麼多無辜者「揪」出來去「勞動改造」？

一九七〇年，時年三十六歲的我正在四川雷馬屏農場通木溪中隊當勞改犯。某日，從西昌黃連關監獄調來一批犯人，這種調動在勞改隊司空見慣，按理不必大驚小怪，引起我特別關注的原因是我所睡床位的左側，新嵌入了一個陌生犯人。要知道，在險象環生、人人自危的勞改隊，誰也不願意在自己的身邊安放一個「定時炸彈」。因為這裡的勞改犯人睡的是一張橫跨整間屋子的大通鋪，分為上鋪和下鋪兩層，不論上、下鋪，犯人們都一個捱著一個倒在上面做自己的惡夢。這種安排最大的好處是便於貫徹「連坐法」，鄰床的逃跑了，兩側的脫得了干係嗎？如果來者是一個專司告密的「屁眼蟲」（這是四川全省勞改隊對告密者的蔑稱）我又豈能不儘早進行防範？

為了對自己的安全負責，我不得不對即將「嵌」入我側的來者加以審視，見他的年齡似已六十開外，滿臉的皺紋和嘴裡那稀稀拉拉的幾顆牙齒可以為此作證。聽口音他應該是西昌那一帶的人，中隊裡操類似口音的西昌人不在少數，穿一身打滿補丁的勞改服，表明他和我一樣，也是勞改隊的「老油條」。別忘了共產黨統治的中國有著論資排輩的傳統，什麼工齡、軍齡、黨齡無一不和一個人的身價緊密掛勾，勞改隊雖然沒有「犯齡」一說，但老犯們身上那股「死豬不怕開水燙」的凌人盛氣，還是只可意會，不可言傳地暗藏在舉手投足之間。

當我倆都並排躺在床上時，我直接問他：「你怎麼叫了這麼個名字？」如果不是在勞改隊，對一位長者這樣提問就有點失禮，正因為勞改隊尚殘存「行客拜座客」這國民黨時代的袍哥遺風，他這位行客比我這位座客矮了一截，這種問話方式則無傷大雅。他輕輕歎了一口氣回答說：「唉，年輕時太狂了」。這是老犯之間談話的經典句型，因為張伯倫清楚，能知道這個名字所含意義的發問者，決非沒有一點歷史常識的一般雞鳴狗盜之徒，如果不予理睬或者胡亂支吾搪塞，顯然是對對方智商的蔑視，容易產生敵意為今後的朝夕相處留下隱患，作為一個過來人，用自省自責的口氣給予正面回答，顯然十分得體。

張伯倫被安排的具體勞動是放羊，全中隊共有不足一百隻供積肥用的山羊，他一個人料理就足夠了，不可能編成一個班組，就讓他編在水稻班、也就是我所在的班組裡。這種「組織安排」最重要的目的是學習的需要。這裡面有一種現象倒發人深思，眾所周知，不論哪個國家都有囚犯，而所有的囚犯都得按法律所判的刑期進行服刑，中國的囚犯實際上也是在服刑，但勞改隊幾乎用改造二字替代了服刑二字，官方公佈的規範犯人行為的《勞改犯人守則》共七章四十二條，外加《五報告》、《十不准》這些連篇累牘的勞改「文獻」中，沒有一次提到過服刑二字，我認為這是一種故意的疏漏，是共產黨刻意地用改造的概念替代服刑的概念，因為他們在骨子裡排斥服刑二字中，所含有的刑期這個具有年月限定的內容，改造就沒有時間限制，事實上當年的勞改犯滿刑後絕大多數都被安排「留隊就業」繼續改造，一直改造到死在這遠離故鄉親人的荒山野嶺。

共產黨宣稱勞改犯的任務是勞動改造和思想改造相結合，這種贖罪性的思想改造必須落實到每個勞改犯身上，落實到便於互相監督、彼此檢舉揭發的班組之中，一個人單獨放羊的張伯倫又豈能逍遙法外？

在勞改隊，張伯倫從事的勞動是人人羨慕的，因為和他朝夕相處的山羊沒有一頭會像同班組成員那樣去檢舉揭發他，或者像某些犯人那樣響應政府號召為立功減刑而陷害他。放羊的勞動體力消耗不大，除了防止羊群竄入農田、損害農作物被扣上破壞生產的帽子便不存在其他風險，更重要的優越性是便於偷吃農場栽種的糧食蔬菜產品，在長期吃不飽、短期餓不死的糧食供應標準下苦苦掙扎的勞改犯，這種機會的魅力無窮無盡。但張伯倫並不善於利用這種機會，因為他畢竟是個食量不大的老年人，幹的又是體力消耗較小的輕勞動，沒必要去冒偷吃生產成品、違犯監規的風險。況且，像他那種體質較差、塊頭不大，對大田生產的繁重勞動存有畏懼心態的人，決不願意因違犯監規而失去幹這個輕鬆工種的機會。

張伯倫寡言少語，很少與其他犯人說話（在勞改隊說話這個詞被官方改為具有犯罪嫌疑的「勾勾搭搭」），勞改隊有「犯諺」說：「多一個朋友就多一根絞索」，這句「犯諺」從另一個角度為恐怖二字作了注解。沒有人發現他和誰有較密切的交往，但一段時間後，我發現他對我似乎很有好感，能證明這一點的理由是這樣的：勞改隊都是白天幹活勞動，傍晚收工後吃飯，晚上學習討論或者開批鬥會，一般兩小時後結束。犯人們常年的學習內容是人人過關的半年大評和年終總評，每次通過我的評審材料時，監管幹部都會有預謀地發動全班犯人、有時甚至擴大到全隊犯人對我進行批判鬥爭，內容多半是揭發我的「反改造言論」，其實都是我對現實中的黑暗現象的揭露，這些日積月累、真真假假的隻言片語搜羅起來，監管幹部們作捍衛社會主義狀，乘機「打擊囂張氣焰」把我捆得死去活來。某夜，當我坐在床頭正在揉搓我紅腫的胳膊時，突然聽見張伯倫在我耳邊說了一句悄悄話：「共產黨不怕你亂說，就怕你不說」。他這句話倒真讓我想起了那句「一切真理都是樸素的」的格言。

我想到一九五七年共產黨整肅包括我在內的知識份子時，反覆動員鳴放，什麼「言者無罪，聞者足戒」，又什麼「聞過則喜」，把老祖宗的道德操守當作施展「陽謀」的廣告詞，在我們這些心直口快的年輕人耳邊「重複一千次」，難道不是「就怕你不說」嗎？不幸的是包括我在內的許多人提了些善意的意見，誰能想到這類意見都可以掐頭去尾、斷章取義地倒打一耙地誣之為「向黨進攻」的「罪行」。如果當年五十五萬右派分子全都一言不發，反右鬥爭說不定只有另外換一個花招才得以開展。

從此，除了幹活我不再多說一句話，結果，甚至對我一直心懷鬼胎的幾個獄吏，還煞有介事地對一些年輕犯人說：「連張先癡那樣頑固的反改造份子，都在我們黨英明政策地感召下也開始有了轉變。」其實這句言不由衷的鬼話，不僅說話者本人不相信，就連我這個被「表揚」的我也壓根兒不相信。

我認為寡言少語的張伯倫對我頗有好感，就是因為他送了我這樣一句金玉良言，還因為在勞改隊說這句金玉良言將要承擔常人難以估量的風險。

娃子「取比阿牛」

勞改犯張伯倫，一九一三年出生在家鄉四川漢源縣一個大地主的家庭，根據我的經驗，衡量地主大與小的簡易方法不外乎兩種，一種是擁有田地的數量，另一種則是土改時家中被殺人數的多寡，這兩方面張伯倫所屬家族在當地都首屈一指。父母妻室全被槍斃，張伯倫得以倖免於難，除了奇蹟便別無它法。

一九三四年，在南京報考中央政治大學時，躊躇滿志的張伯倫第一次用上令人嘖嘖稱奇的張伯倫這個名字，這正是震驚中外的「九一八事件」令全國青年熱血沸騰的日子，愛國青年張伯倫從政報國的決心從此下定。七七全面抗戰開始，張伯倫投筆從戎，在武漢直接轉入了黃埔軍校屬下的「戰時幹部訓練團」，半年後畢業即赴抗日前線。

抗戰勝利後，張伯倫回到家鄉，幻想在恬靜的鄉村生活中吟詩作畫，修身養性。但在抗日戰爭中，蓄意避開正面戰場以保存實力，待抗戰後發動內戰以奪取政權的中國共產黨，很快地打到張伯倫的家門前，一九四八年冬，張伯倫重返政壇，就任三民主義青年團雲南省幹事長，此職務相當於共產黨的省團委書記。

一九四九年，人稱雲南王的龍雲搞所謂雲南起義投共，張伯倫隻身出走返回四川西昌，在這裡，他應邀出席了高級軍政會議，聆聽了蔣介石離開大陸前的最後一次講話……聽到這裡，我乘機提出了在心中埋藏了多年的問題：「國民黨為什麼會敗在共產黨手下？」張伯倫沉思良久，幾乎是哽噎著說出一句令我振聾發聵的話：「蔣公太仁慈了」！

很可能他心中又想起他那位只知道相夫教子不問國事的妻子，一個只因說不出丈夫藏身之地即被槍殺的結髮妻子，還有同時倒在血泊中的兩位同族長輩。這時是一九五〇年六月，是共產黨佔領四川後以「清匪反霸」的名義下進行的「初試鋒芒」。

當時隱藏在深山中一個老佃戶家裡的張伯倫，幾乎被接二連三家破人亡的壞消息擊垮，更重要的是張伯倫清醒地知道，提倡階級鬥爭的共產黨下一步還要「宜將剩勇追窮寇，切莫沽名學霸王」意味著什麼，殘酷的現實告訴不願作刀下鬼的張伯倫，擺在面前只有兩條道路，要麼自殺或者等著被殺，要麼逃到涼山裡去當娃子，也就是當奴隸。

張伯倫家鄉的漢源縣便是包圍著大涼山的眾多縣份之一，那裡不少人能多少懂幾句彝語，如果說上世紀中葉的中國真正有一個所謂「針插不進，水潑不進的獨立王國」的話，聚居著幾十萬彝族同胞的大涼山應當之無愧。在帶著原始色彩的彝語詞彙裡，根本就沒有政府、保長、甲長之類的統治工具的名稱，也沒有納稅完糧的社會責任，這個遠離現代文明的彝族社會，他們的人只分兩種，奴隸即白彝和又稱黑彝的奴隸主，此外便是少數被稱為「畢木」的世襲巫師。

奴隸在涼山俗稱娃子，對新世紀的人群解釋奴隸的特性，唯一可比的參照系似乎只有「前無古人，後無來者」的勞改犯。即使如此比較，如果給勞改犯一個自由選擇的機會，雖然兩者都失去人身自由，雖然兩者都在遠離城市的荒山野嶺，但我堅信，百分之百的勞改犯都會義無反顧地去涼山給奴隸主當娃子，而不願意給共產黨當勞改犯。為了證實娃子優勝於勞改犯，我不得不以一個名叫取比阿牛的娃子的親身經歷為證。

早年的涼山，除了買賣娃子、鴉片煙和槍支彈藥外，幾乎就沒有別的商業活動，唯一能流通的貨幣便是銀錠。只要是你單身一人在山間行走，到任何一家人家都可以得到免費的吃喝款待，但你必須自報家門說出你的家世淵源和來龍去脈，否則你肯定會被當作從某一個家支中逃出的娃子，自然地會有人撿個便宜順便把你賣到更深遠的涼山內地，幾番倒賣之後，我們剛才提到的取比阿牛，才被取比家支以一錠銀子的價格買到家中，給他取名阿牛。這個中年娃子來到這個家支五年以後，終於得到奴隸主的信任，按慣例給他配發了一個女奴隸當老婆，免得他老是對著公雞爬在母雞背上時發呆。

一九五五年，中共組織的工作團隨著共軍部隊一步步從涼山週邊向縱深地區蠶食，到一九五六年忍無可忍的彝族人民終於爆發了全民族的大規模起義，毫無疑問起義的領導者是各個家支的黑彝。那是中共還未暴露出他的偽善面目之前，其聲望如日中天的年代，加上雙方軍事實力的天壤之別和彝族家支間的歷史冤仇的無法調和，最後共產黨幾乎用種族滅絕的手段將彝族中的黑彝斬盡殺絕……不過這已不是本文所能容納的內容了。

回頭再說「解放」了的娃子取比阿牛，他不再被允許種鴉片煙也就不能再吸鴉片煙，對早已吸煙上癮的取比阿牛的自我戒毒簡直苦不堪言，眼淚鼻涕傾流如瀉，痙攣抽搐滿地翻滾，看他難過成如此這般，他的妻子竟號淘大哭，但最後畢竟戒毒成功。

這時，寨子裡有幾個孩子上了學，學習漢語文字，他們吃驚地發現，取比阿牛伯伯竟然能讀能寫，孩子們的疑難問題也常常找他解答。一個彝族娃子能讀寫漢字簡直像一條啞巴能開口說話般的特大新聞，傳遍了附近的村村寨寨，恰好正在籌組中的鄉政府缺少一個炊事員，須知這六、七個人的伙食團，也必須記個油鹽柴米的流水帳，以便讓鄉幹部們知道自己該交多少伙食費用。

這個特大新聞的出現，使這個肝膽俱全的鄉政府正式組建完成，被調到鄉政府當炊事員的取比阿牛每天燒水煮飯偶爾到區上去買點生活必需品，他那位彝族妻子也時不時到鄉政府住上兩三天。

當年彝族鄉村幹部，一般都是在縣上辦的幹部訓練班裡經過幾個月最多一年的培訓，便匆匆下到基層進行工作，政治文化水準都低得可憐，甚至報紙文件上許多認不得的字還得問炊事員取比阿牛。當他們知道二十多年前當取比阿牛抓進涼山當娃子時，他早已是高小畢業的學生，暗地裡對取比阿牛的記憶力無比佩服。

鄉政府的幹部中，有一位芳齡二十歲的女孩負責婦聯工作，她在彝族幹部訓練班學習時，與一位男同學談上戀愛，畢業分配時，該男朋友分在另一個區當秘書，在電話郵政都不通達的情況下，只有靠每週一次的機要通信員傳送報紙文件時捎帶一封愛情信箋。奈何這位鄉婦聯幹部文化水準太低，不但無法寫回信，甚至來信都不能全文讀懂，這時她不得不求助於炊事員取比阿牛，而阿牛也盡心盡力的替她解讀來信，代筆書寫回函，充其量偶然接受婦聯幹部悄悄給他一包劣質香煙。

兩年以後，這一對戀人終於喜結連理，那位原來的區秘書還幸運地調到取比阿牛這個鄉當了鄉長。公路也修通以後，縣交通局決定組建一個常年維修公路的道班，似乎是為了答謝取比阿牛在這場書信戀愛中立下的汗馬功勞，新上任的鄉長正式推薦取比阿牛擔任道班班長，成了縣交通局屬下的一名正式職工，阿牛班長當了個小芝麻官，首先按官場常規以權謀私，安排了他那個不懂漢語的彝族老婆當了道班的臨時工。

道班班長取比阿牛就任以後，工作上認真負責，吃苦耐勞，加上鄉長夫婦和有關領導的大力舉薦，一九六四年他被選為縣勞動模範。下半年，他更成為涼山彝族自治州公路交通系統的勞動模範，當年的《涼山日報》上，曾以《奴隸變成的公路養護神》為題，對取比阿牛的模範事蹟作了長篇報導，在英模大會上，州領導親自給他戴上大紅花，頒發了獎狀。取比阿牛在會上的長篇發言，從他悲慘的奴隸生涯到共產黨幫助他翻身解放成為光榮的工人階級的一員，更是字正腔圓有板有眼天花亂墜，贏得的暴風雨般的掌聲雷動，當然在意料之中。

按中國慣例，會議結束前必有一次盛大的宴會，在開往宴會餐廳的專用交通車上，一個似曾相識的年輕人走到取比阿牛的面前，指著他的鼻子冷笑著說：「你是張伯倫」。原來勞動模範張伯倫在主席臺上撒彌天大謊之時，這位時任某局局長的遠房侄兒在聽眾席上認出了這位下落不明的叔父，這個發現將消除一直懸在他檔案中的一個疑團，對渴望在仕途上平步青雲的他簡直是一個意外的驚喜。

交通車開到宴會廳門口，下車後的張伯倫並沒有跨進宴會大廳，而是轉身走向公安局，他去投案自首。

三個月後，張伯倫被涼山彝族自治州中級人民法院以反革命罪判處有期徒刑十五年。

這件事還有必要作兩點補充，其一是他那位奴隸妻子，曾經到西昌看守所去看望張伯倫，因他係未決犯，按看守所規定未被准許接見，也許她無論如何也弄不懂「未決犯」和「國民黨」這類無比深奧的漢語詞彙，而周圍竟找不到一個可以解答這類問題的人，她只好選擇一條蒙受冤屈的彝族婦女所走的抗爭之路：上吊自殺。這是事發三年後張伯倫在西昌黃連關監獄服刑時，當年同在道班工作的一個因盜竊罪被判五年刑的老同事告訴他的。

另一件事發生在一九六八年，突然兩個外調幹部來到監獄審訊張伯倫，主要調查那個指著他鼻子冷笑的遠房侄兒，問他在「潛伏」期間，是否和這個侄兒有過秘密聯繫？三年後，文化大革命期中被利用的所謂「造反派頭頭們」被判刑入獄，其中有人說張伯倫的那個「指鼻子侄兒」，時任某局局長，也是一個走資本主義道路的當權派，他的長輩無一不是國民黨高級官員，甚至有的偽裝成娃子長期在涼山裡潛伏……可悲的是，這位大義滅親的局長在高壓下也走上上吊自殺、「自絕於人民的可恥道路」，當地政府這樣宣佈了他的死訊。

張伯倫暗自納悶：「為什麼愛我的和害我的人都去上吊」？

在即將結束這個段落之前，我覺得有必要對我先前寫過的一句話加以說明：「如果允許勞改犯自行選擇的話，我相信這群倒楣鬼百分之百的都願意去涼山給奴隸主當娃子，而不願意給共產黨當勞改犯」。這個結論來源於古人所言「食色性也」的需求，共產黨對勞改犯「食色」本能的蹂躪，肯定夠資格掛上「絕滅人性」的黑旗。

涼山的奴隸主可不一樣，他們和奴隸們在同一個火塘邊吃同樣的玉米飯，喝同樣的酸菜湯，奴隸主似乎並不具備發明「糧食定量供應」、這個讓勞改犯既吃不飽又餓不死的高智商政策。不僅如此，連取比阿牛抽的奢侈消費品鴉片煙，奴隸主都願意提供。還因為彝族在兩性關係上，除黑彝白彝之間有嚴厲的等級禁忌以外，娃子之間的男歡女愛還相當開放。在長年累月陷入性饑渴的苦澀中掙扎的勞改犯眼裡，這等夢寐以求的好事除了七仙姑之類的神仙還有誰能辦到？更令眾勞改犯難以置信的是，只要奴隸主認定你不會把他屬下的女奴隸拐跑，他會給你配上一個門當戶對的老婆，讓你安心替他幹活，順便也為他生上幾個小奴隸增加點家產。共產黨恨不得勞改犯都斷子絕孫，還可能讓他們弄些小勞改犯來後繼有人嗎？

別誤以為原名張伯倫，化名取比阿牛的犯兒在大涼山當奴隸時，又抽大煙又有「二奶」，儼然一副共產黨宣傳中的地主老財模樣，那你就大錯而特錯了。想過沒有，作為一個公子哥兒出身的大學畢業生，官拜「縣團級」以上，突然在已經失去眾多親人後的追殺中，墮入舉目無親的荒山野嶺，成為喪失人身自由的底層奴隸，他承受的精神打擊是可以輕易忍受的嗎？再說彝族人那原始粗放的生活方式，他們從來不洗臉、永遠不洗澡，無衣服可換，無鞋可穿，只得一年到頭打赤腳……擺在張伯倫面前的求生之路，怎可能與輕鬆二字沾邊。

正因為張伯倫用他堅定的意志，克服重重困難，才使他成為中共建政後那血流成河的追殺中，難得一見的漏網之魚，這也是他的傳奇人生令我肅然起敬的原因之一。

我看過張伯倫的判決書，上面羅列的那些陳詞濫調屬於中共劣根性當然不值一提。唯獨緊跟在姓名後面印著的「化名取比阿牛」六個字卻使我幾度冷笑。正如我們所知道的，取比阿牛是奴隸主買到張伯倫以後，隨便給他取的一個彝族名字。但是共產黨在給勞改犯定罪時，凡另外還有一個名字的，不論其為筆名、綽號甚至乳名，一律判定為化名，印在巨幅佈告上四處張貼，以便向蒙在鼓裡的過往行人宣揚該階級敵人陰險狡猾的非同一般。

一不小心，又喝進一口狼奶。

並非「軍事政變」

有一個問題，我作為當事人如果不加以澄清，一千年以後的歷史學家不知道會為查明這樁陳年舊案絞掉多少腦汁，因為他們不懂，為什麼在殘暴反動的毛澤東統治年代，監獄裡沒關押有為民請命、捨身取義的政治犯？而中國共產黨在奪得政權以前，他們卻口口聲聲要求當年執政的國民黨政府釋放政治犯。似乎這是個問題，卻又是個簡單得可笑的問題，那只是因為共產黨違反國際慣例，把通常意義的政治犯都改名為刑事犯，或者叫反革命刑事犯，這搖身一變的驚人效果便是中華人民共和國成了世界上唯一沒有政治犯的國家，是地球上最為自由、極為民主的先進國家。就憑這個名稱的改動，人們稱中共是玩弄名詞的高手就決非溢美之詞。試想想，政治是一個中性詞，革命是一個褒義詞，反對革命的反革命會是好人嗎？一切政治犯的原罪就此定了下來豈不一舉數得？二十一世紀後，中共又悄悄地取消了自欺欺人的反革命罪，又「與時俱進」地代之以「危害國家安全罪」或者「顛覆國家政權罪」，訓練有素的中共法官，甚至可以不費吹灰之力地判定隨地吐痰「危害國家安全」，大吼大叫也能夠「顛覆國家政權」，這些萬變不離其宗的名詞魔術誰敢和中共當局一比高下？

勞改隊在關押著大批鑲嵌著反革命外殼的政治犯的同時，也還關押著許多偷、搶、騙、姦之類的一般刑事犯，這類犯人文化水準普遍較低，工農家庭出身的較多，而政治犯多數文化水準較高，出身於所謂剝削階級家庭者為多。監管幹部對這兩類犯人的評價是這樣的：「反革命和我們是你死我活的敵我矛盾」，「一般刑事犯雖然也危害了人民，但畢竟屬於人民內部矛盾」。他們也常常用這些論調去蠱惑一般刑事犯，啟發他們「擦亮眼睛，和階級敵人劃清界限」，給他們更多的「檢舉壞人壞事的立功機會」。

那時我已勞改了八年，早已練就了犁田耙田等農事基本功，同時練就的是煨煮燒烤等偷吃各類農產品的過硬本領，這才使我這人高馬大的身軀腿粗腰圓力大無比，別說水稻班，就是整個中隊，我也算名列前矛的全能勞動力之一。

水稻班有一個姑隱其名的班長，此人農耕技能頗為到位，出身貧農家庭，娶不起媳婦卻慾火極旺，曾幾度在田野路邊誘姦放學歸家的小女孩，家長們舉報後他被判刑十六年，沒幾年他當上了這個班長。勞改隊的班長是勞改犯人「仕途」的頂峰——假如這種類似「維持會長」的勞改班長也能算作仕途的話。但有些犯人還對當這種「官」饒有興趣，我們的這位班長就當得煞有介事地沾沾自喜，雖然他治下的是一群除了鎖鏈就一無所有的窮犯人，但善於撈油水幾乎是中國官員們的遺傳基因，哪怕他是個疑似於官和非官之間的勞改班長。我們這位班長還是能從這群勞改犯中撈到一點點油水。例如某犯人生了病，在得到監管幹部的批准後沒有出工勞動，他最好能知趣地省下一個包穀粑的口糧悄悄送給班長，明天出工時興許能幹點輕活，否則他第二天收工時的的腰酸背痛顯然就是為這個包穀粑的疏漏而付出的代價。

監獄每月給犯人發兩元「零花錢」，說是給犯人購買牙刷牙膏之類的日用品，恰巧這類所謂日用品是犯人心目中的奢侈品，這少得可憐的「零花錢」，最終還是轉彎抹角地變成了廉價食物，因為填飽肚子才是犯人的當務之急。班長難免會向你借走一元又常常會故意忘記還給你，你最好比他還忘記得更徹底。全班犯人中，即便我這個在體力和智力都不是他可以輕易征服的老犯，也被他「借」走了五角錢。其餘班上的老弱殘兵各犯，幾乎無一不是他的冤頭債主，特別是年老體弱的張伯倫，這件事還得從頭說起：

搞農業勞動就離不開植物保護，也就是打打農藥防治病蟲害，這是一種季節性很強的勞動。我在中隊就擔負著這份差使，我背著的是一台機動噴霧器在莊稼地裡東奔西走，經常能碰到蛇，那年頭我體質特佳，驚嚇過後，在找不到「兇器」的情急之中，我背著幾十斤重的噴霧器甚至還能俯身下去逮住蛇尾，好一陣摔打就可將其治死，煮成一鍋色鮮味美的蛇肉湯。張伯倫迷信生吞蛇膽可以養眼，我和他便按勞改隊常規，達成以一隻蛇膽換一個包穀粑的口頭協議，執行以後竟間接地傷害了這位班長的利益，因為此前幾乎每隔兩、三天張伯倫都可以省下一個包穀粑給他，現在卻以『自由貿易』形式進入我的消化系統，他當然不滿，但蛇膽和包穀粑的交易純屬市場需求的調整，而他吃張伯倫的包穀粑屬於利用手中權力進行變相勒索，在明哲保身的勞改天條保護下，沒人為這個公開的秘密說三道四或者加以舉報。

一連幾天，我發現班長對張伯倫經常怒目而視，有兩三次甚至斥責他沒有把羊糞拾掇乾淨，精通勞改習俗的張伯倫當然知道班長所懷鬼胎，他也就暗自忍下，但這三番五次的刁難也使張伯倫產生欺人太甚之感，這個工休天，對著班長的惡意斥責，忍無可忍的張伯倫彷彿吃了豹子膽，竟然從嘴裡咕噥出一句：「莫說那麼多，不就是這幾天沒有給你上貢包穀粑嘛！」這一句直接刺進班長心窩的話點燃了班長的新仇舊恨，他一伸左手抓住正準備出門的張伯倫的衣領，用右手食指指著張伯倫的缺牙巴說：「你信不信老子把你這幾顆牙齒打掉好弄來當『P』日！」老實說，在勞改隊我聽見過犯人間的相互吵罵可謂多矣，但一個年輕犯姦污罪的犯人對一個老年犯人罵到如此惡毒的地步似乎還是第一次，更何況被罵者是我心有靈犀的忘年之交。說時遲，那時快，我竟然在鋪上穿好了鞋縱身跳到地上，三兩步就跨到他倆之間，出手狠狠一記耳光抽在班長臉上同時大聲吼道：「你憑啥子借老子五角錢三個月都不還？」吼罵中又抽了他一記耳光。此刻班長已回過神來，扔開不堪一擊的張伯倫與我正面交手，雙方你一拳我一掌，像一般勢均力敵的打鬥一樣，互有不在話下的破皮流血之處按下不表。

單說我剛才大吼的那句借五角錢不還的話，可又是一句頗有來頭的勞改隊經典句型。因為我和張伯倫同為反革命重刑犯，也就是監管幹部們全神貫注盯著的重點犯人，而被我打耳光的是一個勞改班長，一個貧農出身的一般刑事犯，哪怕露出一絲我為張伯倫打抱不平的痕跡，好事者（可能是幹部也可能是假積極的犯人）都可以把問題引伸成小集團或者相互勾結之類的嚴重問題，對我和張伯倫都很不利，特別對年老體弱的張伯倫更有威脅……

有幸災樂禍者高叫：「犯人打架啦！」某幹部聞聲過來，吼道：「住手。」接著叫了個犯人的名字說：「到廚房去拿兩根繩子來！」不由分說地將我倆分別捆在曬壩兩邊的兩棵樹上，按慣例，像這類雙方只有皮肉小傷的犯人鬥毆，還不至於將打鬥者捆得死去活來，一切要待晚上學習會上再行論理。

從共產黨對敵鬥爭的根本原則來看，他們對犯人之間的所謂「狗咬狗」內鬥是暗暗高興的，這樣更有利於分化瓦解敵人，但用打架的形式出現卻並不歡迎，因為可能導致傷亡或類似惡性事件甚至影響正常的生產秩序。所以當夜的學習討論會上，主持學習的帶班幹部勒令打架雙方作出檢討並接受犯眾的批鬥。

我首先主動檢查，說三個月前班長找我借了五角錢，多次催要不還，我心想五角錢買他一記耳光也算出口氣，因此首先出手打了他，是我嚴重的錯誤，今後一定改正云云。說罷有三兩個犯人按明哲保身的原則對我提了幾條不痛不癢的批評意見。其實據我觀察此時幹部也希望班長主動作個檢討走個過場，讓犯眾也假惺惺地提點意見，便將此次違犯監規的犯人打鬥不了了之，因為打鬥雙方同為勞動骨幹，第二天還得靠他們賣力幹活，這種輕描淡寫的處理方式當然也是我的願望。

人人都期待班長開口，他終於說話了，誰也想不到他說出的竟然是一句最不知趣的話：「真沒想到在勞改隊還有反革命抽我這個貧下中農的耳光。」也許說話者本意只想按「以階級鬥爭為綱」的時尚在幹部面前討好賣乖，但卻得罪了班上那六、七位反革命份子，更何況這班長一貫在犯人中敲詐勒索、打擊報復早已劣跡斑斑。被觸怒的眾犯你一言我一語揭露出他許多問題，其中最具殺傷力的是他曾在背後說指導員像地主（該方姓指導員偏偏確為地主家庭出身），說帶班的生產幹事瞎指揮，對農業「懂個錘子」（該楊姓生產幹事正好是缺乏實際經驗農校畢業的中專學生）等等等等，這種借揭露別的犯人私下攻擊幹部的言論，加以渲染以對頂頭上司們進行公開嘲弄，是眾政治犯在反抗中積累出的智慧，對獄吏可奏啞巴吃黃蓮之效。他們報復的對象肯定是以貧農出身而自恃的班長。下學習的口哨早已吹過，幹部只得宣佈明晚繼續。

爬上床鋪後，我乘機在張伯倫耳邊說了一句：「你千萬不要提意見。」張伯倫回答：「當然」，我倆都知道，共同火力點的公開暴露也會增加自身被摧毀的危險。

經過第二天各路出工犯人的交頭接耳，以及出於各種動機而打向幹部的小報告，已註定這個「以階級鬥爭為綱」的班長將變成一隻過街老鼠的命運，當晚的學習會幾乎成了對他的批鬥會。會議結束時，主持會議的幹部突然宣佈將該班長調去飼養班餵牛，由張先癡接任班長，這個意外的結局便讓我這個終生不帶官運的凡夫俗子，登上了「仕途」的頂峰。實際上在往後十年的勞改期中，這個頂峰卻讓我這個苦命的勞改班長多流了多少身臭汗，幹了多少吃力不討好的傻事，其所吃苦頭用罄竹難書來表述也決不過分。

「東郭先生」遭遇尷尬

東郭先生是一則中國古代寓言中的主人翁，這位好心的秀才救下了一條凍僵了的毒蛇，此蛇轉危為安後竟一口咬死了救命恩人東郭先生。中共的御用學者認為這則不能同情階級敵人的寓言很有教育意義，便將它編入小學語文教材，改名為《農夫和蛇的故事》，編書時還特意將秀才這個階級成份「中間偏右」的知識份子，改為勞動人民即農夫，這個改動顯然是為了適應「以階級鬥爭為綱」的需要，「咬死我們階級弟兄的肯定是毒蛇一樣的階級敵人」，讓孩子們喝著這類「狼奶」長大成人。

這一次充當東郭先生的恰好是階級敵人張伯倫。

好像是一九七三年某夜入睡前，張伯倫突然對我說，他在報紙上看到中國駐古巴的大使名叫申健：「我肯定他就是我那個哥們，申姓本來就很生僻，加上這個單名，巧合的機率幾乎為零」。「那又怎麼樣，你難道想他帶你到古巴去當外交官嗎？」我不無譏諷的這樣回答他。不知趣的張伯倫還在絮絮叨叨的訴說他在中央政治大學時和申健的深情厚誼，說「申健家境貧寒，在校期間吃飯穿衣一切費用都由我提供，雖然我早已知道他是中共地下黨員，我卻認為那只是他個人的信仰問題，不應該影響我們的友誼。」在崇尚自由的知識份子成堆的地方，個人信仰理所當然的會受到尊重，當年像申健之流的地下黨員，尋找一個張伯倫似的東郭先生可以說輕而易舉。他壓低了嗓門接著說下去：「連他嫖妓女的錢都是我給他的……」聽到這裡，我突然想起張伯倫對我說過的那句令我振聾發聵的話，不禁脫口而出：「蔣公太仁慈了」。

沒想到張伯倫會給申健寫信，告訴他自己正在四川省雷馬屏農場通木溪中隊服刑勞改，更沒想到這位大使把這封信轉回了中隊部，並附信要求監管單位對罪大惡極的張犯伯倫加強教育，敦促他務必革面洗心重新作人。管教幹事在學習會上當眾朗讀了由一串串毛主席語錄連接成的信，並告誡張犯伯倫丟掉幻想，安心改造。

這樁突發事件一度使碰了一鼻子灰的張伯倫灰頭土臉，事後他也曾以自我解嘲的口氣對我說：「我只是想試一試申健」。但我內心並不相信他的解釋。三十多年後，重新反思張伯倫出這個洋相的真正原因，實在是那時他已年滿六十，身體瘦弱，勞改隊的醫療條件只能說聊勝於無，而所判十五年刑期還未及一半，他極擔心自己會在勞改隊結束餘生，幻想在曾接受他恩惠的申健那裡抓一根救命稻草，雖然拙劣了一點，但作為人類求生本能的反應，他並沒有把這種願望建立在傷害同類、謀求立功減刑的無恥行徑上，在道義上並不存在多大問題。

此外，在張伯倫退化成取比阿牛的十幾年中，事實上他過的是與外部世界隔絕的原始生活，直到上世紀六十年代中期，他才領教到共產黨直接統治下的麻辣燙滋味，他不曾經歷土改、三反五反、鎮反肅反、反胡風、反右派、反右傾等等一系列為強化共黨極權統治而發動的鎮壓運動。這些運動在打擊中共臆想中的敵人的同時，也暴露了共產黨殘暴無情，滿口仁義道德，一肚子男盜女娼的醜惡面目，只有「刺刀見紅」的那一剎那，人們在近距離審視中才認準了施暴者的原形。

或許張伯倫認為當了大使的老同學會念念舊情，給他一點點幫助，他不知道共產黨強調黨性建設的過程，實質上就是對除了階級性以外的一切私情的扼殺過程。當了大官的申健，只要承認與張伯倫存在過友情，就等於為自己刻意塗紅的臉上抹上黑色的污漬，他如果會幹這種傻事，早在他進入領導層以前，就已經在官場博弈中敗下陣來了。

一九七五年中共中央宣佈將釋放在押的國民黨縣團級以上的官員，名列其中的張伯倫得以獲釋，行前我悄聲問他：「你感謝共產黨嗎？」他正色回答說：「不，我感謝國民黨，如果共產黨不是為了統戰海峽對岸的國民黨，他難道會釋放我們這批行將就木的老人嗎」？這是真正的張伯倫式的答案。後來據說這批「縣團級」統戰誘餌分別擔任了各自家鄉的政協委員，為這只並不美麗的花瓶裡添加了一株紙質的花朵，張伯倫必為其中之一。

「還欠我一幅畫」

一九四九年五月，我們全家由武漢遷至重慶，八月我進入重慶江北縣立中學就讀高中二年級，叛逆年代的我，以「糞土當年萬戶侯」的氣概，在學校裡創辦了一個《號角》文藝社，自任社長，以壁報形式，替中共地下組織煽動的學生運動大張旗鼓地吶喊助威，為時任國民黨高官的父親所不容，於十一月中旬將我革出了家門，在走投無路的街頭流浪途中，我偶然在一根電線桿上讀到一則國防部高級政工人員訓練班的招生廣告，我脫下一件公子哥兒羊毛衫賣了幾塊銀元，買了一張中華大學肄業證書，冒充十八歲的大學生前往報考，十一月二十五日被錄取入學，次日便乘坐訓練班的汽車逃往成都，三天後當官的宣佈，訓練班停辦，學員轉入黃埔軍校二十四期並前往該校報到。次日自成都皇城校本部出發，在川西平原上到處轉悠到十二月二十日，奉此前被共軍俘虜並完成洗腦的徐幼常少將總隊長的命令全校「起義」，隨即當上了共軍，時年十六歲。

鄧小平執政以後，加強了對台統戰工作，還像模像樣地搞起了個黃埔軍校同學會，各省市縣還分別成立了由當地統戰部直接領導的分會或者聯絡組。據說北京的黃埔軍校同學會並不承認二十四期學生為會員，又據說臺灣的鳳山軍官學校在臺灣重辦了二十四期，間接地否認了大陸這個二十四期的存在。我們這批同學中有一些人懷著想被統戰而不得其門而入的遺憾到處奔走呼號，總算得到四川省黃埔軍校同學會的認可，於是乎有熱心同學前來拉我入會，而我自一九五七年反右時被共青團開除後，對參加共產黨領導下的任何「反動會道門」都心有餘悸，深害怕加入後在某次陰陽謀運動中，找個藉口讓我再受一次被開除的凌辱，故予婉拒。直到某次一位比我年長六歲的老兄，帶來一頁我十七歲時創作的詩作手稿，才扎扎實實地將我感動，這真是踏破鐵鞋也難以尋得的人間真情。

令眾軍校同學憤憤不平的還因為被黃埔軍校錄取簡直是每個人的歷史污點，在各人的檔案上記下了濃墨重彩的一筆，今天要當統戰部的座上賓你們又不承認了。大夥訴苦說，在層出不窮的政治運動中，我們被質問：「在國民黨垮臺的前夕，你們還要報考黃埔軍校，難道不足以證明你們血液中的反動毒素嚴重超標嗎？」沒有人能回答這類經過化學檢驗而提出的問題，所以中共建政以後，這批才跨進軍校大門的學生一直遭受著迫害，不過，除了迫害致死者外，沒有人比我的遭遇更淒慘。但這些都不是我參加黃埔軍校同學會的理由。唯一的理由是自我進入黃埔軍校開始，那幾位老兄就像對待自己頑皮的小弟弟一樣關愛我，毛澤東死後，緊張的政治空氣稍有緩解，老兄們相見時急於打聽的竟然是張先癡在哪裡？如今我能不珍惜每月一次在同學會上的敞開心扉嗎？當年最小的老弟都已年逾古稀，留給我們的歲月究竟還有多少？

四川省黃埔軍校同學會辦有一份《四川黃埔》的鉛印期刊，內部刊號，這份刊物的與眾不同之處在於它發表每一篇作品時，在作者姓名之前面或者後面注明作者就讀的是黃埔哪一期，迫切得到二十四期在黃埔同學會正名的熱心同學希望我也寫篇文章，以便在這本刊物上出現（二十四期）張先癡幾個字，收有書為證的震撼效果。

還是脫不開老朋友的情，因窮困而愛錢的我竟破例給這份不發稿費的刊物投了稿，內容肯定不會跨越我：「真話可以不說，假話決不能說」的生活底線，文章題目叫《回憶抗戰時期的童年生活》，發表在《四川黃浦》二〇〇五年第一期上。按常規我對這類「黨八股」的刊物是不屑一顧的，它們唯一的價值不過是賣廢品時為我增加五分錢的進賬，只因為這一期上登有我一篇稿件就翻了一下，這刊物的彩色封底是幾幅錯落有致的國畫，最上面的一幅的作者名叫張伯倫，後面是（黃埔戰幹團）幾個小字，掐指一算張伯倫都九十二歲了，好傢伙，他比當年我們在勞改隊奉命齊聲呼喊的「萬壽無疆」還要「身體健康」。

在我準備寫本文之前，曾找過兩位認識的「學長」（據說這是黃埔同學之間對長者的習慣稱謂），打聽成都黃埔同學會裡有沒有戰幹團的同學，他很快的找到了，是一位老大姐，撥通了老大姐的電話，她回答說：「我認識張伯倫，他去年去世了，還欠我一幅畫」。

二〇〇八年一月二十二日載美國《黃花崗》雜誌第二十三期

題頭畫像係畫家戴衛所作，是孫靜軒名片的一面，右側是他的親筆簽名。

五、右派詩人孫靜軒的生前死後

一九三〇年二月二十八日，孫靜軒出生在山東省肥城縣一個貧民家庭裡，抗日戰爭後期的一九四三年，十三歲的他牽著十一歲的四弟孫毅光，作為八路軍營長孫連捷的胞弟，經黨組織安排，雙雙進入了冀魯豫軍區的幹部子弟學校。他們的啟蒙老師裡邊，有中共建政後一度擔任人大委員長的萬里的夫人。在這座被中共自詡的革命搖籃裡，孫靜軒十六歲便加入了中國共產黨，成為根紅苗正的「紅小鬼」。誰能想到，這個本應成為「血統菁英」的紅色接班人，三十餘年後卻出落成一個與極權暴政誓不兩立的「持不同政見者」。二〇〇三年六月三十日深夜，這位被戲稱為中國詩怪的七十三歲老詩人，終於燃盡了他身上的最後一滴血，永遠地閉上了他一直仰望著星空的雙眼。

至今，四年的歲月已匆匆流逝，雖然人們對逝者的人品詩品毀譽不一，但有一個蓋棺定論卻驚人的一致，人們說：「送進焚屍爐的孫靜軒畢竟是一個具有超凡勇氣的男子漢！」——這很可能是這位豪爽的山東漢子為之追求了一生的評語。

一九五六年十一月，那時的重慶市還是隸屬於四川的一個省轄市，作為該市作家協會的專業作家孫靜軒，被邀請來省會成都出席四川省文學創作會議。我那時是一個二十歲出頭的業餘作者，在南充市文聯還兼任了個什麼詩歌組長，偶爾也有一點不堪回首的黨八股詩文發表在省級以上的文學期刊上，這個條件恰好跨過了出席這次會議的門檻。我們十多個來自南充專區的代表去省文聯報了到，得知我被分配在「詩歌甲組」，我在分組名單上，發現早已戴著海洋抒情詩人桂冠的孫靜軒三字也赫然在目。至此我們一起在布後街那間簡陋的平房裡「交流創作經驗」十多天，也算高山仰止般認識了這位趾高氣揚的著名詩人。僅憑他那一身貴族氣派的毛呢大衣，就足以把我這個初出茅廬的小夥子逼向自慚形穢的牆角，更別說他腋下還夾著一摞題為《獻給母親的河流》的長詩手稿。

整整三十二年後的一九八八年，我和孫靜軒陰差陽錯地重逢在四川省作家協會，那時年近花甲的他已經是這個協會地位顯赫的副主席，我則在該協會下轄的星星詩刊函授部擔任教務長。但更重要的是我倆還有一個酸甜苦辣五味雜陳的共同身份，那就是令人哭笑不得的「改正右派」四個字。這個稱號給了我們一種「本是同根生」，相煎可能不會太急的安全感，也使我們的交往更容易推心置腹，交談中我們對自己青年時代的「毛左」醜態都有過沉痛的反思和懺悔。

事實上三十年前那次創作會議後幾個月，毛澤東便發動了以「陽謀」自詡的反右運動，當年來自全省各地的文學愛好者，百分之九十五都變成了「引蛇出洞」之蛇，也就是被當地的黨委打成了「反黨反人民反社會主義」的右派分子。這群倒楣鬼無一不在人人喊打的群眾專政中，被批鬥成了「不齒於人類的狗屎堆」（引自毛選）。

因寫「海洋抒情詩」而小有名氣的青年詩人孫靜軒，卻一枝獨秀般在反右重災區的重慶市作家協會裡，一直佔據著出身優勢這個首要的政治制高點，黨誘導他積極投入反擊右派分子猖狂進攻的戰鬥。在《星星》詩刊、《四川日報》和《紅岩》雜誌等等「黨的喉舌」上，孫靜軒或在長詩《社會主義進行曲》中高喊「向左！向左！！向左！！！」的口號，或著文揭露某某右派分子的「猙獰面目」，他還在作協的大字報欄裡，一會兒用驚嘆號一會兒用問號不遺餘力地奮筆疾書。總之，「左」得發狂的孫詩人，正亦步亦趨地與黨中央和毛澤東「保持高度一致」。

應該公正地指出，當年的孫靜軒不是在刻意作秀，他是打心眼裡相信毛主席的英明和共產黨的「偉光正」。這是極權統治者進行宣傳壟斷的效果。那年代別說他這類根紅苗正的「依靠對象」，會狂飲「狼奶」如癡如醉。就連我這個來自敵對陣營的「血仇份子」，也都毫不知趣地不斷叨念著「出身不由己，道路可選擇」的咒語，「挽救」著自己的「靈魂深處」，糊裡糊塗地不知道一根「原罪」的鉸索，早已勒在了自己的脖子上。

請不要對我們這群可笑的右派太刻薄了，當一個逆向淘汰的社會，一旦「逆」過了做人的底線，像動物般相互撕咬的叢林法則就會應運而生，鮮血淋漓的咬人者和被咬者難分勝負，可分的僅僅是「五十步」笑「一百步」，這才是他們「馬列子孫」給我們「炎黃子孫」帶來的最大精神創傷。面對半輩子上當受騙的悔恨，還是用中共的一句口頭禪來自我解嘲吧：「他們有一個『表演』過程，我們對他們也有個認識過程」。

話題還是回到孫靜軒身上，直到一九五八年下半年，反右運動已進入「複查補課」的掃尾階段，我們這些落網者均先後在勞教隊、勞改隊各就各位。「鬥」紅了眼的孫靜軒突然心血來潮地環顧了一番左右，才發現本單位的業務骨幹幾乎全軍覆沒，剩下的都是些他一貫嗤之以鼻的「職業馬屁精」，是他往日羞與為伍的庸碌之輩。自恃「根紅苗正」、且在此番批鬥中立有汗馬功勞的他，竟理直氣壯地前到市文聯辦公樓，直奔領導整風的頭號左棍一把手曾克的眼皮下，氣鼓鼓地興師問罪，還斗膽地給這個「土皇帝」扣上一頂宗派主義的大帽子，更令「土皇帝」咬牙切齒的是，有恃無恐的孫詩人竟指著「皇上」的鼻子挑釁說：「你該不會把我也劃成右派吧？」

此時，能窺知中國大陸政治潛規則的人都知道，在已經定案的一百多萬名右派分子的名單上，添上孫靜軒三個字簡直易如反掌。面對命運已經逆轉的現狀，年輕氣盛的孫靜軒毅然同意了新婚妻子的離婚要求，因為女方那劃清敵我界限的理由既神聖又時尚。孑然一身的孫靜軒被押解到長壽湖勞改農場。在這個以右派分子為主要成員的群體中，很少有人歡迎這位從左派營壘中自投羅網的「起義人員」，迎接他的只有冷嘲熱諷或者鄙夷的目光。孫靜軒不得不接受這份「裡外不是人」的尷尬。多年以後，我在勞改隊從南來北往的犯人調動中，從一個來自重慶的犯人口中，得知了孫靜軒的這一份尷尬。

長壽湖這個地名中的長壽二字，對關押在這裡的右派分子而言，簡直是一個具有諷刺意義的地名。因為它實際上是眾多右派分子的短命之地，統治者用饑餓和勞累兩支魔掌，合力掐死了這些說過幾句真話的無辜者。至今散落在湖畔的壘壘墳塋可以作證，墓裡的一根根枯骨絕大多數都屬於當年那些風華正茂的右派分子。毛澤東把幾千萬中國同胞「改造」成餓死鬼的歲月，骨瘦如柴的孫靜軒正在長壽湖農場充當牛倌。

在一次放牛途中，偶然遇到老同事羅廣斌（小說《紅岩》的主要作者，後在文化大革命中跳樓身亡），他正是這個勞改農場的副場長。副場長幾乎辨認不出這具搖搖欲墜的「骷髏」，竟是昔日風度翩翩的孫詩人。也許是羅廣斌不忍心讓這位詩人餓死在自己的治下，便略施小計把孫靜軒調到能偷魚吃的捕魚隊。從此，精神和肉體都接近崩潰的孫靜軒，開始用自己的尊嚴為代價，去向死神贖換生存權，捕魚隊上交的勞動成果，實際上是隊員們吃不完的殘湯剩水，這個偷盜過程的另一種含義，便是對生命不公的一種反抗。

一九六三年，剛當上「摘帽右派」的孫靜軒調到了四川省文聯，這座城市裡住有他的大哥孫文波和四弟孫毅光，孤獨中也能得到些親情的補償。但是命運中的大起大落並沒有讓他大徹大悟，他坐在「創作輔導部」的辦公室裡，領的是賤民檔次的最低工資，反覆咀嚼著毛澤東那本《在延安文藝座談會上的講話》，一心想從裡面找一架能登上「新人」天堂的雲梯。得到的結局卻是跌入了「文化大革命」的地獄。他開始「吃二遍苦受二茬罪」，一度下放到省級機關設在會理縣的五七幹校勞動改造。他想參加造反派，卻被告知「摘帽右派」還是右派，他寫了一張大字報，得到的是一條以毛主席語錄「搗亂、失敗、再搗亂、再失敗、直至滅亡」所替代的警告，但他仍然誓死捍衛毛主席。特別令人噁心的是，他可以因路見一個瘋子在大街上辱罵毛澤東而大怒，而與之扭打而鼻青臉腫；也可以在批鬥走資派文聯主席沙汀的大會上，跳上臺去抽這位老作家的耳光（雖然沙汀也未必完全無辜，畢竟沙汀曾幫忙將孫靜軒由重慶調來成都）……當然這類低級衝動都成為孫靜軒晚年沉痛反思的內容，而且是我們在共同懺悔時他主動談出的。

真正導致孫靜軒和中共徹底決裂的是兩個貌似偶然、實為必然的事件：

其一是他大哥在文革中期的慘死。孫氏兄弟共四人，大哥孫文波最早參加八路軍算資格最老，二哥孫連捷是兄弟中官職最高（離休時官拜廣州鐵路局黨委書記），四弟孫毅光離休時係成都鐵路局小科長一個，孫靜軒排行老三。兄弟四人在中共建政初期殊途同歸般來到了四川，二哥孫連捷直接從軍隊轉業到重慶鐵路局，任成渝鐵路通車後重慶鐵路局的第一任局長。共產黨天生具有「雞犬升天」的封建傳統，年僅二十歲的四弟就稍帶著當了綿陽火車站第一任站長。兄弟們的「革命帶路人」孫文波大哥，轉業到成都市建委當了一名「當權派」，那時他年已三十開外，長期的軍旅生涯產生了迫切的婚姻要求，便饑不擇食般和一位國民黨軍人的遺孀結了婚，對一位為解放事業而誤了青春婚戀的老革命，似乎也算理所當然。誰能想到孫文波在毛澤東的領導下，奮不顧身地革了國民黨的命，又堅定不移地革了地主富農的命，又辛辛苦苦地革了資本家和右派分子的命以後，毛澤東卻給他扣上一頂「走資派」的反動大帽子，讓他去和文化一起被「革命群眾」來革他的命。

顯然妻子的複雜出身背景，使「潛伏特務」的聳聽危言給這死不悔改的走資派增加了滔天罪行的重量。使他倍受精神和肉體的折磨，他老淚縱橫哽咽著說：「在使用肉刑方面，日本憲兵隊和國民黨特務加起來也比不上共產黨的群眾專政」。終於讓他帶著遍體鱗傷地死在了毛澤東之前。他咬緊牙關對身邊的三弟靜軒和四弟毅光留下了八個字的遺言：「共黨不亡，天理不容」。令人吃驚的是大哥留下的這個八字讖言，三哥和四弟都分別在不同的時間、不同的地點，用相同的語氣向我轉述過。

第二個令他幡然悔悟的事件，就是撲朔迷離而又令國人屏住呼吸的林彪出逃、並摔死在外蒙溫都爾汗，再結合劉少奇、彭德懷和眾多所謂開國元勳的死無葬身之地，再加上那些從小道消息中傳來的《五七一工程紀要》……不是說英明領袖親自選定的接班人嗎？不是說三忠於四無限嗎？搞了半天全他媽的扯蛋全他媽的愚弄老百姓。孫靜軒似乎從一場惡夢中驚醒，終於看清了所謂人人平等的共產主義天堂，其實是新的階級壓迫的人間地獄，看清了獨夫民賊毛澤東的殘暴本性，他說：「一個從騙局中警醒的詩人更像一頭受傷的母獅」。

從此，換了一副大腦的孫靜軒抖掉了身上的污穢，尋回他丟失了二十多年的人格尊嚴。一九七九年在所謂改革開放的呼聲中，曾選派部分知名作家出國參觀訪問。當然，中央在選拔參與這類外事活動的人員時，也必然會在「重在表現」上下一番功夫，只要仔細加以掂量就會發現，同樣是出國訪問，到反動透頂的美國和到同一師承的蘇聯的各路人馬，簡直像四川民諺所說：「人與人不同，花有幾樣紅」那樣意味深長。他們身上那「只可意會，不可言傳」的背景差別絕非雞毛蒜皮四字了得。

有這個制度性的潛規則，前右派詩人孫靜軒去前社會主義同志國家的蘇聯，和這個「老大哥」國家身邊的小老弟芬蘭就合情合理。在那個彈丸小國，不會打領帶的土包子詩人，也就是坐在抽水馬桶上難以方便的鄉巴佬孫靜軒必然會出些洋相，但這些生活細節並不重要。重要的是此時還在勞改農場服刑的我，從《四川日報》的副刊上，讀到了孫靜軒在出訪的遠洋海輪上，寫下的這首題為《沉船》的詩：

當船兒穿過暗礁，行駛在波濤洶湧的海面上
我想起從前在風暴中遇難的船
昨夜，水手們還在談論那驚心動魄的故事
對殉難的先驅者寄予無限的崇敬與思念
也許那殘損的船體就在我腳下的海底
那水藻覆蓋的船艙裡，仍有生銹的鐵銃
雕花的陶瓷，和那古老的銅錢
啊！朋友，又何須對死者憑弔
也無須在沉船的水域躊躇不前
既然航海者選擇了擊風搏浪的生涯
又怎能希圖僥倖地逃過滅頂的危險
生者與死者各有自己的歸宿

誰生存，誰就該探索前人不曾開拓的航線

詩中那殉難者的群體中，難道沒有他讚不絕口的林昭、張志新們的身影，沒有長壽湖畔那壘壘墳塋所有者的身影麼？而將去探索新航線的眾多生者裡，豈能沒有詩人自己，沒有為開拓新的航線而前仆後繼的民族精英？

孫靜軒有句口頭禪說：「中國的新生從批判毛澤東開始」。他身體力行，一九八〇年他在陝西的一本名為《長安》的期刊上發表了那首〈一個幽靈在中國大地上遊蕩〉，這首用《共產黨宣言》的卷首名句暗指毛賊的長詩在剛剛甦醒的神州大地上「一石激起千層浪」，這首詩在技巧上粗糙得令人難以容忍，其實孫靜軒寫詩也並非信手拈來，只是造訪他的陝西老友沙某，在孫靜軒蝸居的寫字臺上看見了本詩的草稿，其內容正是膽小的他想說而不敢說的話，興奮之中，他甚至拒絕了孫靜軒「再修改一下」的要求，急匆匆塞進了他的公事包趕回西安，在剛剛創辦的《長安》雜誌上發表，其最初效果是創造了一項記錄：《長安》成為中國最短命的期刊，沙某也成為最短暫的雜誌副主編。

陝西省主管宣傳的省官馬文瑞，帶著這本「問題刊物」去到頂尖級的中共中央宣傳工作會議的會場，除了前文所列的後果以外，作者孫靜軒被勒令檢討也必不可少。

這首詩在海外也引起強烈反響，臺灣電臺連日配樂朗誦，俄羅斯、波蘭電臺爭相介紹，直到十年後的「六・四」民運期間，「美國之音」還以這首詩的最後段落，來結束當天那激動人心的新聞廣播。居住在中國大陸的芸芸詩人中，唯獨勇敢的孫靜軒吃下了第一隻張牙舞爪的極權主義「螃蟹」。

經過反右、文革的孫靜軒，也算是個「久經考驗的」持不同政見者了，他抗拒檢討，僵持中，從北京飛來一位他早年在文學講習所的老同學對他說：這次出問題的你和白樺（同為右派詩人，因寫電影劇本《苦戀》而轟動全國，與孫靜軒幾乎同時挨批），都是剛剛「改正」的右派分子，你倆的表現會令在中央主持平反冤假錯案工作的胡耀邦同志很被動，你再抗拒下去，對得起耀邦嗎？

孫靜軒被說服，他那份違心的檢討在報紙上公開發表以後，共產黨挽回了面子，孫靜軒繼續當四川省作家協會副主席、四川省政協常委。

在省政協會上，聽取孫靜軒經常更新的即席發言，也許是某些被大話空話折騰得耳根發炎的委員們最高興的事。記得有位外國文學理論家在給詩人這個名詞下定義時說過：「人人都能感覺到唯獨他卻能說出來，這個人就是詩人。」請看以下這些話是不是眾多委員都能感覺到，而唯獨孫靜軒這個詩人願意說出來、而且敢於公開地大聲說出來的大實話：

「歷史上擁有軍隊的政黨最有名的便是希特勒的納粹黨，他們甚至有黨衛軍，依我看今天中國的解放軍實質上也是一支黨衛軍」；

「中華人民共和國成立四十年了，到今天還要在農村搞什麼『扶貧』，這只能證明共產黨的臉皮厚」；

「在我們這個國家，除了騙子是真的，什麼都是假的，母親倒是真的，連父親就有可能是假的」

「……」

肩負著應聲蟲使命的政協會議上，豈能容留他這類不合諧的聲音，秘書長私下裡好言相勸：「孫老，注意下影響！」孫老卻「累教不改」，兩屆以後，省政協委員的名單上，再也沒印上孫靜軒三個字。

真正令我對孫靜軒刮目相看的緣由，還是他對一九八九年的「六．四」學運的態度。那年代網路遠遠沒有像今天這樣普及，人們只有從短波收音機中獲取一點來自國外的真實新聞。在那些或者熱血激蕩或者淚流滿面的日子裡，我們早晚都要見面交談。其中大約有一周時間不見了孫靜軒的蹤影，作為無話不談的好友，我私下問他到哪裡去了，他卻故作神秘地笑而不答。不久中共開動宣傳機器，謊稱京城發生動亂甚至暴亂，造好輿論便宣佈戒嚴，接著便一手製造了震驚世界的天安門大屠殺。然後下令在全國進行針對「六・四」事件的清查，要求人人發言表明對「六・四」的態度。孫靜軒或者託病不參加討論、或者在會場上一言不發。

清查結束以後，孫靜軒才告訴我，五月下旬他曾專程去到天安門廣場，和在那裡請願的青年學生們一起露宿了一夜。他說：「面對那群憂國憂民的孩子，我作為一個制度的受害者如果什麼也不做，我心裡會不好受」。那時他已年過六旬且體弱多病、更重要的他畢竟是一位由體制豢養的作家，其勇氣還不足以讓人們肅然起敬麼？

但是，在會後朋友們私下交談的場合，他都會公開表態譴責這場統治者用機槍坦克射殺無辜學生的暴行，並鄭重宣佈：「從今以後我孫靜軒不再修面剃鬍子，直到『六・四』平反那一天」。他去世以後，當我在遺體告別儀式上，透過玻璃棺蓋我看見他滿臉的鬍鬚，想起他一諾千鈞的正義誓言，我的老淚奪眶而出……

我主持《星星詩刊》函授部工作期間，按慣例，每年都將邀請些優秀學員來四川參加一次「新星詩會」。一九九〇年秋冬之交，「六・四」後的這屆詩會決定在風景秀麗的樂山市舉行，為此，函授部包下了該市郵電賓館的全部房間，孫靜軒作為《星星》函授部的顧問之一，被邀請參加並安排他住在我的隔壁。當年比較活躍的青年詩人石光華是我特聘的專職工作人員之一，他與詩人廖亦武是好友，而深懷「六・四」情結的廖亦武為紀念「六・四」屠殺，製作了一部名為《安魂曲》的影碟，據說影碟中有涉及石光華的畫面和詩句。事發後，廖亦武在重慶被捕判刑。按中共「寧可錯抓一千，不可放掉一個」的一貫政策，那晚，成都市公安局派來警員若干人，到我們所住的賓館強行將石光華抓走。當我把這一惡耗告訴隔壁房間的孫靜軒時，他竟然像一個受了委曲的孩子般號啕大哭起來。那淒厲的呼天嗆聲喚醒了眾多鼾睡中的與會者，讓他們知道發生在自己身邊的恐怖。

《告別二十世紀》可算是孫靜軒的辭世絕唱，這部不可能在大陸發表的長詩，由他的一位密友帶給了香港《開放》雜誌。該刊自一九九九年十月號起開始連載，《開放》在為這部長詩所寫的編者按語中這樣寫道：「……（孫靜軒）以深沉的政論激情，描述了多年來重大的事件與人物，對人類在二十世紀發生的所有重大政治事件，都有含淚帶血的回顧與演繹……作者批判的筆鋒，直指的仍然是蹂躪基本人權的極權統治者，其次便是世界大戰的發動者，而給人印象最深的，還是詩人對紅色帝國的唾棄……」

考慮到封鎖中的大陸讀者無法讀到香港期刊，孫靜軒自己掏錢，在我的陪同下，於某夜去到遠離成都的綿陽市郊的一家校辦印刷廠，印出了五百本，在詩集封底扉頁下方，還特意印著「僅供朋友傳閱！」六個大字外加一個驚嘆號的此地無銀三百兩。在贈給我的那本的扉頁上，他簽了一句「人生得一知己足矣！」的話令我倍感親切。

這本詩的「非法出版」，終於引起了當局的注意，中宣部組成「審讀小組」，「審讀」後定性為「反動作品」下令徹查，「挖地三尺，如數繳回」之類的豪言壯語響徹雲霄。頂頭上司四川省委宣傳部下令，指定省作家協會黨組書記宋玉鵬、省文聯黨組書記錢來忠合力操刀查處。此二公都是在共產鬥獸場上闖蕩多年江湖老手，早已練就了「見人說人話，見鬼說鬼話」官場絕技，也知道此番遭遇的「老革命」也絕非輕易就範的等閒之輩，萬一過份認真關係弄僵低頭不見抬頭見關係不好處，更不想惹「孫老」暴跳如雷日媽操娘水滸匪性後果難以設想。其實長期以來他二人與老資格著名詩人一直以忘年交相許，節日生日握手碰杯禮儀周全。今番此間又不得不給省委宣傳部交一份像樣的答卷正折磨著他倆的智商。

調查歷經數日，老謀深算的二黨官所提問題如書在什麼廠印刷？印了多少本？送了哪些人？現在還存有多少本？是誰將稿件帶往香港？等等等等一連串問號，孫靜軒對所有問題的回答都是老年癡呆症患者的早期症狀，不是忘記了就是記不得三個字。為了給兩位頭面人物一個面子，孫靜軒給了他們據稱是剩下的二十五本書向上面交差，同時正義凜然的請他們帶一句話給頂頭上司：「歷史將證明我孫靜軒是正確的，而你們這個黨是錯誤的」至於這句話是否如實帶到了「組織上」，只有請這兩根政治油條似的黨組書記來回答了。

未必是孫靜軒厭惡第二天是中共的建黨紀念日，他在頭晚溘然去世。淩晨，孫夫人李平電話裡哽咽著說：「老頭子昨晚走了！」走，在方言中就是去世的意思。

我偕妻子匆匆去到他家，以便協助這突來的變故而手足無措的孫夫人料理後事，酬答那川流不息的弔唁者。位於紅星中路八十七號省作家協會宿舍門前的花圈，早已將圍牆裡三層外三層的重重包圍，附近的幾家花圈店的存貨都被弔唁者買光，只得從遠處調運。是夜，臨時搭就的靈堂裡，懸掛著老詩人永遠沉思的黑白照片。燭光守夜的年輕詩人們徹夜朗誦著孫靜軒一首又一首遺作……

我在這座省會城市已生活了二十多年，見到的葬禮已難以數計，有權傾一方的高官，也有腰纏萬貫的富豪，他們中有誰能享受到孫靜軒贏得的這份景仰，這份自發的、真正來自民間的景仰！

這份榮幸對愛國愛民的詩人孫靜軒應當是受之無愧的。

原載二〇〇七年三月七日美國《觀察》
成都民間刊物《文化人》二〇〇七年第五期轉載
二〇一三年孫靜軒逝世十周年編入本書時曾有增刪

六、從水電廳到水稻班

——副班長何堅

「一根藤上結著的兩隻苦瓜」

四十年前的一九七二年，我正在四川省大涼山裡的雷馬屏勞改農場通木溪中隊服刑勞改，那時我作為一名右派升級的「叛國投敵」重刑犯，雖所判刑期長達十八年，但畢竟已跌跌撞撞地熬過了十年，積累了一定的勞改經驗。特別值得一提的是我在一位「老油條」犯兄的關照下，我學會了貌似艱苦繁重、實則相對輕鬆的犁田耙田，這種能避開相互監督的單人勞動，在因當局挑動相互監督而危機四伏的勞改隊裡，是不可多得的避風港。因為與你朝夕相伴的耕牛絕對不會舉報你任何一句反動言論；另一方面，我赤腳挽袖一身污泥濁水的狼狽形象，對監管獄吏帶來一種征服者的審美滿足，也削弱了他們對我「臭老九好逸惡勞」的僵化判定，估計已代之以「偽裝」、「假像」等含混不清的分析猜度。

這當口，我竟奇蹟般地當上了水稻班班長，這是個農事技術較強的班，其成員基本都是出身農民的行家裡手，找個能識文斷句的人都十分困難，致使我這個生產班長不得不在每晚的學習討論會上兼任記錄，也就是犯人所稱的學習組長。我接受這個「兼職」的真正原因，絕非他媽的什麼立功減刑，而是記錄犯人討論發言所使用的打字紙取之不盡用之不絕，這種紙張的細薄質地、不論用於裹葉子煙或者擦屁股，都比粗糙厚硬的《四川日報》合適得多。

某日，從自貢市調來幾個新犯，他們多是文化大革命中被「揪」出來的「階級敵人」，低頭不見抬頭見中，結識了比我年長五歲的何堅。更令我喜出望外的是，他也是一名由右派升級而成的「反革命份子」，其刑期二十年已登上有期徒刑的頂峰。這就是說我們這個中隊有了兩個右派分子，也就像當年常見的文學語言所說，是「一根藤上結著的兩隻苦瓜」。我趁機以水稻班無人作學習紀錄為藉口，向中隊部要求將這根人高馬大的「苦瓜」調入了水稻班擔任了學習記錄。

雖然我已經是一名服刑十年而且當了班長的老犯，去舉薦另外一個反革命犯進入勞改隊這種假冒偽劣的「領導層」，其可能承擔的風險為「勞改外行們」難以估量，這意味著該何堅日後的任何反改造言行，都可能與我這個推薦者發生說不清道不明的關聯。即使他也是同病相憐的右派，但賣友求榮的右派又不是沒見過。舉薦他最重要的原因是水稻班確實需要一個學習記錄，更重要的是何堅在一次不經意的談話中，向我透露了他生活經歷中的一個細節，這個千真萬確的細節大大地震撼了我，導致我把那張在危難環境中更顯得珍貴的信任票投給了他。

那是一次勞改隊盼望已久的吃肉「打牙祭」，飯後我和何堅一同走在出工的山路上，心裡面還在回味著那三、五片回鍋肉的芳香。何堅深深地歎了一口氣對我說，一九四九年國共內戰的緊要關頭，他在重慶沙坪壩讀一所免交學費和伙食費的公立大學，他積極參加了中共地下黨策動的大學生「反內戰、反饑餓大遊行」。這時他發出了一聲令我夢想不到的感歎：「我們竟然把碗裡的回鍋肉倒進潲水桶，然後上街去遊行『反饑餓』……」在何堅們在重慶街上「反饑餓大遊行」的年代我十六歲，正就讀於重慶江北中學高中二年級，對那些大哥哥大姐姐們的勇敢抗爭既欽佩又羡慕，連做夢也想不到那些高歌猛進、又理直氣壯的大學生們反對的竟然是把回鍋肉倒進潲水桶以後的「饑餓」，只是中共為醜化中華民國政府、進而奪取政權所刻意製造的謊言。

何堅向我講述這則「憶甜思苦」（此詞為應對中共提倡的所謂憶苦思甜而生造）的往事時，雖然我通過反右運動和判刑勞改，對共產黨一貫的欺世盜名已有了新的認識。但何堅這位當年遊行的參與者，和我這個站在路邊手舞足蹈的支持者，面對眼前既饑餓又勞累的慘狀，我們卻只能悄悄地歎息自嘲……我仍然十分感謝何堅，因為他向我證實了這樣一句話：「一個能揭出真相的細節，比一百個用謊言偽裝的故事更令人信服」。

打籃球打成的解放軍

在追述何堅的往事時，絕對繞不開籃球這個話題。從中學時代開始，校園的運動場上就不斷展示出何堅的體育才華，甚至有同學說他是個天生的運動員。他身高一米八，體魄強健，反應敏捷，機動靈活，運動員必備的素質何堅無一不具備。特別是籃球，可以毫不誇張地說，何堅屬於哪個球隊，冠軍就屬於哪個球隊。他早已是學校籃球代表隊的隊員，還兼任了女子籃球隊的教練。一九四八年，二十歲的何堅就讀於設在重慶沙坪壩的中央工業專科學校，在這所大專性質的學校裡，他學的是電機專業。一九四九年中共在北京開國建政，同年底，解放軍佔領了重慶，這一切重大的政局變化，對沉浸在書本裡和活躍在運動場上的何堅，並未產生更大的影響。一九五〇年七月下旬，他在未完成學業的情況下，因突然參加了解放軍而離開了學校，全校師生幾乎無一不為失去這顆體育明星而傷感。

這位體育明星是四川敘永縣人，五十年代初，剛剛建立的所謂共和國，可能是為治理的方便，將

「敵情複雜」的四川省劃分為東南西北四個省級建制的行政區，何堅的家鄉敘永縣屬川南行政區，當年川南行政公署就設在瀘州市，解放軍的瀘州軍區也設在這座城市裡。

那學期暑假開始，何堅照例從重慶返回故鄉，途經瀘州時，他順便去看望了幾位高中時代的同學，當然也是幾位在同一個籃球場搏擊的好朋友。興奮中竟有人提出，何不組織一支臨時籃球隊，打幾場友誼賽再走？何堅無法拒絕幾位老同學的盛情，也欣然參加了與市內各黨、政、軍單位的友誼賽。何堅在大學裡仍像過去一樣愛打籃球，久別重逢的球友們發現，他的球技確有很大的飛躍，其良好表現重塑了他作為球隊核心的地位。他率領的這支東拼西湊的臨時組合，竟創下了攻無不克戰無不勝的成績，在瀘州體育界幾乎引起一場風暴。

打完幾場友誼賽，何堅準備繼續他回家探親的旅程，動身前的某日，一位身著軍裝、具有首長風度的中年人找到了他，開門見山地動員何堅參加解放軍，說：「參軍後你的任務不是上戰場打仗，而是上球場打球」。絕對出乎何堅意外的是，這位瀘州軍區軍訓科科長又說：「希望你帶領整個球隊一起參軍」。對上世紀五十年代初的大陸年輕人而言，共產黨用重複一千次的謊言早已把他們忽悠得暈頭轉向，參加解放軍可說是無法抗拒的誘惑，有兩個原因令何堅沒有立即作出答覆，其一是他不能輕率地代表其他球員表態；其二是他畢竟還沒有回家探望他的家人。很顯然，這兩項理由中，沒有一項意味著他不想參軍。

暑假結束以後，何堅再也沒有回到學校去鑽研他的電機，他和他那支球隊的朋友，幾乎在同一天都戴上了解放軍的胸章和帽徽。他本人更成為瀘州軍區軍訓科的體育幹事，名為排級幹部，實為穿著軍裝的職業運動員。毫無疑問，這支橫掃瀘州市各單位藍球隊的絕對冠軍，也令軍區的司令員、政委贏夠了面子，他們也因為培養出這樣出色的籃球隊而倍感自豪。

一九五二年底，四川政局已大體穩定。中央決定將原設的川東川南、川西和川北四個省級行政公署，改建成瀘州、南充、樂山和達縣等十幾個地級市，同時建成隸屬於四川省軍區和十多個相應的軍分區，原有的省級軍區一律撤銷。整編中何堅所在的川南軍區撤銷，下屬的籃球隊包括何堅在內的全體隊員，集體轉業到四川省體委，組建和充實四川省籃球代表隊。

一九五三年春，鼓噪中的蘇聯老大哥援建中國的一百五十六項大型工程上馬興建，國內專業技術人才奇缺的矛盾突出，中央要求各地對具有高等學歷的專業人才進行歸口調配。組織部門在保密室查閱了相關檔案，發現何堅所在的這支體工隊裡，竟有多名受過各類專業訓練的技術人才，提出以全域為重，動員他們離開運動場地，各自歸口到所學專業部門。何堅便離開省體委體工隊，立即改行到四川省水利廳去報到。這裡曾經是中國水利泰斗黃萬里先生耕耘過的地方，黃調去中央以後，四川作為水利大省，仍然薈萃著如吳應棋、葉嘉禾、包仕坤和劉昌久等國內一流水利專家學者，他們分別擔任副廳長、設計室主任和總工程師等要職。他們知識淵博、人品優秀，贏得了何堅由衷的尊敬，彷彿在專業上和精神上找到了值得依託的父兄。他被安排在「勘測設計處」負責水工樞紐控制設計工作，在大學裡所學的電機專業在這裡正好派上了用場。

「何鬧門」豈只是一個綽號？

為了提高業務能力，更好地為祖國效力，在本應戀愛尋婚的年齡段上，孜孜不倦的何堅卻主動放棄了節假日的休閒，去到剛剛成立的四川科技大學旁聽機械製造專業課程。老專家們看中了這個勤奮好學的年輕人，特別是分管水利設施的副廳長吳應棋，這位畢業於天津海河大學的水利專家，特意安排何堅這個年輕後生獨立設計由都江堰泄入成都府河的鐵閘門，看著何堅因信心不足而低下的頭顱，吳廳長笑著說：「我們這些老傢伙還在你這年輕人都不敢挑擔子，等我們死了四川就不再設計閘門了嗎」？何堅終於接手了這項設計，工作中吳廳長無微不至地指導著何堅的工作進程。從此，這個「知識份子成堆」的廳裡，有人風趣地給何堅取了個「何閘門」的綽號，它甚至是這個三百多號人的大廳裡唯一的綽號。

就在人們意氣風發地為祖國的水利建設團結奮鬥的時候，一場「引蛇出洞」的大鳴大放和繼之而來的反右運動已經開始。黨中央在紅頭文件中血口噴人般說，一大批混進黨內、政府機關內的資產階級右派份子，正利用我黨整風的機會，發動了有計劃有步驟的猖狂進攻，企圖推翻黨的領導以取而代之，黨和人民被迫發起反擊。在一黨專政下的中國大陸，一場針對知識精英的政治運動便轟轟烈烈地開展了起來。

說到水電廳的反右運動，絕對離不開該廳的「操刀手」金鑒副廳長，這位來自十八兵團的轉業軍人，是省委書記著名左棍李井泉的老部下，如果說李井泉是暴君毛澤東的嫡傳弟子，金廳長就該是李井泉的得意門生，他對水電業務一竅不通，而整人害人卻得心應手。

水利廳裡的專家學者幾乎囊括了政治協商會議裡的每一個「民主黨派」，而且還是這些黨派中的「委員、常委」類「頭面人物」。這些人在「統戰對象」的華麗外衣包裹下，政治上卻背負著不可饒恕的「原罪」：他們中有的出身地主官僚等剝削階級家庭；有的在國外留學多年，其出身背景複雜可疑；也有的親人被判刑勞改或者管制，很難想像他們會對「我黨」擁戴熱愛；更有其直系親屬被殺，內部文件中為他們定下了陣線分明的「血仇份子」的特殊稱謂；有的至今有親友在港臺或者在「我黨」還未來得及解放的某個外國；還有的人有點文化就自高自大，瞧不起用「槍桿子打出政權」的工農領導幹部……總之，這些來自萬惡的舊社會的「臭」知識份子，無一不是毛澤東的黨徒們需要重點整肅甚至打擊的對象。

在這成員出身成份錯綜複雜的水電廳裡，何堅是一個鮮見的例外，他出身在一個只能維持溫飽的小販家庭，一直靠讀公費學校長大成人。本人歷史清白，簡直是百裡挑一的精品，翻譯成眼下最貼切的詞彙應該是「黨的依靠對象」。事實上運動開始時，黨支部組織召開的積極分子會議，常常會通知何堅前去參加，領導們也曾分別幾度找何堅個別談話，暗示何堅注意站穩立場分清敵我，警惕身邊階級敵人的陰謀詭計……任這些黨員領導搖唇鼓舌啟發誘導，何堅除點頭認可以外，從沒有揭發任何一位老專家的反動言行。及至運動進入公開檢舉揭發階段以後，水電廳大院樓上樓下牆裡牆外橫的標語豎的口號裡三層外三層全部嚴嚴實實地被大字報貼滿。可惜其中卻沒有「依靠對象」何堅的隻言片語一張紙一幅畫。

以往偶爾會通知何堅參加的積極分子小型會議，已不再通知何堅前去，左彎右拐的辦公樓牆面上，重重疊疊地貼滿了的大字報上，除了人們早已熟知的「質問葉嘉禾……」、「剝開包仕坤的畫皮……」之類的大同小異，時不時也會夾雜著一兩張「請聽何堅在為誰辯護……」「何堅是誰的孝子賢孫……」的新品種，影射他和劉昌久、包仕坤等人的關係。這時，以《堅決揭穿葉、包右派集團的陰謀活動》為通欄大標題的《人民日報》震撼了全廳的每一間科室，整風領導小組宣佈將借《人民日報》這篇重要檄文的「東風」，將廳裡的反右鬥爭推入新的高潮。小組討論會上，有人大吼大叫以警告的口吻要何堅「不要當右派份子的馬前卒」，勸何堅「迷途知返，回頭是岸」，要求何堅「反戈一擊」，否則他只有「給右派份子殉葬」。

這時，副廳長也就是整風領導小組組長金鑒，竟在百忙中親自找何堅作了一次態度分外嚴肅的談話，除了那些冠冕堂皇的大話空話以外，稍有新意的是金副廳長突然意味深長地向何堅提問：「何閘門這個名字是誰給你取的」？因為它本身只是個開開玩笑的綽號，他彷彿記得是設計室劉昌久首先這樣喊他的，劉作為農工民主黨的重要成員受到圍攻，何堅又怎能落井下石？便回話說：「這原本就是在開玩笑，我根本記不起是誰取的」，沒想到金廳長從鼻孔裡哼出一聲冷笑，接著惡狠狠地說：「我就要治治你這個滴水不漏的『何閘門』」！走出廳長的辦公室，何堅的臉上泛出苦笑，只敢在心裡暗暗嘀咕著說，廳長大人，我真佩服你的想像力。

只有經歷過中共治下那些恐怖運動的人才知道，當一名「操刀手」把追殺的目標鎖定在你身上，能躲過此劫的機率可能是萬分之一，這位農工民主（花瓶）黨常委劉昌久最終沒有當成右派分子。改革開放後他在技術上成為這個廳的頂樑柱，擔任廳總工程師，一直工作至八十歲才得以退休。二〇一三年二月十二日，他九十二歲時壽終正寢，追思會上，何堅的深情懷念話語令晚輩動容，彰顯了老一代知識份子的高風亮節。事實上去世前幾年，每當兒孫們分別從美國、德國和瑞典歸國探親來到老爺子身邊時，他總是喋喋不休地提到一個名叫何堅的人，說反右時是這個人保護了他，多年以來何堅叔叔是他們最敬重的長輩之一。

寫到這裡，不妨順便說一說當年水電廳的大右派之一的包仕坤，何堅夫婦那年在成都遠郊的三道堰買了一套底樓房子以便養老，告訴我說他有一次在社區裡散步時，突然遇見了當年被稱為右派集團二把手的包仕坤老兄，原來他倆竟險些兒成了鄰居，這更勝似小說情節的巧遇令二人激動不已。二〇一一年，當我們一群勞改朋友前去祝賀何堅的喬遷誌喜時，他帶著我和妻子去看望這位上過《人民日報》的「著名右派」，更何況他九十四歲高齡可稱何堅老兄的老兄，他耳聰目明身板硬朗，留下一句頗耐尋味的話：「整我們的人都死了，而我們還活著」。

至今半個多世紀的歲月伴隨著府南河水匆匆地從閘門下流逝，但閘門不知道，河水也同樣不知道，當年曾經熱愛過他們的那位風度翩翩、嚴謹踏實的年輕工程師的生命之路，卻會那樣曲折艱險……

一句讖語救了他的命

話頭還是回到水電廳裡的反右運動，自金鑒副廳長找何堅個別談話以後，他似乎已經被鐵定為一名眾矢之的的右派份子了。雖然他並不像其他右派那樣經歷幾百甚至上千人的大會揪鬥，這很可能只是因為廳裡的大右派太多，還輪不上他這個年輕後生的原故。又因為何堅從不檢舉那些「頭面人物」大右派，他反而成為小組會上持久被鬥的「頑固份子」，他不斷被指定在「積極分子」的監視下寫交代材料，有時指名道姓讓他揭發張三，又有時轉彎抹角地啟發他檢舉李四，何堅卻從來不予配合，甚至某某具有特殊身份的角色向他承諾，只要他能檢舉某右派集團的首要分子，他就能「立功受獎」云云。那些日子，對何堅的道德人品是一次空前的考驗，他沒有陷入「賣友求榮」的陷阱，換得了終生的問心無愧，付出的是打入了右派另冊的悲劇命運，

誰能想到，在這個逆向淘汰的極權制度下，僅僅是為了堅守一個正派人的道德底線，付出的代價竟然是如此沉重。

反右運動結束以後，何堅受到降職降薪留原單位監督改造的處分，他隨廳內四十多個接受相同處分的右派分子，外加上那些被領導看不順眼的、沒有公佈身份的「內控右派」共九十多人，一起送到當年正緊張施工的灌縣紫坪鋪水電站，在那裡從事肩挑背磨的純體力勞動。緊接著是大躍進、大放高產衛星、全民煉鋼這類勞民傷財、殃民禍國的胡作非為。後來據說他們黨內有人診斷出這是英明領袖患上「頭腦發熱」的「感冒症狀」，其後果是農田荒蕪、莊稼幾乎顆粒無收，造成四千萬善良同胞活活餓死的人間慘劇。

擅於編造謊言的統治者，說什麼我國經歷了一場「特大的嚴重的百年未有的持續三年的自然災害」（本文作者鄭重聲明：歡迎有心人去圖書館查閱一九六〇年至一九六一年的任何一份全國性大報，在二十天時段的報紙上，如找不到二十個以上的、用上述四個定語修飾的「自然災害」的文句，我自願接受「煽動顛覆國家政權罪」的判處），試想想，經過這「無以復加」的「自然災害」蹂躪後，中華民族竟然沒有斷子絕孫，難道還不足以證明中共的「偉光正」嗎？

水電廳下放到紫坪鋪水電站勞動改造的人員，編成三組分別打著地鋪住在站上的舊房子裡，與何堅鄰床的一位戴著一副金絲邊眼鏡的中年人，年齡已近五十歲，不然他不至於把不惑之年的何堅喚作小何。他本是廳內醫務室的主任醫師，畢業於華西醫科大學，枕邊放著兩冊厚厚的英文本精裝書，封面上的人體畫面一看便知是他的專業書籍，因為他太忙了，除了早出晚歸的挖土挑抬以外，他還擔負著衛生員的義務勞動，擦點紅汞碘酒治點傷風感冒，據說像這樣多加點班更有利於思想改造。

他們住的是一間會議室，正牆上張貼的那幅毛主席的彩色相片可以證明這一點。因為長年累月的朝夕相處，談話中彼此都有了些瞭解甚至好感，其實最能證明人品高低的還是隔三插五的批鬥會，這些真真假假半真半假，或假戲真做或真戲假做都能分辨出人品的高低真偽，終於他倆彼此認可了對方的人格價值，在當時當地的政治環境下，這畢竟是難能可貴的。

那年頭國家發行過一種公債券，每年兌換一次，那是「自然災害」中的一九六一年，一天負責監管的幹部宣佈，凡持有本年度將兌換的公債券的人，都可以交給事務長，由他統一去銀行兌換成現金。下午，這位年輕的事務長用一張抄著兌換人姓名和現金數額的名單，包裹著剛兌回的五百八十多元現金，匆匆地趕回了工地，正打算從布掛包裡取出那五百多元現金時，然而除了幾個破舊帳本以外卻分文俱無。驚呆了的事務長傻眼了，要知道在饑寒交迫的「自然災害」時期，這五百多元錢甚至可以救幾條人命。年輕的事務長淚水橫流手足無措。這時保衛幹事跨進了他的房間，手裡正拿著用帳單包著的那一疊現鈔，他聽見右派分子何堅在保衛幹事身後說：「事務長，請數一數看夠不夠」，事務長接下錢後向保衛幹事道謝說：「能主動把這疊錢送回來的人，難道還會從中間抽掉兩張嗎」？

原來那天收工時，何堅剛剛跳過一條小河溝，打開一看帳單，便知道是隊上兌回的公債款，他毫不猶豫的帶回來交給了保衛幹事，當晚，指導員在點名講話時表揚了何堅的拾金不昧，特別強調這是黨對右派分子改造的效果，反而引起何堅的反感，睡覺時，鄰床的右派醫生悄聲對他說：「要是我才不會把這錢交上去，不然的話說不定這時我們倆正在被窩裡吃高級點心咧」，何堅知道這只是醫生針對指導員那「貼政治標籤的表揚」發洩著他心中的不滿，小聲地回應了一句：「真他媽的不要臉」。

在饑餓和勞累中熬到了一九六三年，身邊三、五個積極分子摘掉了右派帽子，他們得到的唯一實惠只是在原有的右派稱號前面，加上了「摘帽」二字，其他出工收工列隊吃飯點名睡覺和所有被改造者一模一樣，真不知道這種所謂摘帽究竟是一種獎勵或者是嘲弄？前途茫茫了無止境。就在這時，僅僅因為工具的配置問題，何堅與保衛幹事發生了衝撞，那蠻不講理的幹事大罵何堅「翹尾巴」、「到時候老子會收拾你」還有許多不堪入耳的下流話，怒氣衝天的何堅便想到了自殺了結生命，那夜何堅流著眼淚向鄰床的醫生索要一瓶安眠藥，醫生既沒有同意也沒有回絕。

第二天，何堅稱病請假不出工，醫生則奉命對何堅的病情進行檢查認定真偽，這時寢室裡只剩下何堅和醫生兩個人，突然醫生伸展右臂，用顫抖的食指指著牆上貼著的毛澤東畫像對何堅說：「小夥子，你難道還活不贏他嗎」？聲音裡既有怒斥又含愛憐，既哀其不自信又恨其不堅強，這位文弱老兄的內心卻如此豪邁，使他大受震憾，何堅看見他眼鏡片後面那雙閃著淚花的雙眼，終於流出了悔恨的淚水，並決心迎面任何艱難險阻。

一年以後，這位對何堅有救命之恩的醫生在一次塌方事故中，為搶救一名被巨石壓傷的難友卻不幸被另一塊墜下的巨石砸死。何堅說：「除了我的父母去世，我從來沒有為一個人的死亡那樣傷心過，是他那一句讖語救了我的命」。真是這樣，在往後那充滿腥風血雨的歲月中，那句「你難道還活不贏他嗎？」的讖語，鞭策著他也鼓舞著他，再也沒有想到過任何與安眠藥相關的念頭。

一九六八年，混世魔王毛澤東親手在中國製造的最後一場災難、文化大革命的高潮到來了，為防止下放勞動的右派分子集中在一起興風作浪，便令他們與原來的省級機關脫鉤，交由地、市級的下屬單位「繼續改造」。何堅知道這是個不可更改的決定，便主動表示願意去到距離他家鄉最近的自貢市電業局，到那裡去從事屬於五類份子們的笨重勞動。直到一九六九年，文化大革命又開展「清理階級隊伍」運動，自貢市文革領導小組，在人民廣場召開空前規模的萬人大會，突然宣稱何堅為「潛伏在電業局」的「右派現行反革命分子」，隨即五花大綁當眾逮捕，關押至一九七二年，再次召開萬人大會，按「新賬老賬一起算」的原則，判處有期徒刑二十年，將早已鼻青臉腫遍體鱗傷的何堅押上大卡車，胸前掛上寫著「現行反革命分子何堅」五個大字的木牌，在幾支步槍扭揪之中，簇擁著站立在卡車的前排，在市內的主要街道上遊街示眾。

判決書上所羅列的罪行荒唐到不可思議的地步，可稱是該黨草菅人命的又一鐵證，現摘錄該判決書的原文如下：「反革命現行犯何堅」，「密謀策劃現場指揮一批壞人，瘋狂地在敘永縣武裝部的倉庫裡，搶奪步槍一千二百餘支，機槍二十餘挺、衝鋒槍四十餘支、八二迫擊炮八門、各式子彈三萬餘發……」判決書筆下的何堅，他所擁有的武裝實力，足以讓他登上一名軍長的寶座。而千真萬確的事實則是，敘永縣武裝部根本沒有容量如此龐大的軍火倉庫，更沒有數字如此龐大，又貌似精確的槍炮和彈藥。事實只不過是在文革派性武鬥階段，敘永縣有幾個造反派成員到了自貢市，其中有一個人是何堅的親戚，他順便來看望了何堅並在一起吃過一頓便飯，席間除了家常親情，壓根不曾涉及遠在百里之遙的家鄉武鬥事宜，更何況何堅本人也屬嚴控的右派分子。何談什麼「密謀策劃，現場指揮」。能把這椿徹頭徹尾的冤案，編造得如此有鼻子有眼睛，人們不難看出法律二字在中共的辭典裡究竟意味著什麼。

有可靠消息來源稱：原來有關部門對何堅的量刑決定是死刑立即執行，關押期間突發了「九一三」林彪墜機事件，中央緊急下達了暫停處死在押囚犯的命令，才使何堅保住了這條老命。如此看來，那位鄰床醫生的一句讖語救過何堅一次命，如今林彪「副統帥」那沒有謎底的離奇死亡，又救了一次何堅的命。

就這樣，何堅帶著一張二十年有期徒刑的判決書，來到了雷馬屏勞改農場的一個水稻班，陪我這個反革命班長下象棋。

「換一種活法」——一個中國勞改犯的活命哲學

「黃蓮樹下彈琵琶」是四川人常說的歇後語（川人俗稱「展言子」）中的一句。因為黃蓮是一劑眾所周知的苦藥，在黃蓮苦樹底下彈琵琶以取樂，其約定俗成的含義便是苦中作樂。下文所涉及的兩個「黃蓮樹下彈琵琶」「苦中作樂」的當事人，就是我和何堅兩個被判重刑的勞改犯。下頁圖這張破字條，便是我倆在勞改地獄裡「苦中作樂」的直接證據。字條上記有開具此條的時間是七五年八月四日，至今已經過三十四年歲月的風化，但仍可清晰辨出所寫的關鍵字如下：「我的狗屎棋輸給張先癡乙局（2比1）」，緊接著是「狗屎棋」的擁有者何堅的親筆簽名。

現在我們還是回過頭來欣賞這張破字條。

據懂法律的人介紹，凡親筆字條在法律上稱為直接證據，顯然這個證據直接證明了何堅下棋的水準

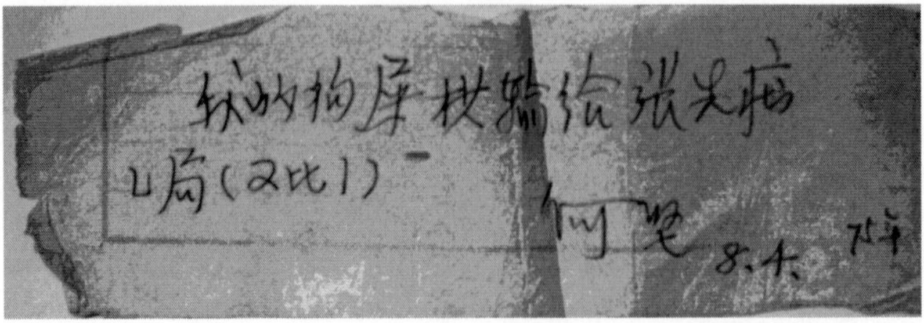

是「狗屎棋」檔次，而真實的情況是他的棋比我下得好得多，估計他給我寫一張這種丟人現眼的字條時，他的衣兜裡最少已揣著我寫給他二至三張，只是我偶然夾了這張在一個破筆記本裡而使它「遺臭」至今。由此看來所謂的「直接證據」，或者在判決書上印就的「鐵證如山」，又何嘗不可能是冤假錯案的幫兇爪牙，也難怪中國的勞改犯喊冤叫屈的多如牛毛。

破字條既然不能證明何堅下象棋的水準是「狗屎棋」檔次，那麼它究竟能證明什麼？我又為什麼將它視為我的「勞改文物」珍藏至今？

我以為它能證明在勞改隊那樣惡劣的生存條件下，只要你願意「換一種活法」而且敢於身體力行地「換一種活法」，仍然能苦中作樂能活得逍遙自在些。你只要看一看字條上那兩個重刑犯流露出來的調侃語氣，哪裡像垂頭喪氣灰頭土臉的可憐蟲。

我和何堅甚至大多數右派分子，都曾經經歷過「換一種活法」的艱難過程，我倆早年都當過「解放軍」，也都一度被毛澤東和共產黨的花言巧語所矇騙，乃至真心追隨過它甚至助紂為虐。但是當統治者用倒行逆施、禍國殃民的暴行，撕破了它偽善的面具以後，我們便與時俱進地「換一種活法」，從騙局中逐步清醒，開始重建自己的精神家園。那種從伏地跪拜中重新站立的自我解放，那種驚世駭俗地重塑自我、那種扔棄鐐銬後的伸展自如可以令我們自豪終生，哪怕因此而遭受迫害身陷囹圄妻離子散家破人亡，但仍然有貌似輕鬆自在的「狗屎棋」相依相伴，雖然它只是一種無奈的選擇。

再以勞改隊裡的「換一種活法」為例，如果某犯人傻兮兮地按獄方的要求，誠惶誠恐地「老實改造，成為新人」。他就得當一名專門向獄吏們打小報告的「屁眼蟲」（這是四川各地的勞改隊對告密者的蔑稱，不僅如此，勞改隊以外的社會人群也同樣以這個蔑稱暗指告密者，更不可思議的是甚至中共的黨內「同志」，乃至官員同僚對揭露其隱密的告密者，也同樣使用這個蔑稱，對這個黨內外奇蹟般的「高度統一」，炎黃子孫們簡直可以拍案叫絕）。在漢語語言中，真正能像毛主席他老人家教導的那樣：「陷在了人民戰爭的汪洋大海之中」的唯一種群，也許只有「屁眼蟲」們。

勞改隊既然是中共這個極權制度的一個部分，也就同樣會具有「逆向淘汰」的功能，絕大部份「屁眼蟲」在經歷一番四面楚歌的狼狽之後，最終還是回到了「換一種活法」的正確路線上來。既然已知道共產黨在用「老實改造，成為新人」的謊言騙你，你又何嘗不可以在學習討論會上，信誓旦旦地疾呼「決心老實改造，力爭成為新人」的假話騙它，也就是模仿古人所言「以中共騙人之術，還騙於中共其身」。至於在背地裡將如何我行我素，在勞動生產上弄虛作假、偷奸耍猾，在生活上儘量偷吃生產成品以求不致餓死。總而言之，力爭進入中共那「好話說盡、壞事做絕」的至高境界。我個人的身體力行所總結的經驗是這樣的：從戰略上說，我被判入冤獄失去自由，失敗了而且輸得很慘很慘。但是，在服刑勞動中的每一天、甚至每一小時，我能儘量少付出熱量，因為我吃不飽攝入熱量不夠，能作到這一點，你就能多少挽回一點損失，取得了戰術上的小小勝利，日久天長，也可以積小勝為大勝，從戰略敗局中積少成多地收復一些失地。

還是以這張破字條為據進一步說明：簽署該字條的日期是八月四日，依照我多年擔任水稻班長積累的豐富經驗，可以判斷出在下「狗屎棋」的那些日子裡，稻秧已將水田染成一片綠茵，在這個被農民稱作農閒的季節裡，水稻班的勞改犯只能做兩種活，一是薅秧子；另一種就是積草肥。這裡不妨將勞改犯在實施這兩種作業中，究竟是怎樣弄虛作假、偷奸耍滑的過程「老實交代」出來，以證明勞改犯在「換一種活法」後，所贏得的「輕鬆的一面」，以提高「狗屎棋字條」這件「文物」的史料價值。

薅秧子在技術上要求薅秧者用腳把秧苗周邊的老根鬚踩斷，刺激秧苗長出新根以促使它發育更快更健壯。如果用規範的薅秧動作操作到位，即每窩秧苗的根部四周都得用腳板使勁蹬踩，一個人從早到晚能薅完兩畝稻田，評為全國勞模也當之無愧（後查明假勞模為數不少）。但獄吏們自認為其專政威力強大無比，下達的勞動定額是每犯每天最少薅三畝或者四畝（依獄吏的心情信口雌黃），完不成這個數字就會受到追究，這類蠻不講理的指標也迫使犯人弄虛作假。雖然清早出工時，常有帶班獄吏如影隨形，以監督犯人規規矩矩老實勞動。但一至二小時以後，帶班獄吏便不知去向，顯然作為這個邪惡制度統治下的中國人，他們中又有幾個是不「偷奸耍猾」、是貨真價實的以「特殊材料製成」的人。

犯人們眼看時機成熟，便心照不宣地在水田裡快速前進，用腳板把田裡的水攪渾，遠看就像秧苗已被薅過，這種假薅秧一天別說三畝，十三畝也不在話下。用這種方式輕而易舉地就能超額完成生產定額，甚至還能得到表揚以落實逆向淘汰的有效性。可能受到表揚的犯人們有說有笑、興高采烈地沿著田坎逮黃鱔捉青蛙、去開發食源以填補腸胃裡的空洞；也有的坐在樹蔭下擺龍門陣閒或打瞌睡，沒有那個傻瓜會跑回住地，因為那裡耳目眾多，提前收工很容易洩漏弄虛作假而提前超額完成了任務的天機。

提起薅秧，我很想為一位逝去多年的犯兄獻上一份哀思。他名叫馮俊明，是宜賓興文縣人，因「散佈流言破壞農業合作化」的「反革命罪」判刑十二年。這位四十歲出頭的自耕農，向何堅和我等並不真正瞭解中國農村實情的「讀書人」（他對我等的稱謂）說過，薅秧季節，在「解放」前的農村是最好耍的季節。天氣不冷不熱，親友近鄰三姑六表換工互助，人人手拄一根薅秧棍，今天幫你薅，明天替我薅，男女老少齊出動，有的講笑話，有的唱山歌，說著說著他竟哼出了當年飛揚在秧田裡的民間小調：

「小妹今年一十八，坐在門前把花插，看見雞公爬雞母，心頭好像貓兒抓」；又唱「三個斑鳩飛過灣，兩個雙來一個單，人人都說單的好，白天好過夜晚難」；還唱：「郎在門前唱山歌，唱得情妹亂心窩，本想叫郎進屋坐，米篩抵門眼睛多」。這些樸質的歌曲有時美得令人震顫而終生難忘，而唱歌的馮俊明還真是個性情中人，他不時會偷偷抹淚。我不知道他是在追悼那早已被共產暴政摧殘殆盡的農耕文化，還是在訴說勞改犯性饑渴的痛苦……

這位馮俊明犯兄次年患喉癌去世，農場醫院背後那重重疊疊的墳塋裡，有一個屬於他的小土堆，有熟人告訴我那下面就是馮俊明的屍骨，我情不自禁地對著小土堆三鞠躬。我永遠懷念他也永遠懷念他吟唱的山歌，我們那些樸素美麗的音樂瑰寶，難道再也沒有重見天日的那一天嗎？我對何堅說：「中國傳統文化中的農耕文化，終於被合作化化掉了」，何堅說：「這暴虐的共產教化，連人性都化掉了，又豈止文化」。

回頭再說農閒季節中的積草肥，它是這個勞改農場頗具特色的一項勞動，這裡真正值得一說的只是在積草肥中的「換一種活法」罷了。在春草茂盛且春播完畢而秋收遙遙未到的季節，也就是出現「狗屎棋字條」的八月上旬。我和何堅所在的中隊規定，犯人每天得用鐮鋤鏟青草一千二百斤，挑運到指定的草堆上過秤堆砌，以便其發酵腐爛漚成有機肥；有時也要求直接倒入牛棚，和著牛屎牛尿經牛蹄踩踏漚成草肥。別說去鏟一千多斤青草，就算讓一般犯人在崎嶇的羊腸山道上，運送這一千二百斤草肥已足以將犯人累得鼻塌嘴歪，何況還得東奔西走四下尋找草源並將其鏟下。但犯人們終究還是完成了、甚至超額完成了這高不可攀的定額，中隊部向大隊部上報的生產進度白紙黑字也寫的是這個天文數字。犯人們心裡明白，他們一挑挑運到肥堆上的所謂青草，其實百分之八、九十都是泥土，只不過是用青草包裹得相當嚴實的泥土。

至於負責司秤的犯人多為垂死掙扎狀態下的病號，這些更為不幸的「弱勢群體」其實心中另有一桿秤，知道哪些人是應於優惠的「對紅心」，哪些是眾矢之底的「屁眼蟲」（打小報告者），他筆下的「好歹」將怎樣傾斜，如果他連這點「勞改智商」都不具備，又何苦到勞改隊來和我們打擠？至於生產班長本人和學習組長何堅，中國人哪個不知「縣官不如現管」這句成語的刺刀見紅，我倆的積肥記錄在司秤病號筆下將怎樣一路飆升，似乎再沒必要去浪費筆墨，總之，我們這類「頭面人物」，最多半天就完成了甚至超額完成了全天的任務。

勞改隊的勞動生產定額，有集體定額也有個人定額兩種，如犁田耙田，抬石頭積草肥等易於按人頭量化的工種，都將落實到人頭各自按定額完成；而薅秧子撻穀子除草勻苗難以按人頭量化的工種，則沿用按班組統計其定額完成數量。凡勞改隊所定定額，因制定者懷著懲罰性勞動的政治偏激情緒，常常是高不可攀。如果犯人不弄虛作假，肯定不可能完成，更遑論超額和提前，簡直有點「官逼民反」的味道了。為使「換一種活法」能在詭秘複雜的勞改隊落到實處，把握弄虛作假的「度」十分重要，例如提前收工，寧可在山野田間磨蹭鬼混，也絕不能大搖大擺地過早返回隊上，特別不能讓虎視眈眈的獄吏看見你得意忘形的樣子，這些都是勞改隊的潛規則，也是考驗個人「勞改修養」是否到位的試金石。

還是以「狗屎棋」為例，字條上注明了（2比1），這意味著我們一共下了三盤棋，再根據何堅那老謀深算舉棋不定的下棋風格，三盤棋最少也得花兩小時，更何況現今再也無法稽考何堅的衣兜裡，究竟揣著我為我那貨真價實的「狗屎棋」、付出的沉重代價到底是兩張還是三張？我們這一天究竟是在「勞改」還是在「換一種活法」？就只有天知道了。

上列事例可以看出，獄吏們強調的生產任務，只不過是鎮壓過程中的一種附加值罷了。本質上勞改只是一部冷酷無情的專政絞肉機，用以從肉體上殺滅被這個政權定性的反動分子，他們在服滿所判刑期以後，「留隊就業」就是無期徒刑和死刑緩期執行的代名詞。面對永無止境的恐怖，唯有「換一種活法」的戰術來迎戰極權統治者的淫威，也是受害者自我防衛的手段，雖然它多多少少地摻雜著一點阿Q似的無奈。

我今年七十八歲，何堅已八十四歲，顯然屬於不久於人世的種群，如果不在我們的有生之年，記下這些附有「直接證據」的親身經歷，而任那些謊言製造者胡說八道，若干年後的子孫後代，還誤認為我們這群被共產暴政蹂躪著的政治犯，像一頭頭綿羊般任人宰割。

哭笑不得的追悼會前後

粗略地估算一下，我二十三歲進勞教隊，四十六歲出勞改隊，這意味著我的大部分青壯年歲月都是在勞改集中營裡度過。在這些以饑餓勞累恐怖絕望為生命基調的日子裡，一個奇特的心態經常纏繞著我，特別春節到來的時候，它最容易刺激人們想到時間想到刑期想到年齡，我想到身邊那些六、七十歲的老犯人，死亡一天天向他們逼進，人間留給他們的歲月又是那麼有限，無力改變這個悲慘現狀的他們該有多麼不幸，我總是試圖找些話語去安慰他們，很多次我得到的回答都驚人的相似，他們說：「只要毛澤東死在我的前頭我就心滿意足了」。

人們終於盼到了這個美麗的日子，那天我和何堅等全班犯人正忙著在大田裡收割水稻，按四個人圍著一張打穀子拌桶的組合勞動著。突然山野裡的高音喇叭奏起了哀樂，接著是播音員用沉痛的語調在朗誦，因為距離太遠田野又空曠只能聽見哇哇的聲浪，分辨不出準確的字詞。一同打穀子的四個反革命重刑犯面面相覷暗自思忖：「朱德死了，周恩來死了，共產黨的三巨頭死了兩個了，這陣陣哀樂莫不是……」包括何堅在內的四個打穀子的人有一個共同的願望，希望這陣陣聲浪就是獨夫民賊毛澤東死去的喜訊。他作為一個極權暴政的符號，一個好話說盡壞事做絕的反動政黨的頭目真的該死了。有過路的犯人告訴我，這陣陣哀樂真正是為毛澤東的死亡而奏，告訴我這個喜訊的人特別叮囑了一句話：「只准蒙在被子裡面笑」。

何堅在我耳邊悄聲說：「總算熬到了這一天」！說罷他竟眼珠濕潤似有眼淚將奪眶而出，「他總不至於因毛死而傷心難過吧！」我在心中暗想。這時，何堅說他要去解大便，就放下手中的稻把，涉出稻田向遠處走去，我們便接著幹手中的活，直到我看見他從遠處走過來，我也就跨上田坎迎著向他走去，到面前我才問道有啥事嗎？何堅說：「我想起送給我那句讖語的醫生」，又說「他要是能活到今天該有多好」，聲音裡還帶著幾分哽咽，何堅呀，你可真是個性情中人。

何堅他們畢竟在社會上經歷過文化大革命的政治震盪，對毛的強大威力比我類老犯體會得更具體，不像我等封閉在勞改集裝箱裡十多年。雖然我知道毛的死亡肯定會帶來些重大變革，至於變得更好或者更壞我卻一片茫然，朦朧中我只覺得有變化總比沒有變化的一潭死水好，莫明的興奮在我的胸中湧動。

獄吏們對我等強調說，這是全世界人民都在致哀的時刻，嚴禁你們這些階級敵人嘻哈打笑破壞哀悼中的嚴肅氣氛，違者將受到嚴懲。弄得我們一整天都在臉上做出一副痛不欲生的模樣，對我等內心欣喜若狂而臉上卻作如喪考妣狀的政治犯來說，其高難度演技要求更是可想而知。尤其是在列隊追悼宣佈「默哀」的時刻，我只能緊咬舌尖以鎖住一不小心隨時可能沖出口腔的「哈哈哈」。我從早到晚都不敢抬頭正眼面對我的朋友們，特別像何堅這類推心置腹者，深害怕一不小心噗哧一笑頓時忘形失態雀躍擁抱發出歡呼，這樣肯定會給獄吏們提供一次表忠心的大好時機，他們會立即撲將上來拳腳相加一陣暴打，緊接著扭進小監房腳鐐手銬「全刑伺候」（勞改犯俚語，意為身上戴滿全部刑具），我們決不會犯那些低級錯誤。反正老祖宗的「好漢不吃眼前虧」的古訓在耳邊提示，當天並沒有任何人露出可以作為把柄的馬腳。

像何堅這類在文化大革命中判刑後，調來雷馬屏農場勞改的犯人，大多來自自貢、宜賓兩個地區，附近的各個中隊都多多少少輸入了幾個這種「新鮮血液」，和我這類早期入獄的老犯很不一樣。他們的口中常有什麼「紅成老保」、又什麼「八二六觀點」之類我弄不懂的政治術語，又據說被判入獄的多半是所謂造反派，他們的共同特點是相互串聯頻繁，為了早日平反出獄而彼此鼓勵、交流資訊。異乎尋常的是獄吏中，屬於他們同一造反組織的也大有人在，這些「同一戰壕裡的戰友」總有些眉來眼去，把過去獄吏和犯人涇渭分明的對立關係複雜化了，他們之間似有某些依稀可辨的神秘交流，在一潭死水般的勞改生活中，竟冒出如「小道消息」之類的鮮活詞彙。時不時又傳來某中隊的某某被判入獄的造反派頭頭，已由外地開來的吉普車接走平反的轟動新聞。我因為和他們的案情背景南轅北轍，並不十分關心那些與我無關的竊竊私語。

總之，毛澤東死後，隔離在社會生活之外的勞改隊，也泛起了一陣陣水波，人們企盼著出現某種變革。記得一九七六年隆冬某日，我在收工回隊的途中，突然聽見高音喇叭播出了闊別多年的「洪湖水浪打浪……」，那具有湖北民歌特色的旋律深深地打動了我，那不僅僅因為我是個來自湖北的遊子。雖然我絲毫也不認同《洪湖赤衛隊》那公式化、概念化的枯燥主題，但它比那些赤裸裸的政治說教的樣板戲，起碼在音樂旋律上還是能給人以美的感受。這時我偷偷地淌下了眼淚，為了這久違的歌聲，更為了我的一種直覺，這個直覺告訴我，人們將一天一天地遠離相互撕咬的毛澤東時代，雖然這個速度可能非常非常緩慢。

監管獄吏有職業經驗，那就是不定期的對他們治下的犯人進行調動，目的是不讓某些犯人相處時間過長，使他們之間能建立牢不可破的人際關係。這種關係將不利於中共對敵鬥爭分化瓦解政策的實施，特別是對在中國大陸稱作反革命犯的政治犯，更特別是對有文化知識的政治犯。我和何堅這兩個經常「配合默契」的右派反革命，也知道獄吏們那邪惡的目光早已在我倆的身上鎖定，將我倆調離也只是個時間問題。

一九七八年春，在一次突發性編隊中，接近滿刑的我被調到了山西寨中隊，在那裡繼續我的水稻班長生涯；何堅則被調到了上通木溪分隊。不尋常的是，這兩個隊就是這座大型勞改農場最為邊遠、也就是最靠近原始森林的隊，那裡是人們很難走近也很難走出的邊緣地帶，我和何堅的直接聯繫可說是基本中斷。但勞改隊的封閉也並非固若金湯，如外出放牛割草，出差挑運都可能在犯人間傳遞某些資訊，我就聽說何堅因為長期堅持申訴，背負著「一貫不認罪服法」、「重新犯罪」這類「沒有好下場」的黑鍋，還聽說他多次被偽裝積極的犯人打得皮開肉綻遍體鱗傷，我心中十分難受。

「改正」是給右派們的鎮痛劑

編隊後不久，中共召開了十一屆三中全會，以鄧小平為首的與會代表們，他們就是在剛剛結束的文化大革命中，被稱作「不齒於人類的狗屎堆」而被打倒的「走資派」。這群昔日助紂為虐的老左棍們，也「罪有應得」地吞下了「害人終害己」的苦果，體會到毛式政治運動的切膚之痛。在會上劫後餘生的「老同志」們，老淚縱橫地妥協出一個題為「會議公報」的紅頭文件，並公開發表廣為宣傳，「公報」把文化大革命定性為「十年浩劫」，但卻將毛澤東的滔天罪行輕描淡寫成「偉大的無產階級革命家晚年所犯的錯誤」，即便如此，還為這個所謂錯誤牽出了四頭名叫「四人幫」的替罪羊（哪怕他們是四頭真正有罪的羊）。當這個左右逢源的文件經過二十多年實踐後，到今天，我們更能讀懂這個文件為「毛左們」留下的「迴旋餘地」該有多麼寬廣遼闊。當年那些傷痕累累的「老同志」們，終於被「總設計師」說服，將裝腔作勢的「實事求是」讓位於維護領袖威信和集團利益的「組織性」，最終這些「久經考驗的老一輩無產階級革命家」，從切膚之痛的實踐中檢驗出來的真理，還是讓位給了「睜起眼睛說瞎話」的「黨性原則」。

十一屆三中全會公佈的《公報》，真正與我命運休戚相關的是有關反右運動的重新定位，《公報》認為反右運動基本上是正確的、只是被嚴重地擴大化了，其中只有「被嚴重地擴大化」才是精挑細選過的關鍵字。事後中共確實對擴大入圍的右派分子進行了「改正」，結果證明擴大的比例是百分之九十九點九九九。對數學「故意」不感興趣、卻對「統治權力」情有獨鍾的中共，蔑視常識仍然一口咬定反右運動基本正確，不能加以否定，也不能給右派分子平反，不補發工資，不賠禮道歉。並運用他們的「政治謀略」，在平反和不平反之間找到了一個名為「改正」的輕鬆詞彙，用這個新詞彙揉成一粒粒「止痛片」，給蹂躪了二十多年的右派每人吞服一粒，讓痛神經麻痺後的若干右派對黨的「寬大」千恩萬謝。

前文提到給右派「改正」，只是一種「政治謀略」，此話放在歷史的大背景下更容易找到它的依據。共產黨有句「黨諺」說：「堡壘最容易從內部攻破」，禍國殃民的文化大革命有一個副作用，它讓一直被道貌岸然的中共官員矇騙的廣大群眾擦亮了眼睛。來自中共「內部」的造反派，用他們耳聞目睹的大量事實，揭發出各地官員（當時叫「走資派」）的種種罪行，特別是他們利用手中特權搞腐敗、私生活糜爛，對食不果腹、衣不蔽體的底層「廣大革命群眾」，是一個極大的衝擊。人們吃驚地發現，那些往日站在主席臺上，以「黨的化身」姿態、慷慨激昂地教訓自己的人，骨子裡竟如此骯髒醜惡。加上中共近二十年執政中的胡作非為倒行逆施，積下的深重民怨可謂罄竹難書，其威信已降至冰點。

曾經「敢於說真話」、「敢於給黨提意見」、因而在人民群眾中享有盛譽的右派分子，幾乎成為草民百姓心目中的英雄，說右派們因為民請命付出了家破人亡妻離子散的慘痛代價。樸實的中國老百姓對右派們的不幸遭遇充滿了同情。三中全會以後，全國幾十萬狼狽不堪的右派分子陸續得到「改正」後復出，這批人們心目中的民族精英回到了工作崗位。這個被刻意渲染了的「改正」，使絕大部分單純的群眾，對「改正」和平反兩個不同詞彙的原則差異也毫無探究的興趣，更多的人是簡單地將二者劃了等號，他們把對這一舉措的「掌聲」送給了眼前的執政者，使早已聲名狼藉的中共挽回了部分民心，這也是上世紀八十年代中期大陸思想界一度「中興」的成因之一，這才真正是老謀深算的、「英明的黨」希望得到的一箭雙雕的效果。

文革中被打倒的「走資派」，十一屆三中全會後徹底平反，恢復名譽向他們賠禮道歉，補發了全部工資。不應忽略的是，二十年前，這批人幾乎無一不是扼殺右派的得力幹將。難怪又有「黨諺」云：「左是認識問題，右是立場問題」，或曰：「左得可愛」，「右得不可愛」，回頭對照那些「右得不可愛」的百分之九十九點九九九，比起那些因「對敵鬥爭堅決」致使能得到當「走資派」的機遇，而那些右派「墊腳石」們，哪怕他們所受的苦難更深更重從未得到過分文賠償。有句民諺說：「不怕不識貨，就怕貨比貨」，那正確率僅為小數點前面的三個零還能自欺欺人的說「基本上是正確的」，也不免太侮辱我中華民族的智商了。

這些彷彿是題外之有「右派言論」，權且按下不表。

不久，我因腰部肌肉撕裂住進了農場醫院，這兒是由場部通向桂花大隊所有中隊的必經之地，人來人往帶來「小道消息」多多，據說各個中隊凡由右派升級判刑的勞改犯，其中不少是我的朋友，在右派問題得到「改正」後，所判之刑也隨之平反（因原係右派，故不補發工資）走出監獄。熟悉我案情的獄吏知道我的「改正平反」只是個時間問題。醫院的領導破例指令我給全院醫生護士講授「帝國主義」英語，我感到這也許是三中全會給我的一點點實惠。通過教學我結識了不少戴著幹部桂冠的醫生護士，他們中那些敢於叩問歷史真相、希望擺脫為我這類重刑犯不是輕易可以住院的意識形態高壓的年輕人對我分外尊重。其中特別是女共青團員醫生陳平，她出於正義感和對我不幸遭遇的憤憤不平，竟敢於趁去成都開會的機會，到四川音樂學院找到我被文革嚇破了膽的二妹張先雲，告訴她我平反出獄的可能性，對二妹是一次極大的鼓舞。

不用說何堅為了申訴翻案的前車之鑒，就憑我十多年在勞改隊親眼目睹的申訴者的悲慘結局，也令我對遞交上訴狀望而卻步，更何況此時距離我滿刑已不足一年了。誰能想到，就在這些喜憂相伴的消息擾人心扉的日子裡，我聽說何堅在一九七九年十二月終於平反，離開了雷馬屏農場，回到自貢市原單位。

意外出現的「表兄」

當年對我判刑的是灌縣人民法院，宣判後我不服，隨即向上級法院、即溫江地區中級法院提出上訴。不久溫江地區中級法院以「駁回上訴，維持原判」八個貌似斬釘截鐵的字句將我打發到服刑單位，因此，我的申訴也只能找溫江地區法院。

一九八〇年二月，也就是何堅平反三個月以後，我因傷痛「復發」，在出院幾周後經陳醫生特意安排後再次入院「治療」。入院後，陳醫生私下告訴我，我的妹夫和表兄曾先後兩次去到溫江，以家屬身份要求原來對我判刑裁定的溫江地區中級法院，對張先癡投敵叛國的反革命集團案進行複查。第二次去溫江上訪時，法院方面的答覆是：「張先癡的案件是有些問題，我們正在複查中」。在中國，一家打著人民的旗號而又「騎在人民頭上作威作福」（借用中共常用修飾語）的法官大人，能對一個普通訪民說出一樁案件「有問題」，那可說是非常不容易的，這個消息對我是個很大的鼓舞，雖然我剩下的「殘餘刑期」（勞改專用詞彙）只短短幾個月，但平反和滿刑畢竟是兩個天壤之別的概念。

令我暗暗困惑的是，陪同我妹夫去到溫江的「表兄」究竟是誰？我們家壓根就沒有過一個什麼表兄。我斷定這位「表兄」是我的一位勞改朋友，因為只有「勞改內行」才知道服刑中的犯人，如果敢於提出申訴，他將為這個「拒不認罪」的「繼續犯罪」付出多麼重大的精神和肉體代價。

那段時間，農場不斷傳出犯人平反出獄的消息，起先是這個中隊那個中隊的「文革造反派」，接著是這個中隊或那個中隊的「右派升級的勞改犯」，特別是後者，不少人都是我先後在不同勞改隊相處較久的朋友，我暗暗一一排隊，猜度著誰可能充當替我奔走呼號的「表兄」？猜度中的多位冒充表兄的人選中，我毫無懸念的排除了何堅，因為他平反後回到的原單位在自貢市，而不是相距幾百公里的成都。

一九八〇年七月下旬的某一天，場部管教科派來一位年輕獄吏，爬山涉水來到我所在的服刑中隊，遞給我一張溫江地區中級人民法院的裁定書，裁定書上的關鍵字和十八年前的那張的關鍵字同樣是八個字：「徹底平反，無罪釋放」。這八個字和這同一家法院十八年前給我的那張「駁回上訴，維持原判」的八個字字數雖然相等，內容卻截然相反針鋒相對。法律沒有變，法院沒有變，變的只是十一屆三中全會對反右擴大化的定位，這種朝令夕改、前言不對後語而蓋著一枚相同印章的兩份裁定書，是對中國法律的辛辣諷刺，也是一黨專政國家以黨代法的「鐵證如山」。既便如此，我對此裁定書上的一句話還是給予了高度評價，因為原判決書上曾羅列了張犯先癡的如「毛澤東是當代秦始皇」之類的「反動言論」，裁定書對此的結論是一句：「實踐證明，張先癡同志的觀點是正確的」我給予高度肯定（除了「同志」二字以外，我這人從不喜歡掠人之美）。

我在成都二妹家短暫停留後，便立即返回南充市，那裡才是我的原單位所在地。除了很快地投入工作以外，我還將和遭遇過妻離子散的眾多的右派分子一樣，面臨著重組家庭的棘手問題，緊接著白手起家結婚生子內外交困的境遇，這些疲於奔命的過程。我相信何堅與我的經歷大同小異，估計這便是我倆很少想辦法恢復聯繫的原因，更何況我們分別住在兩個距離省會中心很遠的地方。

一九八九年震驚世界的六・四天安門事件發生時，我正借調在省作家協會，負責主持《星星》詩刊函授部的工作，在成都舉行的支持學生運動的遊行隊伍中，我們函授部的同事總是走在隊列的第一排。當我從廣播中聽見北京城裡的密集槍聲時，禁不住老淚橫流到天明。從此我徹底放棄了對中共「改惡從善」的幻想，也不想再和殺人兇手們同流合污，於一九九二年我五十八歲時，從我的原單位即南充市文聯提前退休，隨即扶老攜幼舉家遷來成都定居。

其後的某個吉日良辰，我帶著妻兒在成都市中心的春熙路左顧右盼，一個高大熟悉的身影在我眼前一閃：「何堅」的名字衝口而出。不巧的是，何堅正有急事需要匆匆前往，我們急忙記下了對方的聯繫電話。這次短暫的邂逅，何堅給我留下的最深印象是他得意洋洋的一句話：「我老婆是省醫院接生的最高齡產婦」。我心想，這個「前運動員」連生兒子都似乎都想打破某項紀錄。當晚我便急匆匆地打通了何堅的電話，原來通過他不懈的奔走，終於於三年前調到了成都電纜廠，後從那裡退休，全家人現住在牛市口的單位宿舍裡。

在成都住久了，陸陸續續有多位當年在雷馬屏勞改農場一起「啃包穀粑」（包穀粑是犯人主食，此詞意指服刑勞改）的難友在街頭巷尾巧遇，也有的相互打聽便取得了聯繫。這群年逾古稀的酷刑親歷者，這群昔日右派反革命犯人、今日離、退休老傢伙不知由誰創議，也不知從哪年哪月開始，共同決定每月的某一天在某一家低檔露天茶園喝茶聊天敘舊。劫後餘生的老人們，都十分珍惜這些毫無利害衝突的暢所欲言，有人問：「下雨天怎麼辦？」另一個聲音反問道：「下雨天勞改隊出不出工？」算是回答。

碰巧的是，我和何堅都家住東門附近，坐公車十多分鐘便可直達，見面的機會更多些。但不論他要什麼花招，要我陪他下象棋，我死活不接招，為的是永遠保持他那張「狗屎棋字條」的「殺傷力」，每當我用這張破字條嘲弄他時，他臉上的苦笑我越看越舒服。

人類的良知終將為犧牲者作證

二〇〇九年夏末，有位年輕朋友將自駕車去雷波，打電話問我是否願意搭順風車「舊地重遊」？我立刻想到何堅，重遊農場早已是何堅在聚會喝茶時多次表示的願望，我問年輕朋友，車上還能多坐一個人嗎？得到肯定的答覆後，我便將這個喜出望外的消息用電話告知了何堅，他說馬上來我家會合。不一會，我倆便登上了這輛適合在簡易山路上行駛的本田越野車，車主人告訴我們，他送兩個親戚回宜賓市，明天到農場但當天必須從農場返回宜賓，因為後天他要趕回成都辦事。

車到宜賓以後，順便去看望了也在雷馬屏勞改過的右派難友王志毅。他執意留我們在他家住一晚，又執意也要我們帶他一同去「吃憶苦飯」。反正車上已騰出了空座也就一錘定音，第二天清早，便風馳電掣地奔向吞噬了我們青春年華的荒山野嶺。

據說昔日那人頭鑽動的雷馬屏農場，早已遷往兩百公里以外的峨眉縣。但當年場部所在地的邊遠場鎮西寧鄉，在近些年來市場經濟湧來的大批商品堆砌中，往日那斷垣殘壁排列而成的狹窄街道，間或有幾棟新式樓房摻雜其中而使它變得寬敞壯觀。走出我們吃過午飯的一家餐館，立即登車進入我們愛恨交織的「勞改場所」，愛是因為那些被受凌辱的歲月畢竟是我們生命中的一部份，恨的是我們曾經灑落在這塊土地上的汗水、淚水和血水是那樣無辜那樣沉痛……

我們乘坐的越野車沿著那條破舊的公路，從廢棄的場部辦公樓前開過、開過空蕩蕩的茶廠，開過人去樓空的子弟中學，一拐彎就到了我住過的農場醫院。雜樹叢中稀稀拉拉的幾座平房，附近齊人高的原生雜草，它告訴我們這裡的人跡罕至。行進中本田越野又拐了一個小彎，突然眼前一亮，左邊的小山彎正摟抱著一大片華麗的墳墓，說它華麗，是因為除了山野間鮮見的突起的墳堆，和豎立在墳前的黑色大理石墓碑以外，還刻意在墓碑的頂端砌起一塊塊用紅黃相間的琉璃瓦妝點的飛簷，它使人想到故宮、想到廟宇、想到旅遊景點，這一百多座墳墓積壘而成的墓園中部，闢有一大扇寬約兩米多的紅漆大門，門枋的頂上橫躺著一塊木匾，上面寫著「烈士陵園」四個大字。我知道這裡所稱的烈士，他們活著的時候就是這篇文稿前半部分多次提到的獄吏，其中夾雜著不少我難以釋懷的姓名。

我太熟悉這些人了，因為熟悉我反而感到他們的不幸和可憐，他們中絕大部分人沒有文化，自命為「馬列毛」的孝子賢孫並以此為榮，甘願在毛澤東製造的這部絞肉機上充當一枚擰得很緊很緊的螺絲釘，甚至死後的屍體也派上用場，使所謂的烈士陵園顯得更豐滿壯觀，用它的豪華裝修向後代宣示「無產階級專政」的強大威力。而他們留在人世間的那一群妻室兒女，卻因為出生於這個「夾皮溝」在求學、就業上，受盡戶籍制度的冷漠歧視。

越野車開過這片墓群，停在農場醫院背後的山坡旁，三十年前，也就是我在這裡住院前後，這片山坡上重重疊疊的散落著勞改犯人的屍骨。當年奉命去掩埋這些病死犯人的「勞動力」，都是些一同住院的勞改犯，派四個這種「垂死掙扎」狀態卻勉強能走得動的病號，將死者裝進一個用薄木板胡亂釘成的所謂「火匣子」，掩埋者再扛上鋤頭鋼釺，偏偏倒倒地抬向這塊名為「亂葬崗」的墳地，再用自己最後的一點力氣去挖坑蓋土草草掩埋，結果便使這片墳地演變成包括野狗在內的多種食肉性野生動物的餐

照片上三人從左至右為本文作者，王志毅和何堅，他們身後的監獄門邊的吊牌上寫的是「四川省雷馬屏監獄四監區」幾個字。

聽，它們啃不動的骨骼骷髏則散落在荒草叢中，向子孫後代為暴政虐殺提供證據。骨塊中肯定有些屬於我的好朋友，我在舊作《格拉古軼事》中多次提到的楊長虹、戴「土匪」，也有本文前面提到的馮俊明等人，他們的身體彷彿已溶入泥土無影無蹤，而他們用死亡書寫的控訴狀難道也被歷史遺忘？我們三個出自這座勞改農場的倖存者，對著這毛骨悚然的「亂葬崗」向死者默默地鞠躬致哀……

如果從我們腳下這塊土地的背面朝山頂遙望，那片扇型的山巒便是桂花大隊所轄的五個中隊外加兩個分隊、由兩千多名勞改犯人耕作的區域。在這片血跡斑斑的土地上，每年必將開展兩次政治運動，即半年大評和年終總評，運動如果不是以殺勞改犯開始，便是以殺勞改犯結束，這類殺氣騰騰的大會分別以動員大會和總結大會命名。為營造專政恐怖氣氛，總得當場槍殺一至三名犧牲者，死者被誣以「反改造份子」、「反革命要犯」之類的罪名，這些就地掩埋的屍體屬於劉襄九、趙前生、杜森民等等難以數計的人名。此外，還有各中隊犯人由於工傷、急病之類的意外死亡者，他們長眠在各中隊部附近的枯草叢中，他們的音容笑貌只能出現在父老妻兒的夢境中。

前方五公里，有一個被犯人們起初稱為「燒人溝」、以後又改名為「死人溝」的峽谷，它為什麼會叫上這個帶有恐怖色彩的地名呢？那是因為上世紀五十年代中期，中共大軍壓境企圖征服涼山，彝族人民為捍衛本民族不被外來勢力吞噬，勇敢地拿起武器進行了一場保衛戰，由於雙方武器裝備的懸殊等等原因，起義終於被中共血腥鎮壓。戰鬥中成千上萬的彝族戰士被殺被俘，當年的雷馬屏勞改農場屬下的嚴管中隊，就成為大涼山裡眾多的戰俘集中營之一，關押著八百多名彝族戰俘。到五十年代末至六十年代初，由於毛澤東的胡作非為而最終人為造成所謂「特大的嚴重的百年未有的持續三年的」「三年大饑荒」。

那時，關押在雷馬屏農場「嚴管中隊」（即以後我等被關押的集訓隊）的彝族戰俘，被活活餓死了百分之九十以上。按彝族風俗，死人必用火葬，前面提到的「燒人溝」就是因不斷焚燒餓死的彝族俘虜而得名。隨後餓死的越來越多，殘存的俘虜們身體也越來越衰弱，根本無力再去砍伐拖運燒死人的大量木柴，只好拖著一具具骨瘦如柴的屍體草草掩埋了事，燒人溝也與時俱進的改稱死人溝，此事在我的舊作《大涼山詠歎調》中也曾作過描述。幾年後，當西昌市正式定為涼山州首府，成立了以關押彝族犯人為主的監獄時，將劫後餘生的七十多名戰俘從「嚴管中隊」押走，留下的除了腐爛在「死人溝」的三百多具屍體外，還有在保管室某個角落堆放的四百多只破破爛爛的骨灰盒，每只盒上都寫著用四個彝族文字書寫的姓名，它讓我們這些「後來人」在偶爾進入保管室時，能從這一大堆沒有家屬敢來領取的骨灰盒上，看見這些英雄戰士的死亡規模。不久，這批「後來人」又奉命去「死人溝」種植玉米，我們挖地

七、各有各的不幸

題記：

俄羅斯大文豪托爾斯泰給後代留有千古名句說：「幸福的家庭都是相似的，而不幸的家庭卻各有各的不幸。」很遺憾，我的這幾位右派朋友都因受政治迫害，最終殃及整個家庭的不幸，致使他們匆匆地離開了人世。

詩人王志傑死於孤寂清貧

一九五九年，林昭和甘粹這對右派戀人向中國人民大學資料室中共黨總支提交了結婚申請書，頂頭上司不予批准，理由是一句絕滅人性的不由分說：「右派份子還結什麼婚?!」十年以後的一九六九年，終於在四川省解除了勞動教養的右派分子王志傑被批准結婚了，其對象竟然還是一位有幾分姿色的妙齡女郎，更令同隊眾「份子」豔羨不已的是，這位比三十七歲的王志傑年輕十多歲的小妹還是一位從未嫁過人的黃花閨女。

當時王志傑所在的勞教就業中隊正在修建宜（賓）珙（縣）鐵路，「份子」們都住在同一間工棚裡，沒有適合小倆口單獨住宿的房間。中隊部臨時決定，將原來用作堆放工具的那間破茅屋充作新房，這正如歌劇《白毛女》中，喜兒的那句「半間草屋作新房」的著名唱詞在現實生活中得到了落實。

就在王志傑暗藏欣喜、手忙腳亂地將長短工具搬進搬出之際，從中隊部走出了那位姓劉的管教幹事，他撇著嘴唇對著眾「份子」一雙雙羨慕的眼神說：「高興什麼，不就是個瘋婆子嘛」。這位剛和女方談過話、從而確認了準新娘有精神障礙的名為國家幹部實為獄吏的頂頭上司似乎意欲未盡，便接著展示了他的尖酸刻薄，又接著說：「右派分子結婚有一個共同特點，女方都屬於『五子登科』類型，也就是麻子、跛子，瞎子、瘋婆子和寡母子……嘻嘻！」他這句話和人民大學那位黨總支書記的話在絕滅人性方面可謂異曲同工。

反右當年，我和王志傑同為詩歌愛好者，他在自貢市文聯編《釜溪河》雜誌，我在南充市文聯編《百花》季刊，作為當年四川僅有的三個省轄市之同一級別的文學期刊，早有相互交換的慣例，我們彼此從這些刊物中熟悉了對方的名字。在隨之而來的反右運動中，我們都被打成了右派分子，而且成了同一築路支隊的勞教分子，只因中隊各異而從未謀面。後來我因越獄逃跑被判刑升級成了勞改犯，去到了邊遠山區的勞改農場，對王志傑結婚生子的故事一無所知。上面列舉的情況，都是我類右派被「改正」以後，經過我和王志傑都熟悉的一位名叫汪崗的右派難友轉述我才知道的。

「右派改正」多年後的一九八八年，我接手了《星星詩刊》函授部的工作，時任星星主編的葉延濱特意對我交代說：「編輯部的王志傑同志家庭生活比較困難，你可以請他在函授部打一份工，讓他增加些收入」。從此，協助我共同編輯教學期刊的王志傑與我頻繁交往，愉快地合作了三年時間，其間我曾多次去到他家裡切磋編務，也經常看到他的妻兒。

他妻子的確是一個精神病患者，面無表情地對待她的丈夫和兒子，對那些來來往往的客人，她總是不屑一顧地不予理睬，我從來沒有聽見她開口說過一句話。更糟的是，這對可憐的夫妻生下的兒子王蔥已經成年，並一天比一天更明顯地出現精神病症狀，這顯然是他母親的遺傳結果。家中這兩個大活人，沒有能力擔負任何一種工作，全靠王志傑一個人的那點工資來養活，他只有拼命的工作。工餘時間除了做家務照顧兩個病人以外，還得熬更守夜地寫稿掙外水以貼補家用。

王志傑說：「我的妻兒只要不給我添麻煩就算萬幸了。」而無情的現實卻是兒子王蔥一九七〇年出生不久就給他添了麻煩，那時恰逢文化大革命的高潮期中，前詩人王志傑沒有隨當年的潮流給孩子取個「衛東」、「愛東」之類的時尚，卻別出心裁地覺得「蔥」這個名字清脆動聽、且不易與別人的姓名混同，便沾沾自喜地為孩子取了這個單名，不料後來批鬥他，說他是以蔥的生長特性在激勵自己，要有蔥那樣多層皮來包藏自己的反動靈魂，要具有蔥那樣頑強的生命力與無產階級搏鬥……無法交代清楚的王志傑，當晚被打得皮開肉綻死去活來。孩子稍大一點，難免和附近的孩子在玩耍中磕磕碰碰地產生些小磨擦，身份卑微的王志傑東家賠禮西家道歉受盡屈辱。好容易熬到孩子長大成人，卻又是個不知是非好歹、毫無人情味的精神病患者。說到妻子，王志傑無奈地對我苦笑著說：「你蹲在廁所裡，她可以給你端一碗麵來讓你哭笑不得」。眼前無比殘酷的現實是，他們這一家三口雖然是血肉至親，卻沒有感情交流也沒有關愛撫慰，長年累月的生活在冰涼的精神冷庫裡，我們這位詩人的血肉之軀究竟能支撐多久？

三年後我離開成都去了北京，從此便和王志傑失去了聯繫，後來又在武漢待了兩年。途中也曾短暫地回到成都，偶爾也聽到王志傑的消息，開始是說他兒子結了婚並生下一對可愛的雙胞胎孫子，我想一生辛苦而清貧的他，退休前能享到這份幸福，興許也有幾分欣慰吧！

二〇〇一年，我回到成都，聽說六十多歲的王志傑身體不好，已無力照看病中的妻兒，只好接受精神病醫院的霸王條款，為住院的妻子支付高昂的費用。還聽說他兒媳終因耐不住精神的孤寂離家去了日本，丟下兩個幼小的孫子，使王志傑的拮据雪上加霜。

又過了不久，突然有《星星》老友打電話告訴我說：「王志傑死了！」那時他不過六十六歲呀，電話那端的老友似乎聽見了我的歎息聲，接著又補充了一句：「他是累死的」。

後來我從省作協的老熟人處得知，他住院期間，曾請某位護士替他買兩個蘋果，接下去他補充了一句令人心酸的話：「請記住買小一點的，因為我沒有錢」。

一個沒有得到過女人的愛撫、沒有享受過家庭溫馨的悲情詩人死了，把他扔進這無邊苦海的是獨裁暴君發動的那場罪惡的反右運動。

作家遙攀倒在大街上

遙攀，本名潘克廉，為紀念他早逝的母親姚氏而取了這個筆名，一九二六年出生在四川南充市李渡鄉，那是一座緊鄰嘉陵江岸的美麗鄉鎮。我自一九五四年從部隊轉業到南充縣工作以後，遙攀的家鄉也是我經常跟隨縣領導裝模作樣地深入基層的重點鄉鎮之一，場口上那一幢氣勢非凡的大四合院是遙攀的出生地，其磅礴氣勢決非中小地主敢於操持的家當，土地改革中遙攀的父親除了被槍殺決無僥倖生還的可能，按中共階級分析的貫例，遙攀的個人檔案裡，那「血仇份子」的負面定性，決定了他生活道路已布滿重重陷阱。

一九五六年在省文聯《草地》雜誌社當編輯的遙攀到南充來組稿，當時在南充縣政府工作的業餘作者張先癡，正是他組稿的對象之一，交談中他給了我很多幫助和鼓勵，以後在頻繁的通信中，加深了我們的友誼，年底我應邀出席省文學創作會議，其間我們多次就文學創作的經驗、技巧促膝談心，慢慢地我倆成為推心置腹的知交，我曾對圈內人說過：「遙攀對我有知遇之恩」。

今天七十五歲左右的成都老人，如果他中學時代曾經是一個文學愛好者而不知道詩人遙攀的話，十之八九他涉嫌假冒。一九四八年前後，風華正茂的遙攀就讀於成都南虹藝術專科學校時，他已經在成都文學界小有名氣，經常在報刊上露臉的抒情詩作令若干少男少女如癡如醉。如果沒有這個「小有名氣」，一九五〇年中共接管四川政務後，他也不可能很快地進入省文聯當上編輯。

像遙攀這種家庭背景的機關幹部，若想躲過反右運動的劫難，也許比一頭肥豬想不被宰殺更為困難。所幸反右前幾個月，遙攀調去了地廣人稀的阿壩藏族自治州，那裡地廣人稀交通閉塞。遙攀在那裡當上右派以後，便埋名隱姓，挑著一挑補鞋的工具箱，消失在茫茫無際的草原上，自食其力地雲遊四方……

一九七六年毛澤東死後，全國的右派份子先後得到「改正」，雲遊中的遙攀重見天日恢復工作，而我這類由右派又升級成勞改犯的類型顯然複雜得多，直到一九八〇年八月我才在勞改農場收到原判法院印有無罪釋放四個字的裁定書。

成都是我返回南充原單位的必經之地，我從文學界的一位老熟人那裡，聽說遙攀早已「改正」，並安排在南充教育學院教書，聽說他也在南充，我甚至有一種「有緣千里來相會」的幸運感。

分別二十多年，當我站在他門口的時候，兩人都相互認出了對方，我們都強忍著隨時可能奪眶而出的淚水。本來嘛，這過去的二十多年該是多麼恐怖又多麼血腥的歲月啊。

在我未正式上班之前，遙攀執意要我住在他這個單身漢的家裡，一貧如洗的前勞改犯沒有理由不撿這個便宜。

現在回憶起來，我們這群「改正右派」當年都有一種天真的想法，即認為中國的問題是必須從教育入手、提高國民素質才能解決的。我不願回到政府部門去當錦衣玉食的國家公務員，而堅決要像遙攀和幾位老友那樣改行去教書，去為提高國民素質盡一份綿薄之力。不回原單位就得自己去踏破鐵鞋聯繫接收單位，這樣一折騰，便在遙攀家裡住了一個多月。

多年前，我彷彿聽遙攀說過，他結髮的妻子在土改時，因受不了煎熬投嘉陵江身亡。這幾天正有兩位他當年的同窗老友，刻意為這個年已五十四歲的老光棍介紹對象，第二天便將這位五十出頭的準老太太帶到他家裡來了，據說這位寡居多年的她還是個頗有基礎的文學愛好者。此前遙攀曾私下要我給他「參謀參謀」，會面結束後遙攀問我印象如何？在好朋友面前我不能說假話，便勸他慎重考慮，不要匆忙作出決定，我特意將「什麼都可以勉強，唯獨婚姻不行」的祖傳秘方告訴了他，他卻坦率地回答說：「我身邊多麼需要一個女人啊」，作為同樣被性饑渴折磨了二、三十年的男性，我再也說不出什麼話來。

不到一個星期，他倆便領了結婚證，幾乎與此同時，遙攀復出後的第一篇小說《養蜜蜂的姑娘》在《四川文學》上發了個頭條，難怪有朋友在婚宴上用雙喜臨門這個激動人心的詞彙，為他倆舉著的那杯五糧液命了名。

我教書的學校距市區三十多里，很難再和遙攀見面，兩年後我的「教育救國」的美夢徹底破滅，好在當時南充市的一把手還是五十年代的同事，知道我還可以湊合著舞文弄墨，便將我調到南充市文聯編《嘉陵江》雜誌，回到了南充城裡，這就難免找遙攀約稿或者聊天，便隔三插五地出現在他的左右。

寫到這裡，我不得不給朋友這個詞下個定義：你願意主動將隱私告訴他的那個人就叫作朋友。遙攀悄悄對我說：「在床上她簡直不許我碰她」。說到床笫之歡，她總是反感地喝斥我說：「都這把歲數了，還做那些事，簡直羞死人了」。還說：「嫁給你只是為了合作寫一部回憶錄而已」。

當初的雙喜臨門一變而為禍不單行，遙攀延續他的性饑渴，而且再也沒有寫出一篇文章了。

不久，我又先後去成都、北京和武漢打工鬼混，漸漸遠離了南充。若干年後，我回南充省親也去看了遙攀，發現他精神狀態很糟糕，異常疲憊，相當蒼老。某日，市文聯的一位年輕編輯用嘲笑的口吻悄聲對我說：「有人在某個涉嫌色情的場所發現過遙攀的身影……」我的內心一陣絞痛。請別嘲笑可憐的遙攀，也別責怪不幸的遙攀，要知道像他這類傳統知識份子，當他跨進那個房間、也就是跨越他一貫堅守的道德底線時，要經歷多麼嚴酷的自我鬥爭，然而他畢竟是一個有血有肉的男人呀……

據說是一九九六年五月三十日，剛過古稀之年的遙攀獨自一人外出散步時，突然倒在街上人事不醒，有人叫來救護車，在急診室，一貫不修邊幅的他衣著邋遢，衣兜裡沒有任何身份證件，醫護人員甚至懷疑他是個腰無分文的老農民，這就大大挫傷了他們「救死扶傷，實行革命人道主義」的積極性，這是因為「中國特色」醫療改革所致。直到第二天，醫院知道他是一位大學教授時，他早已孤獨的死去。

如果那天他散步時，身邊有個人挽著他的手臂，這一切還會發生嗎？如果遙攀的命運一開始就不那麼苦澀，這一切又會發生嗎？

十年後的二〇〇六年，我再次回到南充，住在教育學院另一位右派密友魏威教授的家中，這裡距遙攀遺孀所住那座樓不過咫尺之遙，某日外出歸來，魏夫人告訴我，遙攀夫人來找過我，說她想找我談談，這很正常，而後面的那句話反而令我不想見她了，她那一句「有些事我想向張先癡作些解釋」。

我深信夫妻間沒有可以向外人解釋的事！

始作俑者，「組織上」也

這是一個不得不對主人翁「姑隱其名」的故事，雖然這個作法將暫時改變我的寫作習慣。這樣作的原因是我擔心本文中的某些句子，不小心而傷害到那些無辜而又不幸的倖存者。

中共中央在決定給右派「改正」的文件中，曾有這樣的規定，其大意是：凡因錯劃右派而導致離婚的夫妻，右派改正後，如本人要求恢復夫妻關係時，組織上可以出面協助……前文提到的「組織上」三個字，萬萬不可低估它的分量，在我們這個共產極權國家，它甚至就是一黨專政者的代名詞，對它治下的芸芸眾生，其生殺褫奪之權決無半點含糊。

我對上述貌似「破鏡重圓」、甚至含有「人情味」的政策，通常是用一句民諺來表述我的看法，話醜理端的民諺說：「捉鬼的是他，放鬼的也是他」。也有文謅謅的秀才語言說：「既知今日，何苦當初」。

勿庸置疑，被我稱作朋友的人，十之八九都是右派分子，除非他此前已經是個反革命分子了。我的這位朋友名叫賈民，是個勞教分子（再強調一次，肯定是因右派而勞教的份子），在當右派之前，他有一個幸福美滿的家庭，妻子是一位賢淑漂亮的護士，名叫齊麗，他們還有一個十分可愛的女兒。也許正因為有這樣一個女兒，在賈民勞教期間，雖然「組織上」曾幾度動員齊麗和階級敵人賈民離婚以劃清界限，齊麗總是婉言回絕，她機智地回答說：「我相信英明的黨能把他改造好。」直到賈民在勞教隊「重新犯罪」，再度以「反革命罪」判了十八年重刑，這個事實證明他已經很難改造好了，她才接受了「組織上」的勸告，嫁給了一位藥劑師。婚後這一對夫妻又生了一兒一女，家庭也算和美。

一九八〇年，賈民的右派問題被「改正」後，反革命案旋即平反，出獄後賈民回到原單位，第一件事就是向「組織上」提出了重婚要求，這個符合現行政策的要求，「捉鬼是他，放鬼也是他」的始作俑者、也就是「組織上」是沒有任何理由拒絕的。「組織上」便再次找到了齊麗，當然也找了藥劑師……

在很少有人敢於抗拒「組織上」要求的中國大陸，這對還算恩愛的夫妻只有忍痛割愛，辦了離婚手續，女兒判給齊麗，兒子歸藥劑師似乎還照顧了男方傳宗接代的陋習。

賈民是個血性男子，十分堅強，他在監獄裡受盡酷刑，手臂被捆斷，肋骨被打斷，也許長期的精神和肉體的折磨扭曲了他，在家庭生活上，他心胸不是那麼開闊，對妻子的再婚和婚後生的一兒一女總有一種如鯁在喉之感，而他又是個大男子主義者，這就苦了齊麗和她從藥劑師家裡帶回來的女兒，溫良的齊麗其實也瞭解賈民在二十多年的壓抑中形成的心理扭曲，但被謊言構建的銅牆鐵壁圍困中的齊麗，從沒有想過這一切苦難的始作俑者究竟姓甚名誰，而是逆來順受地以淚洗面。

一次，慈愛的母親背著賈民給不在身邊的兒子準備了鞋襪和幾件衣服，被賈民發現，他甚至認為是齊麗懷念藥劑師的鐵證，便當著全家人的面，將這些衣物用菜刀砍碎，當然也同時砍碎了齊麗的心，為這個「破鏡重圓」的家庭抹上了陰暗的底色。

在這個陰暗的家庭裡，齊麗帶回來的女兒終於患上了憂鬱症，在她滿二十歲生日那天，從五樓的窗戶縱身跳下，在齊麗的號啕聲中終結了她的青春靚麗。

賈民的心理扭曲和多疑，在傷害了他眾多親人的同時，最為嚴重的受害人其實還是他自己，六十八歲時的某日，他站在客廳裡，好像自言自語似的說了句：「我好像不行了。」說完便倒在沙發上猝死了。

一九五五年，當賈民和齊麗攜手走進婚姻殿堂時，參加婚禮的男女老少，無一不向這一對郎才女貌的天作之合投去驚歎和祝福。誰能想到，兩年以後「始作俑者」「組織上」發動了以「陽謀」自詡的反右運動，讓這一對才子佳人在歷盡重重苦難之後，雖得以重溫舊夢，而其結局卻又淒慘得令人扼腕歎息。

原載美國《觀察》二〇〇七年五月號

二〇〇九年彙集時修訂於成都

八、馬列子孫如此虐殺炎黃子孫

我在反右運動中被劃為極右分子，一九五八年三月被判管制五年送勞動教養修築鐵路，當年的勞教並沒有年限規定，它更像無期徒刑般使受難者似乎永遠看不見「成為新人」的「驢年馬月」。在所謂「自然災害」的饑荒中勞教了三年多，我因不堪勞教隊的肉刑和饑餓的雙重折磨，於一九六一年國慶日那個「吉日良辰」，以越獄逃跑的方式歡度了這個節日。兩月後在天津被捕，押回築路隊關押在四川省灌縣（今都江堰市）看守所內，「獨居反省」了三年半，至一九六四年才以投敵叛國罪判刑十八年，輾轉押解到雷馬屏勞改農場服刑。

這座設在四川省大涼山裡的勞改農場是個龐然大物，它跨越了雷波、馬邊、屏山三個縣的崇山峻嶺，農場四周是古木參天野獸出沒、令嚮往自由者插翅難飛的原始森林，其自然條件和犯人們的生存條件都可以用暗無天日這個成語一言以蔽之。在這座囚禁著一萬多名勞改犯的人間地獄內，犯人們用原始農具在這不毛之地裡「戰天鬥地」，以疲於奔命的「贖罪式」加班加點忙碌著春種秋收。

農場主要的生產單位是三個分場和一個直屬場部的桂花大隊，我在這個大隊下屬的四個不同中隊裡服刑了十五年有餘，直到一九八〇年八月，在距離我服滿全額刑期之前的四個月，才被全國右派貌似「一風吹」這場大戲的導演相中，讓我充當一名配角登臺演出以「改正」偷換「平反」的名詞魔術，在蒙在鼓裡的稀裡糊塗中，突然發現我已經「回到了人民行列」，而且還變成了一個四十六歲的準老頭！

這些撲朔迷離的政治幻象暫且按下不表，話頭還是回到我三句不離本行的勞改隊。

我長期服刑的這個桂花大隊還設有一個直屬場部的集訓隊，也稱嚴管中隊，犯人們在私下則稱之為監獄裡的監獄。其功能是專門「大力挽救」關押在內的各種類型的「反改造份子」。農場每年都要對某些「反改造份子」進行加刑甚至判處死刑，以體現黨的「抗拒改造，死路一條」的英明政策決非無的放矢。那些敢於向暴政說不的挑戰者，無一不在這「鬼門關」似的集訓隊裡被捆綁吊打刑訊逼供。我也曾經在這裡被「嚴管」過半年左右，親身領教過「我們對敵人絕不施仁政」這句「最高指示」的「一句頂一萬句」。

雷馬屏農場與全國其他勞改單位一樣，本著「全國一盤棋」的統一佈署，每年都將開展兩場以犯人間相互檢舉揭發為核心內容的政治運動，分別稱之為半年大評和年終總評。前一年年終總評的總結大會，同時也是第二年半年大評的動員大會，周而復始地意味著一年三百六十五天，犯人們都在這個評比運動中像野獸般相互撕咬，也就是獄方在犯人間大力提倡的「相互促進改造」。

按中共的慣用手法，在開展這類大型運動之前，必先召開營造所謂聲勢的動員大會，實為強化恐怖氛圍令犯眾惶恐，而最富刺激性的造勢方式莫過於老祖宗早已行之有效的殺一儆百。農場每年的殺人大會大同小異萬變不離其宗，即頭一年的年終總評總結大會也就是第二年半年大評的動員大會。會上必由農場一把手作謊言重複一千次的冗長報告。當高音喇叭傳來一聲「雷波縣人民法庭現在開庭」的吼聲時，才將坐在地上昏昏欲睡的犯人們驚醒。這時發現主席臺頂上已有一幅寫著「雷波縣人民法庭」七個黑底白字的布條掛起，高音喇叭再次告訴聽眾，在臺上正襟危坐的政委科長股長等等獄吏，像突然中了什麼魔法似的，已搖身一變而成為檢察院的公訴人，法院的審判長、書記員，他們像兒童遊戲「過家家」般煞有介事各司其職宣佈開庭。首先宣判了兩三名所謂「勞改積極分子」的減刑甚至當場釋放，而這只是「重頭戲」開場前的一個吸引眼球的短暫序幕。

終於農場管教科長走到主席臺前沿，手執話筒威風凜凜地大聲吼道：「把犯人押上來！」剎時刻只見從主席臺一側的下方趺趺撞撞地擁出一串人丁。其中每兩個身背步槍的武警士兵扭揪著一個繩捆索綁的勞改犯，這一串蓬頭垢面的不幸者在主席臺下、面對觀眾一字排開。接著「假冒偽劣」審判長即依次宣讀判決書，宣判到某犯的名字時，身後的兩名士兵各抓著他的一支胳膊向前跨出一步，同時用另一隻手托起這位犯人的下巴，以面對台下眾犯展示其被折磨得瘦骨嶙峋的「猙獰面目」（當年對階級敵人的規範修飾語）。這批被加刑三年五年、十年八年的「反改造份子」，被巧立名目的各種欲加之罪延長了他們的刑期。

緊接著是令全體犯人把緊繃的心提向喉頭的時刻，即將宣判的一至三名、多至五名背上插著一根白紙「標幟」的死刑犯，其中總有的是大夥的熟人、仰慕者甚至哥們知心朋友，今天他們將用自己的犧牲來證明共產極權的殘暴……只見那「假冒偽劣」審判長手執判決書，念出那一行行血口噴人的所謂反革命罪行，讀完「判處死刑，立即執行」等關鍵字後，迫不及待的劊子手士兵漲紅著臉將這個犧牲者推出了會場。

似乎是魔術師又點了一下魔杖，「假冒偽劣」審判長又還原成農場政委，開始重複他一千零一次的謊言報告。這時，會場外突然傳來兩聲沉悶的槍響，坐在地上的勞改犯心中一震，面面相覷地用眼神相互告知：「又一個炎黃子孫倒在了血泊之中」。

離開會場之前，有一道必不可少的程序——每一個與會的勞改犯都必須依次圍著被殺者的遺體轉上一圈。統治者這樣安排的本意，顯然是為了進一步強化殺一儆百的恫嚇效果。但在我的追憶中，那場面總與今天在電視新聞上所見的、某位「老一輩無產階級革命家」的遺體告別儀式異曲同工。記得在播放這類新聞的同時，黨報上又常常會連篇累牘地刊出「深切懷念」這些黨旗覆蓋者生前的「豐功偉績和高風亮節」，更經常引用死者生前愛說的一句豪言壯語：「我很快就要去見馬克思了」，或者說：「反正最後得去向馬克思報到……」，喋喋不休之中，反而令我醍醐灌頂般茅塞頓開，原來這些自稱「特殊材料製成」的共產黨鬥士，和我們這些凡夫俗子大不相同，他們死後認祖歸宗時應該定位為馬列子孫，而我們則是品種純正的炎黃子孫，眼下倒在血泊中的肝腦塗地者正是我們中之一員。

像我這種在勞教勞改中幾乎度過了全部青壯年時代的「資深勞改犯」，腦海中必會記下無數次上述處死犯人的血腥場面。而真正令我刻骨銘心沒齒難忘的一次記憶，還是判處右派份子趙前生死刑的那些細節，雖然此前我對這位遠在三分場服刑的難友素昧平生。

那是一九七〇年春季在桂花溪中隊召開的一次公判大會，正是「文化大革命形勢大好，不是小好」（毛主席最新指示語）的歲月。那天的公判大會像每年必開的大會一樣，高音喇叭喊出「把犯人押上來！」的吼聲以後，我等分明看見押在犯群最後的一名死刑犯，好像與以往所見的死刑犯迥然不同。他似乎軟弱無力又似昏昏欲睡，全靠身邊四個強壯士兵伸長胳膊奮力支撐著才未曾癱下，這異乎尋常的畫面自然引起我等犯眾的驚異和猜疑。

但是犯眾的胡思亂想不可能左右公判大會的按序進行，眼看前面十多個加刑者的判決書一一念過，終於那「假冒偽劣」審判長環顧了一下四周作精神一振狀，隨即翻開了最後一張判決書，在念完法院名稱、文書字型大小之類的官樣文章後，便以分外興奮的調門念道：「趙犯前生……」時，那趙前生彷彿從夢中驚醒般猛一抬頭張嘴，吼出了一聲口號的某一個音節。這意想不到的突發事件，使主席臺腳下簇擁著趙前生的那堆人顯出了一片混亂，有的用巴掌去捂趙前生的嘴，有的伸手勒緊捆套在他喉頭的繩索，七手八腳一片亂象。

突然，一個身穿白色大褂背著醫用皮包的角色擠進了慌亂的人堆，事後聽說，他便是農場醫院的董秉良院長。只見他從皮包裡拿出了一件亮晃晃的家什，在趙前生的嘴裡一陣鼓搗，不到三兩分鐘，慌亂的人堆恢復了平靜。坐在地上的犯眾重新看到了趙前生那似睡非睡的臉，還有他那被周圍胳膊支撐著的癱軟身軀。此刻，「假冒偽劣」審判長那緊張不安的目光重新顯現出兇神惡煞的原狀，目光又回到手裡的那張判決書上，念出了趙前生「惡毒攻擊偉大領袖」，「瘋狂詆毀史無前例的無產階級文化大革命」這類與時俱進的「欲加之罪」。判決書按慣例以「判處死刑，立即執行」作為結束語，前呼後擁的一群士兵拖曳著這具似睡非睡的軀體，去到了殺人現場。

最後那「遺體告別儀式」與往常所見的犧牲者卻有迴然不同之處，那便是死者那微微張開的嘴邊，竟置有一團被鮮血染紅了一半的藥棉。事後據在農場醫院服刑的右派醫生黃倫告訴我，當趙前生企圖高呼口號時，董院長衝上去用止血鉗強行撬開了他的口腔，將一團藥棉塞進了趙前生的嘴中，這個飽含階級仇恨的粗野動作，若不傷及牙齒舌頭造成創口流血可說是異想天開。

這位在臨刑前拼死呼喊口號的勇士給我留下了深深的印象，我從犯人間口口相傳的陳述中瞭解到，死時四十四歲的趙前生，早在學生時代便在川東家鄉加入了中共地下黨。中共在大陸建政以後，其內鬥本性隨即發作，地下黨成員大多在內部肅反、整幹等運動中累遭迫害。毛澤東對心腹曾有過「逐步淘汰」處理地下黨的十六字御批。所幸趙前生暫未被波及，仍然擔任著涪陵行署辦公室主任的領導職務。及至反右運動的到來，「逐步淘汰」便逐步到了他的頭上，劃為右派開除公職監督改造，新婚妻子為劃清界限棄他而去。此時他回想到一九四九年以前，共產黨號召他反對國民黨的獨裁統治，為追求民族解放，他冒著生命危險加入了反蔣鬥爭。他萬萬沒有想到的是，他為之奮鬥來的所謂新中國，竟然比他參與推翻的國民黨更獨裁更反動。「文革」開始後，對敵鬥爭的弦繃得更緊，趙前生為其右派冤屈翻案，被判刑十五年。

一九六九年調來這座農場三分場服刑，他私下對獄中的朋友說：「我簡直有一種在精神上被強姦的感覺」。其間他又書寫了類似萬言書之類的文稿，歷數中共「背信棄義」、「過河拆橋」、「兔死狗烹」，筆鋒所指皆為他所稱的獨夫民賊毛澤東。這些親筆文稿在犯人間流傳中被一個陳姓木工犯人檢舉揭發（在判處趙前生當天，陳犯因檢舉有功被減刑兩年，三個月後，該陳犯在一次伐木勞作中，被倒下的巨樹擊中頭部當場死亡，其腦漿四溢頭破血流之慘狀更甚於被子彈射殺的趙前生，這本屬意外工傷事故，但該隊犯人在私下皆堅稱為「天公作美」）。

按說我對這位陌生難友趙前生的講述可以告一段落了，沒想到四年以後的一九七五年冬，我因腿部受傷骨折而住進了農場醫院，在這個人員流動性很強的特殊單位，我結識了一位患著一種特殊病症的刑事犯。只可惜多年以後的今天，我搜盡枯腸卻再也想不起他的真名實姓，但卻能記起他那非同一般的綽號，那也是因為這個綽號分外特殊的原故，竟和他所患的怪病一字不差：「脈管炎」。由於我對醫學的知之甚少，只曉得那個怪病在我住院的年代，和我所住的這家簡陋的勞改醫院，早已被判定為必死無疑的不治之症。我對這個年齡不滿三十歲的年輕人，又在這舉目無親的人間魔窟裡等待死亡的命運頗為同情，加上我和他同在一間病室床位也相近，便不時聊天消遣排除苦悶，按我在勞改隊確立的「防人之心不可無」的處世原則，判定他也並非秉性惡劣的勢利之徒，久而久之我們也能相互吐出一些心聲，何況他也知道，這個世界留給他說出心聲的機會已經屈指可數了。

他因盜竊耕牛罪判刑十二年，來農場後不久，便患上這個發病時為這關節部位疼痛難熬的怪病，他長期抗拒出工挖地挑糞。中隊裡那些一知半解的衛生員，他們通常是按慣例以「耍死狗」三字的簡單判定，這樣更能迎合獄吏們「以階級鬥爭為綱」的立場需要。幾個月後，中隊便將這個抗拒勞動的反改造份子捆進了集訓隊，審查中集訓隊將他送到醫院查出此病，便讓他回到集訓隊幹些輕活，直到前不久病情加重，才送來醫院等死。作為一個案情性質單純的一般刑事犯，他在集訓隊獄吏們的眼裡，其恐怖係數並不很高，因此便讓他去作一些燒茶送水的勤雜工作。

一九七一年初，趙前生剛剛被「收監」關進集訓隊的小監時，負責給小監犯人送飯的就是我們這位認識不久的「脈管炎」，他也就認識了這位「全刑犯人」（這是監獄裡的專業術語之一，手上戴銬腳上戴鐐即稱「全刑」，行話中也常含有「重刑犯」之意）。某夜，集訓隊長令「脈管炎」往會議室送開水，當他提著兩個熱水瓶到會議室去時，看見場部管教科長端坐在一張長條桌前，正對戴著全刑犯趙前生說著什麼，「脈管炎」走出會議室站在窗外，只是想一探究竟滿足一下好奇心，原來是對趙前生宣讀死刑判決書。他悄聲告訴我：「管教科長向趙前生宣讀完判決書叫他簽字時，趙前生將一口膿痰吐到了科長的臉上，頓時左右幾個武警士兵一擁而上，只聽夾在人堆中的趙前生發出了一聲慘叫，他的雙臂已被扭脫臼……」被這個殘忍場面嚇壞了的「脈管炎」匆忙逃離了窗邊，說到這裡他驚恐的眼神環顧了我倆的周邊，深害怕有人也聽見這恐怖的一幕。

隨後的幾天，負責給小監送飯的「脈管炎」每天都能看見趙前生，這個雙臂均已脫臼、雙手卻仍然戴著手銬的待執行的死囚，竟然被一圈又一圈鐵絲捆綁在一塊舊門板上，門板的中間挖有一個大洞，用以將裸著下身的趙前生排出的糞水流往洞外。他身邊還特意安排了兩個「勞改積極份子」，專司看守絕食中的趙前生。不知是為了看著他怎樣在生不如死的十天上訴期怎樣煎熬，還是守著他在酷刑折磨中如何喪失最後一線生機。

大隊部有一位丁姓獄吏醫生，他每天三四次來到關押趙前生的小監，給他注射葡萄糖，用手指摸摸他脈搏，以聽診器聽聽他的胸音。據消息靈通的犯人透露，四天以後，丁醫生向他的頂頭上司請示，此人再不處決就很難保住活命……正因為如此，我們才在前述的公判大會上看見趙前生那具昏昏欲睡軀體癱軟的斯情斯景。

「十天上訴期不是還沒滿嗎？」我奉勸全世界的書呆子丟掉這個天真的問題吧，應該回答這個問題的是一把對著你胸口的衝鋒槍，它的言詞就是每秒鐘連發數十響的子彈。它代表著一個好話說盡，壞事做絕的流氓政權，其領導核心都是些掌控著草民百姓生死大權的「馬列子孫」，他們頭腦中至高無上的信條只有一句話：「黨的利益高於一切」，而公、檢、法都是為了捍衛這個黨的利益而存在的工具罷了。其他的什麼法制，什麼人權，什麼普世價值，這類「五不搞」都是些「解放全人類」這個神聖使命的攔路虎，全都根據「維穩」的需要而「去他媽的」。

現居成都的前雷馬屏農場的昔日勞改犯、今改正右派的離退休老頭，除我以外，互通資訊的尚有黃豹松、吳永豪、廖光澤、涂明遠、鄧啟智、蕭盛基、吳瑞泉、蔣治平、彭曉琦、謝通靈等七十五周歲以上的「殘餘」存活者，那年代我們都曾圍著趙前生的遺體繞過一圈，他身上不曾覆蓋任何顏色的旗幟，卻留下了這群炎黃子孫永遠景仰的目光！

二〇一一年十一月六日於成都寓中

九、大涼山詠歎調

（黃花崗雜誌來稿先刊）

《黃花崗雜誌》編者按：當此「中國的西藏事件」已造成世界風潮之時，我們發表了張先癡先生的這篇文章。如果說，文中記敘了作者青春的血，人生的淚，毋寧說作者更記敘了大涼山彝族人民在一九四九年以後的淒慘命運，和中共北京洋教政權對大涼山彝族人民所犯下的血腥罪行。誠然，西藏、新疆、內蒙古各邊疆民族，包括境內的所有少數民族地區，都是「中國不可分割的一部分」。然而，正因為如此，他們才首先是中國人；殺害他們，首先就是殺害中國人；然後才是殺害西藏人、新疆人、內蒙人和大涼山的彝族人……。但是，如果再加上半個多世紀以來被中共殺死、害死、逼死、餓死的八千萬漢族人民，中共一黨在我們的中國又該殺害了多少「中國人」？縱觀五千年中華民族的歷史，有誰曾這樣肆無忌憚、瘋狂暴虐地長期殺害和專門殺害過我們「中國人」——即中國境內的各民族人民？答曰：唯有中共一黨，唯有中共北京洋教政權，唯有這一夥「心非我心、魂非我魂、人非我人」的中共「馬列子孫集團」……

唯有驅除馬列，才能還我中華！才有我們中國漢族人、藏族人、新疆人、內蒙人、彝族人，和所有各民族人民的安寧和幸運可言……

引言

蓋棺定論對我來說不過咫尺之遙，今天總結一下自己生命歷程中的左右是非，決不能說還為時過早。反思中我吃驚地發現，在我四十六歲以前的全部青壯年時代，經歷了三個非同小可的階段，那便是十六歲當所謂的解放軍，二十三歲被中共劃為極右分子並押去勞動教養修鐵路，二十八歲以叛國罪判刑十八年當了勞改犯，直到一九八〇年我四十六歲服刑期滿的前夕，才被告知「屬於錯判，予以平反」。

在這三個意義非凡的生命轉型期中，我都曾或長或短地滯留在四川省內一個名叫大涼山的彝族聚居區，在這個遠離現代文明的荒山野嶺裡，我用近二十年血雨腥風的歲月，在完成自己思想定型的同時，也見證了這個古老民族在共產暴政蹂躪下，怎樣變得面目全非，又怎樣一天天走向種族滅絕的險境。

為什麼讓我這個遠方遊子來見證這裡的沉重苦難，這究竟是令人詠歎的巧合還是令人詠歎的宿命？為尋求這個答案，我便開始回顧自己三度滯留涼山的遭遇，陷入了難以名狀的痛苦沉思之中。

十九歲，奉命「解放」涼山

由於中共的新聞封鎖，一般人都認為一九四九年十月一日中共在大陸建政就意味著全國「解放」了，殊不知遠非如此。上世紀五十年代初，我正在四川重慶西南軍區通信團無線電營當報務員。一九五二年這個團就曾經派了三十名報務員及十五部電臺，配合主力部隊在四川阿壩，對抗拒「解放」的藏族同胞進行了一場血腥的鎮壓，緊接著一九五三年七月，又以同樣理由在鄰近的黑水殺戮了半年多。而我本人在一九五三年也和二十個同事共十部電臺一起奔赴大涼山，令我們去配合主力部隊，「解放」那裡的彝族人民。

我們這群頭腦簡單四肢發達的年輕軍官，從重慶來到成都後的第二天清早，便急忙去北較場四川軍區司令部通信處，領收發報機等通訊器材。下午，我趁同事們逛街的機會，特意跑到四川省圖書館，借來一本商務印書館一九四七年出版的《涼山彝家》。這本小冊子是「萬有文庫」系列書中的一種，若干年後我打聽到該書作者李守義是北京中央民族學院的教授，一位資深的彝族問題專家。一九五六年我在整理彝族民歌時，為探討某些民俗問題還和他短暫地通過信。

他在這本書中比較詳盡地介紹了彝族的社會結構和風土人情，還有作者在涼山實地考察中的見聞。一個重要特點是作者絲毫沒有像共產黨印就的宣傳品那樣，刻意渲染這個奴隸社會中所謂的尖銳的階級矛盾。從這本書中，似乎看不出奴隸主（俗稱黑彝）和奴隸（俗稱白彝）之間，存在什麼「你死我活的階級鬥爭」。彝族給我留下的總體印象，那是一個封閉落後的民族，它沒有成熟的市場，也沒有貨幣，還停留在以物易物的原始狀態。好奇心和求知欲陪伴我熬了一個通宵將它讀完，隨後，在我們進入涼山的長途行軍中，書中那些令人大開眼界的奇風異俗，調劑了我們枯燥的行軍跋涉。

到涼山後，我被分配到公安十七團二營四連，駐紮在緊靠金沙江邊的雷波縣上田壩，這裡並非涼山腹心地帶，只是大涼山的周邊地區，但也不是彝漢雜居區，也正因為地處周邊，有些彝族人特別是老年人，多多少少能說些簡單的漢語。那時，中共中央對涼山的工作方針是「謹慎穩進」。上級解釋說，彝族從歷史上看與外部聯繫較少，國民黨事實上也從來沒有在這個窮山僻壤實現有效的統治。因為這個民族對外來的滲透非常敏感，要求各地慎之又慎地逐步向前推進。當時上田壩已建有地方工作團，據說是得到當地頭人同意後才和部隊一起進駐的，我們這部電臺的到來，只是使這支前沿部隊具備更為先進的通訊能力。

作為技術幹部，我比連隊的官兵佔有更多的自由活動空間，我的全部業餘時間都是在住地附近的彝胞家裡度過的，我學習他們的語言、歌曲和舞蹈。這裡居住的是沙馬家的安家娃子，其實就是向黑彝贖了身的奴隸。有一位和善的彝族老大爺名叫沙馬格志，他是這裡的頭人即人們稱為首領的「頭面人物」，但其身份畢竟是奴隸，也就是中共的依靠對象。他有兩個與我年齡相仿的女兒，一個叫沙馬烏子，一個叫沙馬阿子，這兩姐妹一改彝族人長年不洗臉的習慣，在上田壩開了歷史的先河，成為洗臉的帶頭人。格志大爺見我對他的民族如此鍾愛，特意送了一個發音為「木直南樓」的彝族名字給我，他微笑著對我說：「木直是你的姓，南樓這個名字在彝語裡是老虎的意思」。在得到這位頭人的認可後，我這個名叫木直南樓的解放軍便在上田壩一帶東家進西家出的走家串戶。

彝族人十分好客，眼看過彝族年了，這是他們最重要的節日，彝族青年會通宵達旦的跳舞唱歌，喝他們自己釀造的酒。這正是我收集民歌的大好機會，有一位在貿易公司工作的彝族朋友很樂意替我作簡單的翻譯，我記錄了幾十首民歌準備日後整理。其內容多為歌頌民族英雄，也有愛情歌曲，詞句優美感人，我從這些樸實無華的詩句中，認識了這個民族的勇悍與自尊，善良與慷慨，它使我更加喜愛它的藝術和創造這些藝術的人民。

本來是年輕男女們狂歡的日子，某夜，大夥卻嘟嘟囔囔地要一位老大爺唱歌，他是格志大爺的堂兄，名叫沙馬古迫，看樣子他已是六十歲出頭的人了。他沒有像年輕人那樣踏著舞步來回邊走邊唱，而是坐在板凳上唱道：「過年了／這是先祖定下的日子／讓我們喝醇香的酒／這是祖先教我們釀的美酒／讓我們唱動聽的歌／這是祖先傳下來的歌。過年了／快樂的孩子又長了一歲／過年了／憂鬱的老人更老了一年。」歌聲高吭淒婉，有一股撥動人心弦的力量。我不知道這是一首古老的民歌，或是古迫大爺即興創作，但我分明看見他佈滿皺紋的眼角，閃耀著兩顆晶瑩的淚珠。翻譯悄悄對我說：「沙馬古迫大爺不同意他堂弟與解放軍合作，兩兄弟鬧得很僵。」這使我想起他先前看到穿軍裝的我時，曾毫不掩飾地對我露出厭惡的眼神。

由於彝族內部各家支之間長期的冤家械鬥，槍枝彈藥成為整個民族視為寶貝的東西，他們利用「山高皇帝遠」的地理優勢生產鴉片煙，又用鴉片煙找周邊的地方軍閥換取槍枝彈藥，其操作方法與抗日戰爭時期共產黨在南泥灣生產鴉片煙找汪偽軍換槍彈異曲同工。但生產技術的落後決定了這裡的收穫畢竟有限，能換得的槍枝彈藥也很有限，致使全涼山沒有一挺機關槍，誰有那麼多子彈任它傾瀉？彝族方面的軍事實力和其民族內部的紛爭中共也早已瞭若指掌，既然毛澤東以「人民大救星」自詡，他派兵進駐涼山也宣稱是來拯救這裡的人民。看來這裡的人民並不歡迎他的拯救，共產黨的軍隊首先就用軍事演習的方式向對方炫耀武力，其實質也是一種威脅恫嚇。對這個武器裝備落後得可笑的對手，用「殺雞焉用牛刀」一詞來比喻似乎也不過份。我所在的這個連隊，用一兩挺重機槍、三、五挺輕機槍，若干枝衝鋒槍稀裡嘩啦一陣掃射，也就算一次像模像樣的軍事演習了。

指導員知道我和彝胞們過從甚密，讓我和那群頭人觀眾待在一起，聽聽他們的反應。此時我在人群中發現了沙馬古迫，正嘟著他倔強的嘴唇蔑視著在高處發號施令的連長。突然間「唏裡嘩啦」地槍聲大作，頭人們幾乎異口同聲地嚷道：「敗家子，敗家子！」因為傾瀉著的正是黃金般珍貴的子彈呀！

衝鋒號響起，有三顆紅色閃亮的信號彈冉冉升起又緩緩落下，這時出現了一個意外效果，頭人們不知道這紅光是什麼新式武器從天而降，嘩的一下全都匍匐在地甚至哆嗦不已，我看見人群中獨有沙馬古迫像鶴立雞群般站在那裡紋絲不動，另一個站立不動的是我，我因為瞭解信號彈毫無殺傷力，而他卻是因為鎮定，一位勇士才配具備的鎮定。

彝族也有巫師，稱作「畢木」，那是一種屬於男性才能世襲的職業，也是這個民族能識文斷句的「文化人」。當彝族人需要詛咒他的敵人時，就會把「畢木」請來，讓他對著某隻狗背誦一段經文，他們認為這樣便能使某種妖魔附在這隻狗的身上，然後將狗打死，掛在仇人過往的路邊的樹上，據說仇人走了這條路便會像樹上那條狗似的死去，他們稱這個作法叫「咒路」。

軍事演習以後，彝族人非但沒有被武力威脅所嚇倒，而是把軍隊常走的路邊，全都吊起了一條條死狗，它說明彝族人已經把以「救命恩人」自居的解放軍視為自己的敵人。與此同時流傳著一個說法：解放軍將進攻大涼山。

彷彿是為了回答這個問題，我們得到通知，將和一些彝族家支舉行一次「鑽牛皮」儀式，如果用現代語彙來表述「鑽牛皮」的意思，它就像當年中蘇友好同盟條約的簽字儀式般煞有介事，只不過它借用的是彝族的一種古老的賭咒發誓的形式罷了：「鑽牛皮」那天，在一塊略大於藍球場的空地上，上田壩周邊的幾個家支的頭人，率領著一百多名頭上紮著「英雄結」的彝族戰士，背著他們心愛的步槍，腰間纏著的子彈袋襯托出挺直的胸膛，一個個英武異常地坐在空地的一邊。與之對立的是一百多名駐軍官兵，他們也全副武裝地坐在空地的另一邊。隨即工作團團長和駐軍連長講話，內容都是三言兩語地表示彝人、漢人都應該團結得像兄弟般一家人；接著又有兩位彝族頭人講話，據說他倆談話的內容大意都是解放軍說永遠不會進攻我們，我們當然也不會打他們。剛說完我發現沙馬古迫這個老小夥子從人群中站起來吼道：「別忘了祖先早已說過的話，『石頭不能當枕頭，漢人不能交朋友。』」對這句不合此次「鑽牛皮」時宜的話，周圍的人也只是面面相覷地沒人阻止他，也許因為他畢竟是一位德高望重的長者的緣故。

與此同時，在會場的下方，三、五個彝族小夥子正走向一頭黃牛，只見其中的一位用一把鐵錘在這隻牛的兩角之間猛敲了一下，這牛便癱倒在地。幾個年輕人摸出小刀擁到牛屍邊，七手八腳地剝下那張血淋淋的牛皮，取來兩根竹竿，分別從左右兩方將牛皮繃開又高高撐起，來到會場入口處，他倆各自舉著一根頂上掛著牛皮的竹竿，相距一米多面對面站著，頭頂上繃開的牛皮共同組成了一扇虛擬的門洞，締約雙方的頭面人物將從這個門洞、也就是這張牛皮下面穿過，也可能這便是「鑽牛皮」這個特殊名稱的由來。

這時真正的主角上場了，他是一位五十多歲滿臉皺紋的老「畢木」。他在門洞的一側站定，左手提著一隻剛剛被殺、喉管上還在滲血的公雞，右手舉起一把鏽跡斑斑的寶劍，大聲宣佈「鑽牛皮」開始。

按彝族民俗，參加盟誓的雙方均派出各自的頭面人物參與此項儀式以顯示其誠意，我所在的連隊出場的有連長和指導員，地方政府出場的是工作團的正副二位團長；彝族方面有四位高大彪悍的黑彝頭人。這些頭面人物將依次走到「畢木」跟前，這時一位「畢木」身側的人將一杯酒湊過來，「畢木」朗朗有聲地吼著些什麼，事後有翻譯告訴我，他叫喊的是「誰要是違背今天的誓言挑起戰爭，誰就會像這隻雞和這條牛一樣死去」。說罷，他把雞的喉管湊近酒杯，讓幾滴雞血滴進酒裡，依次走來的參與這項儀式的頭面人物，接過這杯血酒一飲而盡。這個一飲而盡的動作十分重要，據說歷史上有過在「鑽牛皮」的儀式上，因沒有誠意不敢喝下這杯被「畢木」念咒過的血酒，為盟誓的對方識破後，導致當場火拼造成重大傷亡的悲劇，這些禁忌在事前便向不瞭解這項儀式的漢族頭面人物曉以利害，這次「鑽牛皮」似乎一切順利。最後的程式是分食牛肉，當頭面人物依次聽「畢木」念咒後仰脖喝酒的時候，那三、五個彝族小夥正料理著這一大堆牛肉，有的切割，有的燒烤，最後拾掇成彝族人認為已熟的「美味」，漢族人卻認為還差幾分火候的肉塊。

未熟的兩筐牛肉抬到會場，按一人一塊的標準分發給每一個與會者，不管你是否能咽下這些帶血的肉塊，無論如何也不能扔掉它，這也是一種不可違犯的民俗。

彝族有民諺說：「黑彝腦殼一般大」。這意思是說，所有的黑彝都是世襲的頭人，沒有一個黑彝能統管另一個黑彝，他們除接受血緣婚嫁帶來的同盟關係以外，不會接受任何發號施令者。整個民族沒有一個為全族公認的領袖人物，但他們有強烈的民族自尊，有誓死捍衛自己家園的信念，在這方面沙馬古迫的思想可算是全民族的主流意識。而另一方面，這個共產黨統治的極權國家，會允許你這些一個家支一個家支地擁有自己的武裝部隊和不受統治者管轄的地盤嗎？雖然歷朝歷代的統治者都容忍了這個「針插不進，水潑不進的獨立王國」事實上的存在，但「俱往矣」，「還看今朝」的「風流人物」毛澤東決不會允許它的存在！這便是鑽一萬次牛皮都不可能解決的根本問題。

一九五四年，中共中央下達了一個十人小組文件，該文件開始用「血仇分子」來定位某些有直系親屬被共產黨處死的「同志」，文件規定這類分子不能在要害部門工作，不能入黨。組織人事部門輕而易舉地從幹部檔案中清理出這個類型的份子。而我這個早在歷次政治運動中「向黨交心」，交代了我那負有原罪的家庭出身。我這個十六歲參軍的「血仇份子」，便順理成章地調離涼山，也遠離了那個名為電臺的要害部門，回到原單位第三通信團，並立即轉業到南充縣人民政府民政科工作，這時我終於明白，「出身不由己，道路可選擇」，只是共產黨為統戰青年學生而喊的一句漂亮口號，骨子裡卻絕對是磨刀霍霍地按階級報復的原則辦事。

一九五六年我奉命帶領南充縣的幾位「積極份子」到省會成都出席「四川省烈、軍屬、復員軍人社會主義建設積極份子代表大會」。會議期間，意外地碰到曾經也在上田壩工作團工作過的曾某，後來他被調到了雷波縣民政科也來參加這個會議，我從他滔滔不絕的「他鄉遇故知」的擺談中得知，我離開上田壩不久，解放軍便開始對「不願接受民主改革的叛亂份子」進行了堅決地鎮壓，戰鬥十分激烈，雙方的犧牲都極為慘重：「你過去的許多彝胞朋友可能都不在了。」他不無遺憾地說。還特別告訴我，我們都很熟悉的沙馬格志大爺，在去勸說重重圍困在碉堡裡的「叛匪」投降時，被碉堡裡射出的一發子彈打中心臟當場犧牲，事後被授予了烈士稱號。

兩個月後，我在《中國青年》雜誌的彩色封面上，看到了格志大爺的女兒沙馬烏子穿著彝族的百褶裙，臉上露出燦爛的笑容的巨幅照片。在封面圖片的解說中，知道她是以彝族月琴手的名義，代表中國青年在捷克首都布拉格出席了世界青年聯歡節。我心想，這位連簡譜為何物都不知道的彝族姑娘，除了能向這些「社會主義陣營」內的朋友們證明中國的「民族大團結」的冠冕堂皇以外，就很難去和那些「兄弟國家」的青年們聯什麼歡。

就在這個時候，南充出現了一個中國人民解放軍公安軍官學校的新單位，因為那時剛剛實行軍銜制，據說要把這些昔日的排級幹部、今日的少尉軍官加以突擊訓練，儘快地讓他們脫離半文盲土包子的尷尬，以便能和華沙條約締約國的軍官們站在相同的地平線上。沒想到就調來了三兩個公安十七團二營的軍官，甚至還有我當年所在連隊的排長，我們在街頭散步中邂逅，這又一次的「他鄉遇故知」讓我知道我們那位山東籍的連長和山西籍的指導員都先後陣亡。我不禁暗想：這兩位當年參加「鑽牛皮」喝過血酒的頭面人物真的被「畢木」的咒語擊中了嗎？

遇見的這兩位少尉，都是從所謂解放戰爭的槍林彈雨中走過來的倖存者，是負過傷、立過功的出生入死者，他倆都異口同聲地告訴我，他們從來沒有遇到過這樣「頑固的敵人」。有一次，其中的一位前排長對我說：「『彝匪』很殘忍，我們所有犧牲的人都會被他們把衣服、鞋子扒光。」我暗自驚歎這個細節和《靜靜的頓河》中，哥薩克與紅軍作戰時扒死人衣服的場景何其相似。我沒有對陳述者表示什麼，但我在心中暗想，彝族一個頂尖級的所謂富豪，他一生也沒有穿過一件棉衣，一雙膠鞋。在冰天雪地裡披著他們稱作「察爾瓦」的薄羊毛披風打著赤腳衝鋒陷陣該有多麼艱難，他們沒有被「階級性高於人性」的理論洗過腦，沒有侮辱死者的願望，但他們的凡胎肉身畢竟怕冷怕凍。

我當時的思想水準並沒有發展到企圖判斷這場戰爭究竟誰是誰非的程度，但是我強烈地希望能從文學的角度來表現這個純樸善良的民族。事實上早在一九五四年春，我就寫過一篇反映軍民團結的體制內的「黨八股」在軍報上發表，四川軍區派來一位姑隱其名的攝影記者，準備為這篇「黨八股」拍一組照片，至今健在的這位記者到上田壩以後，我這個「始作俑者」責無旁貸地當上他的「聽用」，便與他混熟。當他任務完成動身返回成都的前夕，我交給他一摞我搜集整理的彝族民歌，請他帶交給雜誌社發表，一個月左右以後，我發現這些民歌都陸陸續續地署上他的名字在《四川日報》上刊出，只不過在他的姓名之後加了一個「輯」字，大意是把我的一份勞動「輯」成了他的成果，這個小插曲也讓我這純真的文學青年長了點見識，好在我手頭還存有事後我收集整理的一大堆類似文稿，便沒有鬧出捶胸頓足的笑話。

當涼山慘遭劫難時，我的「彝族情結」也在我的胸中湧動著，我在北京《民間文學》雜誌上發表了一組彝族民歌，在《草地》雜誌上發表了《金沙江邊送別》的散文，一九五七年又發表了描寫一位彝族傳奇英雄的長詩《一朵巍峨的白雲》。這首六、七百行的長詩，在南充縣機關中引起轟動的原因並非詩的本身，而是它帶給我的幾百元稿費，它幾乎相當一個人一年的工資收入。還有一個意外效果，在隨之而來的「反右運動」中，這首詩在許多大字報中任毛澤東的真假門徒們亂潑髒水。

轉眼三十多年以後的一九九〇年，我當時在四川省作家協會混飯吃，恰有機會去到今天的涼山首府西昌市，我此行的公幹便是找當時的涼山作家協會主席吉狄馬加，辦完公事後我順口問了問這位彝族詩人是否認識他同族的沙馬烏子，作為出過國的彝族婦女，因極其稀有，她的知名度可想而知，馬加說：「當然認識，她已經退休，和她丈夫阿牛經理一起住在新華書店」。

三十七年後五十多歲的沙馬烏子再也看不見她青年時代的丰采，她對我這個當年在她家裡進進出出的解放軍也已毫無記憶，我問了問他父親的事，也問了她伯父沙馬古迫的事，她的回答把我驚呆了：「是我伯父親手殺了我的父親」。我又問他：「古迫大爺呢？」「他開槍射殺了我的父親以後，知道這場戰鬥的敗局已定，便登上碉堡頂層上吊自殺了」，她的聲音在顫抖。

過了一陣，我倆抬頭四目相對時，眼睛都被熱淚包潤。

二十六歲，「涼山月餅」拯救過我

一九五七年，反右運動結束前夕，時任中共南充縣委書紀的李家驥曾指著我的額頭說：「你張先癡如果不當右派分子，我這個南充縣就再也找不到右派分子了」。果真如此，二十三年後，當中共南充縣委下達紅頭文件宣佈：「張先癡同志原劃右派屬擴大化的結果，應予改正。」這份紅頭文件讀罷，南充縣就當真沒有一個右派份子了。所以那位李書記的「英明論斷」似乎也有正確的方面，縱觀全國，五十五萬右派中，沒有被改正的右派就剩下寥寥無幾的那麼幾個，但中共中央對數學不感興趣，仍然說反右運動是正確的，只是擴大化而已，至於擴大到什麼程度，中央文件沒有說，我只好佯裝不知，反正我小時候在家裡挨打，多半是因為數學不及格造成。

不過當李家驥書記作為黨的化身作出那個判斷時，張先癡得到的是極右份子的稱號，享受的是右派分子頂尖級的處分：管制五年，送勞動教養。管制的最高年限是五年，多判一天管制就只有抓進談虎色變的勞改隊了，該張先癡當年在反右運動時處境之險惡由此可見一斑。

一九五八年三月，南充地區某批送勞教的右派份子在衝鋒槍的押解下送到了成都轉運站，幾天後便轉運到自貢市，最後跋山涉水步行到雲南鹽津縣的一個在地圖上找不到名稱的山坳。勞教隊長命令道，你們將在這裡打通一座隧道，以便今後從內江開來的火車穿過這條隧道開往昆明。幾乎「脫胎換骨」地苦幹了一年半以後，才說這條線路設計有誤，下馬停建。近萬名勞教分子的汗水、難以數計的鋼材水泥都化為官僚們繳納的「學費」付諸東流。

與此同時，整個中國正轟轟烈烈地為所謂的三面紅旗交納一筆史無前例的「學費」，交罷學費老百姓便開始餓肚子，直到四千萬同胞被剝奪了生存權變成餓死鬼。一直享受著井下重體力勞動的高糧食定量標準的我們，一次又一次的減少糧食定量，更可怕的是幾乎所有的副食品都在市場上消聲匿跡，饑餓像流行病一樣侵入每個勞教分子的腸胃。昔日文質彬彬的白面書生，有的在打飯時混飯，有的半夜三更到廚房去偷東西吃，人們為了生存，不得不用自己的尊嚴去作交換。

有小道消息在悄悄流傳說，我們這個四川省公安廳勞動教養築路支隊將轉移到大涼山裡的喜德縣去修成昆鐵路。類似這類人員大規模流動的舉措，勞教隊的幹部們守口如瓶，為了避免這些階級敵人趁人心惶惶之機搗鬼。正式宣佈這個調動的時間，通常是在出發的前夕，這些名為幹部實為專政工具一個個使盡全身解數，喋喋不休地「睜起眼睛說瞎話」地宣佈：「涼山裡的牛、羊肉根本不定量」「少數民族地區的糧食標準比漢族地區高六斤……」恨不得把大涼山烏鴉的羽毛也說成是彩色的。眾右派勞教分子剛剛被「陰謀陽謀」的語言魔術愚弄得暈頭轉向心有餘悸，他們像所有的專政對象一樣，唯一的生存空間就只有逆來順受的無奈。反正次日凌晨，押解的士兵早已荷槍實彈地在汽車邊站定，除了乖乖地依次點名報數然後擠進大卡車外別無選擇。

久別重逢的涼山，已是滿目蒼涼，經過所謂的剿滅叛匪，又所謂的民主改革，幾乎使每一個家庭都沉浸在失去親人的傷痛之中。而正在開展的「大躍進」運動對傳統耕作秩序的粗暴顛覆，使這個原本生產水準不高，僅靠粗茶淡飯維持生計的古老民族的元氣大傷，往日的歌聲歡笑再也聽不見看不到了，這種令我沮喪的反差，使我陷入了深深的苦悶之中。

到達涼山的第五天，便是一九五九年的中秋節，我幾乎忘掉了我生平度過的所有的中秋節，而這一個回到大涼山後的中秋節卻讓我沒齒難忘。因為那是大饑荒的年代，我們這群幹著揮汗如雨的重體力勞動的勞教分子，每頓飯充其量只能吃個半飽，忍受著饑餓的煎熬。那種年代的人最有轟動效應的新聞便是有關「吃」的新聞，那天有小道消息說，今晚每人將會得到兩個中秋月餅。對終日被饑餓困擾著的勞教分子而言，那包裹著冰糖白糖芝麻花生又厚又大的傳統美食令人垂涎欲滴。

在分發月餅之前，「管教」幹事何體壽集合全隊勞教份子「訓話」（請注意這個只適用於專政單位特殊詞彙的含金量）說：「雖然你們負罪在身，國家本著人道主義精神，還是給你們每人配給了兩個月餅，但是……」他突然停止了講話，用目光在人群中搜索了一番，接著大聲問道：「張先癡來了沒有？」一貫將他們這類信口雌黃的假話視作耳邊風的我，正躲在一個陰暗的角落裡裹葉子煙，我漫不經心地回答：「我在這裡」，聽到我的回答，這位「訓話」者簡直像餓狼遇到了山羊似乎精神為之一振，他提高了嗓門接著說：「這個月餅不准發給反改造分子張先癡！」自從出現了饑荒，共產黨對勞教分子的獎懲就新增了一個手段，如獎勵二兩飯或者扣掉兩個月餅都能給無產階級專政助一臂之力。我認為就憑這一點便應了毛澤東那句顛撲不破的話：「在共產黨的領導下，什麼人間奇蹟都可以造出來」。剝奪吃飯權難道不是人間奇蹟嗎？

當晚，除我以外，全隊的勞教分子用自己的伙食錢買下了兩個所謂的月餅。我通過「友情贊助」品嚐了這個玩意，它是用大涼山特產的蕎麥麵合著糖精水烤製而成。只有在荒誕的毛澤東時代，才可能用這種粗製爛造的東西去敗壞中秋月餅的名聲。這種所謂月餅除了它的外觀是圓形的以外，再也找不到一點傳統月餅的特徵。幸虧這假冒偽劣的月餅是以政府的名義配發的，如果是我張先癡製作的，肯定會在我日後的判決書上增加一條罪行說：「張犯竟敢用劣質月餅來醜化我優越的社會主義制度」云云。

這難道就是我重返涼山的「見面禮」嗎？它可是我魂牽夢繞的一塊土地啊，這裡是我踏上充滿荊棘的文學之路的出發點，她的人民珍惜親情友情、慷慨大度。只是他們今天被武力征服，新的統治者用打碎奴隸鐐銬的神聖名義、卻用血腥的手段，給人民戴上了更殘酷的鐐銬。狹隘自私的暴君對他治下的子民，正用他奪得的權力，征服每一顆渴望自由的心，連兩個劣質月餅都可以當作武器，這個黔驢技窮的執政黨，在它敗壞了月餅名聲的同時，也正在不遺餘力的敗壞著中華民族的名聲，這才是真正的悲哀所在。

因為氣候土壤和耕作習慣的關係，大涼山基本不種水稻，他們最大宗的農產品是洋芋和一種名叫「圓根」的蘿蔔，如果把這兩種塊根作物當作公糧交給了政府，還不說它們易於腐爛難於存貯，單憑它需要佔用的庫房面積就不知大到什麼程度。這一切因素綜合的結果是，吃粗糧的涼山地區在震驚世界的大饑荒年代，餓死的人比號稱天府之國的四川西部平壩地區還少得多。而在連續三年大饑荒中最為饑荒的一九六〇年，整整一年我恰好都在這個以粗糧為主食的貧困山區度過。我這個冒名木直南樓的假彝胞竟然也從中受益。

這事情說來話長，歷史上彝族的民風就是有飯大家吃，你走進任何一個彝族家庭，你都能得到吃他喝他的客人禮遇。很可能從所謂的「自然災害」到來之後，糧食的依人定糧和稀缺改變了他們這個傳統習慣。他們出門時也要用布口袋裝上兩三個直徑約十五、六公分的乾糧餅子，大多是用玉米和著洋芋塊蒸成。既然中秋節發的蕎麵餅子都可以冒充中秋月餅，彝胞們裝在布袋裡的乾糧餅子，我將它稱為「涼山月餅」也決非溢美之詞。

如前所述，我所在的勞教中隊是一個隧道中隊。在涼山，這個中隊擔負的任務是打通一條根據彝族地名而取的爾普地隧道，全長五百多米。所有的鐵路動工之前，都必須先修一條簡易公路，以便運送水泥炸藥鋼材木材這些鐵路建設中必須消耗的物資，還得加上修路人員的生活必需品。我們修這條便道時，正是所謂大躍進的高潮期，一個人一天挖土方十方、甚至幾十方的牛皮喜報頻傳，結果都是些自欺欺人的假大空，凡是對這些假大空提出質疑者，一概以反改造分子論處。我們這個中隊以躍進速度砌成了一座公路橋墩，喜報還沒送到支隊部，橋墩卻已經垮塌，這類笑話層出不窮。

這條由我們親手「躍進」出來的假冒偽劣公路便道，從來沒有一部「下定決心，不怕犧牲，排除萬難，去爭取勝利」（參見《毛主席語錄》）的載重汽車敢於爬上來，但人在上面行走則比那些崎嶇的山路方便得多。假冒偽劣公路便道的起點是一個名叫兩河口的區政府所在地，那裡是通有等級公路的集鎮，也是附近彝胞外出和歸來的集散之處。我們搭建在爾普地隧道附近的簡易工棚，也成為彝胞們來來往往的必經之地，更妙的是這必經之地既非中隊部門口，也不在勞教分子宿舍的對面，而是在工棚的背後，這就既遠離了監管人員的所謂「革命警惕性」的監視，又避開了分化後的勞教積極分子相互監督的殺傷力，這就為我的「自由活動」提供了「地利」；三班到的工時安排提供了「天時」；我初通的彝語是「人和」的橋樑。試想想，中國人在具備了天時、地利和人和這個祖傳的「成功三要素」以後還有辦不好的事嗎？

饑荒中不少勞教份子患上了水腫病，工程進展速度一落千丈，但每天上、下班卻仍在獄吏幹部的監督下照常周轉。每次下班走出隧道，也是我們全天饑餓的高峰期，這時，心存僥倖的我常常坐在宿舍背後的便道旁邊，耐心地等待好運的到來，那就是過路彝胞身影的出現。見到來者後，我首先微笑著用彝語問道：「格沙沙？」在我所略知一二的外族語言中，彝語這種直奔生活主題的問好的方式可稱世界一流。「格沙沙」的意思是你快樂嗎？聽到我這句比較地道的彝語問話，他們先是一臉驚愕然後微笑點頭回答：「格沙」（快樂）。

這時饑腸轆轆的我會從他肩上掛著的布口袋的外觀形狀上，判斷裡面是否裝有「涼山月餅」，這沉重的像一個微縮鐵餅的東西，大體上一眼都可以看出布口袋下部那沉甸甸的圓周，絕大部分彝胞出門都會自備乾糧，因為上飯館既需糧票又需現金，這兩種東西他們都極為稀缺。我還會進一步問：「偶分腳？」（「有『涼山月餅嗎』？」「偶分」的發音在彝語中是餅的意思），這時他們會下意識地看看腋下的布口袋，餓得心慌的我趕緊問：「烏烏？」（賣嗎？）彝族人沒有賣食物的習慣，他們會取出「涼山月餅」多數情況是分半個遞給我，有時是給一整個，我也會給一元錢給他，多數情況對方都不要，有時是十分感謝地收下。若要問這「涼山月餅」究竟多大，我只能這樣說，一個約等於我們一天的口糧。正是這些慷慨的「涼山月餅」，幫助我度過了饑腸轆轆的一九六〇年，我避開了水腫病對身體的摧殘，健康地存活至今，尚有餘勇與暴政作投槍匕首之爭鬥，「涼山月餅」功不可沒。

大約是一九六一年初，這座半成品隧道再度成為中共上交的「學費」，我們又奉命搬遷到旺蒼縣快活場，修築一條廣元至旺蒼的鐵路支線，九個月後我越獄逃跑，捕回後法院在判決書上寫道：「根據《中華人民共和國懲治反革命條例》第十一條的規定，判處張犯先癡有期徒刑十八年」。對法律條文一無所知的我，為了證明自己並無智力障礙，強烈抗議這一無理判決，索要《中華人民共和國懲治反革命條例》一讀究竟，見其第十一條赫然在目：「以反革命為目的偷越國境者，處死刑、無期徒刑……」其實我從來遠離國境縣一千公里以上，怎樣偷越？然而上訴按慣例駁回。

不過，我的內心卻很清楚，此番逃跑確與「涼山月餅」不無關係。

三十三歲，瓦貞隊長之死和他治下的犯人之死

一九六四年，我判刑後第一個被押往的勞改隊是位於四川省崇慶縣內的萬家煤礦，在看守所餓了三年多，帶著一副餓殍般的骨架，來到這個吃四十多斤井下高糧食標準的單位，像所有當年在餓死邊緣上掙扎的底層中國人一樣，還以為誤入了可以脹飽肚皮的天堂，但勞改隊本質上就是個貨真價實的地獄，誰都知道，在真正的地獄裡，絕不可能設下一個名叫「天堂」的包間。

不久，一場瓦斯爆炸眼睜睜地奪走了九十九名犯人的生命，從煤井裡拖出來的屍體，橫七豎八地陳放在大禮堂的地上，屍體告訴我，他們為這裡的糧食高定量付出的代價是如此沉重。

正當我在餓死或者炸死的十字路口踟躕徘徊時，礦井裡又發生了一起電纜被割斷的所謂破壞事故，獄吏們絞盡腦汁難以破案，乾脆把判重刑的反革命犯從煤礦裡調走，去到那除了地球就無可破壞的荒山野嶺。就這樣我和三十多名才來到這座煤礦一個多月的反革命重刑犯，被押往大涼山裡的雷馬屏勞改農場，這個農場像中國所有的勞改隊一樣，早已臭名昭著。但身後那支衝鋒槍的主人的吆喝聲卻在暗示你，既然當了勞改犯，叫你去到那兒就得去到那兒，除非你準備被當場擊斃。

來到農場，第一個向我等新犯「訓話」的是農場管教科長邵廷章，他屬於「才子型」的專業獄吏，畢業於中國人民大學法律系。一個多小時的口若懸河，留下終生難忘的印象是一個奇談怪論。他說：「雷馬屏農場是一座天然監獄，它周圍茂密的原始森林比高牆電網更有防止犯人越獄逃跑的功能……」

他的這番語驚四座的話，讓我茅塞頓開般悟出了一個道理，原來每個人的職業和興趣能對他判斷事物產生決定性的影響。在一位旅行家眼裡，大涼山的原生態森林是一個珍藏在人間的旅遊勝地；這五彩

斑斕的草叢山花交映出的畫面令一位畫家留連忘返；而詩人則從泉水叮咚、翠鳥婉囀啼鳴中聽到了詩歌的音韻。最令人驚訝的還是這個為共產暴政幫兇的獄吏，他發現的卻是一座監獄，而且是天然的，甚至是大自然為共產暴政量身定做，科長那搖頭晃腦的得意勁，宣洩的是「天助我也」的豪邁。沒幾年，這個獄吏晉升為這座關押著近萬名勞改犯的大型農場的一把手，我認為這個升遷與許和他的這個「發現」有著某種聯繫。

雷馬屏農場的名稱便是雷波、馬邊和屏山三個縣名的簡稱，意味著它跨越了這三個縣的地盤，場部設在建場時期的涼山首府的雷波縣所屬的西寧鄉。這個龐大的絞肉機下屬三個分場和一個大隊，另外還有農科所、醫院、發電廠、為獄吏們的子弟所設中、小學校等等肝膽俱全應有盡有。自一九五一年建場開始，其人員不斷增加，規模也日益擴大，據說這種發展就是社會主義欣欣向榮的象徵。

按這座農場的常規，凡從外地調來農場的犯人，必須先到一個名叫集訓隊的特殊中隊進行一番整訓。這個集訓隊另外還有個名字叫嚴管隊，它在大陸各個勞改隊都設有類似單位，用以對付各種類型的、需要加以嚴管的所謂反改造份子，重點是逃跑和「惡毒攻擊偉大領袖毛主席和光榮正確的共產黨」的現行反革命分子。農場每年召開兩次公判大會也將從這個隊裡物色加刑和槍斃的對象。由於這個中隊關押的勞改犯非比尋常，獄方對這類人的懲治手段分外殘忍，捆綁吊打腳鐐手銬小監黑監運用自如。因受刑疼痛呼媽喊娘呻吟哭號不絕於耳，對外地調入農場的勞改犯是一種威脅警示，它似乎在說「老子這個農場的無產階級專政鐵拳可是重量級的！」

在集訓隊關了一段時間，我才聽這裡的老犯附耳透露說，這裡原來是一所專門關押五十年代「彝匪叛亂」的參與者的特別監獄。我定睛一看，這四周的高牆和牆頂上的電網、碉樓和架在上面的機關槍，與我前幾年被囚禁的看守所同出一轍。透露者還進一步證實：「這裡的彝族犯人前年才遷到西昌去了……」他似欲言又忍地頓了一下，接著說：「彝犯調走後，還留下一個彝族幹部，他探親走了半個多月，據說等兩天就會回來」。又過了一段時日，這個透露者大概看出我絕非告密者，這才把前文省略號內欲言又忍的話補充出來，他說：「原來這個監獄裡關了近八百名彝族犯人，遷走時只有七十多人，大饑荒年代餓死了百分之九十以上……」這個消息給我的震驚不言而喻。

集訓隊也要出工勞動，和一般中隊不同的只是此間勞動必有獄吏在犯人身邊監督，犯人耕作區域周邊的制高點皆有士兵荷槍警戒，犯人只能在這幾支步槍構成的交叉火力網內活動，大、小便均須呼喊「報告」以吸引崗哨的注意力；出工收工進出大門皆需依次大聲報數，崗樓上的哨兵點數驗收。

某日帶班獄吏中出現了一個陌生面孔，有悄悄話說：「他就是彝族獄吏瓦貞木基」。在得知他是一個黑彝時我大吃一驚，這位五十多歲的奴隸主家庭出身的人怎麼進了公安部門？後來我才聽說，他們這個家支是共產黨的統戰對象，他的一位胞兄還是州政府的領導人之一。隨後幾天，我曾在他帶班勞動時，故意高喊幾句彝語想看看他的反應，但他那張不苟言笑的臉只是對我怒目而視，與我記憶中的「涼山月餅」南轅北轍。直到某日他終於找到個藉口將我捆綁得死去活來，他卻在一邊咬牙切齒地說我說彝語是故意諷刺他是彝族人。勞改犯有一個最值得氣極敗壞的事，那就是被剝奪了申辯權，而且獄吏們還把申辯和狡辯視為同義詞。第二天，我本想因手臂疼痛要求幹點輕活，瓦貞木基卻獰笑著問我：「你是不是想我再收拾你一次」？

後來通過若干時日的勞改實踐我才知道，在獄吏中，凡家庭出身是共產黨所判定的敵對階級者，他們為了顯示自己「左」得多麼可愛，對待他治下的犯人分外殘暴——最少在表面上看是這樣的。這位彝族獄吏瓦貞木基對待我等犯眾的大吼大叫、磨拳擦掌，都可以看出他毫不含糊的認賊作父，我對他背叛他出身的階級並不奇怪，使我驚訝的是他竟然背叛了他的民族，否則共產黨的專政機關決不會把一個專政對象優待成一個專政爪牙。

瓦貞木基，這個自稱「無限忠於偉大領袖毛主席」的「階級異己分子」，在一九六六年「文化大革命」高潮中，從周圍那些「鬥士們」冷嘲熱諷的話句裡，他已經知道，其胞兄已定為「走資本主義道路的當權派」。那晚，全體獄吏在隊部吃憶苦飯，而奴隸主出身的瓦貞木基憶什麼苦，吃什麼憶苦飯，他在那一碗粗糠雜草面前尷尬無奈地長吁短歎……

從此，這位兇神惡煞的彝族隊長就沒有在集訓隊裡出現過，我被集訓了三個多月，當局在我身上似乎沒有發現更多的「恐怖症狀」，便分配到與集訓隊為鄰的通木溪中隊，這個隊的耕作區和集訓隊的田地犬牙交錯，甚至大隊部周邊的耕地，也歸我所在的中隊耕作，我出工收工，都得從大隊部門前經過，有兩次偶然地看見過曾經把我捆得死去活來得瓦真隊長，這時他已完全變成了一個年邁蒼蒼的彝族老人。腰也彎了，背也駝了，一臉疲憊，證實了此前有消息靈通犯人傳說的「瓦貞隊長被紅衛兵們鬥得灰頭土臉狼狽不堪」並非無稽之談。

不到一年，在勞改犯的悄悄話中，出現了「瓦貞隊長上吊自殺」的語句，經過參與掩埋屍體的犯人證實後得到確認。中共對他統治機器裡的自殺者，不分青紅皂白地定性為「背叛革命」。其實在漢族人中，類似瓦貞木基這種自己認為在跟著共產黨幹革命，共產黨卻判定他是反革命的悲劇角色，上至中央領導，下至平民百姓，可以千百萬計，他區區一個民族敗類瓦貞木基又算個什麼。這是我在第一時間對這個「自作孽」者的反應，不否認他那次捆綁的錐心透骨留下的餘恨在慫恿我。

在通木溪中隊的耕作區裡，有一塊名叫燒人溝的旱地，原來屬於集訓隊，在彝族監獄撤銷以後就劃給了通木溪中隊，它還有個地名叫死人溝。其實這類地名都是犯人們為便於劃分生產區域而擅自定下的。但同一塊地享有兩個地名的情況卻不多見。更何況這兩個地名的來歷都不是空穴來風任意杜撰。終於某月某日，我所在的班組被分配到這塊地種玉米，我才知道這燒人溝或者死人溝的血腥歷史。

上世紀六十年代中期，我來到這個農場，那時三年大饑荒早已遠去。但犯人們長年累月仍然處在「長期吃不飽，短期餓不死」的生存狀態中。普通生產中隊的犯人可以在避開獄吏們的監視時，千方百計地開發食物來源以填充腸胃裡的空洞，集訓隊的犯人的一舉一動都在瓦貞木基之類的獄吏和看守兵虎視眈眈之下，他們的饑餓難熬應當不難想像。特別是那八百多彝族犯人服刑的年代，正是一九五九年到一九六一年極度饑荒的歲月，沒有油葷沒有副食品，每月就那麼十多斤口糧能支撐多久？

彝族的風俗通行火葬，餓死的犯人就弄到這全隊海拔最低的山溝地段來焚燒，因為燒死人需要大量木材，在山上砍了柴往山下拖，顯然比在山下砍柴往山坡上扛省力得多，饑餓中的人「省力」二字的重要性還需要證明嗎？就這樣，這個山溝地段就被喊成了燒人溝。誰知好景不長，在餓死的犯人日益增多的同時，活著的犯人也一天比一天瘦弱無力，沒人再能去山上砍柴拖柴用來燒餓死的彝族犯人了，燒人溝不再燒人而簡化為埋人，火葬變成了土葬，燒人溝變成了死人溝。這也就是這座人丁興旺的彝犯監獄，在死去百分之九十幾的犯人後改成雷馬屏農場集訓隊的原因。

再說我到死人溝種玉米那天，一眼能看到荒草叢中，四處散落著各種各樣的死人骨頭，因為去埋死人的犯人也被饑餓奪走了挖坑的力氣，不可能深埋厚掩。我們在挖地時，除了挖出人體各部位的骨骼外，還能挖出些彝族特殊服裝「察爾瓦」的殘片，有的犯人從骷髏的牙齒的多寡來判斷死者的年齡，談論者的語氣十分冷漠。由於我本人的特殊歷史背景，我知道，這些都是一代民族英雄的遺骸，他們為了捍衛本民族的尊嚴，敢於和武器裝備比自己精良到不知多少倍的敵人浴血奮戰，他們名為勞改犯實為戰俘，人類在二十世紀下半葉，還公然這樣虐待戰俘的，除了中國共產黨還有誰？

涼山周邊近十個縣，雷波縣有這所監獄，美姑縣呢？普格縣呢？喜德縣呢？涼山州管轄的眾多的縣裡，有多少個燒人溝、死人溝，那裡有多少根白骨、多少具骷髏正對著蒼天控訴……

又過了兩年，我因腳部受傷而住進了農場醫院，醫院裡有一位名叫黃倫的犯人醫生，這位早年畢業於軍醫大學的原右派分子今反革命勞改犯，我的密友。他曾目睹過瓦貞隊長當年對我的「大力挽救」，我大約在黃倫之前一年多調出了集訓隊，後來他輾轉調來了醫院。醫院裡對犯人的監管不像生產中隊那樣周密，我們常常有私下交談的機會，那次兩人的話題扯到了瓦貞隊長身上，黃倫告訴我：瓦貞上吊後大隊部的造反派曾令我去查看屍體，我從他胸前的衣兜裡摸出過一張小紙條，雖然造反派急沖沖喝令我交過去，但我還是看見上面寫的字。黃倫神秘地笑著問我：「你猜他寫了句什麼？」據我在歷次運動中接觸過的自殺先例，脫口而出的回答道：「不是共產黨萬歲就是毛主席萬歲！」黃倫說：「不，他寫的是打倒共產黨，只是倒字少寫了一個人字旁——他畢竟只是個識字不多的彝族人」。

毫不誇張地說，黃倫漫不經心地這番話給我帶來的震撼並不比副統帥林彪摔死在溫都爾汗小多少，那個人遠在天邊，這個人近在眼前。

那夜，我從劉少奇、彭德懷、林彪一直想到瓦貞隊長，甚至想到了我自己，表面上看，我們的經歷、社會地位千差萬別，但卻有一個共同點，即我們都曾經為成全這個極權制度的運行全力以赴，而最終又被這部絞肉機所吞噬（彷彿這是捷克總統哈威爾說過的一句話）。我們這一代右派反革命，除極少數真正的先知先覺者以外，後知後覺者充其量只是在五十步笑百步的怪圈裡自我安慰罷了，唯一的區別只是在告別人世時，是死得明白或至死也不明白。看來瓦貞是前者，比起那些揣著毛主席萬歲的字條去自殺的千萬條冤魂，他也該瞑目了！

真相大白，「民族大團結」只是場假面舞會

我真想針對中共那口是心非的少數民族政策發出感歎，實際上今天大陸上的少數民族正在被同化或者消亡。雖然像藏族、維吾爾族這些地域比較遼闊、人口也比較眾多的少數民族，消亡的進程不是十分明顯，而那些人口較少、地域較窄的民族被同化的速度和同化的深度都是驚人的，特別是年輕人，他們不願穿本民族的服裝，說本民族的語言。任何一場高等學校的招生考試，漢語是試卷上唯一使用的文字，老師們除漢語外也決不會用任何一種少數民族語言授課，這樣一代一代地發展下去，許多民族的語種將不復存在。

有人說，每年春節聯歡晚會上不是也有演員穿著少數民族服裝引吭高歌翩翩起舞嗎！更有人說，你沒看見每年召開的人民代表大會上，那些穿著五光十色的少數民族服裝的代表們在聽報告或者在小組會上發言嗎！中央電視臺還刻意為他們安排引人注目的鏡頭。

請相信，這類象徵民族大團結的場面全都是一場場「假面舞會」，曲終人散之後回到自己家裡，第一件事便是脫下花花綠綠的民族服裝，因為那只是道具，或者說是表演民族大團結的「假面具」。

二〇〇八年四月定

二〇〇九年五月修訂於成都寓中

本文於二〇〇九年獲美國《黃花崗》雜誌之佳作獎

中輯

實物・實事

這本「守則」可能是個「孤本」

一、重翻《勞改犯人守則》

這是三十年前即一九七七年，發給當時在四川省雷馬屏勞改農場桂花大隊山西寨中隊服刑的犯人張先癡的一本《勞改犯人守則》，在今天轉抄這個封面時，我似乎才發現，這座令國人談虎色變的大型勞改農場，竟然還有個「雷馬屏勞動改造管教總隊」的正規名稱，我記得當年獄吏們曾規定，犯人與外界的來往信件，一律只能使用「七一信箱」的保密代號，這令我想起狡兔三窟這個成語。當然，這類萬變不離其宗的此地無銀三百兩，對牛馬不如的勞改犯而言毫無意義，因為他們都清楚地知道，自己這輩子一旦當定了共產黨統治下的苦役奴隸，屬於什麼農場，什麼總隊，或者什麼信箱可說是毫無推敲的必要。

這「守則」是用粗糙的馬糞紙印製的小六十四開袖珍本，農場勞改犯人人手一冊，封面右下方我的名字張先癡是誰寫的現已無法憶及，估計是監管獄吏擔心一無所有的犯人用它充作解大便的手紙，而把保管責任落實到個人頭上，才採取的這個「承包責任制」。其實這一手對我特別沒有必要，因為我在勞改隊幾乎是一名終身制的學習記錄員，在某些特殊情況下，甚至開我的鬥爭會都由我擔任記錄，此舉我估計曾經創下中國鬥爭會歷史的某項記錄。我享受此項殊榮的原因是因為多年來我從事的苦役都是犁田耙田種植水稻，這種農事作業具有一定技術性，其成員構成也多為出身農家的犯人，這個群體要找一個把這群用各自結結巴巴的方言土語，說出的假話空話組織成一段段「勞改八股」，也決非這些從深山的茅棚裡揪出來的「資產階級份子」半文盲所能勝任，我這個有點文化的右派反革命只得臨危受命。

對我來說這份額外差使最大的實惠便是有用之不絕的紙張，作記錄用的那種白色打字紙用來裹葉子煙，比又粗厚又有油墨味的報紙強多了，就是充作解手紙也比這守則的紙張細膩柔軟，從而大大降低了長痔瘡的危險性。老實說，如果我當年不曾擁有那種對紙張的資源優勢，首先在糞池上漂浮的，可能就是我這本《勞改犯人守則》，我才不管他媽的痔瘡不痔瘡、孤本不孤本。總而言之，我給眾犯常年累月無償提供的裹煙紙、解手紙，甚至可以認為是本犯對我所在中隊勞改犯眾作的一項貢獻……

《勞改犯人守則》，也另外有個名字叫「監規紀律制度」。在中國大陸，不管有無正當理由，有無正規手續，只要你被公安人員抓進了看守所，也無須進行審判，你就已經是一個不容質疑的犯人了，你就得和全國的勞改犯一樣，認真學習、好好遵守《勞改犯人守則》，看守所會給你編一個號碼來代替你的真名實姓。同時，從這天起，你只能做兩件事：其一是反省交代哪怕是莫須有的「罪惡」；其二便是反復學習印刷品質大同小異的《勞改犯人守則》。

不過，看守所的犯人和勞改隊的犯人學習監規制度的方式大不一樣。雖然都是犯人，看守所的犯人叫未決犯（別緊張，不是暫未槍決的意思），勞改隊的犯人叫已決犯（已拿判決書）。未決犯中有不少是所謂犯罪集團成員，被抓進看守所必然對犯人裝模作樣地走一番審訊過場，以便將這個人治國家偽裝成法治國家。這時，如果集團成員之間以某種方式取得聯繫串供、訂立攻守同盟，肯定會影響整個案件的偵訊審理。凡同一集團成員肯定分別關在不同監舍，但若組織犯人學習討論，某些案犯就可以通過大聲發言，用暗語或隱語向同夥傳遞出某種資訊。因此，聰明絕頂的獄吏們便想出一個絕招，所有犯人從早到晚輪流反復朗讀《勞改犯人守則》或稱《監規紀律制度》。此間盛況，本犯曾有舊作打油詩一首可以佐證，詩曰：

天皇皇，地皇皇，
學習監規背靠牆，
過路君子念一遍，
南腔北調混時光。

《勞改犯人守則》共七章四十二條，涵蓋了犯人的勞動、學習、生活、通信等方方面面。為什麼會在一九七七年再版印發？估計是因為文化大革命期間，當局大聲疾呼說階級鬥爭更為尖銳複雜，為加強對勞改犯的監管，除原訂的監規紀律七章四十二條以外，又新增加了《五報告》、《十不准》的條款。其實依本犯勞改二十餘年的經驗判斷，這些「一五一十」的玩意都是脫了褲子放屁的多餘事，那些報告和不准在七章四十二條中早已勒令犯人「認真遵守」了，拿出新招實際上是各路左派用這些換個說法的條條款款來證明此左派比彼左派左得更可愛。

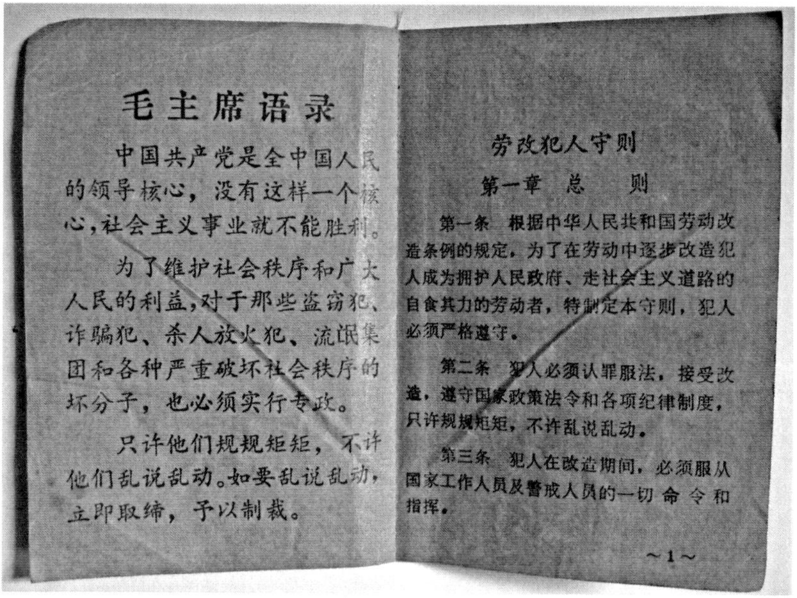
毛主席语录

中国共产党是全中国人民的领导核心，没有这样一个核心，社会主义事业就不能胜利。

为了维护社会秩序和广大人民的利益，对于那些盗窃犯、诈骗犯、杀人放火犯、流氓集团和各种严重破坏社会秩序的坏分子，也必须实行专政。

只许他们规规矩矩，不许他们乱说乱动。如要乱说乱动，立即取缔，予以制裁。

劳改犯人守则

第一章　总　则

第一条　根据中华人民共和国劳动改造条例的规定，为了在劳动中逐步改造犯人成为拥护人民政府、走社会主义道路的自食其力的劳动者，特制定本守则，犯人必须严格遵守。

第二条　犯人必须认罪服法，接受改造，遵守国家政策法令和各项纪律制度，只许规规矩矩，不许乱说乱动。

第三条　犯人在改造期间，必须服从国家工作人员及警戒人员的一切命令和指挥。

~1~

按中共官方的說法，一九六六年到一九七六年的文革期間為「十年動亂」，而一九七七年文化大革命剛剛結束，毛澤東死去不久，文革的餘威尚存，毛澤東的陰魂不散，作為鎮壓機器的勞改隊，仍舊像一部高效率的絞肉機那樣正常運轉著。

首篇《毛主席指示》

翻開守則，首先刺傷眼球的是兩條《毛主席指示》，按印刷這個版本的年代，造神運動的文化大革命已結束了一年多，「語錄」、「最高指示」這類神聖詞彙的發明人號稱副統帥的林彪，這個在中共九大上一致通過、並寫進新黨章的接班人又左得多麼可愛。誰知新黨章上的墨跡未乾，又說他也是一個陰謀家、野心家，又據說他在逃離中國途中摔死在外蒙古。這類詭秘奸詐的中共權力鬥爭內幕，絕非我輩凡夫俗子的想像力可以進入的領域。

想當年林彪尾隨毛澤東在天安門城樓上檢閱紅衛兵的巨幅照片在全國各大報刊登出時，有多少心直口快的「民間相面專家」指著林彪那對下垂的八字眉說：「一副奸臣相！」這句「惡毒攻擊林副統帥」的反動言論曾經使包括勞改犯在內的一大批人判了死刑，這批「預言家」估計全國不會少於一千人。不久，按「實踐是檢驗真理的唯一標準」恒量，共產黨公佈的材料證實，林彪果真是個奸臣。但中共並沒有給這批冤死鬼平反昭雪或授予「優秀預言家」的光榮稱號。

上頁圖左頁上出現的便是兩條「毛主席指示」，也有的稱「最高指示」，它們分別這樣寫著：「中國共產黨是全國人民的領導核心，沒有這樣一個核心社會主義事業就不能勝利。」緊接著第二條指示寫道：「為了維護社會秩序和廣大人民的利益，對於那些盜竊犯，詐騙犯，殺人放火犯，流氓集團和各種嚴重破壞社會秩序的壞分子，也必須實行專政，只許他們規規矩矩，不許他們亂說亂動。如果亂說亂動，立即取締，予以制裁。」

我這篇拙文的標題是《重翻〈勞改犯人守則〉》，而不是《九評〈毛主席指示〉》，因此，我對上列所謂指示就不打算逐條聲討，但因為其第二條的關鍵字語和《勞改犯人守則》的第二條幾乎如出一轍，那就是一副對聯似的

「只許他們規規矩矩

不許他們亂說亂動」。

顯而易見，這裡的「他們」指的是該條「指示」中列舉的盜竊犯、詐騙犯、和殺人放火犯之類的無名小卒犯，而像林彪和在他之前就整死的劉少奇、彭德懷等等大走資派就更應該「只許他們規規矩矩，不許他們亂說亂動」了。由於這些人物的地位顯赫卻結局悲慘，才使我產生一個結論：事實上在中國，除了毛澤東以外，任何人都「只許規規矩矩，不許亂說亂動」。更為可怕的是，哪些語言屬於亂說，哪

些行為屬於亂動。也是由毛澤東或者他當時信得過的走卒們來界定的，毛澤東這個暴君一個人的喜怒哀樂，決定了十億人民的生死存亡。

《勞改犯人守則》第二條就是用毛澤東「指示」中，那十二個字構成的對稱句式收尾的，在這兩組詞語中，只減少了「指示」中的兩個他們。

別說是「他們」勞改犯，就是「我們」全國人民，哪一個敢於不規規矩矩地作共產黨的馴服工具，哪一個又敢跨越統治當局劃定的「亂說亂動」的警戒線？因此，我認為在天安門城樓上毛澤東鬼像的兩側，真正應該寫的巨幅標語並不是什麼什麼大團結萬歲，而是「只許規規矩矩，不許亂說亂動」！

回頭一想，毛澤東早已用七千萬中國人民的鮮血，將這十二個浸血的字寫在了全國人民的心上。今天，他那一小撮孝子賢孫，仍舊把他供奉在天安門上，俯視著血染的廣場……

刊於《觀察》，二〇〇七年七月十六日

二、認罪服法和服從命令
——重翻《勞改犯人守則》之二

關於第一章：《總則》

前一章的照片的右側，是我那本《勞改犯人守則》第一頁的影印本，以下是我轉抄的電子版本，內容為第一章總則的第一條至第四條，其全部內容如下：

勞改犯人守則

第一章　總則

第一條　根據中華人民共和國勞動改造條例的規定，為了在勞動中逐步改造犯人成為擁護人民政府，走社會主義道路的自食其力的勞動者，特制定本守則，犯人必須嚴格遵守。

第二條　犯人必須認罪服法，接受改造，遵守國家政策法令和各項紀律制度，只許規規矩矩，不許亂說亂動。

第三條　犯人在改造期間，必須服從國家工作人員和警戒人員的一切命令和指揮。

第四條　犯人在勞動改造中，應該積極改造反動思想，立場觀點和一切不良習慣，樹立勞動觀點，養成勞動習慣，學習生產技能。

中共用武力在大陸奪得政權以後，首先便是對它認定的敵人、甚至估計的潛在敵人進行了血腥的鎮壓。因為此時它是以合法政府的姿態出現的，再也不便像未奪得政權之前那樣自稱「痞子運動」殺人越貨無法無天，而是按「我是流氓我怕誰」、「整你沒商量」的方式賊喊捉賊。一九五一年在當年主管政法的中共中央政治局常委彭真主持下，制定了急性殺人的《中華人民共和國懲治反革命條例》，以及慢性殺人的《中華人民共和國勞動改造條例》。這兩個條例的本質依我在看守所遇到的一位老年犯人的說法是這樣的：「世界上的罪只有兩種，死罪和活罪」。事實上按《中華人民共和國懲治反革命條例》沒有判死罪槍殺的人，一律交給《中華人民共和國勞動改造條例》去受活罪。所以，根據這個要你受活罪的條例制定的《勞改犯人守則》（以下簡稱《守則》），其根本目的就是要讓犯人服服貼貼地受活罪。

共產黨（或者說是毛澤東）的統治邏輯是這樣的，把他治下的人分成人民和敵人兩大類，毛澤東重複一千次高喊的「人民當家作主人」，實際上是他盜用人民的名義反過來奴役人民，凡人民中抗拒這個奴役者，他便立刻被劃為敵人，或處以槍斃死罪，或處以勞改活罪。

《守則》第二條第一句便是「犯人必須認罪服法接受改造」，而認罪服法四個字是任何監獄的牆壁上寫著的碩大無比的黑字，也是犯人在學習會上使用頻率最高的詞彙（奇怪的是它也是犯人在私下交談中絕對不會使用的詞彙）。

中共在大陸建政至今，從來不承認有政治犯這個人類品種的存在，但反革命犯卻多如牛毛，只不過所有的政治案件都和偷盜詐騙強姦殺人罪一樣稱為刑事犯罪，因此直到人權理念深入地球每個角落時，沒有政治犯的中華人民共和國的人權問題似乎沒有令各國民主人士關心的必要了，因為這裡似乎是沒有政治犯的人間「天堂」。

不幸的是，中共的地方官員為了顯示自己的立場堅定，抓反革命的成績突出，製造出來的冤假錯案就多得出奇也錯得離譜。背負著這類冤情的犯人當然很難作到認罪，在勞改隊經常開展的政治運動中，他們是捆綁吊打的首選對象，直到從生理上進入「痛不欲生」的狀態，開始自我誣陷以證明政府的判決英明正確為止。

其實，這些名叫反革命犯的政治犯，他們在勞改隊裡的遭遇卻和不涉及政治的刑事犯大大不同，領反革命罪者不僅判刑最重，獄吏們對他們的監管也分外嚴苛，更善於採取分化瓦解政策的中共伎倆，挑唆某些不帶政治色彩的刑事犯對反革命犯的檢舉陷害。如果發生犯人逃跑，大、小生產事故等意外事件，首先受到追查或嚴刑逼供者必然是實為政治犯的反革命刑事犯。

我曾與一位劉姓投敵叛國犯同隊勞改多年，他是一位窮鄉僻壤的小學教師，從外觀上看此人更像是一位老實巴交的農民大叔，生平到過的最大城市就是他家鄉的那座縣城，而那座邊遠的小城在地圖上卻很難找到。只因為大饑荒年代他發牢騷說：「共產黨對農民見死不救」等話印在他的判決書上便成了「大肆散佈反動言論」的例句。判決書接下去印著「接受蘇聯大使給予的一千盧布反革命活動經費」等天方夜譚，判刑十五年，剛投入勞改時他拒不認罪，受盡皮肉之苦甚至手臂都被捆斷，服刑多年以後他作了讓步，表示願意服法但不認罪，這個謬論一出，又讓他犧牲了一根肋骨，直到他服刑十三年以後，只差短短兩年即可滿刑，他才徹底降服，低頭認罪並因這個所謂轉變而受到幹部表揚。某日，我私下問他：「蘇聯人在什麼地方給了你一千盧布？」他苦笑著回答：「見他媽的鬼，老子一輩子沒看見過一個外國人，也沒見過一張外國鈔票」。

雷馬屏農場數千犯人幾乎全為男性，上世紀五十年代初建場時，據說也曾有過一個中隊女犯，當我六十年代中期調入這個農場時，在場部附近設有個農科所的單位，實際上那裡就是殘存的女犯中隊，也包括刑滿後留在農場就業的女性就業員，總計不足一百人。估計全場男性就業員和女性就業員的比例大約是一百比一，可以想像農科所裡的那幾十個徐娘半老的女就業人員之稀缺珍貴，所以當年那些男就業人員在談到與之門當戶對的女就業員時，那種因長年性饑渴反應出的垂涎欲滴之狀真有點慘不忍睹。

正因為其稀貴，一位女就業員的不凡身世更引人注目，甚至與「性」字完全絕緣的服刑勞改犯也耳熟能詳。這位來自南京的楊某，參加「南下服務團」進軍四川，分配在川南行署為某領導當秘書，時年二十二歲，面容姣好，舉止優雅，為其頂頭上司傾慕。但這位女郎卻不買這位上司的帳，相持到一九五六年，該上司忍無可忍，便以反革命罪將楊女逮捕判刑十五年，其案情之荒誕無稽簡直令人噴飯。據說其判刑內容是這位上司的臥車裡發現了一枚手榴彈，硬說是這女孩扔進去的。她一九七一年滿刑時，也被改造得認罪服法了，後來嫁給了一位解除勞教的就業人員，有位我熟悉的勞改友人與她有過交往，曾經向楊女士問到手榴彈的往事，楊女士立刻反問道：「你曾經見到過拒不認罪卻能滿刑出獄的犯人嗎？」說罷，楊女的眼圈已經紅了。

我再說一遍，中國監獄的牆壁上，那認罪服法四個碩大無比的黑字，是用犯人的血淚寫成的。

《守則》第三條似乎比較簡單，但執行起來卻十分麻煩，因為當著犯人的面，農場的獄吏們一個個表面上道貌岸然近乎神聖，但實際上也只是凡胎肉身，「人所具有無不具有」，他們在組織生活會議上對個人主義、自私自利的慷慨陳詞，只有傻瓜才會落實到生活實踐中。

農場設在大涼山，隱藏在大片闊葉木原始森林之中，其中的香樟木因有天然的防蛀功能而成為箱櫃之類家俱的首選木料。隨著無產階級專政的日益強化，監獄日益膨脹，不時有修建房屋的任務下達，幹部們自會找到那些負責伐木的犯人，「附耳如此如此」，明眼人一看便知，不外乎用悄悄話的方式，「命令」相關犯人為他選擇些質地上乘的香樟木料，日後待他過目驗收，他自會「指揮」木工犯人為他製成箱箱櫃櫃，送給他天南海北的關係戶……這類盜竊國家財產的「命令」，和假公濟私的「指揮」，肯定都包括在該條文的「一切命令和指揮」之中，犯人又豈敢不服從？

至於時令蔬菜、蔥蔥蒜苗，「命令」蔬菜班犯人順手牽羊抓一把，又「指揮」犯人放在其廚房門邊。因為《守則》第三條早已有言在先：「服從一切命令和指揮」。

遵守這個第三條堪稱楷模的是本農場三分場某中隊的一名犯人，他的幸運和不幸都是監管他的一位分隊長「命令」和「指揮」的結果。這位分隊長是個同性戀者，其實只是個個人性取向的心理問題，麻煩的是他「命令」他治下的某犯去他家中讓他雞姦，又「指揮」這個犯人和他妻子做愛。事發後這位幹部以流氓罪判刑六年。這也許只是封閉落後的中國對同性戀者的殘忍，但畢竟為犯人遵守監規第三條做出了表率。

《守則》第四條特別令人厭惡之處，就在於它把勞動狹義地定義為犯人們長年累月所從事的原始的、笨重的體力勞動，並荒謬地認定這種勞動可以「改造反動思想，立場觀點」，於是我不禁要問，那一批批終身從事這類勞動的工人農民，他們怎麼會通過這類勞動改造成為反革命分子，以至於到勞改隊來和我等「臭知識份子」稱兄道弟？

至於本條最後所說「樹立勞動觀點，養成勞動習慣，學習生產技能」更是胡說八道，勞改隊裡，那成千上萬的高級工程師、那成百上千的學富五車的專家學者，還有一個個著作等身的大學教授，難道他們都沒有樹立勞動觀點，養成勞動習慣？他們沒有生產技能而需要到你這個野蠻的勞改隊來學習？

遺憾的是，越是這類出類拔萃的知識精英，越容易變成山野林中的孤墳野鬼。這也是獨夫民賊毛澤東給中華民族犯下的滔天大罪。

以上刊於《觀察》，二〇〇七年八月十五日

三、學習簡直是「精神凌遲」

——重翻《勞改犯人守則》之三

「凌遲」也許是人類有史以來最殘酷的剝奪生命的方式之一，試想想，劊子手一刀又一刀地將被處死者的肌肉割下來，直到這具血肉模糊的軀體流盡了最後一滴血，終止了最後一聲呼號、沒有了最後一絲氣息，簡單一句現代型的說法就叫作執行完了死刑。

最近有一些學者對希特勒的集中營、史達林的古拉格和毛澤東的勞改隊，這三種規模空前的絞肉機加以比較後發現，中國勞改隊規定的犯人學習制度是對希特勒和史達林青出於藍而勝於藍的創舉。其基本內容是迫使犯人低頭認罪，日復一日、年復一年地強制犯人深挖所謂的犯罪的歷史根源、社會根源和思想根源，不外乎要求犯眾將自己的祖宗從祖墳裡挖出來進行所謂批判，還要每個犯人交代從八歲開始所中的所謂毒素進行當眾割尾巴。說到底也就是對勞改犯進行精神凌遲，將他們的人格尊嚴、文化素養、道德品味像被凌遲者的血肉一片又一片的切割下來，讓他們最終成為沒有獨立思想，沒有反抗意識的行屍走肉。

為達到這個目的，《犯人守則》定下了以下條文：

第二章　學習

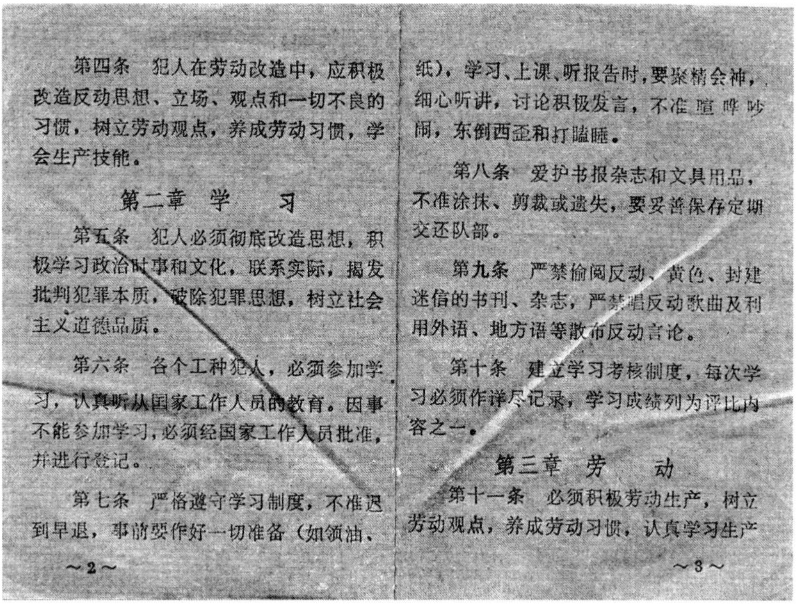

第四条　犯人在劳动改造中，应积极改造反动思想、立场、观点和一切不良的习惯，树立劳动观点，养成劳动习惯，学会生产技能。

第二章　学　习

第五条　犯人必须彻底改造思想，积极学习政治时事和文化，联系实际，揭发批判犯罪本质，破除犯罪思想，树立社会主义道德品质。

第六条　各个工种犯人，必须参加学习，认真听从国家工作人员的教育。因事不能参加学习，必须经国家工作人员批准，并进行登记。

第七条　严格遵守学习制度，不准迟到早退，事前要作好一切准备（如领油、

～2～

纸），学习、上课、听报告时，要聚精会神，细心听讲，讨论积极发言，不准喧哗吵闹，东倒西歪和打瞌睡。

第八条　爱护书报杂志和文具用品，不准涂抹、剪裁或遗失，要妥善保存定期交还队部。

第九条　严禁偷阅反动、黄色、封建迷信的书刊、杂志，严禁唱反动歌曲及利用外语、地方语等散布反动言论。

第十条　建立学习考核制度，每次学习必须作详尽记录，学习成绩列为评比内容之一。

第三章　劳　动

第十一条　必须积极劳动生产，树立劳动观点，养成劳动习惯，认真学习生产

～3～

第五條　犯人必須徹底改造思想，積極學習政治時事和文化，聯繫實際，揭發批判犯罪本質，破除犯罪思想，樹立社會主義道德品質。

第六條　各個工種犯人，必須參加學習，認真聽從國家工作人員的教育。因事不能參加學習，必須經國家工作人員批准，並進行登記。

第七條　嚴格遵守學習制度，不准遲到早退，事前要作好一切準備（如領油、紙），學習、上課、聽報告時，要聚精會神，細心聽講，討論積極發言，不准喧嘩吵鬧，東倒西歪和打瞌睡。

第八條　愛護書報雜誌和文具用品，不准塗抹，剪裁或遺失，妥善保存，定期交還隊部。

第九條　嚴禁偷閱反動、黃色、封建迷信的書刊、雜誌，嚴禁唱反動歌曲

及利用外語、地方語等散佈反動言論。

第十條　建立學習考核制度，每次學習必須作詳盡記錄，學習成績列為評比內容之一。

誠實地說，在準備寫這篇關於《勞改犯人守則》的稿件時，我才第一次真正用心地把條文通讀了一遍，並結合我多年的勞改實踐，才發現其中的奧妙其實不在它訂下些什麼冠冕堂皇的條文，而在它竭力掩蓋的那些「只可意會，不可言傳」的「條文」。

假若不信此說，不妨把這第二章學習所包羅的六條守則中，那幾個刺人眼目的「犯人」、「犯罪思想」之類的恐怖詞彙去掉，把「嚴禁」「不准」這類勒令口吻加以更換，它便和今天大陸上任何一所學校張貼在醒目位置的學習制度沒什麼兩樣，甚至聯合國的人權官員在視察中國監獄時讀後，也可能會翹起大拇指贊許中國監獄的學習和教育：「大大地好」。

如果這位人權官員用中式日語，向當年正在勞改的張犯先癡提問：「你的，條文的補充，有的沒有？」張犯先癡肯定會不計後果地搶答道：「大大地有，大大大地有」。這個大大大地有，也就是前文所稱的「沒有說過的什麼」。例如下面這些聯繫實際、對症下藥的條文就一個字都沒有寫到：

第X條　學習討論會上，任何人不得使用侮辱、謾罵的語言攻擊他人（國家幹部除外）。

第Y條　嚴禁在學習會上對參與學習者罰跪、罰站、捆綁吊打（國家幹部唆使者除外）。

第Z條　參加學習者不得將棍棒、鞭子、繩索等足以使人致傷致殘的器物帶入會場（國家幹部同意者除外）。

第N條　學習結束後，應該允許參加者離開會場休息，不得以「繼續反省交代」或其他藉口勒令參加學習者站立一小時以上（國家幹部特許者除外）。

……

（上述「國家幹部」四字，是獄吏的法定稱謂。）

我有把握的是，這些虛擬的條文，哪怕絲毫沒有挑戰中共的勞動改造條例，甚至只是一個有求生慾望的人最起碼的人身安全要求，在暴政施虐下的毛式勞改隊裡都是絕對不能實現的奢望。至於條文後面那句「國家幹部同意者除外」，實在是適應極權統治者的權力不受限制的需要，這個虛擬也是符合勞改隊的實際，可以毫不誇張地說，每一個監管犯人的幹部都是一個小暴君，因為他們是按大暴君的旨意行事的。

勞改隊常年開展的學習運動是半年大評和年終總評，這種被稱作「雷打不動」的學習運動貫穿了春夏秋冬一年三百六十五天，通常頭一年年終總評的總結大會，也同時是第二年半年大評的動員大會。總之，讓犯人二十四小時接受這個運動的威脅恫嚇而誠惶誠恐，服服貼貼地任專政的鐵蹄蹂躪，任「凌遲」的利刃宰割。

這種學習運動的操刀過程和共產黨搞其他運動的過程大同小異，分若干階段進行。首先是動員階段；其次是摸底排查階段；然後是檢查批鬥階段；最後是總結階段。現在將勞改隊如何進行分階段開展運動作以下介紹：

動員階段要大造威懾聲勢，召開動員大會，由農場一把手作動員報告，內容如同數學公式：一、國際國內形勢一片大好不是小好；二、我場在場黨委的領導下成績可觀，絕大部分犯人老實改造，隨即宣佈二、三十個立功受獎的犯人名單，扯人眼球的是最後那一兩名提前釋放者，此舉顯然是給幻想立功減刑者注射強心劑；三、但是仍有少數個別死硬份子要帶著花崗岩腦袋見上帝，雷波縣人民法院今天就將在我場召開公判大會……主席臺上方，頃刻之間扯出了雷波縣人民法院的法庭的黑色大橫幅，端坐臺上的場長、政委、管教科長、副科長似乎突然經魔術師點化，搖身一變而成了法官、公訴人和書記員。

忽聽得主席臺上有人高呼：「將犯人押上來！」只見會場的一側傳來一陣雜亂的腳步聲，每兩個武警士兵推搡著一個蓬頭垢面的犯人跌跌撞撞竄到主席臺前，臉朝犯群站定，每個犯人胸前掛有大木牌，上面書寫著該犯姓名和所犯罪名。其中必有一至兩名背上插著「標誌」的犯兄犯弟，即將作為本次運動的犧牲祭品當場被槍殺。

搖身一變而為審判長的管教科長，在擴音器前大聲念讀錯別字不太多的一張張判決書，內容不外乎加刑犯人的抗爭事蹟和加刑刑期，最後宣佈判決那兩個插著標誌的犯人死刑立即執行，此刻一群士兵簇擁著兩個遍體鱗傷、面黃肌瘦的犯人奔向會場背後的一塊空地……

由法庭庭長搖身變回的農場政委開始作半年大評學習的動員報告，當他恫嚇著說道：「抗拒改造，死路一條」這句管教幹部們的口頭禪時，突然附近傳來幾聲沉悶的槍響，犯人們面面相覷表情十分複雜，似有聲音在說：「兩顆中國人的良心永遠停止了跳動，中共又新添了一筆血債」！

這位政委兩個小時的陳詞爛調講完，台下的犯人早已餓得暈頭轉向，但仍然需要列隊走出會場，按勞改隊的殺人流程，必須讓每個犯人從被殺者的屍體邊繞行一圈，以增加殺雞嚇猴的血腥效果。其形式與近年來在中央電視臺播出的、與某某中共所稱的老一輩無產階級革命家的遺體告別儀式大同小異，區別只在於那些死掉的黨魁屍體上覆蓋著黨旗卻被囚禁在玻璃匣子裡，而被槍殺的犯人倒進了大自然的懷抱，他們的身上，覆蓋著的是遼闊的藍天和壯觀的白雲……

勞改隊的學習小組是按生產班組劃分的，如水稻班、旱地班、茶林班、蔬菜班和雜工班等等，某些中隊的轄區裡，或水稻面積很大，或茶林面積較寬，便將該工種犯人分為水稻一組、水稻二組。這些同一工種的犯人朝夕相處，其言語行動，多為周圍犯人耳聞目睹，便於相互檢舉揭發，據說這樣可以促進改造。各組的學習地點分別在寢室、飯堂和保管室，白天犯人出工勞動，學習當然在晚上進行，每組必有分管幹部主持，由他指定一名犯人作紀錄。

自公判大會的當晚起，今年的半年大評運動正式開始了，也就是新一輪「精神凌遲」開始了。待幹部叼著香煙走進學習室屁股在板凳上放妥，清清嗓子就要求犯人聯繫實際發表對此次大會的認識，這類謊話假話犯人們一個個巧舌如簧，連續十幾晚翻來覆去地「老生常談」犯人早就窮於應付久而生厭，他們有的逮蝨子，有的掏耳朵、有的乾脆閉目養神，苦壞了班上那三兩個想立功減刑的假積極分子，找一些廢話套話來填充自己學習會上積極發言的優點。

第二階段的摸底排查，其實是那幾個監管幹部每個人在一把手面前拿出自己的小筆記本，上面記載著某某犯人某年某月某日，說過幾句什麼所謂不利於改造的話，作過些什麼「反改造」的事，這些材料或來自某個犯人的檢舉，或者幹部聽到的某犯人談話的隻言片語，經過排查比較，全隊幹部確定了這次運動重點打擊的對象。

第三階段開始前，每個犯人都得寫出自我檢查，呈交幹部以備日後在評審會上朗讀通過。與此同時，幹部們要分別找不同類型的犯人個別談話，有意識地啟發這些犯人把鬥爭矛頭指向本次運動將重點打擊的對象，幹部們把共產黨對敵鬥爭的分化瓦解政策發揮到極致，他們會對那些偷、扒、騙、姦類犯人說：「你們是一般刑事犯，是人民內部矛盾，一定要和張先癡那類反革命分子劃清界限……」對那幾個農民出身的反革命份子說：「你們出身的階級利益和我們黨的利益是一致的，你們是比較容易改造好的，我們對待你和對待張先癡那種剝削階級家庭出身的反革命分子不是一回事，所以……」幾分鐘後同一張嘴又會對張先癡說：「你受過黨的教育多年，還當過幹部，和那些國民黨留下的歷史反革命不一樣……」總之，千方百計地造成犯人間的對立，為評審時相互鬥爭提意見奠定基礎。

據初步估計，當年本隊犯人因文盲半文盲較多，故所呈交的自我檢查材料約百分之六十七點八出自張犯先癡之手，朗讀這些糊塗亂抹的草字，當然也非「書法家」本人莫屬。從那天起，開始逐一宣讀這些材料，讓同組犯人提出優點缺點並加以通過，每晚可通過二至三人。

其實這一切都是幹部們精心安排的結果，開頭通過的大部分材料，都是被認為改造得比較好的（實質上是偽裝得比較好的），讓他們順利通過放下包袱，以便最後集中火力收拾本次運動將重點打擊的對象。這時根據暴露出來的問題的嚴重程度，或小組鬥爭、或聯組鬥爭、或全中隊鬥爭，那時，十八般兵器，二十四種捆綁吊打，三十六類誣蠛陷害，把中國勞改隊的學習裝點得多姿多彩。

勞改隊有多種多樣的突發事件，如逃跑，偷吃生產成品，發比較敏感的牢騷、講相當辛辣的怪話、打架鬥毆，頂撞幹部，混飯（企圖騙取超出定量的主食）、雞姦等等，這類需要及時處理的突發事件，經常穿插在每個學習運動的各個階段，被鬥爭者的結局，和本次運動將重點打擊的犯人一樣，通常是派來兩個士兵，將這個鼻青臉腫的犯人五花大綁地送到監獄裡的監獄——遍佈全國的勞改隊裡的集訓隊，來年的公判大會上，有一張判決書將屬於這些不幸的人。

最令我佩服的是第五條還提到了學文化，像中共這種視文化為敵，以愚民為本的統治者還會要求犯人學文化，豈不是自欺欺人麼？反正我在六個不同的勞改單位，總共待了二十多年，從沒有聽說犯人學文化的「科幻故事」，和我打過交道的犯人成千上萬，他們在勞改隊，也從來沒有人學過一個方塊字的文化。

除了精神凌遲的切膚之痛，勞改犯什麼也學不到。

載《觀察》，二〇〇七年九月二十四日

四、勞改能把犯人變成猴子

——重翻《勞改犯人守則》之四

下圖是《勞改犯人守則》「第三章勞動」相關條文的影印件，以下是用黑體字抄錄的電子文本：

第三章　勞動

第十一條　必須積極勞動生產，樹立勞動觀點，養成勞動習慣，認真學習生產技能。

第十二條　在勞動生產中，本著「做什麼，學什麼，邊做邊學」的原則不斷地鑽研技術，提高生產水準，並毫無保留地教會別人。

第十三條　按時上工，不准遲到、早退、曠工。因故不能參加勞動，須經國家工作人員的批准。出工前，要做好一切準備（如領發工具等等）。聽從指揮，服從分配，接受國家工作

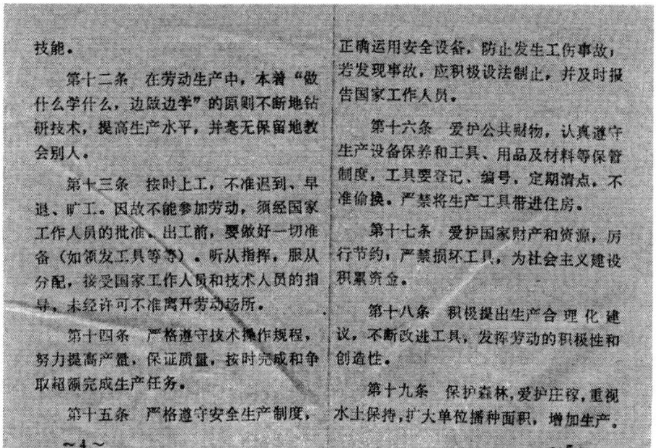

技能。

第十二条　在劳动生产中，本着“做什么学什么，边做边学”的原则不断地钻研技术，提高生产水平，并毫无保留地教会别人。

第十三条　按时上工，不准迟到、早退、旷工。因故不能参加劳动，须经国家工作人员的批准。出工前，要做好一切准备（如领发工具等等）。听从指挥，服从分配，接受国家工作人员和技术人员的指导，未经许可不准离开劳动场所。

第十四条　严格遵守技术操作规程，努力提高产量，保证质量，按时完成和争取超额完成生产任务。

第十五条　严格遵守安全生产制度，

~4~

正确运用安全设备，防止发生工伤事故；若发现事故，应积极设法制止，并及时报告国家工作人员。

第十六条　爱护公共财物，认真遵守生产设备保养和工具、用品及材料等保管制度，工具要登记、编号，定期清点，不准偷换。严禁将生产工具带进住房。

第十七条　爱护国家财产和资源，厉行节约，严禁损坏工具，为社会主义建设积累资金。

第十八条　积极提出生产合理化建议，不断改进工具，发挥劳动的积极性和创造性。

第十九条　保护森林，爱护庄稼，重视水土保持，扩大单位播种面积，增加生产。

~5~

人員和技術人員的指導，未經許可，不准離開勞動場所。

第十四條　嚴格遵守技術操作規程，努力提高產量，保證品質，按時完成和超額完成生產任務。

第十五條　嚴格遵守安全生產制度，正確運用安全設備，防止發生工傷事故，若發現事故，應積極設法制止，並及時報告國家工作人員。

第十六條　愛護公共財物，認真遵守生產設備保養和工具、用品及材料等保管制度，工具要登記、編號，定期清點，不准偷換。嚴禁將生產工具帶進住房。

第十七條　愛護國家財產和資源，厲行節約，嚴禁損壞工具，為社會主義建設積累資金。

第十八條　積極提出生產合理化建議，不斷改進工具，發揮勞動的積極性和創造性。

第十九條　保護森林，愛護莊稼，重視水土保持，擴大單位播種面積，增加生產。

中共建政伊始，匆匆忙忙在各地建起一所所大學，美其名為「某某軍政大學」，或名為「中國人民革命大學某某分校」。對當年那些單純的年輕學生而言，大學是一座宏偉壯麗的知識宮殿，誰不願意進去接受文化科學的滋養？何況來者不拒無須入學考試，毫無落榜丟臉的威脅，簡直是天上掉餡餅的好事。待蜂擁而至的學子們入學後才恍然大悟，原來這是一所掛羊頭賣狗肉的大學，學制最長只有六個月，而且入學後就不能退學，否則就以「背叛革命」論處，把你這個落後分子定位成「不齒於人類的狗屎堆」，讓你「永世不得翻身」。

這些「大學」裡不僅沒有藏書多少萬卷的圖書館，寬敞明亮的閱覽室，甚至沒有教授講師之類的知識份子主持教務，授課和輔導學習的是政委和指導員，他們下面便是腰帶上別著手槍的連長、排長，這些「老同志」常常以遠離文化知識的工農出身而自豪。該大學不分科系也不設專業，所授的教材也只是一本薄薄的名叫《社會發展史》的小冊子，按該校學生莫可奈何的自嘲說法：「這本書的全部內容除了所謂的社會發展階段論的老生常談之外，唯一令人見怪不怪的只有猴子變人四個字」。

這本教材告訴學生們說，猴子變成人的過程，概括而言便是由簡單勞動逐步進化到複雜勞動的過程。據此我不由想到，若真是這樣，我們人類如果能由複雜勞動一步步退化到簡單勞動，花上猴子變成人的相同或近似的歷史年代，也完全可以慢慢退化成猴子。事實上在我二十三年的勞改歲月中，接觸過的勞改犯人成千上萬，其中不少人在被中共抓進勞改隊之前，都從事著教師、醫生、作家、新聞記者即所謂的腦力勞動或稱複雜勞動，此外有些是正在學習「複雜勞動」中的大學生（當然不是前述那種專門洗腦的大學）。這些人一旦被弄成勞改犯人，就得徹底告別他們花去畢生精力學習和掌握的複雜勞動專業技能，改為按《勞改犯人守則》第三章的規定，去從事些陌生的簡單體力勞動，反正第十二條早有規定「在勞動生產中，本著『做什麼，學什麼，邊做邊學』的原則不斷的鑽研技術……」。這裡既然強調要不斷鑽研，肯定該技術相當尖端深奧，才要求這群知識精英們「不斷的（原文如此——引者注）」鑽研。若勞改隊裡真有這樣高深的技術值得鑽研的複雜勞動，本文題目所說的勞改犯將逐步退化成猴子的可能性就不復存在，當然，要實現這一退化還得有一個前提必不可少，那就是中共重複了一萬次的「真理」：「紅色江山千秋萬代永不變色」。

似乎是為了給懲罰持不同政見者提供理由，中國共產黨杜撰了一套謬論說：勞動除了可以創造人類賴以生存的生產成品以外，還具有改造人的這個荒唐功能。接著他們用偷換概念的慣技，把勞動狹隘的定義為簡單的體力勞動，同時把一切非體力勞動者誣陷成「不勞而食的寄生蟲」、「剝削者」，盜用人類平等的神聖名義，把具有獨立人格、獨立思想的體力勞動者和腦力勞動者，特別是刻意追求普世價值的知識精英，用種種巧立名目的政治運動，把他們劃為敵人，關進密不透風的勞教隊或者勞改隊，阻斷他們和社會的聯繫，不讓他們的自由思想在人民群眾中產生影響。

這才是遍及中國大陸的勞改隊成為舉世無雙的龐大集中營的原因所在，勞改也只是迫害異議人士的一塊遮羞布而已。

我還是用我的勞改經歷——也就是我向猴子逐步退化的過程來證實本文的題意：我被抓進勞教隊之前，是一個喜歡舞文弄墨的文學愛好者，間或在報刊上發表點不足掛齒的文章，一九五七年被中共的「陽謀」擊中，劃為極右分子，判處管制五年送勞動教養。從此便開始了修建鐵路的體力勞動，終日打炮眼、抬石頭，這種屈辱的懲罰性勞動從早到晚從春到冬，這些只拼體力毫無深奧技術值得鑽研的勞動，便是我由複雜的腦力勞動向簡單體力勞動退化的開始，也可說是我向猴子退化邁出的第一步。

像這樣開山放炮打隧道修橋樑為時三年有餘，卻根本看不見一絲所謂解除勞教「前途光明」的亮光。我卻因不堪肉刑和饑餓的折磨，憤而越獄逃跑，兩月後在天津被捕，押回四川勞教隊，誣以叛國投敵重罪，判刑十八年。分配到大涼山裡的雷馬屏勞改農場，在這人跡罕至的崇山峻嶺裡，在輕機槍、衝鋒槍的押解下，我身披周朝農夫用以遮雨的蓑衣，我跟在一條老水牛的屁股後面，或者用秦朝的犁頭耕田，或者用宋代的耙子耙田，有時用《詩經》所寫的方式栽秧，有時用《樂府》所吟的流程撻穀，像這樣忍饑挨餓、比牛馬不如的耕作了十七年零八個月，也是我向人類的老祖宗——猴子大踏步退化的十七年零八個月。

掐指一算，這時已是一九八〇年的七月下旬，距離我十八年徒刑的滿刑只差四個月了，突然給我送來了一張原判法院下達的裁定書，其關鍵字是：「徹底平反，無罪釋放」幾個字。

這時，我幾乎已「勞改」成介乎於人和猴子之間的畸形物種，我不知道挨了冤假錯案還可以索賠，當官的對我說：「右派分子只改正不平反」，但溫江地區中級人民法院發給我的那張裁定書上分明寫的是「徹底平反」而不是「徹底改正」，可惜我當年還沒來得及從半猴半人的傻瓜狀態中醒悟，喚回我勞改多年而退化掉了的人類智商，進而理直氣壯地提出索賠要求，以致失去了我掙回尊嚴的大好機會。

更有以下實例，足以證明我離開社會生活二十三年，也就是我向猴子退化了近四分之一世紀之後出現的智力障礙已相當嚴重：

反右運動之前，我一直在南充縣人民政府民政科當科員，按中共中央相關文件規定，凡改正右派，除原為現役軍官另行安排工作外，其他人員一律收回原單位工作。據此我理應返回人民政府民政科當一名吃皇糧的國家公務員。而我那時卻「猴」迷心竅地認定，禍國殃民的文化大革命造成的滿目瘡痍、特別是人們精神層面上的道德崩潰，人性扭曲，唯有從教育下一代入手，才能恢復我中華民族生生不息的元氣。我便毅然決定從我作起，身體力行地改行去從事教育工作。結果面對一批等著接父母的班去國企端鐵飯碗的「幸運兒」，他們一撥看破紅塵的老油條似的，對我天真幼稚的拳拳愛國心笑得七歪八扭……

我竟然不知道制度的病根決不是醫手醫腳能解決問題的。

在迷茫困惑中掙扎了一年，直到一次聽大報告的會場門外，碰見了反右運動之前我們同在縣級機關的一位名叫康咸熙的老熟人，當年的縣級機關還沒像今天這樣惡性膨脹，稀稀拉拉一群人可謂「低頭不見抬頭見」，更何況都是風華正茂的「筆桿子」。我和他不在一個部門無恩無怨，他當然知道我有舞文弄墨的惡習。當我在勞改隊裡向猴子大踏步退化時，他卻在官場上一路攀升，此刻已經是南充地區一把手地委書記，他問我現在幹啥工作？我答：「教書。」他說：「教什麼書，還是搞你的寫作吧」。我趕緊回答：「我也有這個願望」。

我被調到南充市文聯，在一家不入流的雜誌社當了一名不入流的編輯，似乎從這時起，我才停止了向猴子的退化，不久，我又借調到四川省作家協會工作，來到了省會成都。

真正使我重新啟用人的頭腦開始思考，還是靠一九八九年六月四日那場針對北京大學生的一場屠殺，我痛切地反思了我「那慘淡的人生」，正視了昨夜天安門廣場上「那淋漓的鮮血」，認清了極權暴君的猙獰，我將為控訴他禍國殃民的滔天罪行而萬死不辭。

二〇〇七年十月六日

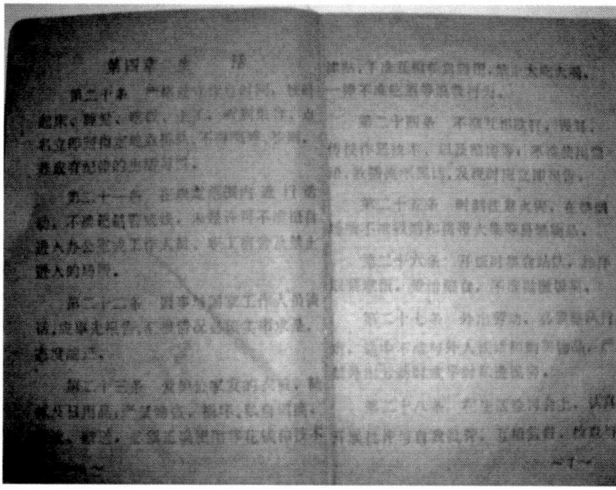

五、勞改犯害怕「休息」

——重翻《勞改犯人守則》之五

第四章　生活

第二十條　嚴格遵守作息時間，按時起床、睡覺、吃飯、上工，聽到集合、點名立即到指定地點排隊，不得喧嘩、吵鬧，養成有紀律的生活習慣。

第二十一條　在規定範圍內進行活動，不准超越警戒線，未經許可不准擅自進入辦公室或工作人員、職工宿舍及禁止進入的場所。

第二十二條　因事與國家工作人員談話，應事先報告，彙報情況必須實事求是，態度端正。

第二十三條　愛護公家發的衣被、鞋襪及日用品，嚴禁偷盜、損壞、私自調換、修改、贈送。必須正確使用零花錢和技術津貼，不准互相私自借用，禁止大吃大喝，一律不准吃酒等浪費行為。

第二十四條　不准互相毆打，謾罵、傳授作惡技術、以及賭博等，不准使用隱語，散播流氓黑話，發現時應立即報告。

第二十五條　時刻注意火災，在禁煙場所不准吸煙及攜帶火柴等易燃物品。

第二十六條　開飯時集合站隊，按序取菜取飯，愛惜糧食，不准拋撒飯菜。

第二十七條　外出勞動，必須整隊行走，途中不准和外人談話和購買物品，嚴禁外出勞動時和平時私進民房。

第二十八條　在生活檢討會上，認真開展批評與自我批評，互相監督、檢查與糾正錯誤缺點，不准互相包庇隱瞞。

第二十九條　文娛節目，黑板報、壁報、廣播內容必須經國家工作人員批准，不准擅自播出排演。

第三十條　禁止男女犯人談戀愛、贈照片、互通書信、耍私感。

第三十一條　不准擅自串隊，互通案情和無關改造的情況，嚴禁密談和集會。

第三十二條　嚴禁醫務犯人和獸醫私自給群眾診斷治療，或代購藥品等一切越軌行為。

《勞改犯人守則》內含七章共四十二個條款，按中共發明的「革命人道主義」精神來構建其冠冕堂皇，也算該政權一貫自詡的「偉、光、正」的證據之一。但如果用近年來他們高唱的「與國際接軌」作比較，其「人道精神」的差距不會低於十萬七千九百里。例如《守則》第四章有關生活的十二個條文，絕對沒露出犯人受著虐待的蛛絲馬跡。但有心人只要動腦子認真思考，仍不難看出其中任何一條都能顯現出此地無銀三百兩的欲蓋彌彰，不妨順手拈來一例供君一笑，其第二十三條明文規定：「愛護公家發的衣被、鞋襪及日用品……」，言下之意監獄給犯人不僅發放了衣被鞋襪，甚至還有什麼日用品。實際上勞改犯一年發一套單衣一條短內褲，三年發一套棉衣，五年發一床棉被，在數量上也好像差距似乎也不太大。關鍵這些衣被全都是用劣質棉布（俗稱再生布）粗製濫造，而農場犯人的多種勞動都在田間山野進行，荊棘樹枝動輒劃傷皮肉，遑論身上的劣質布料。只要有犯人列隊從人前走過，那一個個衣衫襤褸、巾巾吊吊或者衣褲上疤上重疤可說慘不忍睹。至於條文上所稱「鞋襪及日用品」，我在該農場勞改十七年有餘，從沒領過一雙襪子，通常我是打赤腳，間或穿草鞋，每年發軍用布膠鞋一雙，那得愛惜地留在冬季雨雪中穿用。我從來沒領過任何一種日用品，哪怕是一條毛巾一把牙刷，在犯人心目中，毛巾牙刷更像是奢侈品。

令我哭笑不得的是第二十六條，其中有什麼「愛惜糧食，不准拋撒飯菜」的黑色幽默。可憐我等面黃饑瘦的勞改犯，逢年過節也不可能吃一頓飽飯，掉在地上的食物殘渣也會毫不遲疑地撿進嘴裡，遑論什麼拋撒。更令人驚詫無比的是什麼「嚴禁大吃大喝，嚴禁喝酒、賭博」，聽這口氣似乎犯人們像沙烏地阿拉伯王族般揮金如土，勞改犯一個月從八角到兩元的零花錢，拿什麼去大吃大喝飲酒賭博？

乍看上列條文，可判定中國勞改犯吃飽穿暖，吃喝玩樂日子過得挺舒坦，《守則》的這層副作用也萬萬不可小覷。

為了進一步揭露《守則》的蠻橫無恥，我不妨就第四章生活第二十條中開頭的八個字：「嚴格遵守作息時間」，談一談我的感想：

第二十條所稱的作息時間，沒有提到勞動時間應該是國際慣例的八小時，或者直截了當地寫上：「鑒於勞改犯的勞動帶有懲罰性，每日工作時間應為十小時」的「一刀見血」，從而使專政機器懲處犯人時的力度稍有制約，這種故意的疏漏為獄吏們任意延長勞改犯的勞動時間留下了為所欲為的空間。獄吏們為了向上司邀功，顯示自己治下的犯人在生產進度上，正按黨號召的「一天等於二十年」的速度躍進著，便肆無忌憚的延長勞動時間，或者增加勞動強度，用犯人的血汗構建他們晉升的階梯。

終日勞累的勞改犯，對睡眠和休息的要求十分迫切，而本文的題目卻是《勞改犯害怕休息》，這個說法似乎有悖常理。沒有進過勞改隊的凡夫俗子們有所不知的是，勞改犯需要的是貨真價實的休息，而不是下面例舉的這位犯兄遭遇過的那種休息。

這位犯兄剛調來我正在服刑的這座大型勞改農場，某日，獄吏派他去犁田，並告知他犁谷樁田的定額是每天一畝。出身農民的這位犯兄農事技藝高超，加上他用的那條大牯牛發腳快速，不到下午三點便順利犁完了一畝。犁田畢竟是一種重體力勞動，該犯兄也累得夠嗆，便回到隊上走進宿舍準備躺到床上休息。作為初來乍到的新犯，頭腦中的「勞改智商」還處於萌芽狀態，哪裡知道勞改犯人可能完成某日的生產任務，但永遠也完不成思想改造這個根本任務的硬道理，大白天睡大覺不去繼續改造就犯了勞改犯人的大忌。

新來的犯兄哪裡知道，除了帶班勞動的獄吏在地裡監督一批犯人耕作外，總還有那麼一兩個留守在隊部值班，他們或者躺在籐椅上用黨報遮著太陽打瞌睡，或者在幹部廚房邊轉悠，順便給味覺器官輸送興奮劑，表面上看似乎無所事事。但是只要有犯人的身影在五十米內閃現，或者有可疑的腳步聲在周邊震響，他們便會像訓練有素的警犬般豎起耳朵、張大眼睛，判斷這些異常情況的源頭所在。突然坐在床沿邊的這位犯兄一楞，他發現那個暴出兩顆大門牙的獄吏正站在面前，門牙說道：「你去幫蔬菜班挑一挑南瓜回來，反正是你們吃的東西。」當犯兄餓著肚子汗流夾背地把這挑一百五十斤重擔挑進保管室，一半以上的犯人都已經吃完了晚飯……這類慘痛的教訓，再笨的勞改犯也不會重複第二次。

事實上勞改隊裡大多數工種都是有定額的，這個定額不會很低，但也不是高不可攀的，大部份勞改犯都不相信共產黨那一套「積極勞動，爭取早日成為新人」的假大空，他們很快地學會耕作中弄虛作假的過硬本領，就像今天中共的各級官員做給他們上級看的假政績一樣，加上負責驗收的勞改班組長畢竟都是心照不宣的「自家弟兄」，這就使我們這個世界一流的制假大國不存在勞改隊的這個死角。

我所稱的「勞改犯害怕休息」決非空穴來風，其正確的解讀應該是「不要讓獄吏們看見你在休息」，因為絕大多數獄吏都患有一種職業病：他們只要看見犯人翹起二郎腿，職業病立即發作，便會有聲音在耳邊警示：「同志，你治下的犯人如此悠閒，你是不是右傾了？」絕大部份獄吏害怕「右傾」勝過害怕瘟疫，因此，那一大挑南瓜的悲劇隨時都有重演的可能。

正確的作法應該是，在你熟練地運用弄虛作假的技巧，提前完成勞動定額以後，一定要避開獄吏們的視線，去往那些僻靜的山坳、濃密的草叢，遁入其中酣然入睡，在夢境中和你牽腸掛肚的妻兒團聚。只是千萬別睡過了頭，忘了回隊吃飯，要是獄吏令犯人列隊清查人數的時候，一旦發現你行蹤詭秘涉嫌越獄逃跑，他們會安排兩個所謂的「勞改積極分子」緊跟你的左右，像一條毛毛蟲爬在頸項上似的不舒服。

真正具有高智商（指的當然是「勞改智商」）的勞改犯，他們的作法是繼續像犁田時那樣高挽著褲腿、打著赤腳沿水田田坎逐一排查，尋找黃鱔、青蛙之類「勞改犯副食品」的藏身之地，那時正是這類「高蛋白」大量湧現的季節，不需多費周折，便可逮上數尾，拾些乾柴就地燒熟吃出個滿面紅光，當一番「勞改貴族」又何樂而不為？

真正令勞改犯憂心忡忡的是苦不堪言的所謂工休日，不成文的勞改法規定，勞改犯每十天工休一天。這個勞改農場的任何一個中隊，每年都有修房造屋的基本建設任務。農場深藏在大涼山原始森林的周邊，這無邊無際的亞熱帶闊葉木林中，盛產一種名貴的香樟樹木，因其有防蟲蛀的天然功能而成為箱箱櫃櫃的首選木料。那年頭中共幹部的貪污還只是弄點木料占點小便宜的初級階段，距離今天官員們「與時俱進」的貪腐規模只能算小菜一碟。但由於獄吏們的關係網以及家屬成員遍及全國各地，哪家哪戶不需要這「得來全不費功夫」的純天然製品？因而這一碟小菜變成一大桌滿漢全席，為它買單的還是我們這群任獄吏們肆意使喚的勞改犯。更可恨的是這些任務都得在工休天完成。獄吏這樣宣佈：「今天是工休日，每人幹一點義務勞動，到山上的伐木工地拖一根木料回來」。不知道獄吏從哪個文字垃圾堆裡撿來「義務勞動」這個陳詞爛調，它雖然不曾寫入《勞改犯人守則》中的有關章節，卻仍然在這群剝奪了所有權利的犯人群體中站住了「義務」的腳跟，以至於我在這座農場被這四個不倫不類的字蹂躪了整整十五年。

每個勞改犯都配有一隻名叫「釘牛」的特殊工具，這玩意像勞改隊使用的所有工具一樣都很原始，其發明權屬於哪朝哪代我無法稽考，它由勞改犯中的鐵匠敲打而成，因其外形怪異、功能單一而鮮為人知，乃至在現代生活中，我幾乎找不到一種和它近似的物件來描述它的外形，只好說它大約比滑鼠小五分之一，比一個鑰匙扣大十倍也重十倍，也許正因為這小小的鐵器上升為兇器的可能性不大，很難構成對獄吏們人身安全的威脅，雖犯人人手一隻，仍允許各犯私自保存，以利在「義務勞動」中派上用場。

「釘牛」的圓形鑰匙扣上，穿有一個長約七公分的扁形鐵釘，伐木犯人用斧頭把這個鐵釘釘入將拖走的木料的頂端，拖木料的犯人用優質麻繩套入我所稱的鑰匙扣中，正從事「義務勞動」的犯人奮力拉動繩子，帶動了「釘牛」嵌入的木料，再拼盡全身之力向山下的隊部拖去。

伐木工地在距離隊部十多公里的原始森林中，那山上荊棘叢生藤蔓纏繞，空氣濕悶沒有道路，只有前行者踩倒草蔓的足跡可循，加上吸血螞蝗和有毒蛇蠍在四周潛伏伺機，令一幫老弱病殘「書香門第」

舉步維艱。年輕力壯的犯人最少也得用四小時才能將這根重約兩百多斤的木料運回，加上爬山去伐木工地的兩三小時，這個工休天的「義務勞動」比正常出工累得更慘，勞改犯能不害怕這種休息嗎？

拖回了木料、也就是幹完了「義務勞動」以後，「勞改智商」高的犯人紛紛遁入山岩草叢，只有那幾個「低智商」和剛剛拖回木料卸掉「釘牛」，迎面卻碰見值班獄吏的倒楣鬼，被逮了個正著，這位見不得犯人休息的獄吏職業病患者，下令這些人站到他面前，說道：「帶上『釘牛』，進山去接那些拖木料的犯人，早點拉回來好開晚飯」。正因為那些年輕力壯的捷足先登者，拖走了比較短小、木質較輕的木料，蹣跚爬行而來的老弱病殘「書香門第」們，只得拖曳剩下的又大又重的木料，這也許是極權制度下的社會不公在勞改隊裡的體現。無論如何終於盼來了一批垂頭喪氣的援兵，他們各自走向一名老弱病殘「書香門第」，在路邊撿塊硬質石塊，將自己的「釘牛」打入木料，兩個人合力拉一根，在剛才那句「回來開晚飯」的物質刺激支撐下，踉踉蹌蹌地盡完了各自的「義務」。

別以為那幾個「高智商」占了便宜，晚飯後天已黑盡，飯前點名時，發現還有三個一直被獄吏貶為「死狗」的老弱病殘尚未歸隊，他的「職業病」空前發作。事實上他早已發現那幾個「高智商」的鬼祟蹤影，長期積累的對敵鬥爭經驗幫助他判斷出那幾隻「狐狸」的動向。他站在隊部門口，用憤怒的音調高聲吼出那六隻「狐狸」的名字，令他們立即到隊部來。幾位「勞改智商」出眾的犯兄，同樣知道這是「獄吏職業病」發作的症狀，只是正處於剛吃完飯的最佳心理狀態中，有的人在衣兜裡甚至揣上了「釘牛」。只聽「職業病患者」怒道：「紮幾根火把，去給我把那三條『死狗』拖回來」！

這樣的所謂休息，勞改犯能不害怕嗎？

刊於《觀察》，二〇〇八年十月二十九日

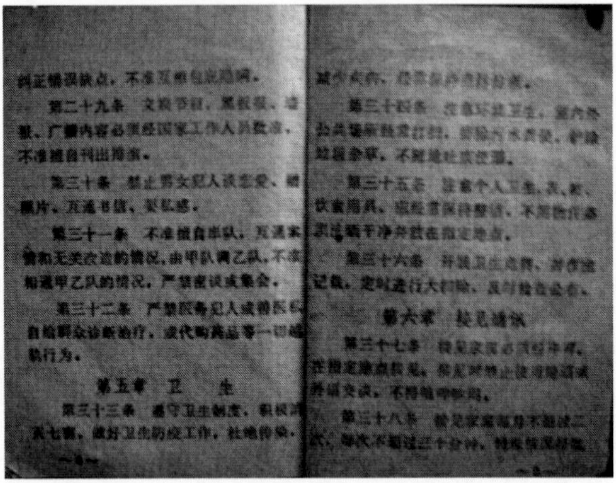

六、名存實亡的「接見」

——重翻《勞改犯人守則》之六

第五章　衛生

第三十三條　遵守衛生制度，積極消滅七害，做好衛生防疫工作，杜絕傳染，減少疾病，經常保持身體健康。

第三十四條　注意環境衛生，室內外公共場所經常打掃，排除污水糞便，剷除垃圾雜草，不隨地吐痰便溺。

第三十五條　注意個人衛生，衣、被、飲食用具，應經常保持整潔，不用物件必須洗曬乾淨並放在指定地點。

第三十六條　開展衛生競賽，並作出記載，定時進行大掃除，及時檢查公佈。

少，可判斷草擬這本《守則》者，必為中共勞改部門三流以下的刀筆吏。作為一個被勞改這部絞肉機折騰了二十多年的「老犯」，我歸納出一個現象令人深思，即監管犯人的獄吏絕大部分是從部隊轉業的工農出身的半文盲，這些人由「組織上」長期以「狼奶」餵養，通過考察，確認他們已進入「立場堅定鬥志強」的共產鬥士狀態，即可以納入獄吏序列。至於能否識文斷句根本不是掌權者的首要條件，其必備的能耐就是能把犯人的人數點清楚，就像牧馬人必能點清所牧馬匹的數目，以免他監管下的犯人逃跑了幾個他都算不清楚。

據此可以得出一個結論，勞改的真正目的並不是為了共產黨所宣傳的為了改造「罪犯的反動思想」。其真正目的是為了通過長期關押以懲辦共產黨所認定的敵人。其實他們自己也不相信勞改能把他們認定的壞人改造成所謂的好人。雖然統治者也可能把判過短刑的非政治犯釋放回原籍，但在實際運作中，這些被釋放者多為農村人口，回到原藉後通常被冠以「刑滿釋放犯」這個侮辱性的稱號，其中這個「死不悔改」的「犯」字足以撕碎一切所謂「前途光明」的欺世謊言。歷史真相早已告訴了我們，自中共建立勞改制度以來，全中國找不到一個「勞改釋放犯」能真正進入體制內搖身一變而成為既得利益者（「改革開放」以後，倒有那麼幾個弄潮兒搞了點殘湯剩水，那是特殊個案），甚至直到所謂「建立和諧社會」的今天，走出監獄的人仍然被公安國保另眼相看。一目了然的事實是，勞改隊聲嘶力竭呼喊的：「改惡從善，前途光明」；又什麼「重新作人」，全都是分化犯人，欺騙他們相互檢舉揭發、以收「漁人得利」的騙局而已。所以，《勞改犯人守則》中的第一章至第三章即第一條至第十九條，全都是以「認罪服法，改造思想」為核心，其目的是強制犯人在勞改隊服服貼貼地「爭取早日成為新人」。

《守則》後半部分各章如《生活》、《衛生》（第四章《生活》中不含衛生這個內容嗎？）以及《接見與通訊》這些面面俱到的章節，可說是為了證明《守則》是包治百病的萬能藥膏罷了。試想想，勞改犯作為一個被暴君壓榨在生活底層的群體，在食不果腹衣不蔽體的物質窘境裡，又在任人辱罵毫無尊嚴的精神奴役中，什麼清潔又什麼衛生，顯然都是些與基本生存無關的奢侈品，這些裝點門面的條文也許能騙倒一些對極權制度一無所知的嬰幼兒。

本來不想為這些畫蛇添足的章節浪費我的筆墨，但回想到當年勞改犯接見家屬的矛盾與痛苦、希望與無奈，仍有揪心之痛。我在二十多年的服刑期中，只對我二妹有過一次不到三分鐘的接見，那是因為我按捺不住的痛苦即將爆發成號淘大哭的前一秒鐘，我不願意在獄吏面前現出我的軟弱無助，主動從接見室跑了出去，身後只留下二妹那聲「二哥，你要保重！」的淒厲呼喊，這喊聲讓我再也不想在勞改隊接見親人。

眾所周知，在中共統治下的極權社會裡，金字塔頂端的帝王壟斷著國家的一切資源，每一個成年人只有依附在這個體制身上，也就是把每一個成年人控制在一個個形形色色的「單位」裡，才讓你有飯吃有衣穿，有沒完沒了的開會學習、彙報思想、檢舉包括自己親友在內的一切「壞人壞事」。誰敢於向這個體制挑戰，誰就將劃為敵人受到包括投入勞改之類的各種懲罰。更厲害的是，凡家庭成員中有一人劃成敵人，「單位」就將以說明教育的名義對其他家庭成員施加壓力，令其與已經「墮落成敵人」的親友「劃清界限」，暗示不如此將嚴重影響其前程。在這種以階級立場劃線的人際關係中，別說到勞改隊去看望親人，甚至提筆寫封問候信函時，握筆的手也會因恐懼而不停發抖。另一方面，勞改犯本人也因自己行為的「越軌」而判刑，家屬子女也受到株連，愧疚中也常常主動要求親人斷絕來往……其總體效果是貫徹了黨的「孤立敵人」的「英明」政策。

遍佈中國的勞改工廠、礦山和農場，為避免犯人和「人民群眾」接觸，同時減少犯人越獄逃跑的機會，大多數勞改單位都設置在邊遠山區，即使有不顧後果的勞改犯親屬願意前往探視，跋山涉水車馬勞頓和不菲的交通費用也可令其望而卻步。我服刑了十七年零八個月，可說基本上是在這座大型勞改農場中度過，我所在的中隊約三百個犯人左右，這樣多人又在這樣漫長的歲月裡，我仔細回憶，前來探親的犯人家屬不會超過十人次，而且大體都是來自單位壓力較小的農村。記憶中來自城鎮、也就是屬於單位裡的人只有三例。遺憾的是其中兩例中年婦女都是因方便子女就業，專程來說服勞改丈夫同意與其離婚，這種迫於無奈的忍痛割愛，對當事人造成的是撕心裂肺的痛楚，作為同是天涯淪落人的我輩，沒幾副「鐵石心腸」忍心正眼對望探視者那一雙雙紅腫的眼圈。

這正是極權暴力導演的又一幕人間悲劇！

犯人接見親屬時，必有獄吏在一側虎視眈眈，接見親屬的勞改犯只得編造謊言說些讓親屬寬心的漂亮話，那也是監管獄吏認可的話，否則隨時可令其中止接見。

相關條文中還定有與親人交談時，「不准涉及勞改隊的機密」這句頗具黑色幽默韻味的第三十九條，真讓我百思不得其解。此間所稱的勞改隊機密指的是勞改犯那「長期吃不飽、短期餓不死」的糧食定量標準嗎？或者是任意肆虐的各式肉刑？或者是加班加點的超體力勞動？好像都是又好像都不是，最後我才想起近年來中國大陸盛極一時的「洩漏國家機密罪」、「非法持有國家機密罪」等等與機密二字沾親帶故的罪名，在公開發行的《人民日報》、《參考消息》都可以作為國家機密罪證的國度裡，機密二字是足以令人患神經衰弱症的，對此不明究底中我只好認定，都是些何患無辭的欲加之罪。

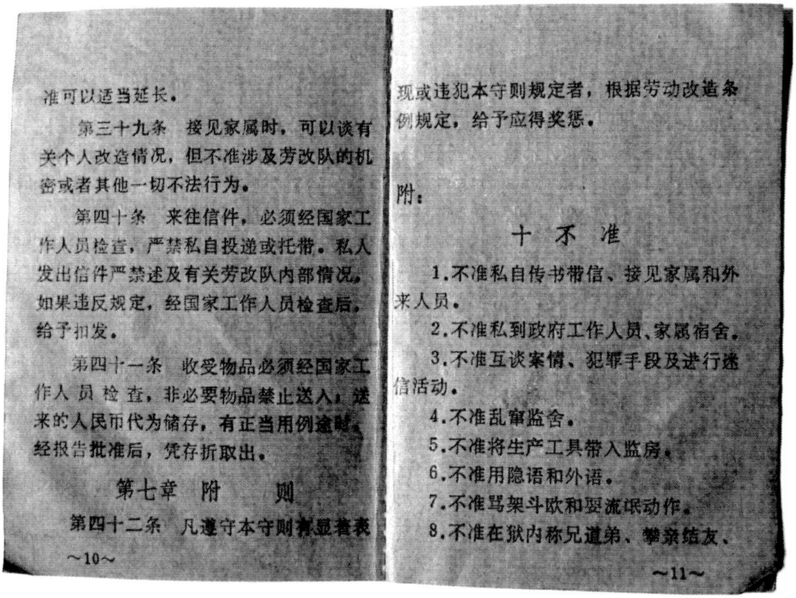

准可以适当延长。

第三十九条　接见家属时，可以谈有关个人改造情况，但不准涉及劳改队的机密或者其他一切不法行为。

第四十条　来往信件，必须经国家工作人员检查，严禁私自投递或托带。私人发出信件严禁述及有关劳改队内部情况，如果违反规定，经国家工作人员检查后，给予扣发。

第四十一条　收受物品必须经国家工作人员检查，非必要物品禁止送入，送来的人民币代为储存，有正当用例途时，经报告批准后，凭存折取出。

第七章　附　则

第四十二条　凡遵守本守则有显著表

～10～

现或违犯本守则规定者，根据劳动改造条例规定，给予应得奖惩。

附：

十不准

1.不准私自传书带信、接见家属和外来人员。

2.不准私到政府工作人员、家属宿舍。

3.不准互谈案情、犯罪手段及进行迷信活动。

4.不准乱窜监舍。

5.不准将生产工具带入监房。

6.不准用隐语和外语。

7.不准骂架斗欧和耍流氓动作。

8.不准在狱内称兄道弟、攀亲结友、

～11～

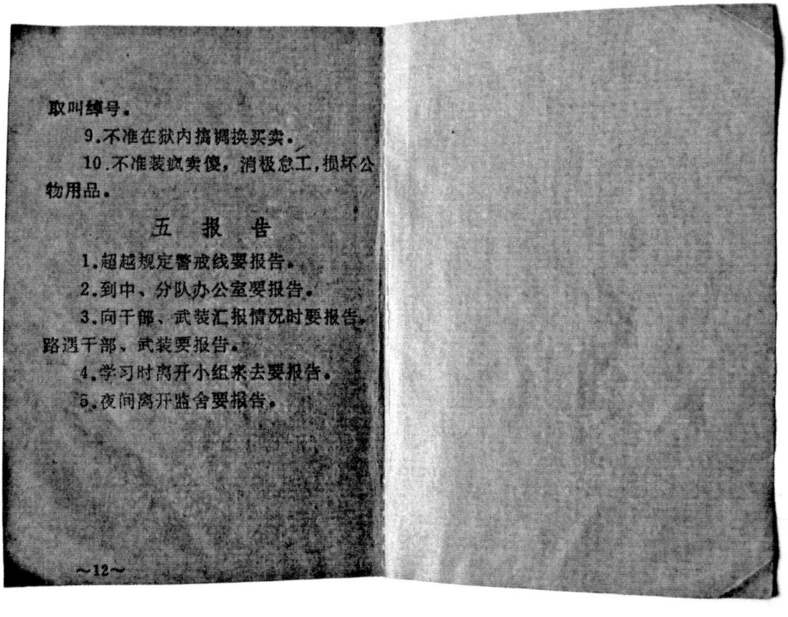

取叫绰号。

9.不准在狱内搞调换买卖。

10.不准装疯卖傻，消极怠工，损坏公物用品。

五报告

1.超越规定警戒线要报告。

2.到中、分队办公室要报告。

3.向干部、武装汇报情况时要报告，路遇干部、武装要报告。

4.学习时离开小组来去要报告。

5.夜间离开监舍要报告。

～12～

附錄：

《五報告十不准》是「文化大革命」後期，為進一步強化對勞改犯的監管，在原有監規紀律七章四十二條之外，另行頒佈的十五個規定，其實其內容早已為「無微不至」原訂監規紀律所包容，估計是新成立的「革命委員會」為顯示其比原有的勞改局更具革命性所採取的一樁「脫了褲子放屁」的行為藝術，犯人在私下譏之為「一五一十新規章」，以下印出的是《勞改犯人守則》上刊出的原文：

五報告

1、超越規定警戒線要報告。
2、到中、分隊辦公室要報告。
3、向幹部、武裝彙報情況時要報告，路遇幹部武裝要報告。
4、學習時離開小組來去要報告。
5、夜間離開監舍要報告。

十不准

1、不准私自傳書帶信、接見家屬和外來人員。
2、不准私到政府工作人員、家屬宿舍。
3、不准互談案情、犯罪手段及進行迷信活動。

4、不准亂竄監舍。
5、不准將生產工具帶進監房。
6、不准用隱語和外語。
7、不准罵架鬥毆和耍流氓動作。
8、不准在獄內稱兄道弟、攀親結友、取叫綽號。
9、不准在獄內搞調換買賣。
10、不准裝瘋賣傻，消極怠工，損壞公物用品。

七、不可多得的《犯人臨時外出證》

四川省雷馬屏勞改農場跨越雷波、馬邊、屏山三縣，縱橫數百公里，下設三個分場一個大隊，外加電廠、茶廠、醫院、機修車間和幹部子弟學校等等，肝膽俱全。專政工具的獄吏背後支撐著荷槍實彈的武警部隊，和上萬名被專政的奴隸在這個荒山野嶺中相互敵視著。農場被大涼山闊葉木原始森林所包圍，那裡是毒蛇猛獸統治的地盤，個體的人根本無法穿越，進出農場各交通要道均設有關卡，武警官兵虎視眈眈日夜防守。

即便地形如此險要、監控這般嚴密，每年仍有十名左右的越獄者逃出這座人間地獄，雖然大部分逃亡者捕回後，農場當局以所在地法院的名義對其加刑甚至槍斃，但人類嚮往自由的願望無法扼殺，前仆後繼者總是絡繹不絕，統治者管理犯人的手段也日趨完善更加精密，因而便有下頁這張《犯人臨時外出證》的新生事物的出現。

封閉的共產中國總有些令人費解的事，眼下這「犯人」「外出」兩組在常識上風馬牛不相及的詞彙怎麼會聯接在一起？人們印象中的犯人都是囚禁在高牆電網內的，他們怎麼能「外出」，即使是「臨時」的？

如前文所敘，雷馬屏農場幅員寬廣，跨越大涼山周邊三個縣，就以本犯被關押了十三年零九個月的桂花大隊為例，它是這個農場占地面積最少的一個分場級單位，如果某位徒步旅行愛好者，異想天開地

七、不可多得的《犯人臨時外出證》

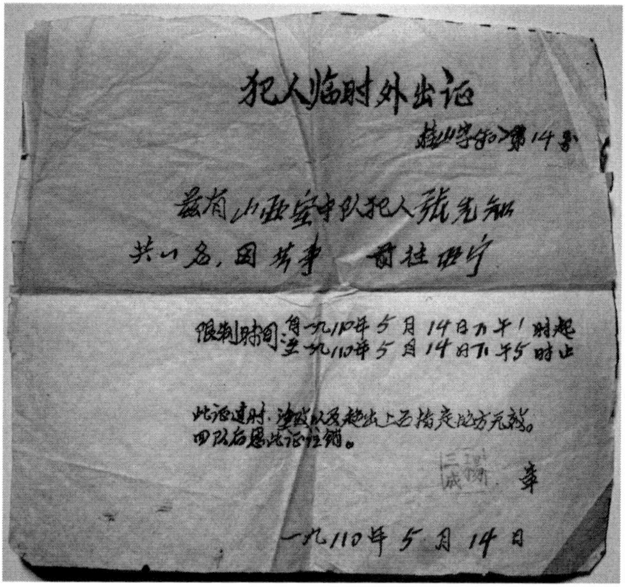
犯人临时外出证

[illegible]

[illegible]

限制时间 自一九八〇年5月14日上午1时起
至一九八〇年5月14日下午5时止

此证过时，速返队及超出上面指定地方无效。
回队后缴此证注销。

[illegible] 章

一九八〇年5月14日

打算對神秘封閉的勞改隊進行一番近距離觀察，又假設那天農場裡所有獄吏看守兵都中了魔法似的不予阻攔，讓這個空投特務似的陌生人東瞧西看。那麼他一大早起床出發，翻山越嶺地走過這個大隊所轄的每一個中隊和每一個分隊，假設他在每個隊部只停留一分鐘，隨即馬不停蹄地走向下一個隊部，天黑以前，他若能轉完這個大隊而未在途中累死，他便有可能在奧運會的競走項目中贏得獎牌。

這樣大的範圍內，犯人有時需出差到場部領工具被服、或去醫院急診、去機修車間修理小型機具等等，都需「臨時外出」，這張常人難以理喻的《臨時外出證》就責無旁貸地派上了用場：

這頁以粗糙紙張油印的《犯人臨時外出證》，它的簡陋即可證明它並非由農場場部或更上級的單位統一印發。在《犯人臨時外出證》幾個筆劃加粗的楷體字的右下方，印著桂（）字（）第（）號，那幾個空白，那是留給簽發此證的獄吏用自來水筆填寫的。上面印出的這頁填寫完整後的文字是「桂山字（80）第14號」，一連串天書似的神秘字元，本犯以一名老犯經年累月積累的「勞改智商」，破譯其甲骨文後，成為凡夫俗子們皆能讀懂的文句：「桂花大隊山西寨中隊（1980）年（簽發的）第14號《犯人臨時外出證》」（服刑中的本犯當時正在桂花大隊山西寨中隊作垂死掙扎）。這幾個字再靠右側則是這張《犯人臨時外出證》的存根部分，它故作神秘狀保存在中隊部。老祖宗曾給我們留下一個「世外桃源」的美夢，不肖的「馬列後代」卻建成了一部部以勞改命名的絞肉機，還附帶發明了這種似有劃地為牢功能的《臨時外出證》，以及半截秘而不宣的存根。我的「勞改智商」對我說，這個隱秘的存根上不會存有太多的「國家機密」。

《犯人臨時外出證》的中間部位為本證的主體文字，獄吏將空白處填寫後的文句如下：「茲有山西？中隊犯人張先知因？事前往西寧」（上句中用兩個問號替代的是兩個疑似古代甲骨文因而我無法辨識的異體字）。在此本犯要再次闡明一個觀點：即中共在統治爪牙的配備上，首要的條件就如《學習雷鋒好榜樣》，這首紅得發紫的「革命歌曲」所傳唱的「忠於革命忠於黨」，其次才是個人出身簡歷、工作能力、文化水準等次要條件，其中獄吏是最不需要文化水準和工作能力的一種職業，他們最強調的能耐是對敵鬥爭的心狠手辣，還是像《學習雷鋒好榜樣》那首紅得發紫的「革命歌曲」所唱的那樣「立場堅定鬥志強」；他們唯一需要的業務能力，就是數清自己驅使的「犯人牲口」的頭數。誰要是敢於嘲笑這頁不到八十個字的紙片中，出現點錯別字、文理不通的小事，誰就將犯下「看不起工農幹部」的原則錯誤，那可是大是大非的立場問題。

執證犯人將去的目的地是西寧，它指的是雷馬屏農場的場部所在地的雷波縣西寧鄉，而不是青海省會的那個西寧市。那個西寧市裡，正住著我闊別二十三年的老母，她日夜期盼著身陷魔窟的兒子歸來。如果憑藉這張簡陋的《犯人臨時外出證》，讓我魚目混珠地通過層層關卡，最後混到青海省西寧市，去看望我魂牽夢繞的骨肉親人，我也決不會去幹這件傻事。說它是傻事的原因在於那時我已經服刑勞改了十七年另五個月，再等六個月我即將服滿所判的十八年刑期。雖然我知道，按中共當年的勞改政策，我刑滿後絕對只能「留場就業，繼續改造」，當一名同樣是「只准規規矩矩，不准亂說亂動」的「二勞改」，其最大的安慰，便是就業改造三、五年後，根據你服服貼貼的「良好表現」，同時從你微薄的就業工資中，省吃儉用地存足了往返家中的差旅費用，興許能批准你十天半月的探親假。不過也得有個思想準備，這難得一遇的探親，不排除是提前舉行的「『遺體』告別儀式。」

話又回到「臨時外出證」，它充分體現了臨時二字的重要性，白紙黑字寫著的是「自一九八〇年五月十四日下午一時起至一九八〇年五月十四日下午五時止」，其中暗含著統治者自鳴得意的心態：「在這短短的四小時內，量你這個反革命分子也造不出一顆原子彈……」

緊隨在外出起止時間之後，還印有兩行警示性的告誡：「此證過時、塗改以及超出上面指定地方無效；回隊後憑此證註銷。」現在憑本文中所附的實物照片可以證明，本犯並未遵照這項告誡「回隊後憑此證註銷」。

最後一行是一九八〇年五月十四日，那是簽發此證的時間，這行字的上方，還蓋有山西寨中隊首席獄吏、即指導員楊三成的紅色印章。

行文至此，本犯還要再次運用「勞改智商」提出兩個如果：其一是如果不是因為本犯只差半年就服滿全部刑期，像我這類負有逃跑前科的反革命重刑犯，要想得到這個四小時的臨時外出證是絕對不可能的；其二是如果我最終不是突然的「平反」出獄，而是像絕大多數勞改犯那樣，由勞改隊通過出監隊短期培訓後，「釋放」到本農場的所謂「就業」中隊繼續改造，在出監的例行搜身檢查中，根據「不得洩漏勞改隊機密」的規定，這將被獄吏搜走。

最後還得說明一點，在這張「臨時外出證」上，給本犯填寫的姓名是張先知，因為事關這外出證所有者的真偽，本犯不得不加以澄清。判決書上本犯的姓名是簡單明瞭的張先癡三個字，甚至常見的為渲染某犯的狡詐而搜羅出來的別名、化名、曾用名之類的聳人聽聞，在本犯的判決書上都僥倖免去，而此前蹂躪過本犯的獄吏們在寫本犯名字的最後一個字時，常常都會寫成另外一個字，如先智、先之、先知之類，開始時本犯還認認真真地予以更正，直到一九六五年剛剛由萬家煤礦勞改隊調來這個農場後，本犯險些為這個倒楣的癡字丟掉老命。一番痛定思痛之後，再也不為自己的名字操半點心了。

那時，本犯所在的中隊裡，有一位據說是讀過某所大學的才子型獄吏，在文盲成堆的群體中，他收到的是鶴立雞群的效果。這類獄吏有一種與一般獄吏不同的怪癖，他特別喜歡征服有點文化知識的犯人以證明自己的才華出眾。某日，那位才子型獄吏拿著一封我的家信冷笑著問我：「你怎麼會叫這樣一個名字？」他顯然是指我姓名中那個癡字。因為我在煤礦勞改時，糧食定量標準是每月四十八市斤，到這個農場只吃二十八市斤，正憋著一肚子氣，便吊二郎當地回答說：「這個問題你應該去問我父親，可惜他已死去十五年了。」誰知我話音剛落，他一記重重的直拳正打中距我心臟不到兩公分的部位，在我痛得彎下身去的時候，他用食指敲著我的額頭說出一句豪言壯語：「你給老子小心點，老子們是專門收拾怪物的！」說罷揚長而去。

沒幾天，這位「拳擊愛好者」便集合全隊犯人，當眾宣佈授予本犯「反改造分子」的恐怖代號，隨即用一根質地精良的麻繩把我五花大綁地捆進了監獄中的監獄——一個名叫集訓隊的嚴管中隊。囚禁在這裡面的犯人，甚至不知道《犯人臨時外出證》為何物！

這樣一張長十三公分，高十二公分的小小紙片，卻具有劃地為牢的專政功能，它也應該鐫刻在共產暴政的恥辱柱上。

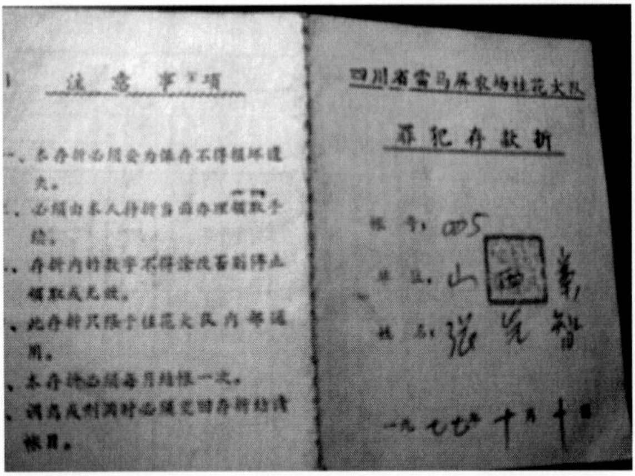

八、《罪犯存款折》和《犯人記分冊》

上圖是這本《四川省雷馬屏農場桂花大隊罪犯存款折》的封面（右）和封底（左），其擁有者是名叫張先癡而不叫張先智的本犯。名字寫錯顯然是管理財務的獄吏飲酒過量造成的小小疏漏。這一點對普通的勞改犯人並不重要，除非他倒楣到需要驗明正身，綁赴刑場執行槍決的程度，那時就不能把名字叫錯。據我勞教勞改整整二十三年的切身體會，在以毛澤東思想武裝起來的獄吏們眼裡，犯人只是一頭頭會說話的牲口，接觸過牲口的人都知道，它們只知道在鞭子的抽打下埋頭幹活，而毫不在意驅使者稱它為馬或者喚它為牛。

存款折封面上填寫的發放日期是一九七七年十月十日，從下頁圖內頁上填寫的存取款記錄可以看出，最後在一九七八年一月八日以欠款一元零三分的紅色數字而結束了交易，其原因並非我張某具有「負債經營」的超前意識，而是因為我突然受傷住進了農場醫院，離開了原來所在的中隊。我如此聲明是擔

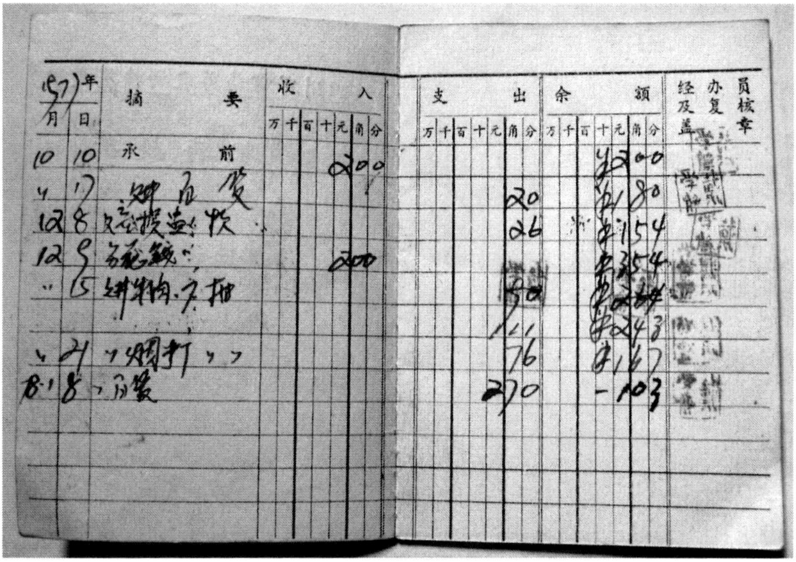

心我在勞改隊的這筆一元零三分的欠帳會降低我的信用等級，在我們這個舉世無雙的怪胎型國家裡，還有什麼離奇荒誕的冤假錯案不能被中共造出？曾記否，當年在中共政治局內鬥中，列舉落敗的北京市委書記陳希同的受賄罪行時，贓物中赫然在目的那一支圓珠筆，它可能與一元另三分的價值不相上下。萬一某年某日因某種需要，根據我本人「被迫交出」的這本存摺上的鐵證如山，給你再來個雪上加霜的冤假錯案，倒也是輕車熟路易如反掌。所以有必要鄭重聲明，這一元零三分錢欠帳，我早已在傷癒後走出醫院回到中隊如數還清，否則他決不會讓我離開他控制著財務的這個中隊。唯一出現這筆赤字的原因，估計還是他從早到晚的昏醉狀態，弄不清還錢的究竟是張犯先智還是張犯先癡？給我留下了這個永遠說不清道不明的「歷史污點」。

這個存款折可能是世界上存入和支出金額最小的一個，它分別記錄了本犯在十月十日和十二月九日各存入兩元錢，這兩元錢便是當年勞改犯每月所領的零花錢的數額（十一月沒有存入的原因現已回憶不起）。因通貨膨脹的史實存在，為了說明這兩元錢折合成今天的價值，不得不避開我數學成績慘不忍睹的弱勢，花五元錢打了個長途電話，給一位前反革命勞改犯，現已平反的著名右派高級建築師吳永豪，他的數學成績無可挑剔，更重要的是他在雷馬屏農場勞改時，搞設計施工修房造屋的技術工種，該類型犯人屬於可以在農場內四處走動的「犯人貴族」，間或可以順路上街吃碗麵條。據他精確核算，當時適合犯人食用的劣質麵條每碗二兩糧票外加一角二分錢，黑市糧票每斤約一元錢，以上述資料運算結果，犯人每月零花錢可以吃六碗劣質麵條，還剩餘八分錢恰好可買一張平信用的郵票。這個計算的目的只是為了說明兩元錢是一個微不足道的小數字，別以為犯人都有機會到附近鄉場上去享用一碗沒幾顆油珠珠的劣質麵條，那可是癩蛤蟆為天鵝所做的夢。

哪怕是小得如此可憐的現金，共產黨統治下的勞改隊也不會允許犯人持有。當局稱發零花錢是給犯人買牙膏肥皂，而絕大多數犯人不會用這些「奢侈品」，他們按「民以食為天」的原則用這點錢去開發食物途徑來填充腸胃裡的空洞。工休日，由獄吏帶上一個改造表現較好的犯人上街購買除食物以外的日用品，然後在存摺上消帳。犯眾手頭現金的分文俱無，使企圖逃跑者因無糧無錢而寸步難行，他們只有在這座人間地獄裡任專政的鐵蹄肆意踐踏。雖然絕大部分勞改單位都設立在人跡罕至的荒山野嶺、戈壁沙灘，連飛鳥也難以穿過的不毛之地。犯人們除了沒糧沒錢沒有任何通行證件，還得按規定剃成一目了然的光禿頭，衣裳褲子上印著鮮豔奪目的大紅字，這類無微不至的防範措施，足以證明在蹂躪人類尊嚴方面，中國共產黨絕對進入了「前無古人，後無來者」的至高境界。

令我感到相當驚異的是，我手頭留下的勞改犯持有的印刷品，幾乎全部都出自一九七七年，這時禍國殃民的文化大革命已經結束，殃民禍國的暴君毛澤東也已死了一年多，由他一手創建的中國勞改制度

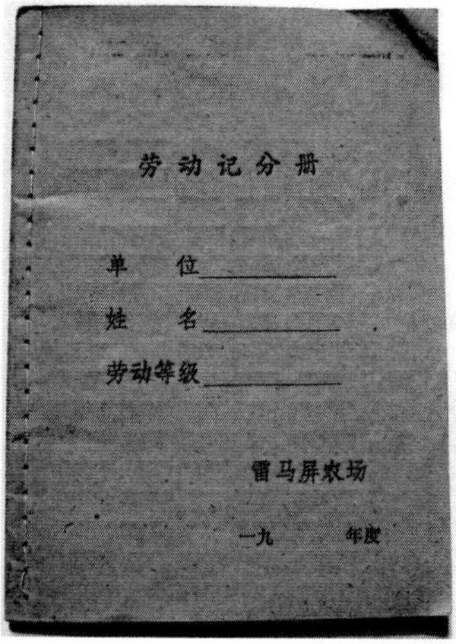

卻根基牢固，用這些印刷品來規範犯人的勞改犯的學習和生活，這樣就印發了《勞改犯人守則》、《罪犯存款折》和《勞動記分冊》之類的文本。

然而，中國共產黨的傳統之一便是不承認任何條條款款，崇尚的是山大王無法無天的殺人越貨，我手頭的這三種勞改犯持有的印刷品的命運就是證明。

我在《重翻勞改犯人守則》一文中說過，「我這本『守則』很可能是個孤本」，就是因為幹部和犯人都由於自身的理由而對它不屑一顧，除了史料價值保存它還有什麼意義？

至於《犯人存款折》就像存摺上記載的那樣，就那麼六、七行就無疾而終，如果不是這樣，我一九八〇年七月平反出獄前這兩年多的帳目在哪裡？

最可憐的是這本《勞動記分冊》，它分發到莫名其妙的犯人手中以後，受到的冷嘲熱諷空前絕後。奇怪的是獄吏們對它也不理不睬，因為經過文化大革命，中國人普遍「看破紅塵」，勞改犯不再相信「重作新人」的騙人鬼話；獄吏們理想主義的泡沫也已破滅。對立的兩種人群在一個問題上是共通的：勞改犯拖天混日混到滿刑，獄吏們拖天混日拖到退休，這也是中國人的質變的縮影。

《勞動記分冊》上面沒有填寫過一個字的原因即在於此。

刊於《觀察》，二〇〇八年十月

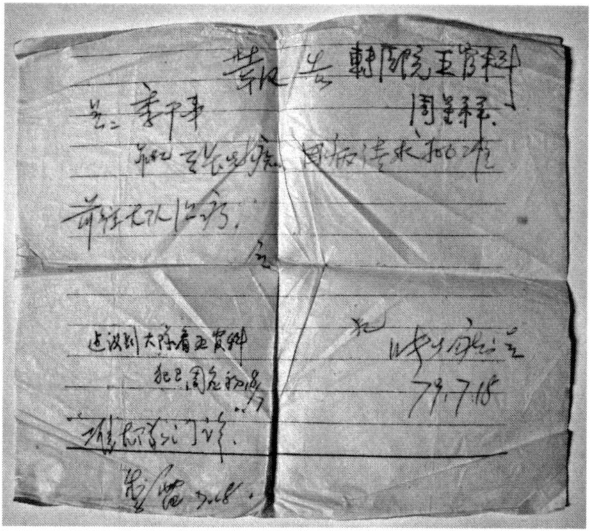

九、一張看病假條引出一串文字

一、看病假條誕生記

這是一九七九年七月十八日罪犯張先癡（即本人）親筆所寫的一張看病假條，當時的我正在四川省雷馬屏勞改農場桂花大隊山西寨中隊服刑，這張用劣質墨水書寫的看病假條上，除書寫這張報告的我以外，還有三位不同身份的人物，針對我的病情親筆簽署的處理意見。

經過二十七年的風化，看病假條上的字跡已不是那樣清晰可辨，為了避免歧義，我不得不首先將這張病假條上，相關人員所寫的文字按人物出場順序加以轉錄，然後再看看我們能從這張破紙片上，讀出些什麼被「勞改隊機密」嚴密包藏著的「奇風異俗」或者人間真情。

當年的罪犯張先癡這樣寫道：

報　告

呈　季幹事

罪犯張先癡，因病請求批准前往大隊部治療。

呈

罪犯張先癡

79/7/18

按當年勞改農場的不成文法規定，我的這份病假報告並不能直接交給因臉上戴著獄吏面具而道貌岸然的季幹事，必須先交給我們中隊的犯人衛生員周應初，這位衛生員以犯衛的簡化「職稱」簽名並寫下：

「建議去大隊部治療眼科」犯衛　周應初

18/7

我拿著犯衛周應初簽了字的這張假條，立刻到中隊部找到那天值班的獄吏季幹事，謝天謝地，他今天意外爽快地寫道：

准去大隊門診

季　某（姑隱其名——本文作者注）7，18

在完成上述手續後，罪犯張先癡才敢於大膽地離開本中隊的警戒區，踏上犯人們自己修築的簡易公路，途經白岩分隊、通木溪中隊和集訓隊以後，便到了大隊部找到醫務室，因為這位醫生的頭上閃耀著國家幹部的光環，按勞改隊的規定，我必須先站在他的門外，高呼一聲：「報告！」在得到他的應允後，我才能進去遞交季幹事批准過的病假條，這樣就在這張病假條上出現了右上角兩行他寫的字：

轉醫院五官科

周呈祥

聽這個批示的口氣，就知道簽名者周呈祥就是那位頭上閃著光環的幹部醫生，他甚至敢不簽上年月日……

二、在特殊歷史背景下才產生的這張假條

現在讓我們仍舊按人物「出場順序」來「解讀」這張看病假條：

關於我這名罪犯張先癡，也就是這張看病報告的始作俑者，我首先要說的是，這種要求去大隊醫務

室看病並不是任何患病的犯人都可以提出的。因為勞改隊的獄吏們對犯人的監管，最重要、也就是最基本的一條就是防止犯人逃跑，其他什麼勞動生產任務、安全規章制度等等都是等而下之的表面文章而已。

像我這種案情性質特別嚴重（反革命投敵叛國罪）、又是有逃跑前科的累犯犯（我在勞教隊因越獄逃跑而判刑）、刑期已超過重刑犯十五年的標準而達十八年，早已是獄吏們重點防範的對象，對我來說，這個處境險惡的外部環境條件並沒有改變。

但是，這時整個國家的大環境條件有了很大的改變，獨裁暴君毛澤東已死去三年，他卵翼下的死黨四人幫跟著倒臺判刑，成為我們勞改隊裡的新成員，中國共產黨十一屆三中全會早已開過，胡耀邦主持下的全國平反冤假錯案正大張旗鼓地進行，農場各中隊都有由右派升級判刑的犯人陸續平反出獄（這裡我必須對一個政策問題加以說明：凡右派被判刑後，對所判之刑只能按法律規定「徹底平反，無罪釋放」，而不能按中共政策規定予以「改正」。遵照常規，被平反者應該恢復名譽並補發全部工資，而改正者就不補發工資，但右派進而被判刑者，雖然也稱平反，但卻仍不補發工資，這類條條框框，只能交給「中國特色」四個字去料理）。熟悉我案情的幹部們知道，我的平反只是個時間早遲的問題，這意味著遲早我和他們都會成為「自己人」，便按「相煎何太急」的傳統方式對待了。

其次，我已服滿刑期十七年，餘下的刑期僅為一年，一般情況下，這種短刑犯人逃跑的概率幾乎為零。

如果不具備上列兩個前提，知己知彼的我，甚至不會動筆寫這張報告，這叫作「人貴有自知之明」。

也許有人會問：「重刑犯患了重病怎麼辦？」事實上患上真正重病的犯人還能逃跑的概率可能仍然為零，而患一般小毛病有點醫務常識的中隊衛生員就將你支吾過去，去大隊醫務室或者農場醫院去「走動走動」的可能性也同樣等於零。

這張原汁原味的看病假條還傳遞了另外一個資訊，它告訴我們在勞改隊裡，犯人和被稱為幹部的獄吏之間，其等級界限是多麼森嚴，犯人的謙卑、對獄吏的恭敬（雖然這只是個百分之九十九點九的假像）到何等地步。我甚至相信，只有在共產極權統治下的勞改隊，才可能產生這類盛行於中世紀黑暗時代的精神虐待。

三、「犯衛」

「犯衛」簡直是個涉嫌生造的詞彙，對僥倖沒進過勞改隊的中國人，更會為這個陌生詞彙抓耳撓腮，其實這個詞意對曾經勞改過的人則一目了然，就是犯人衛生員之意也。

在中國大陸，衛生員作為一個職業品種，可以普級到軍隊、廠礦和學校，而「犯衛」周應初，無時無刻都得自虐似的把自己的犯人身份和那些「人民衛生員」區別開來，他的目的是為了證明他時時刻刻都牢記著屈辱的身份（雖然這也是個百分之九十九的假像），因為牢記身份就是認罪服法的第一步，而認罪服法是全中國所有監獄的牆壁上，寫著的四個碩大無比的黑字。

勞改隊的衛生員一般都是案情較輕刑期較短的傢伙（獄吏對犯人的多種侮辱性人稱代詞之一）去擔任，如果進入勞改隊之前，他們即從事醫務工作，當然可以按廢物利用的方式安排，否則也可以將年輕又有點文化知識者弄到農場醫院去進行三、五個月的簡短培訓，其過程不外乎讓他們當當護理員順便學點醫療常識，就足以對付勞改犯那類一時半時死不了的病了。所以當「犯衛」周應初在我的病假條上簽上「建議去大隊部治療眼科」這句有嚴重語法錯誤的句子時，我想到的只是他的虛榮心，他似乎在說：

「因為我的專業不是眼科，只得讓他去大隊治療」，其實我和他的內心都十分清楚，他什麼科也不是。

「犯衛」又是犯人中的一個特殊品種，他們獨自一人住在醫務室裡，不參加一般犯人所從事的生產勞動，獄吏或者他們的家屬患了點無大礙的小毛病，有時也讓「犯衛」拿點藥，他們在醫院去開了針藥，也讓「犯衛」注射一下。甚至附近患病的村民找到我們隊上，在得到獄吏同意後，也讓「犯衛」去醫治。「犯衛」比從事大田生產的勞改犯確有較大的活動空間，可以找到任何一種藉口外出，如上山找某種特殊中草藥，到場部醫院去領醫療器材和藥品等等，離開中隊後鬼知道他們在外面幹些什麼？

也許是因為我勞改的年代太久的緣故，我先先後後結識的「犯衛」的確不少，我發現那些「前醫務工作者」性犯罪所占比例特別大，我想很可能與上世紀六、七十年代中國的特殊國情有關，那年代除了官員可以享有「包N奶」的特權以外，一般平民百姓都處於清教徒似的性封閉狀態。而某些前醫務工作者，因職業需要，難免和某些異性患者的敏感器官接觸，久而久之，一些不能堅守職業道德的動搖份子在受到心理刺激後便產生了非分之舉，什麼「亂搞男女關係」、什麼「流氓成性」之類的罪名就出現在若干「犯衛」的判決書上了。

有關「犯衛」的介紹，如果就到此為止，我就大大的粉飾了毛澤東營造的「以階級鬥爭為綱」的政治環境，這個互相敵視而又人人自危的恐怖氛圍深入全國每個角落，封閉在「革命群眾」之外的勞改隊也毫不例外。在這裡，除了「犯衛」之外，還有炊事員、飼養員、田間記錄員（也許因為這類工種過於普及，故不必用「犯炊」、「犯飼」加以界定），這類特種犯人都是獄吏們在對他們的出身背景、案情性質和勞改表現等方面精選出來的，是他們認為相對可靠的「傢伙」。特殊工種犯人甚至可算是犯人貴族，他們利用單獨勞動的便利，或偷吃生產成品、開發動、植物各類食源，這一切為求生存的所作所為無可非議。

但是，其中一部分「犯人貴族」為了鞏固自己那可憐的既得利益，或被「立功減刑」的迷魂藥麻醉，或生性殘忍品質惡劣，他們在「分化瓦解的對敵鬥爭政策」實施中，不惜殘害同類以換取監管獄吏的恩賜，或甘為幫兇爪牙，勤於打小報告甚至誣陷無辜，或在對犯人施肉刑時，出手麻利，下手狠毒，其中也不乏令人終生難忘的殘忍事例。

行文至此，不妨寫幾句題外話，反正寫的是「一串文字」。

話說那時我還在通木溪中隊服刑，認識了一個名叫王偉的軍犯（來自解放軍的犯人在勞改隊的俗稱），河南人，是成都空軍零二八部隊的軍官，因文革內鬥鬧派性被判刑入獄，對這類有自己人基因的「傢伙」，當然安排在吃香喝辣的「小廚房」，那是專門為獄吏們操辦伙食的「美食城」。從那裡進出的人一個個腿粗腰圓力大無比。某夜，隊上開會鬥爭一個名叫楊志全的年輕逃跑犯，這小夥與我私感不錯，因為他母親病危親情難耐鋌而走險。那是個炎熱的夏夜，這個王偉突然從小廚房裡氣勢洶洶地閃出，他手上竟然拿著一根俗稱「馬鞭」的竹根，此物之環節處有天然錐體，雖小卻極為堅韌。我沒有想到王偉會用這根抽打馬匹的鞭子，對穿著單衣的楊志全一陣猛烈的抽打，每打一下，楊志全本能地彈跳一下，同時就喊出一聲撕心裂肺的慘叫，令我這類觀眾在心裡流淚。最後他親手把血淚包裹著的楊志全捆在他那小廚房門口的電線桿上，聽楊志全通宵達旦的哭泣求饒。第二天，為他解開深陷肌肉的繩索時，卻無法脫下被鮮血凝住的襯衣……

文革結束不久，王偉由軍用吉普接走並平反，又過了三年，我也平反出獄。恰巧成都空軍零二八部隊所在地南門磨子橋，和我當時暫住的四川音樂學院近在咫尺，我便隨一個與空軍零二八部隊有交往的「哥們」進入，我作好了準備，如果王偉出現在我的面前，我一定握著他的手在他的耳邊說一句悄悄話：「你他媽的是個禽獸」！

不一會，一個年輕軍人回話說：「王偉同志已經住進了精神病醫院」，我估計在離開這座軍營時，缺乏宗教情懷的我，臉上出現的肯定是一絲幸災樂禍的冷笑。

應該公正地說，「犯衛」周應初從來沒有傷害過我，最重要的原因是我決不給可能傷害我的人留下機會，這是用我的遍體鱗傷換取的經驗。誰是可能傷害我的人，在勞改隊，似乎誰都是又似乎誰都不是，這大概就叫恐怖。

四、又一個「犯衛」的故事

我曾經和一個名叫黃澤金的「犯衛」打過一段時間交道，只是我和他打交道時，他已被取消了當「犯衛」的資格，和我一樣淪為一般勞改犯。

彷彿記得他是四川隆昌縣人，如果還活著，也該是六十多歲的人了，這個年齡段的人，因為距火葬場不遠，一般都比較敢說真話，所以我用的是他的真名實姓，雖然他兩次判刑都與政治無關，但我相信他對我這個純種政治犯不會有任何敵意……

我在這個農場大約勞改了十三年左右，其中大部分時間是在通木溪中隊，這個中隊距大隊部和集訓隊距離最近，某些耕作區和集訓隊的土地犬牙交錯，加上犯人中難免有些工種的特殊性，如放牛放羊、犁田耙田打農藥，只能個人單獨操作而不能成群結隊人海戰術，當通木溪中隊某單獨勞動的犯人和集訓隊另一單獨勞動的犯人某田邊地角或無名高地偶然相遇時，誰還能阻擋他們之間的資訊交流？

大約是一九七三年左右，犯人間流傳著一個特大新聞說，集訓隊有一個名叫張世全的犯人，在收工回隊的報數過程中（集訓隊是嚴管性質的中隊，出工和收工在進出大門時都按人頭報數），不知為什麼引起站在崗樓上的士兵氣憤，他竟然從崗樓上奔下，順手操起一把「釘耙」（一種犯人用來糊田坎的鐵質工具，上有一米左右的木把），對著張犯的腰部猛打了三下，不一會張世全倒地人事不醒，另外的看守兵立刻叫來幾個犯人將昏迷中的張世全拖到獨居小監，叫來「犯衛」檢查治療……當晚死去。事後又聽說死者他還是個轉業軍人，南溪縣人，刑期好像是七年，死時估計二十七歲。

在專政壓力下，犯人們誰敢控訴？犯人們在私下議論中，想知道對那個打死人的兇手究竟將會如何處置？然而幾個月後不了了之，人們也逐漸淡忘了這樁光天化日下的謀殺。

不久，從集訓隊調來十多個犯人，其中就有剛剛加刑三年的黃澤金，他身高一米七六，不到三十歲，按今天評價小夥子的常用詞彙可說是既帥氣又性感，我當時在中隊搞植保打農藥，專職打那台機動噴霧器，中隊幹部安排他當我的助手。

對勞改犯而言，最怕的就是窩裡鬥，其結局肯定是兩敗俱傷漁翁得利，我作為在勞改隊「久經考驗的老一代反革命」與他開始了「聽其言，觀其行」的試探性交往，結果他十分健談，我喜歡和健談的人打交道，因為這最少證明他相信我，相信我不會從他的洋洋萬言中挑選一塊幫助我立功減刑的墊腳石。

我瞭解到他確是一位「前醫務工作者」，也是因為亂搞男女關係被判刑五年，在二分場某中隊當衛生員期間，又利用給老鄉看病機會，多次姦污女性患者，送集訓隊關押反省後加刑三年。這位前「犯衛」在談到他和某村婦在林間野合交歡進入高潮時，該女性拍打著他的屁股發出淫蕩的歡呼，這時他眼中閃出快樂興奮的光芒……他繪聲繪色沒完沒了的描述，甚至差點啟動了我早已萎縮了的性功能。

如果我把他這類言論彙報上去，他絕對免不了一場批鬥，因為他「繼續宣揚犯罪技巧」也就是不認罪服法的表現，他的日子就不會好過。假若我檢舉了他，他也會反過來檢舉我，彼此按共產黨制定的分化瓦解政策惡性循環下去，只會兩敗俱傷。我作為重刑政治犯，他作為刑事犯，先天優勢屬於他。敗得最慘的應該是我。不管從哪個角度出發，我都沒必要視黃澤金為敵。

有一天，他突然神秘兮兮地告訴我：「你曉得不，張世全的死亡報告是我簽的名」。我想起他加刑前被收監入集訓隊，當的仍是「犯衛」。「那天」，黃澤金接著說：「看守排長把我叫到小監，指著張世全的屍體說『你給他弄個死亡報告吧……要注意不要給解放軍造成不良影響，讓階級敵人鑽空子。』我明白他的意思，填了一張死亡報告單。」我趕緊問：「你怎樣填他的死亡原因？」他含著微笑輕鬆地回答說：「那還用問，當然是突發性心臟病」。

為此，我永遠地記住了張世全這個轉業軍人的名字，也明白了勞改隊在選用「犯衛」時絕對排斥政治犯的原因。

五、無法合併的同類項

按這張看病報告上人物出場的順序，現在終於輪到季某了，他便是對我這張報告擁有「終審權」的季幹事，在他的稱謂前面，我不能不按勞改隊犯人對幹部頂禮膜拜的不成文法，寫上表示恭敬的「呈」字。

有人說，「毛澤東是人類有史以來最大的奸雄」，我沒有興趣也沒有能力論證這個斷言，但是我可以為這個斷言提供一點證據，那就是用顯微鏡在他臉上也找不出一絲喜怒哀樂的季幹事，他就是毛澤東將人性扭曲後製成的標本。

他是上海人，中共在攻佔上海南京後，隨即準備向西南進犯，便在這兩座城市招募了大批青年學生，組成所謂「南下服務團」，季幹事參加進去，隨軍來到西南四川的雷馬屏勞改農場。一貫寡言少語的他，按理說不難躲過針對知識份子的反右劫難，奈何他有位叔叔在中共接管上海前去了香港，成了永遠也說不清、道不明的「潛在敵人」，這類人有個帶有恐怖色彩的稱謂叫「海外關係」，中國大陸被這個事出有因、查無實據的「關係」傷害的人何止幾千萬，季幹事便因此而成為幾十萬右派分子中的滄海一粟，幾番批鬥以後，就按毛澤東指示的「留下他們當反面教員」，留在了獄吏種群中，而他這種不倫不類的尷尬身份，從來沒有權威當局公開宣佈過，卻一直在犯人中代代秘傳。

有一句流傳甚廣的俗語說：「殺雞給猴看」，因為據說猴子見到那血腥場面會捂住雙眼渾身發抖，毛澤東顯然高出其他殺雞的暴君一著，他並不乾脆利落地一刀將雞殺死，而只將雞的血管割破，讓這隻脖子上不斷淌著血的雞在猴群中走來走去，慢慢掙扎而死。就憑這一手，毛澤東就有資格嘲笑「秦皇漢武」，「唐宗宋祖」的「略輸奸狡」和「稍遜殘暴」。

不幸的季幹事就像是這樣一隻被殺過一刀的雞，他帶著妻兒和其他獄吏住在同一所院子裡，在獄吏的專用廚房搭夥吃飯，和其他獄吏同樣輪流值班監督犯人出工勞動，一句話，在表面上他和其他獄吏毫無區別，甚至也沒有「組織性不強」的獄吏在私下透露過季幹事是一個右派份子，是毛澤東說的「不齒於人類的狗屎堆」。

我毫不諱言地說，我讀書時，數學成績慘不忍睹，初中以後不論代數幾何從來沒有及過格，但我竟然像奇蹟般記住了「同類項合併」這個數學術語，又讓它成為本文一個章節的標題，那是因為像季幹事這樣一個受監督改造的右派份子，還得一本正經地代表人民政府去改造我類勞改犯，這種「裡外不是人」的尷尬差使本應由兩棲動物來擔任，但共產黨卻偏偏相中了季幹事，這也太難為他了。他的同事都不願稱其為「同志」，也視他為階級敵人，對實施專政的獄吏和被專政的勞改犯，他似乎都是難以合併的同類項。

據我勞改二十餘年所積累的經驗，在監管犯人的獄吏中，越是家庭出身不好或者個人歷史上有點「紅疤黑記」的獄吏，越是迫切的用對敵鬥爭的堅決無情以證明他們立場的轉變。這時他治下的犯人就成為他表演「忠於革命忠於黨」時的一種道具而倍受煎熬，這種扭曲的人性是極權政治與生俱來的「遺傳基因」。

回頭還是說我們這位季幹事，他面無表情、不苟言笑，但你只要換位思考一分鐘，試想他能和誰言、又和誰笑，誰又是他的「同類項」？在其他操持相同業務的獄吏們眼裡，他是一個右派分子，他的同事們每時每刻都默念著「和他劃清敵我界限」的緊箍咒，還有的睜大了眼睛想在他的言行中提取出「一失足」的有效成分，為自己的晉升充當一塊唾手可得的墊腳石。

此外，他面對的另一類種群，則是我們這些「心裡有數」的勞改犯，他從早到晚總是繃緊著神經，以防止被我類拉攏腐蝕犯下更大的「錯誤」。老實說，在我和他打交道的兩三年時間裡，只要和他面對（包括遞交這張看病報告時），我那雙探詢的、甚至暗藏一絲挑釁的目光，總是直端端地對著他的眼球似乎在說：「你何苦這般馴服？」而他垂下的眼皮又似乎在回答我：「不要惹我，我明哲保身的立場一百年不動搖」。

公正地說，季幹事絕不是那種拿犯人當道具的假左棍，但他也決不會背著他的領導私下裡對任何一個犯人「暗送秋波」，就這一點而言，似乎他也堅守了右派分子的做人底線，所以我沒有一絲要責怪他保命哲學的意思，那是極權暴君的傑作。

轉眼之間，二十七年又匆匆過去，四川省公安廳為在雷馬屏這個深山農場，艱苦奮鬥了幾十年的老獄吏在成都附近修了宿舍區，其中也有個別原右派「改正」成為一級警督的老朋友。逢年過節，公安廳老幹處要邀請他們來一番「老生常談」，一天，我忽然心血來潮地向曾經與會的一位早已退休的前警督，打聽多年不見的季幹事，他對我說：「八十年代初，老季與省公安廳脫離關係移居香港他親戚處，誰曉得他對那種資產階級生活方式深惡痛絕，成為親戚中的一個異類，乃至變成一個不受歡迎的人。一年後，他垂頭喪氣地回到成都，省公安廳按政策不願重新安排他，但他賴死賴活地扭著單位好說歹說，終於留在了省公安廳，恢復了他的離休待遇。」說罷他深深地歎了一口氣，接著說：「唉，這年頭連那些老共產黨員都說『只有資本主義才能救中國』，而他連共產黨員都不是，卻自稱是馬列主義的原教旨主義者，周圍的人個個都不理他……」

這時，數學一貫不及格的我，終於想起用「無法合併的同類項」作為這個段落的標題。

二〇一〇年八月十一日改定於絕食中

載二〇一〇年八月十二日《新世紀》網

十、勞改服上的一次「文字改革」

上圖這件棉衣的實物照片，是上世紀七十年代中國大陸勞改犯的「法定服裝」，它最引人注目之處是背上那「雷馬屏」三個鮮豔奪目的紅色大字，對中國勞改鐵幕一無所知的人根本無法破譯它神秘的含義，或者誤以為它只是四川大涼山周邊的雷波、馬邊、屏山三個縣名的簡稱，不會想到它更是跨越了這三個縣的大型勞改農場的代號。

話說這座赫赫有名的大型勞改農場，其跨越三縣的面積一百多平方公里，鼎盛時期關押的勞改犯近兩萬五千之眾，像中國絕大多數大型勞改場所一樣，都設立在人跡罕至的荒山野嶺、或飛鳥也難穿越的戈壁沙灘，其目的是借助自然形成的惡劣環境來阻隔關押中的「敵人」和社會生活的聯繫，也給企圖越獄逃跑者製造障礙。

現在把話題拉回到棉衣背上，那三個非比尋常的大字上來：上世紀五十年代初，中共以武力在大陸奪得政權不久，趁國人對它傷天害理和禍國殃民的本性還認識不足，便立即大肆煽動階級仇恨，蠱惑群眾，接二連三地發動鎮反肅反、土地改革等一系列消滅異己的政治運動，將大批統治者認定的敵人抓進監獄後，宣稱一部份人為「罪大惡極者」即處以極刑槍殺，剩下的便判刑勞改，從老大哥史達林那裡移植了集中營經管理念，建立了絕滅人性的勞改制度。當年為了給這群勞改犯留下個特殊的記號，便在服刑勞改犯所穿特製的上衣背上，印了紅色的勞改兩個大字，即如當年流行甚廣的民諺所吟：「吃公家，穿公家，背上背個紅疤疤」。

幾年以後，據說是為了體現共產黨所自詡的「革命人道主義」精神，將勞改二字取消，把原來兩個字的「紅疤疤」進一步擴大化和複雜化，變成犯人們所在的勞改單位的簡稱。如四川崇慶縣有個勞改單位名叫萬家煤礦，那裡犯人們所有上衣的背上都印著「萬煤」兩個大紅字，就像我們剛剛在上頁圖片上見到的「雷馬屏」三個字一樣。

最具諷刺意味的是，在勞改服上進行的此番「換湯不換藥」的「文字改革」以後，監管犯人的獄吏還組織勞改犯對這一「自欺欺人」的舉措進行學習討論。獄吏頭目在給犯人作報告時振振有詞地說，背上取消了「勞改」兩個字，「體現的是人民政府對罪犯的寬大」，「證明了共產黨的『革命人道主義』政策的英明偉大」。大多數勞改犯受這次「文字改革」的愚弄後，更看出統治者的虛偽和卑鄙。對背上那雷馬屏三個字，私下裡乾脆用三個罵人的諧音髒話稱之為「你媽P」農場，以詛咒這無惡不作的勞改制度。

照片上那件棉衣的頸部上方，還放有一小塊同樣是印著「雷馬屏」三個字的碎布，這樣擺放的目的是使它與衣服的大小比例更易於比較。它是從我當犯人時所穿褲子上剪下來的個人紀念品，它和那件棉衣一樣，一直被我珍藏，只因其布質的低劣，今已初顯腐朽，影響其原汁原味，只得拍成照片存放。

我估計當年那些勞改服的設計者為這三個字的大小和印置部位還消耗了批量智商，因為眾所周知，褲子上能印下那偌大的雷馬屏三個字的部位，只有前襠和後襠，前襠距生殖器太近，後襠包藏著屁股，而這兩個不雅的部位在我國傳統文化中都隱含污穢侮辱之意，捍衛專政權威的官員們，決不能給階級敵人提供身體上的某個部位向「他們偉大光榮正確的黨」搞階級報復，只好縮小雷馬屏三字所占面積，然後將它印在右邊的大腿上。

勞改服所用布料都十分低劣，每年只發一套單衣，棉衣則三至五年一套，事實上在「毛澤東時代」，中國人每年也只供應一市尺左右的布票，以至於原來被中共尊之為「蘇聯老大哥」、後來又被中共誣之為現代修正主義者的蘇共說那時代的中國，「三個人夥穿一條褲子」，從人平七寸布票的供應標準計算，似乎誇大得不太多。「公民」尚且如此，賤民勞改犯的衣衫襤褸之狀不難想像。

勞改犯進入勞改隊之前所穿衣服，或者家裡寄來的衣服，不論白大綢毛嗶嘰，也不論西服夾克或長短褲，一律以雷馬屏三個油漆紅字「格殺勿論」，任各種書法流派在上面「揮灑自如」。若發現有人膽敢私自藏匿以避免油漆污染，不由分說地被獄吏定性為「私藏好衣服以伺機越獄逃跑」，捆綁吊打、皮開肉綻、收監加刑，一切惡果都可能發生。

總之，雖然不能像林沖之類的古代造反者那樣在臉上刺字打記號，在衣褲上打記號也可收異曲同工之效。這一切作法的主要目的卻在於防止逃跑，勞改犯除了在衣服上與眾不同以外，清一色的和尚光頭也便於「一目了然」，更不用說購買車票船票住旅館所必備的路條證明介紹信，這些被統治者譽為「汪洋大海」的玩意，遲早會淹沒那些逆歷史潮流而動的暴君。

最後，讓我們再度望一眼這些踐踏人類尊嚴的文字吧，不知道希特勒的奧斯維辛集中營裡面的猶太人，是否有過類似的穿戴；也不知史達林時代的古拉格囚徒是否被這樣蹂躪過，反正我這個名叫張先癡的中國大陸資深勞改犯，確確實實穿著這種勞改服被中共的無產階級專政「凌遲」了二十多年。

二〇〇七年四月十四日寫於成都寓中

刊於《觀察》，二〇〇七年四月十八日

十一、暴政蹂躪下的日記

一九五〇年時我十六歲，在解放軍西南軍政大學畢業前被吸收為青年團員，不久就把我調到通訊學校學無線電收發報技術。據說這種生背死記莫爾斯基電碼的技能，十八歲以上的人很難學會，果然我畢業成績為全校第一，隨即分配到軍分區的電臺上工作。

我讀中學時，語文老師鼓勵我們全班同學記日記，說這種鍛鍊可以有效提高寫作能力。此後我就慢慢養成了寫日記的習慣，每天或多或少都得寫上那麼幾句。我到電臺上班以後，依舊按老習慣照寫日記不誤。某日，我們電臺的老資格台長私下對我說：「小張，幹我們這種機要工作的同志，最好不要記日記，那樣很容易洩密……」雖然我認為日記又不是給外人看的，怎麼會洩密？但他畢竟是德高望重的老台長，我沒有勇氣去反駁他。當晚我翻了翻我前些日子記的日記，果然有「與十七團聯絡不順利」或「軍區報務員錯用了昨日的聯絡暗語」這類涉嫌洩密的字句。事後我主動向台長作了檢討，交出了日記本，並從此視日記本為危險品，不再碰它。那年在年終總結中我立了個三等功，還評上了優秀團員——我似乎嘗到了聽黨的話的甜頭。

一九五四年，中共政權建設已基本穩妥，便以中央十人小組名義下達黨內文件，開始了「兔死狗烹」第一波「清理階級隊伍」的內部整肅，將過去宣佈「不予追究」的個人歷史問題和家庭出身等問題重新定位追究。該文件為直系親屬被殺者定下一個能嗅出血腥氣味的「血仇份子」新稱謂，將另一批在舊政權擔任職務達到某個「級別」者，定性為反革命分子。強調這類人「一律不得入黨、不得從事要害工作」的硬性政策規定。自我暴露了「奪權年代」中共那「出身不由己，道路可選擇」的「統戰」謊言。只可惜那時二十歲、成天樂哈哈的我，並沒有對這項新政策將會給我的未來造成多大影響給予相應的思想準備。

為落實上述重要新政策，在重慶新橋成立了「西南軍區直屬隊幹部轉業大隊」，對該政策界定內的人員，進行清洗淘汰。其間所用的藉口仍然冠冕堂皇，執行政策者說：「是為了加強地方政府的幹部建設」。我和大約四百多名即將轉業的軍隊幹部，分別調入了這個大隊下屬的三個區隊內，在這裡將要學習一些今後在地方工作中，怎樣保持和發揚我軍光榮傳統之類的黨八股老生常談。

學習期中的某一天，領導學習的負責人宣佈：今天將停止學習討論，全體同志到郊區一家工廠去參觀、座談。接著宣讀了一份不去參觀者的名單，每區隊十二人共三十六人，稱他們另有任務，我也莫名其妙地成為其中一員，將去接受「另有任務」。待大隊人馬離去以後，我們這三十多「另有任務」者被帶到小會議室，一位負責人對我等說：「你們都是經過考驗的同志，為了革命工作的需要，即將換一個工作崗位，同樣是為黨工作。今天留你們下來，就是要求你們協助組織對全體離隊同志的個人物品進行一次清查，重點查一下是否有人無意間帶走了機密文件，或者記錄稿和其他不屬於個人的東西……」說罷將一、二、三區隊的人分別集中在一起，用一區隊查二區隊，二區隊查三區隊，三區隊查一區隊的互查方式，避免出現自己查自己的漏網之魚。隨即分頭進入被查的宿舍，對掛包、裝換洗衣服的枕頭，特別是紙張筆記本、一切可能與「機密」二字發生聯繫的物件進行了細緻入微地搜查。

因為此前我有過在私人日記上洩密的教訓，清查中我特別注意可能記日記的各式筆記本，凡發現疑似日記的章頁，基本上便不由分說地撕扯下來，交給小組負責人任其發落。

對我來說，這次搜查最大的收穫是，它讓我品嚐到「螳螂捕蟬，焉知黃雀在後」的苦澀——我發現我那只小小的軍用掛包被翻了個底朝天，最令我不滿的是，我的一個精裝筆記本上，記錄著我在大涼山工作時，收集整理的十多首與軍事機密二字毫不沾邊的彝族民歌，檢查者竟悉數撕去。我想起安排此番搜查的負責人早已有言在先：「為了黨的利益，任何人不得對這次清查說三道四」。不過，我視日記為不祥之物的心態卻從此確立，甚至有了一種說不清道不明的恐懼。

轉業大隊的學習結束後，我理所當然地離開了要害部門，也順理成章地離開了軍隊，去到川北地區的南充縣人民政府民政科，當了一名遠離要害的科員。其時年輕自信的我，對這些調動毫不在乎，成天樂哈哈的談我的戀愛。

三年後的一九五七年，終於到了我樂哈哈不起來的日子了。中共發動了以「陽謀」自詡的反右派運動，那時我已經在一些文學刊物上發表了點至今令我害臊不已的作品，由於那年頭整體文化的落後，加上南充的偏僻和閉塞，竟有人譽我為當地一顆明星似的才子。可能我自己也有點飄飄然作鶴立雞群狀，活脫脫一副右派份子「出頭鳥」造型。更加上我檔案中「血仇份子」的「不治之症」，便應了「我不入地獄誰入地獄」的那句老話。回憶劃我為極右分子的當時，我死活不認帳，縣委書記一把手李家驥勃然大怒，臉紅脖子粗地指著我的鼻子吼出一句至理名言：「你張先癡不是右派，我這個南充縣就再也找不到一個右派了」（說他這句話是至理名言，是因為中共南充縣委在二十三年後的一九八〇年九月十一日下達了紅頭文件，為該縣最後一個右派分子張先癡作了改正，至此南充縣就真的「再也找不到一個右派了」）。

事實上我在「大鳴大放」中並未「跳出來表演」，因為那時的中共還沒搞整知識份子的反右運動，更沒來得及鬧出大躍進畝產萬斤之類的欺世笑料，也沒有搞出餓死幾千萬同胞的史無前例，一句話，它傷天害理的專制殘暴還暴露得不充分，我們對它的認識和批判也不深刻，似乎還找不到更多的「反黨、反社會主義」的理由。

另一方面，我們縣級機關開展鳴放反右時，中央和省級機關批判右派的大塊文章，早已連篇累牘鋪天蓋地地登載在中央和省級黨報上，不論陰謀陽謀新朋老友各自心知肚明。那些「先天不足，後天失調」的「右派候選人」，一個個如驚弓之鳥般人人自危謹言慎行，除了麻木不仁的二桿子類型，很少有人「口出狂言」自投羅網，我也毫不例外。造成我最終被揪出的致命的一擊，竟然又是我視為洪水猛獸的日記，更出乎意料之外的那是一本別人的日記。

像我這種天性喜歡舞文弄墨的人，在反右運動鬥爭我的過程中，總有戴著各類面具的人，勸說我主動交出私人日記「向黨交心」。我根本不記日記的回答又令「黨」根本不相信，能證明這一點的是我的箱櫃抽屜枕頭床下，都有明顯的被「黨」翻動過的雜亂跡象。來者在「反動日記」方面肯定一無所獲，喜出望外的收穫是順手牽羊地拿走了我積存多年的三本集郵冊。如果我今天能將這三本半個多世紀前的郵票索回，我一定將它賣掉帶著妻子去品嚐一次出國旅遊的閒情逸致。

造成我致命傷害的一本日記，來自當年和我一起轉業調到南充縣財政科的宋承恩，我倆都是二十歲出頭的同齡人，他是貴州遵義市人，是出身於善良的基督教世家的虔誠基督徒，因犯下「海外關係」的天條被清洗出局。我初中畢業於武漢博文中學，那是一所負有盛名的基督教會學校，雖然我沒有受過洗禮，但耳濡目染地受過不少基督文化的薰陶，這種精神情懷便成了我們這對知心朋友的感情紐帶。反右開始不久，他的宗教背景受到追查，為證明自己是個「坦蕩蕩」的君子，主動交出了他認定光明磊落的私人日記，在這本「沒有任何虧心事」的日記本上，他記載了大量我和他的談話，其實那時十分敷淺幼稚的我們，又長期飲用中共的狼奶，絕對不可能像以後「黨」所誣陷的那樣「有計劃有步驟……」

在那本日記上出現的所謂嚴重問題，充其量也只是點牢騷二話，再一個充其量就是我說話的語氣一貫比較尖刻，這就深化了也放大了那些小打小鬧的隻言片語的重量。而兩年前毛澤東親自「御批」的胡風「反革命集團」材料，提供了尋章摘句血口噴人的典範樣板，早已教會了黨徒們如何栽贓陷害肆意上綱上線的技巧，輕而易舉地以這本日記上我倆的談話內容為依據，將我和宋承恩、加上農業局一個地主家庭出身的技術員，劃成一個反黨小集團。在反右運動的總結大會上，我和他雙雙判了勞動教養，我被定為這個集團的首犯，比他多判了個五年管制。

宣判完畢之後，運動期中被「隔離審查」的我倆，很自然地解除了互不往來的狀態，可以相互交談，這時我十分驚異地發現，宋承恩像變了個人似的，成天唉聲歎氣萎靡不振，有時看見他紅腫著雙眼似乎曾經哭過，他的行為舉止都不像過去那樣落落大方坦蕩自然。我估計這些變化，都是因為運動中對他連番批鬥挫傷了他的精神意志，調整一些時日興許會逐漸好轉。

兩天後，我們這二十多個南充專區剛剛「任命」的勞教份子，在一部大卡車上被一支衝鋒槍押解到了被稱作成都轉運站的新單位，即將轉運的不是什麼商品貨物，而是男女老少由全省各地運來的勞教分子，其中百分之九十都是這次運動揪出來的右派分子，他們被四面八方站在高圍牆上的士兵監視著。

這裡畢竟是人來人往的轉運單位，除了嚴密布控防止「份子」脫逃外，人際間的相互監督並不十分可怕，我和宋承恩同時到達後就順勢住進同一間宿舍，室內所有人都打地鋪，我和他的地鋪也捱在一起。深夜裡睡夢中似感覺身邊有人在抖動，我被這反常的動態驚醒後作出判斷，原來是宋承恩在偷偷地哭泣，我拍著他的肩頭輕聲勸他說：「勞教有什麼可怕，我們都這樣年輕」，他小聲地哭著說：「是我害了你，當初你勸我不要寫日記，我如果聽了你的話就不會出這場事了」，說著又在嚶嚶地哭著。其實我壓根不記得曾經勸他不要寫日記，我只是告訴他我的一種嶄新感受：「有沒有這本日記，甚至有沒有你宋承恩這個人，我都將被劃成右派」，這句我認為有說服力的理由應該能解除他的愧疚，可片刻後他又喃喃地說：「我不會原諒我自己，日記本是我主動交上去的」，我說：「那也不是你的錯，你只是受騙上當而已。」他苦笑著搖了搖頭。

那些日子我幾乎不敢正眼對視他紅腫的眼圈，和他無奈地搖頭苦笑，災難降臨後的朝夕相處，使我對他有了新的認識，他虔誠的宗教信念締造了他嚴於律己，善良寬容地面對欺騙和殘忍，這種精神反差對他形成的折磨常人難以想像。幾乎已溶於他的血液。任我用多少竊竊私語去勸慰他，希望他能從無邊的自責中解脫出來。

似乎為了消化新近揪出的這一大群右派份子，一個勞改集中營應運而生，它就是四川省公安廳勞動教養築路支隊。我的運氣看來不錯，竟僥倖成為這個支隊第一中隊第一大組第一班的第一名，在我之前來到這個轉運站的勞教份子都去了沙坪農場。編隊中一個明顯之處是判處了管制的人與沒判管制的人分在不同的中隊，這意味著我和宋承恩將分別去到不同的工地，編隊完成後，我們這個中隊首批向鐵路工地出發。我和宋承恩分手的時候，私下向他表示說：「不論天長地久，也不論天涯海角，我們永遠都是好朋友」，我看見他眼角有兩顆晶瑩的淚珠。

隨後的歲月，勞教分子們在「脫胎換骨，重作新人」的號召下，承受著苦役類型的沉重勞動，開山放炮修橋打洞，夜以繼日的所謂「大躍進」、沒完沒了的「一天等於二十年」。總之用各種貌似神聖的理由要求加班加點，逼迫我們累死累活「輕傷不下火線」，與疲憊同時煎熬我們年輕生命的是一種陌生的苦難，那就是不斷下降著的口糧定量標準，日復一日的饑餓，有饑荒年代盛行的水腫病患者在我們身旁低聲呻吟。我們這個掛著築路支隊招牌的流動性勞改集中營，先在雲南鹽津縣沿著橫江修內江到昆明的所謂內昆鐵路，中途又突然下馬，瞎指揮到大涼山喜德縣去修成都至昆明的成昆鉄路。幾番折騰後，我們這個管制中隊被調動到兩河口山裡的一個名叫耳譜地的大山上打隧道，這時我連宋承恩的去向也一無所知了。

在沒有公路的山間修築一條鐵路，一個難以克服的困難就是物資給養的補充，例如炸藥鋼材水泥木料，再加上數量可觀的築路者吃穿用的日常雜物，分佈在叢山峻嶺裡的各個中隊隔三岔五地都得派人到支隊部去挑去抬。有一天這個差使輪到我的頭上，在我和同行者領好東西準備動身回隊時，突然碰見一位當年從南充同車押來的老熟人，我知道他的勞教沒加管制，和宋承恩編在同一個中隊，便刻意上前詢問宋承恩的情況，他告訴我，宋承恩身體很不好，正住在支隊部的醫院裡。時間已不允許我去往遙遠的醫院，反正這種出差挑運東西的機會並不少，我決定下次再去看他。

那時我身上唯一值錢的東西，就是一張價值一百元的公債券，我從行李中取出藏在身上，準備下次出差時順便帶給他。沒多久果然有了這個機會，當我們一行人到達支隊倉庫後，我拜託一位友好者幫我收拾擔子，我快步向醫院走去。

終於找到了宋承恩的床位，我簡直不敢相信躺在床上的這具骷髏型軀體就是宋承恩，他見到我淚水就一串一串地往下淌，我蹲在床邊握著他瘦骨嶙峋的手，我手心裡夾著那張一百元的公債券，他大概以為我給他送鈔票，一邊推開我的手一邊喃喃地說：「不用了，一切都沒有意義了」，我理解這句話中可怕的含義，一陣悲涼湧上心頭，我控制不了聲音的顫抖：「你安心養病，不要胡思亂想」，他卻說出一句令我銘記終生的話：「先癡，真沒想到，為了認識這個魔鬼撒旦，我們這代人付出的竟然是難以承受的代價……」我再也無法阻止奪眶而出的淚水，又不願讓宋承恩看見我的眼淚，我只好側過臉說：「再見，願你多多保重」，我們就此分手。有一種不祥的預感在折磨著我，半個月後，當我帶著從彝族老鄉手上買來的一個大玉米粑粑，再次來到醫院看他時，一位病友說他已經死去十天了。

醫院背後有一片被喚作「亂葬崗」的荒地，在雜亂錯落的墳堆間，有一個顯然是新壘的小土堆引起我的注意，墳堆前插著一塊十幾公分寬的小木片，上面歪歪倒倒地寫著宋承恩三個字，我失聲痛哭跪在墳頭，取出玉米粑粑和著淚水埋進了墳堆……

多年以來，我一直堅持一種看法：大躍進造成的大饑荒，客觀上對中華民族子民們的素質進行了一次規模宏大的逆向淘汰。當饑餓威脅著人們的生存底線時，首先餓死的是那些循規蹈矩、共產黨給幾兩就吃幾兩的老實人。而那些敢於鋌而走險挑戰清規戒律的「綠林好漢」們，或者去偷倉庫，偷食堂，或者偽造票證，甚至去搶去騙，總之不擇手段地為填飽肚子而大膽妄為，這些所謂的壞分子卻很可能僥倖活了下來，這不是優敗劣勝又是什麼？就以我和宋承恩作比較，姑不論宗教信仰、道德操守為他設下的精神底線，他會因書寫日記誤傷了好友，而墜入悔恨內疚的深淵又難以自拔。他沒有一絲一毫的罪錯，卻實實在在的是一個情操高尚的殉道著，一個共產暴政祭壇上的犧牲品；而我卻為了不當餓死鬼，根本不在乎什麼勞教隊紀律，終日處心積慮地開發食源，他和我的生活方式也迥然不同，我可以躲開監視者的眼睛，用我在大涼山當兵時學會的彝語，經常找過路的彝族老鄉買吃食而宋承恩就不願去「違紀」，他就被餓得骨瘦如柴舉步維艱。總之，精神和肉體的雙管齊下，終於奪走了他年輕脆弱的生命。

像這樣年復一年，一個運動接著一個運動，對中國同胞一再逆向淘汰、逆向篩選，其結果是進入二十一世紀以後，中國大陸幾乎無誠信可言，甚至將誠實者與傻瓜劃上了等號，造成這場誠信危機的始作俑著，仍然是萬惡的極權制度。

一九六一年十月一日，我不堪勞教隊的酷刑折磨，憤而越獄逃跑，兩月後自天津捕回，後以莫須有的「叛國投敵」罪判刑十八年。在長期勞教勞改生活中，我發現不少難友的判決書上，都印有「大量書寫反動日記……」或者「利用日記惡毒攻擊我黨……」這類「欲加之罪」。日記畢竟不是宣傳品，為日記定罪，無異於給思想定罪，反右運動就是給思想定罪的代表作。

人們在受到日記的沉痛傷害以後，誰還會重蹈覆轍？反正在我勞教勞改的二十三年中，從沒有看見哪一個犯人寫日記，我甚至想過，如果共產黨的紅色江山，真像他們高喊的那樣千秋萬代永不變色的話，千秋萬代後的勞改犯，很可能退化到「結繩記事」的原始人狀態。

一九六五年，我在勞改這部龐大的絞肉機裡，輾轉調到大涼山裡的雷馬屏農場，五年後，我幾乎學會了、甚至可以說精通了犁田耙田、栽秧撻穀之類的農事技能。在一位尚有人性的彝族獄吏的協助下，讓我登上了「仕」途的頂峰——當上了勞改隊水稻班班長。在和我打過交道的獄吏中，他算是勉強可以對話的極少數人中的一個，他一字不識，經常用美國人說漢語的調門「教育」他治下的犯人「要聽黨的話」，他指著牆壁說：「這牆壁是白的，共產黨說它是黑的你們就得說是黑的」。在多年被共產黨花言巧語欺騙得頭昏腦脹以後，我反而更容易接受他這種「我是流氓我怕誰」的單刀直入法。

大約在一九七〇年，他叫我當了這個深山裡的勞改分隊的班長，又叫我記下每天的生產流程，這當然也是一種日記，但它除了機械地記下生產流程以外，不可能記下人的思想

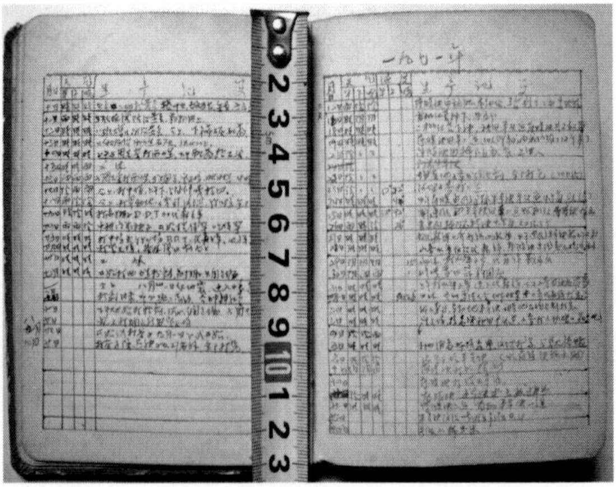

感情，卻正是這個沒有思想感情的特點，才真正折射出毛澤東暴政的時代特色，使之成為退向「結繩記事」的階段性物證。它就是在最不宜記日記的勞改隊，最不宜舞文弄墨的文化大革命年代，出現的一個日記樣本。

上頁圖是這個日記本的實物照片，為了說明實物的尺寸，拍照時我在小日記本的中縫上放了一個鋼卷尺，文字寫得很小，是為了節約用紙，對勞改犯而言，物質永遠是匱乏的。

一九八〇年七月（此時距我服完十八年刑期僅差五個月）我平反出獄，帶走了這個小紀念品。

我患有「老年性黃斑出血症」，沒有重新閱讀那些「蠅頭小楷」的視力，我用放大鏡能看見前面幾行字：

一九七一年
三月
12日 天氣：早 雨中 陰晚 陰
溫度：早 中 晚（均未填寫）
生產記實 薄膜秧田施肥鏟田坎。暫劃3.2畝……

二〇〇八年九月

刊於美國《人與人權》，二〇〇八年十一月

十二、二十世紀的兩種奴隸制

一九五三年，那是我當張犯先癡之前很多年，曾經穿著一身解放軍軍裝，高唱著：「起來，饑寒交迫的奴隸……」的《國際歌》，雄赳赳地來到四川邊遠地區的大涼山，頂頭上司對我們說：「涼山的彝族奴隸們生活在水深火熱之中……」。那年我十九歲，懷著平等、博愛的天真對彝族老百姓宣稱：「我們一定要將這裡的奴隸解放出來」。

我住在涼山的首府雷波縣城裡，是駐軍司令部電臺的報務員，經常走動在大官們的身邊。司令員魯瑞林曾親口對我的好奇心回答說：「大涼山的奴隸制度，是人類社會發展留下的一個活標本，以後蘇聯的社會學家還會來這裡進行專題研究」。我作為一個求知慾很強的年輕人，對這個「標本」也饒有興趣，幾乎將全部業餘時間都用在和彝族人交朋結友上，瞭解他們的奇風異俗，學習他們的語言文字。

當年的涼山絕對封閉，可以毫不誇張地說，百分之九十五以上的彝族人從來沒有見過漢族人，而遠離涼山的漢族人也完全不瞭解彝族。歷史上鮮見的彝族人物，似乎只有一個在小說《三國演義》中被諸葛亮七擒七縱的孟獲。此外，歷史教科書上的「改土歸流」政策似與彝族有關，只是土司這個官稱，據我所知在彝族地區毫無影響力，因為清朝政府的權力從來沒能真正地深入到涼山內部，但這個世襲的封號卻「有職無權」地承襲下來。有意思的是我到涼山後，還真認識了一個土司，這個早年在成都讀過中學的女土司有個漢族名字叫楊代蒂，她被當地黨委定位成彝族的頭面人物，成了可以利用的統戰對象，還當上了雷波縣的副縣長，不過也和她的土司祖輩一樣的有職無權。不一樣的是，一九五七年她也莫名其妙地被打成了反黨反人民的右派份子，這類份子的命運肯定是辛酸的，這是後話。

奴隸社會的彝族人分黑彝和白彝兩大類，黑彝是奴隸主，又稱黑骨頭，依血緣關係分成若干家支各自傳承。這些黑彝滿清皇帝冊封的土司管不了他們，國民政府的地方官吏見窮山僻壤的油水不多也不想管他們，各個家支占山為王，我行我素。按彝族民諺的說法叫「黑彝腦殼一般大」。除了民歌中世代詠唱的英雄以外，現實中的彝族社會沒有一個能統領全族的領袖人物，所以「腦殼一般大」的各個黑彝家支誰也管不了誰。

白彝是奴隸又稱白骨頭俗稱娃子，他們的祖先都是被抓進涼山為奴的窮苦漢人，漫長的歲月和在陌生的山間小道上倒來賣去，終於使他們向苦難的命運屈服，最後忘掉了祖先的姓氏，忘掉了故土的名稱，成為土生土長的娃子。據說早年有一位法國傳教士被抓進了涼山，當了五十多年的娃子後死去，留下幾個金髮碧眼的混血子孫，他們連漢語為何物都不知道，更不可能知道呼喊「饑寒交迫的奴隸們」起來的《國際歌》和他們父輩的故鄉有過多麼密切的聯繫。

娃子分別歸各個黑彝家支所佔有，不論哪個家支的娃子，都分為三個等級，最低等的稱作鍋樁娃子，住在奴隸主家裡，隨時任奴隸主使喚差遣，甚至販賣交換，但自視血統純正的奴隸主決不會與異性奴隸發生兩性關係，有可能付出生命代價的族規令企圖越軌者卻步；比鍋樁娃子高一個等級的叫安家娃子，奴隸主在判定某某男性鍋樁娃子基本老實可靠時，可以為他配上一個女性鍋樁娃子當老婆，讓這對奴隸夫妻搬出去在該奴隸主的地盤內安家落戶，為他生養些小安家娃子；最高檔次的奴隸便是取奴娃子，這種娃子是在安家以後，小倆口努力生產，養豬養羊、編織羊毛披氈和種植地方特產鴉片煙，掙得了若干兩彝族的硬通貨白銀以後，便可按當年奴隸主購買自己的身價交還給奴隸主，他似乎就贖身而成為「自由的奴隸」了。事成之後，他唯一需要向原主人表示的敬意，就是每年過彝族年時，提一隻豬耳朵去給奴隸主拜年，也許耳朵暗含著聽原主人話的意思。

最為重要的是，凡發生冤家械鬥，所有等級的娃子都必須聽從奴隸主的召喚，投入戰鬥，因為對大部分娃子而言，也是在保衛自己的妻室兒女和家園，如果戰敗被俘，妻兒老小給別的家支當鍋樁娃子的結局肯定無法接受。彝族男青年愛槍如命，崇尚勇敢精神，這些都與冤家械鬥常年不斷不無關聯。

彝族奴隸生活十分貧困，土地貧瘠且耕作粗放，故糧食產量不高，牧放牛羊為主要副業，經濟作物以種植鴉片為主，周邊的地方軍閥也利用山高皇帝遠的得天獨厚，在國民政府禁煙令到達不了的「灰色地帶」大發橫財。他們賣槍支彈藥和食鹽給械鬥不斷的各個黑彝家支，又買進鴉片煙秘密運往內地……

在我掌握了若干有關彝族的生活素材，準備動筆寫點什麼的時候，一九五四年秋，中共中央一項株連九族的肅反政策改變了我的命運。十年後的一九六四年，以反革命重罪對我判刑，隨即押解到大涼山服刑勞改，這裡有一個名叫雷馬屏的大型勞改農場，它因跨越了大涼山周邊的雷波、馬邊和屏山三個縣而得名，當我終於溶入成千上萬的勞改犯中時，我才深切地感受到，勞改犯實際上是比當年我大義凜然地想解救的鍋樁娃子更受凌辱的社會主義奴隸，因此我才敢說，社會主義的奴隸制度比奴隸社會的奴隸制度更為絕滅人性，也就更為反動，其主要理由有三點：

第一、奴隸社會的所有娃子不論他屬於哪種等級、也不論是買來的或者搶來的，奴隸主只需要他們做兩件事：幹活和保家，兩項任務都不是在暴力脅迫下逼著去幹而只是讓娃子們盡力而為；勞改犯不是買來的也不是搶來的，而是統治者共產黨盜用法律的名義抓來的，勞改犯就是娃子，是奴隸，是這個所謂的社會主義國家的娃子，他們被分為政治犯和刑事犯兩大類，這些娃子和涼山的娃子最大的區別是身上帶著共產黨強加給他們的原罪，他們也有兩項任務，一是無條件地接受懲罰性的、贖罪性的繁重勞動，也就是肉體的折磨；其二是所謂思想改造，也就是精神折磨，思想改造又要認罪服法，又要檢舉揭發身邊那些一起受煎熬的同類，又要為中共給自己強加的罪名挖所謂的犯罪根源，永無休止的假話大話騙人的鬼話讓眾犯去抓屎糊臉，這些錯綜複雜的麻煩事，奴隸社會的娃子們的想像力根本墜不進那無邊無際的黑洞；

第二、奴隸社會的奴隸主哪怕他們從來沒說過「以人為本」或者「人是第一個可寶貴的」之類的漂亮話，他們的行動卻十分珍惜生命，再殘暴的奴隸主也不會處死一個奴隸，在氣極敗壞時，他們可能把某個奴隸鞭打得遍體鱗傷卻不會使之殘廢，然後將他賣掉。奴隸主決不會讓娃子們餓飯，更不具備發明「糧食定量」這個中性詞彙的智商，他們只能盡其可能地給娃子們吃飽穿暖，甚至不惜血本供應他們喝酒吸鴉片煙，他們知道娃子們有性的本能要求，願意給他們配一個門當戶對的女娃子當一夫一妻制的老婆。再看我們這些社會主義娃子，因為中國共產黨把製造階級矛盾和人間仇殺為己任，他們擁有世界上最多的奴隸，從不珍惜奴隸們的生命，每年都會召集全體奴隸開大會，當眾處死一些敢於反抗的奴隸，恫嚇那些準備造反的奴隸。共產黨利用他不受制約的權力，任意對他認定的敵人施以慘無人道的肉刑折磨，捆綁吊打是家常便飯。他的暴君毛澤東公開宣稱：「我們對敵人是決不施仁政的」，不施仁政當然施暴政，這就無需論證了。前文提到涼山的奴隸主幫助娃子結老婆，共產黨要求勞改犯的老婆劃清界限堅決離婚，讓娃子們性饑渴甚至失去性幻想；

第三、奴隸永遠是奴隸，兒子兒孫都是奴隸，在這個問題上，奴隸社會的奴隸和社會主義的奴隸似乎不分高下，但仍有若干區別。在涼山，凡是奴隸們能幹的事所有的奴隸都可以幹，不論是打獵放羊，不管你父輩是哪個檔次的奴隸，沒人去調查你的家庭背景和社會關係。社會主義的勞改犯歷盡千難萬險，好不容易熬到滿刑，一部分人釋放出獄，自此稱作勞改釋放犯，是一種混在人群中的社會主義隱形奴隸，留在勞改隊的、俗稱二勞改的就業人員，也可以像涼山的安家娃子一樣找一個門當戶對者結婚安家，他們的子女不叫勞改犯或者二勞改，從表面上看，這似乎比涼山的娃子少了個世襲的不幸，然而鮮為人知的是共產黨的手中，暗暗握著他們的一份檔案，父輩的所謂「罪惡身份」，通過這個秘而不宣的秘密檔案代代相傳，當覺得這個「黑五類」或稱「問題青年」需要整治一下時，打開檔案袋便應有盡有，這也是涼山娃子們的後代夢想不到的人間奇蹟。

總之，我認為大涼山裡的奴隸制度比社會主義的奴隸制更優越、更先進、更人性化，也許有人認為我這個看法有點偏激，那可能是因為我整整當了二十三年社會主義娃子的原故。

二〇〇七年十月十日於成都寓

二〇〇七年十月十一日載載美國《觀察》

十三、鮮為人知的「二勞改」

毛澤東最大的驚世駭俗之舉，便是建成了一座人類有史以來最為龐大的絞肉機，這部絞肉機高速運轉了半個多世紀以後，一個最明顯的效果是使當今這個世界第一的人口大國中的十三億人，全都直接或間接地成了受害者家屬。

中共在大陸建政後，大張旗鼓地開展了清匪反霸、土地改革、肅反、鎮反、反胡風、反右派、反右傾、文化大革命、一打三反等等一系列打殺運動，都是這部絞肉機運轉的一道道工序。槍斃、勞動教養、管制、群眾監督和判刑關進遍佈全國的勞改隊，都只能算是絞肉機生產出的不同產品，恰似鮮肉供應商在賣肉案桌上擺放的肉絲、肉片、或者肉泥。

「產品」中沒有「二勞改」這個「品種」，但這並非「二勞改」鮮為人知的主要原因，其主要原因是它那越過了人類公認的法律底線、超越了人們對服刑、滿刑相關法律的認知底線。例如全世界都認為犯人在服完其被判刑期以後，理所當然的立即釋放，恢復其公民權。而在毛時代的中國大陸，百分之九十以上的刑滿者，卻被中共的專政機關以「留隊就業」、即留在勞改隊就業的名義，繼續關押在原來服刑的勞改農場或者勞改工礦企業。官方給予這類人員的稱號叫「刑滿就業人員」、或簡稱就業員，他們帶著苦澀的聲音自稱為「二勞改」，久而久之這個有幾分自嘲又幾分黑色幽默的稱謂竟在大江南北的勞改單位周邊流傳開來，就這樣一個飽含「中國特色」的新詞彙便紮根在這塊多災多難的土地上。

在等級森嚴的極權中國，「二勞改」這個群體因曾經勞改過而打下了原罪的卑賤印記，它絕不可能定位在標榜為國家主人的工人農民的席位上。據說蝙蝠騎牆在鳥類和獸類之間，如果受到「最高行政處分」的勞教分子是公民和犯人之間的一隻隻蝙蝠，「二勞改」便是勞改犯和勞教分子之間的蝙蝠。進入這個群體的首要條件是曾經被判刑勞改過的重刑犯或者累犯犯。除了上列兩類滿刑者外，大部分七年以下的一般刑事犯（中國大陸至今不承認政治犯的存在，他們將政治犯也稱為刑事犯，這裡所稱的一般刑事犯即除政治犯以外的偷、搶、騙、姦類刑事犯），這極少數被稱為「人民內部矛盾」的輕刑犯，在滿刑後有可能被「清放」回原籍，在其家鄉去承受當地黨組織的「另眼看待」，但到底避免了留在勞改單位避免了「吃二遍苦」、「受二茬罪」的「二勞改」命運。其他絕大部分犯人滿刑後都不由分說地在「繼續改造」的名義下「留隊就業」，當一名不需宣判便再度勞改地「二勞改」，在這個人不人、鬼不鬼的單位裡終了其苦難的一生。

不論勞改農場或勞改工礦，都隸屬於各省的公安廳勞改局（現更名為監獄局），監管「二勞改」的獄吏仍然是原來監管勞改犯的那些職業獄吏，他們用同一師承的招式捆綁吊打那些被認定為「二勞改」中的「反改造份子」，並習慣地用食指指著「二勞改」的鼻子吼道：「你不要忘了你的身份！」這是一個頗具殺傷力的威脅，因為「永世不得翻身」的「二勞改」，一旦忘掉曾經勞改過的身份就有犯下「翹尾巴」這個新罪的危險……

獄吏們胡作非為的依據仍然是羅列了七章四十二條的《勞改犯人守則》，那洋洋灑灑的霸王條款，濃縮成毛澤東那句無法無天的嚎叫：「只准他們規規矩矩，不准他們亂說亂動」。

從上述這些帶有本質意義的監管措施可以看出，滿了刑的「二勞改」和服刑期中的勞改犯在勞改隊和就業隊遭遇的「專政鐵拳」幾乎沒有什麼兩樣。也幸好在生活上還有以下這點細微的差異，才給一部分「二勞改」帶來高出犯人一等的心理安慰：

大陸有民諺說：「吃公家，穿公家，背上背個紅疤疤」，民諺呼之欲出的對象正是在勞改服背上印著紅色的勞改兩個大字的勞改犯，他們的衣裳和褲子上都印有這類特殊印記。相比之下，「二勞改」在衣著上沒有太多限制；勞改犯的腦袋全用剃頭刀刮成「寸草不生」的和尚頭，即使混雜在熙熙攘攘的人頭攢動中，也可奏一目了然的視覺效果。所以「二勞改」從到達「就業中隊」的頭一次理髮開始，便祈望頭髮儘快長長，以免在某次抓捕逃犯的突襲行動中再次誤入法網。

因為「二勞改」和勞改犯受著相同的肉體和精神蹂躪，假若沒有上述兩種外觀上的區別，還真難分辨這對灰頭土臉的雙胞胎。

「二勞改」和勞改犯這對難兄難弟般的雙胞胎，在生活待遇上具有實際意義的差別是，「二勞改」每個月能領到一點微薄的工資。在排除通貨膨脹的影響後估算這點工資的多寡得出以下結果，除了伙食費以外，餘下的每月工資絕對不夠做一套平布衣服。相當於非勞改單位的工人工資的二分之一到三分之一，正因為待遇如此菲薄，竟有窮困潦倒的「二勞改」暗自感歎說：「就業員不如『吃公家，穿公家』的勞改犯」。

「二勞改」們也有一種令勞改犯垂涎三尺的優勢，那便是像勞改隊一樣，每十天有一個工休日，可以請假到附近的鄉場上趕集，這種至多半天的「自由活動」在監管幹部認為你無大錯的前提下可以得到批准。在鄉場上，可以下飯館吃一碗劣質麵條，比起就業中隊那有鹽無味的吃食畢竟油水多多，還可以在熙來攘往的人流中，瞅一眼俊俏的少婦，經歷了常年累月的性饑渴痛苦，只能讓貪婪的眼球從放肆中尋求補償，也為當晚的「夢遺」增添一絲豔麗。

只有「二勞改」中的極少數幸運兒，才能享有下面將提到的兩種機遇，不過，當整體命運都被苦難嚴密地包裹起來以後，所謂的幸運也只是苦澀的另一種表達方式而已。

第一種有可能降臨的幸運是探親假的到來，「二勞改」夢寐以求的這個與親人團聚的機會也得付出一定的代價，這是由勞改隊的潛規則所決定，那就是得看看「二勞改」在就業期中的表現究竟如何？實際上是由獄吏認定他是不是「靠攏人民政府」。而贏得這項肯定，常常需要付出賣友求榮，甚至認賊作父的道德成本，不論勞改隊或者就業隊，當局大力提倡的就是相互檢舉揭發，並以個人打小報告的數量和品質來判定其「靠攏政府」的程度，不過這一招也收效甚微，多數人堅守不出賣難友的處世原則，哪怕探不成親；其次是經濟問題，「二勞改」休想報銷來回的車船費用，特別是老家遠在外省的「二勞改」，不堪重負的差旅費用也迫使他們放棄了爭取得到探親假的努力；

第二種有可能降臨的幸運是結婚，在當今中國這樣的極權社會裡，結婚雙方出身背景的門當戶對比任何歷史時期更為嚴格。勞改犯中畢竟有少數女犯，自然而然地產生了一些女性「二勞改」，世界上沒有比男、女兩個「二勞改」更匹配的婚姻組合。雖然女方在漫長的服刑期中，早已度過了生育年齡段，生兒育女也並非婚姻家庭的全部內容。他倆在「二勞改」中僅有百分之一的結婚率的情況下，結合成一對患難夫妻，可謂是兩個幸運兒的組合。在就業隊附近的一間廢棄的破茅屋裡，開始了他們相濡以沫的生活……

這有點像一則「勞改童話」，如果一個國家連童話都散發著血腥味，這個國家還會有明天嗎？

「二勞改」以四十歲上下年齡段者居多，這個年齡段的男性單身漢對娶妻的迫切願望不言而喻，在「二勞改」的男女比例通常是六十比一的困窘中，「勞改童話」便很自然地延伸向被壓在極權底層的農民這個階層，農民的悲哀從這些「勞改童話」中有所折射，勞改隊附近的農家女能嫁給「二勞改」絲毫沒違犯這個等級社會中門當戶對的潛規則，問題是這種受地域限制的婚姻成功率畢竟有限，大多數「二勞改」只能繼續他們的性饑渴。

前不久，一位老朋友帶著他年近五十的侄兒去了一趟新疆，原來這個侄兒想去拜謁他父親的墳墓，那一群群上世紀五十年代，判刑被押送到戈壁灘的勞改犯，滿刑後當上了「二勞改」，最後死在了就業隊。我的老友和他的侄兒來到這陌生的地方，見這裡有幾個不喜歡刨根究底的年輕人，他們只知道這一大片棉田是數十年前的勞改犯人開墾，別的什麼也不知道，待老友向他們說明千里迢迢的來意後，一隻無精打采的手指向千米以外的那片荒坪。

那是一片死氣沉沉的不毛之地，當地人給了它一個名副其實的稱謂：「亂葬崗」，在沙礫和石縫中，有白骨有骷髏向著來人呼喚。

人們知道類似的「亂葬崗」遍及中國大地，從黑龍江的北大荒綿延到廣西的十萬大山，從甘肅的夾邊溝伸展到四川的大涼山，到處都有「二勞改」留下的亂葬崗，那些散亂的墳堆，正耐心地等待著向人類正義法庭作證，控訴中共犯下的種族滅絕罪行。

二〇〇八年十一月十二日於成都寓中

二〇〇八年十一月十五日載美國《觀察》

十四、不幸的「幸運兒」——大饑荒年代被脹死的人

今天，中國大陸六十歲以上的老人應該記得，五十年以前，禍國殃民的暴君毛澤東，他因為急於奪得史達林死後「社會主義陣營」中一把手的皇冠，便把有可能仗義直言者都打成右派分子，將他們的聲帶掐斷，異想天開地發動了一場「大躍進」運動。號令全黨、強令全國人民以「一天等於二十年」的速度，「跑步進入共產主義」。似乎是誰統治的國家率先進入了共產主義，誰就是「全世界人民心中的紅太陽」，是當仁不讓的地球「球長」。

被這個利令智昏的餿主意害得最慘的還是中國的勞苦大眾，一九五八年搞所謂「大兵團作戰」的「全民煉鋼」，讓成熟的農作物沒人收割爛在地裡，緊接著第二年農業「放高產衛星」，吹噓糧食畝產萬斤甚至十幾萬斤，實際上違反農業生產常規，胡作非為地移栽密植，幾乎使糧食顆粒無收，最後造成震驚世界的大饑荒，全國餓死的平民百姓在四千萬人以上。

那時，我早已是一名右派勞教分子了，四川省將右派勞教分子中的年輕力壯者約六千人，押送到一個名叫公安廳勞動教養築路二支隊的新單位，像這類能將右派分子改造得頭腦簡單四肢發達的地方，共產黨無論如何也得把我弄去。就這樣我到了內江至昆明的鐵路工地，地點在與四川接壤的雲南省鹽津縣。我所在的是一個隧道中隊，具體的勞動就是在隧道裡打炮眼、放炮和出渣。當時這個重體力工種的糧食標準也許是全國最高的，每人每月六十斤。可惜好景不長，自一九五九年開始，突然降為五十二

斤，然後四十二斤，更可怕的是伴之而來的糖、油之類副食品從市場上消失，我們便開始接受饑餓的煎熬。某日，在我們下班後排隊打飯時，我聽見排在我身後的一位來自中江縣的丁姓小學校長，輕輕地歎了一口氣自言自語地說：「唉！活了四十歲才第一次聞到飯香！」這便是剛剛被共產黨的鐵蹄踩破了膽的知識份子在饑餓煎熬中的一聲微弱的呻吟。

隨著工程進展的需要，支隊部辦了一個安砌工培訓班，其實只是從各中隊抽調些勞動力去突擊修建一個大型橋墩。在這裡，我碰到一個和我一樣也是來自南充的老熟人，他是駐軍預備師的一個中尉軍官，在南充時，我倆同為文學愛好者有點交往。見面時他一改以往那種玩世不恭的樂天作派，而是苦笑著說：「這輩子我作過挨槍斃的準備，就沒作過挨餓的準備」。我盯著他身高一米八三的大塊頭，只好用解嘲的口吻安慰他說：「當了右派，你反倒連升兩級，從中尉直接晉升到大胃（尉）了」，回答我這個苦澀的詼諧的依然是一臉苦笑。幾天以後，安砌培訓班結束，我倆便各自回到原來的中隊。

突然間，內昆鐵路下馬停建，築路支隊將全部遷往大涼山去修成昆鐵路。按中共對付被專政者的慣用手段，絕對不會宣佈這類調動的來龍去脈，以防階級敵人乘機逃跑或搞其他破壞。直到出發前夕，監管幹部像騙幼稚園的小孩似的對我們這群「狡猾的敵人」說：「我們將去的地方物資供應特別好，豬肉都不定量……」一年多的勞教生涯，特別是近年來吹得離譜的「高產衛星」，加上右派們剛剛領教過共產黨在反右運動中搞陽謀的自我暴露，認清了他那副「騙你沒商量」的蠻橫嘴臉，付之一笑而已。

此前，炊事房忙了幾天，烤製出一批特大型的燒餅，每個勞教分子發了六個並宣佈說：「這是你們途中三天的早餐和午餐。」按勞教隊轉移工地的常規，爬上大卡車以後，「分子」們用各自的背包充著坐椅，列成四排一個緊挨著一個擁擠在車上。最前面是一個手持衝鋒槍的武警士兵，他虎視眈眈地注視著這一群饑腸轆轆的勞教分子，他們盯著前面那陰森的槍口納悶：「不是口口聲聲說我們還有公民權嗎，槍口對準的公民還能叫公民嗎？」能回答這個問題的只有「湖南痞子」的那一句無恥讕言，他說：「我這個人就是無法無天」。

三天的旅途結束，我們便來到大涼山裡的喜德縣工地，等待著我的是一個不可思議的壞消息，那位經常苦笑的（大胃）軍官死了，他在旅途中一頓就吃完了六個大燒餅活活脹死了，那年他才二十四歲。

不到一年，成昆鐵路又下馬停建，再次扔下一個半成品，我們又被押解到旺蒼縣，去修建一條廣元到旺蒼的鐵路支線。經過此番大饑荒的掃蕩，農村裡已是十室九空，餓死的人多，空房子也多，勞教分子們被安排住進那些十室九空的大四合院，它替代了以往自己搭建的簡陋工棚。

鄰居們便是熬過了饑荒的倖存者，在聽過他們講述的各種餓死人的往事裡，一則脹死人的離奇更令我終生難忘：

住地的對面有一條公路，公路前方的拐彎處，有一段陡峭的上坡，汽車上行到這裡都得氣喘吁吁地爬坡，饑荒年代，汽車裡裝著的一袋袋大米更容易刺傷饑民的眼球。某夜，被饑餓逼上梁山的四個有心人協同配合弄了一袋回來，此刻他們最迫切的願望是飽餐一頓，便七手八腳的用一口大沙鍋煮了滿滿一鍋，就在即將生米煮成熟飯的那一刻，傳來了敲門聲，敲門者在門外晃著電筒自稱民兵前來查夜，這四個氣急敗壞的「有心人」只好從後門倉惶逃出。破門而入的兩個民兵聞出屋內似有異味，而這股異味正是久違的飯香。那年頭的凡夫俗子沒人能抗拒飯香的誘惑，在爐火的引導下，他倆很快地找到了沙鍋的所在。說時遲那時快，這鍋夾生飯作為戰利品把他倆脹得東倒西歪苦不堪言。上世紀所修的老式房屋，房門的下方都鑲嵌有一塊長形木板充作門檻，堂屋的大門下更嵌有一塊高達三十多公分的木板，可能為防止雞鴨等家禽竄入屋內影響衛生。其中一個民兵甚至俯臥在門檻上將脹得難受的腹部在上面壓揉，直到他呼媽喊娘的叫聲變成低聲呻吟，到最後一聲不吭了；另一個經過一番嘔吐，捂著肚子哼了半個多小時似乎有了轉機，他以為他的同夥已經睡著，一邊叫他的名字一邊向他走近，來到身邊用電筒一照，那張瞪眼歪嘴的畸形面孔讓他著實嚇了一大跳，一摸他的鼻孔，斷氣了……

說完這則往事，講述者硬拉著我去看那塊俯臥過死者的門檻，距我們說話的地點還不到十米遠。

兩個月後，我從勞教隊逃跑，抓回來便以叛國投敵罪判刑十八年，押解到地處大涼山的雷馬屏勞改農場服刑，這是個關押了近萬人的大型農場。一九五六年左右，涼山彝族人民曾抵抗共軍的入侵而奮起自衛，遭到中共血腥鎮壓，戰鬥中的被俘者七百餘人曾經被關押在這座監獄裡，他們在這個暗無天日的地方度過了可怕的三年大饑荒年代。一九六二年這批彝族犯人遷往西昌監獄，離開這座監獄時只剩下七十多人，不足十分之一。我到這個農場後，老犯們也常常講述前幾年餓死人的慘狀：

一九六〇年冬，農場開始播種小麥，便派了犯人到場部去挑運麥種。饑荒年代的犯人，還能挑五十斤左右的，絕對靠偷吃生產成品才保有這個體力，這個挑麥種的彝族犯人以往生包穀、生洋芋、生南瓜曾經吃過，這些麥粒似乎更為可口，加上他獨自一人除卻相互監督的壓力，吃起來精神放鬆毫無後顧之憂，左一把右一把地大飽口福。回到中隊以後，為避免嫌疑他照常吃下自己那份不多的口糧。睡覺以後，他口渴難忍，不斷地喝水止渴，顯然肚子裡的麥種吸收水分以後膨脹，肚子明顯鼓脹起來，他也痛得呼媽喊娘滿地打滾。犯人衛生員要求隊部允許將他送進醫院，但崎嶇的山路和四肢無力的犯人阻止了這個搶救機會，次日凌晨就死了，死時他的肚子已大得像一個臨盆的產婦。

我作為那場饑荒的見證人，知道那千千萬萬死難者，在臨終前絮絮叨叨的呻吟著說的一句話是讓我吃一頓飽飯，比起那些連吃頓飽飯再死的願望都無法實現的不幸同胞，這些被脹死的人也許可算是「幸運兒」，但他們的這種幸運的本身就是最大的不幸！

載美國《觀察》，二〇〇八年二月

十五、勞改隊裡的「性文化」

題記：

與浮躁的商業大潮同時湧現的，是各種貼著文化標籤的舊事物，如酒文化、茶文化、食文化甚至性文化、廁所文化，林林總總令人目不暇接。而被專政鐵蹄將人文精神踐踏蹂躪成為荒野之後的勞改隊，哪裡還會有些什麼樣的文化呢？

上世紀五十年代末，中共統治狂人毛澤東在掐斷「右派分子」的聲帶以後，便肆無忌憚地高呼「人定勝天」的反動口號，率領全黨、強令全國人民挑戰大自然，要天老爺「聽黨的話」畝產糧食十萬斤。當然遭到慘敗受到懲罰，農業生產被人為破壞，稻麥幾乎顆粒無收，不久全國近五千萬人被活活餓死。在勞改農場經歷此一浩劫的筆者，如果不是在「偷吃生產成品」方面的「藝高人膽大」，也早已在餓死鬼的屍骨間擠進了一席之地，今天我的魂靈也將站立在「共產主義死難者紀念碑」中供後人默哀憑弔。

當年忍饑挨餓的底層同胞，在生理上蒙受饑餓煎熬的同時，心理上也產生了變異。人們處心積慮尋求的往往是一把亮光光的不銹鋼飯勺，或者一個大小適度的搪瓷飯盆，甚至有人願意用賴以活命的那一點點口糧，去換取一件心儀的餐具。這時我終於明白，當人類最低生存需要的食物長期得不到滿足時，他們就會從與飯食相關的餐具方面去尋求補償；還有另外一種精神補償方法，那便是從早到晚津津有味地嘮叨那些與美味佳餚相關的話題，人們還專門為此創造了個新詞彙叫「打精神牙祭」，可見「食」在人們心目中的本能願望有多麼強烈。

古人曰：「食色，性也。」——不少人在撰文涉及「性」的內容時，每每引出古人說過的這四個字為自己壯膽，本人也很難免俗。前文談的是食，把孔夫子抬出來以後就開始說色，這個色字在現代語彙中似乎應該稱之為兩性關係中的「性」，中共還為它賦予了一個「男女關係」的專用詞彙，如把夫妻性生活之外的性行為稱作「亂搞男女關係」。不過近年來在號召「加強黨的執政能力」以後，這個蹩腳的新詞彙就顯得陳舊過時了。目前對一般平民通用的詞彙叫「婚外情」，對加強了執政能力的領導就「與時俱進」地稱為「包二奶」或者「養情婦」。此外對官員們偶爾「放鬆放鬆」地「應酬」就叫「泡妞」。這些都可用人之常情一言以蔽之，因為「富貴不能淫」畢竟是一種當今官員們嗤之以鼻的傻冒境界。

如今的中國人，能集富貴於一身者非中共大小官吏莫屬。與富貴對應的無疑是貧賤，而既貧且賤的人當然是勞改犯了——最少在官員們心目中是這樣看的。對勞改犯而言，並不是「不能淫」的問題，而是常人的男歡女愛的權利都被中共假用法律的名義予以剝奪。筆者經歷過二十三年的勞改歲月，在中國的勞改犯中可以以老資格自居，對這個特殊群體的奇風異俗體會頗深。記得上世紀六十年代初，筆者剛剛被「揪」進勞改隊，那時隊上還有不少被當局稱作殘渣餘孽的前國民黨軍政人員，他們在勞改隊已關押了十年左右，這些當時四十歲上下的中年男子，無一不經受著性饑渴的煎熬，其中一位老兄對我說：「老子一看到×管教那張房事過度的菜色臉就恨不得把他掐死」。因為這位老兄曾多次垂涎欲滴地私下對我說：「×管教老婆那一對高聳的乳房，簡直令犯人們目不轉睛……」我認定他說這句話最根本的原因並非如毛氏門徒所說的「階級報復」，而是性饑渴的忍無可忍。就像前述的食物短缺給人們帶來的心理變異一樣，性饑渴幾乎把他逼得失去理性。還有一位資格比我更老的犯兄對我說：「共產黨對勞改犯施行的性禁錮是最不人道的，幸好他們用饑餓和勞累來降低了這種折磨的強度，這可算是不幸中的萬幸」。

犯人間有一句自我解嘲的俗話說：「勞改隊的耗子都是公的。」除了高高在上的獄吏家屬，根本看不見一個女人，連一飽眼福的機會都不可多得。這就像前文提到的在食物短缺的困境中，便在改進餐具方面去尋求補償。他們會從周邊犯人身上去尋找帶有某種女性特徵的人加以調侃。如某人聲音尖細，某人沒長鬍子，或偶爾流淌一絲嫵媚的眼神，或者一句善意的關心話，都可以令性饑渴者得到慰藉。更有甚者，便是給這類型的角色取一個女性化的綽號，如么妹、二姐、三嫂子等等均與「打精神牙祭」一脈相承。

那年筆者運交華蓋，在勞改隊當上了水稻班長，我曾將班上三名具有女性細胞的犯人分別取綽號為大姨太二姨太和三姨太，適逢「破四舊，立四新」的「文革」高潮期中，我這個「精神牙祭」被判定為「幻想變天復辟過三妻四妾的腐朽生活」，我受了一頓皮肉之苦——在勞改隊這只算家常便飯。

不管是因為莫可奈何，或者是因為麻木不仁，絕大多數勞改犯在被迫接受了命運的不可逆轉性以後，便逐步轉化成以難為難、「死豬不怕開水燙」的自我安慰的精神狀態。在我們勞改犯擺脫了餓死威脅的日子裡，也會有玩笑逗樂，很多玩笑都是把對方虛擬為自己的妻子，更多的是將對方戲謔為被雞姦者，這類人的綽號如屁眼蟲、么筒、么雞、那家人……多得不勝枚舉。有趣的是，這個充滿鄙夷的貶義詞又是勞改隊裡的告密者的代名詞（更令人吃驚的是全國的勞改隊都統一用這個稱呼來嘲弄打小報告的人，雖然黨中央或全國人大並未為此通過什麼決議下達過什麼主席令——我經常將這個特得不能再特的中國特色歎為觀止）。

擺談男歡女愛的故事笑話，其中包括個人的性經歷，也是一種打精神牙祭的方式，記憶中這類故事笑話可謂車載斗量多如牛毛。我出獄後，還一度想把這類色情故事編成一本暢銷書從而發一筆橫財，只因為我缺乏擠進富貴者行列的勇氣而作罷。

除了「揪」進勞改隊的原因是所謂犯流氓罪的同性戀者之外，真正發生雞姦行為的犯兄犯弟並不多見，手淫自慰者也似乎並不太多。營養不良和超體力勞動加上精神壓力三管齊下便大大挫傷了犯眾的性功能，一位學醫的犯兄遺憾地對我說：「我有性的慾望，卻沒了這份精力」，這是他的實話，也是包括筆者在內的多數勞改犯人的共同感受。

但是，勞改隊裡畢竟也有特殊犯人，那便是衛生員、炊事員（特別是為獄吏們做飯的被稱為小廚房的炊事員）和餵豬餵牛的飼養員，這些具有較大活動空間的工種多半指派刑期短、家庭出身好的一般刑事犯擔任，這些人經手的豬、牛飼料本身就是人也能吃的糧食，填飽肚子對他們而言易如反掌，進入「飽暖思淫慾」的狀態也就順理成章，他們的風流韻事為勞改隊的「性文化」增色不少。

要知道和他們同臺上戲的對手大部分是獄吏們的妻室，或者本人就是女獄吏。例如我所熟悉的某中隊指導員的妻子和小廚房的一個年輕炊事犯上了床；中隊長的妻子又和一個英俊的犯人衛生員勾搭成奸；一位負責倉庫保管的女獄吏勾引一位彪形犯人不時去她的蚊帳裡「彙報思想」，該中隊部僅有八個成年女性，竟暴露出三例「亂搞男女關係」的轟動案例，很可能是「性文化」的重災區。

應該明確的是，這類「亂搞男女關係」的事都發生在一般刑事犯身上，判有重刑的政治犯——即中共所稱的反革命犯就交不上這份桃花運。可見毛澤東關於「敵我界限」的不可混淆的教育是多麼深入有效。

最後，我不得不追述一件有關勞改隊「性文化」的陳年舊案。多年來，我一直不忍心說出它：那是我在勞改隊當水稻班長時的某日，我到一座牛棚裡去牽牛出來犁田，一個愛打小報告的「屁眼蟲」犯人把我拉到牛棚裡一條母牛的背後，指著牛屁股下面地上的一塊方形石頭對我說：「肯定是A犯為了日母牛搬來墊腳的。」A犯年約二十四、五歲，是個犯偷、摸、騙、姦案的一般刑事犯，刑期五年。據說他有個什麼長輩親戚在美國定居——這可能才是他進勞改隊的真正原因。我在牛屁股後面的現場觀察了一番，這塊方形石頭的高度讓A犯站在上面似乎也能夠做那件事。更重要的是在牛欄的背後無論如何沒有理由搬來這塊大石頭，但這件稀罕事畢竟有些不可思議。而我在勞改隊的處世原則是絕對不傷害同類——除非他是一條貨真價實的「屁眼蟲」。我不正面回答他的舉報，卻用牢頭獄霸的粗暴語氣、指著腳下的石頭對「屁眼蟲」惡狠狠地吼道：「你狗日的站在上面日給老子看！」頂頭上司班長發了威，「屁眼蟲」只得灰溜溜地從我的眼前遁開。

在魚龍混雜的勞改隊，我用十多年的遍體鱗傷，早已學會這種處世本領。

純屬巧合，這條母牛因性格溫馴且發腳較快也是我耕作時愛用的牛，那天我就用這頭牛犁田，我扶著犁頭走在牛的尾後，它的尾巴不時習慣地左右擺動，這時我發現它的生殖器裡總有些類似精液的白色液體滲出……面對這個景象，我一直強忍著淚水。

二〇〇七年十二月二十四日於成都

二〇〇七年十二月二十九日刊於《觀察》

十六、並非「搞笑」的小麥高產田

「十年超英，二十年趕美！」這是一九五八年中共在大陸搞所謂大躍進運動時高呼的口號之一。到今天，眼見為實的五個十年都過去了，超過英國了嗎？兩個半二十年也過去了，美國還是那樣遙不可及。當人們再回顧這句自欺欺人的口號時，用現代詞彙來評價它應該稱之為「搞笑」，但這是一種令人不寒而慄的「政治搞笑」。

當年在這類空話大話的鼓吹下，報紙上幾乎天天都用特大字型大小的套紅版面，宣佈某地畝產水稻數萬斤甚至十多萬斤，或者小麥畝產數萬斤的特大喜訊向黨中央和毛主席報喜，並且為這類「特大喜訊」創造了一個科技含量很高的新詞彙叫「放高產衛星」。人們還能聽到傳聞說，日新月異的糧食高產，一度使「英明領袖毛主席」為糧食吃不完怎麼處理而發愁……

其實常識早已告訴了人們，除了把纖柔的稻稈、麥稈變成灌木樹桿，就絕對不能承受畝產萬斤稻麥的重量。面對這一目了然的虛報浮誇，一貫以實事求是自詡的中國共產黨，竟無人敢於提出質疑，這顯然是此前一年封殺所謂右派直言者以後取得的效果。相反，一位名揚海內外的科學家錢學森用「此地無銀三百兩」的手法，在中共中央的機關報《人民日報》上撰文，「科學地論證」了這類高產的可能性，就此他順便把「科學」嫁給了極權暴君，讓他添了一房時髦的姨太太。

就在這個將科學淪為姨太太的年代，大躍進運動在全國知名的高等學府四川大學開展起來。這個

「知識份子成堆」的地方，校黨委自覺地乘反右鬥爭勝利的東風，緊跟黨中央大躍進的戰略部署，發動廣大師生開始共同創造人間奇蹟，他們也要種出一塊高產田，希望不久的將來能夠向黨中央和毛主席報喜。

為實現這個崇高願望，校黨委專門成立了高產田領導小組，由一把手親自掛帥，並分設土壤、肥料、種子、植物保護等四個小組各司其職，決定將校內包括籃球場在內的體育廣場總面積共十畝，培植成畝產萬斤小麥的高產田。應該特別強調的是，在這畝產萬斤的高產田附近，另外劃出一分地為衛星田，被譽為校黨委的責任田，給它定下的產量足以體現「人有多大膽，地有多大產」的躍進精神，雖然其面積只是一畝的十分之一，但產量卻和一畝高產田相等，也是一萬斤，不然它憑什麼被譽為衛星田？

正如校領導在動員報告時強調的那樣，光有計劃指標沒有措施等於空話，高產田領導小組作了安排部署並付之於以下行動：

幸好上世紀五十年代很少有運動場鋪有水泥，用拖拉機加上鋤頭平均深耕一米，總之將深層底下的死泥巴都翻出地面，報紙上介紹的高產經驗都強調了深挖這個環節，反正全校師生員工數千人輪班在此揮汗奮戰即可；

其次，校黨委組織高產田領導小組成員花兩天時間，在會議室反覆學習報紙上登載的各兄弟省市放衛星創高產的經驗，一致認為密植是高產的關鍵。經過高等數學的反覆運算，生產十一萬斤小麥需用種子三千斤，這個用種量，估計是非「大躍進」年代相同面積用種量的二十多倍。此外種子的顆粒品質也絕對不能掉以輕心，麥種運來學校後，各院系選派家庭出身好、責任心強的優秀學生在圖書館的桌子上將麥種鋪開，一粒一粒的精選其中壯實飽滿的優質麥粒備用；

再次便是肥料，這是高產的必要條件，好在饑荒暫時還沒有來到，全校師生吃得飽飽的，糞便的品質和數量都相當可觀，不像一年後饑荒到來，除了炊事員一般人都是三天才屙一塊擲地有聲的硬頭屎，施在地裡半年內都不能化解。學生們運來一挑挑大糞將土壤灌得肥上加膘，更有新近從日本國進口的稀缺化肥氮、磷、鉀等一應俱全。

最令人激動的莫過於播種的那一天，體育場（不，現在已更名為高產田）四周的樹上，高音喇叭高唱著「右派分子想反也反不了」之類的革命歌曲鼓舞著士氣，有的同學牽繩子以保證行距廂距符合計畫要求，有的老師灑石灰線免得麥苗長大後彎彎曲曲有礙觀瞻，有的用鏟鋤開廂，有的端臉盆丟種，有的潑糞，有的掩土，人來人往呼張喚李，一番空前絕後的繁忙景象……

幾天以後，嫩絨絨的麥苗把高產田染成一張翡翠色的地毯，高產田領導小組的成員們帶著一臉燦爛的笑容在田邊躊躇滿志，女學生們三五成群對著麥苗歡呼雀躍，三兩個文學青年似乎在麥田裡找到了靈感，正暗自構思著讚頌的詩句，總之那時的高產田變成了四川大學裡最美麗的一道風景線。

不到二十天，人們吃驚地發現一些麥苗變得纖柔甚至枯黃，很快地出現倒伏死亡。領導小組成員連夜召開緊急會議，找原因商量對策煙缸裡煙頭堆滿。立場堅定的一把手率先為高產田出現的問題定下調子說：「估計人為破壞的可能性不大。」成員們幾乎心知肚明倒伏死亡的原因是過度密植，但密植是黨委根據《人民日報》介紹的經驗所作的決定，領導小組成員無一不是經過鬥爭考驗的老油條似的部門領導人，他們比誰都知道怎樣繞開「反黨」二字的警戒線，在一些無關痛癢的方面為高產田提供些於事無補的藥方。

青年學生到底比較單純，他們在下面議論紛紛，有人指出，這是過分密植、通風不暢帶來的結果，也有人提到光照不足的問題，有人建議在田裡安裝鼓風機或者電扇向地裡吹風，其中最精妙的是一位同學建議才真正把這塊高產田的「搞笑」發揮到了極致，他說：「安排全校同學下到地裡用扇子去扇麥苗……」這類人微言輕的出謀劃策等於紙上談兵，而這種瞎折騰的高產田的命運，就像整個大躍進運動一樣，不外乎勞民傷財，最後以付出四千萬無辜同胞的生命而告終。

五十年後的今天，當我們用嚴肅的目光來回顧那段「搞笑」似的荒誕時，應當看到這類「搞笑」背後的深層原因。極權統治者要將他治下的子民變成「黨的馴服工具」，就得讓追隨者去經歷各式各樣的違背常情常理的所謂考驗，看你究竟能否做到「與黨中央保持一致」。看來錢學森和四川大學的領導層在「大躍進」運動中得了個及格分數，至於接踵而來的種種運動能否順利過關不在本文追述之列。

不過事情已經很明顯，這種「愚民」似的搞笑考驗也是一把雙刃劍，中共在檢驗子民們的忠誠度的同時，子民們也檢驗了中共那只要自己的江山，不管百姓的死活的反動本質。

二〇〇八年三月二十一日載於美國《觀察》

十七、垃圾中撿來的零零碎碎

本文的由來

我在勞改隊服刑了七、八年以後，確切地說，也就是從上世紀七〇年代開始，我對垃圾開始產生了興趣，起因是在一次偶然途經垃圾堆的時候，我從那一堆廢物中撿到了一片破報紙，從紙質和版式上一看便知，它不是准許我輩犯人看的《四川日報》或者《人民日報》，也不是省勞改局每月發一份專供犯人學習的所謂《新生報》。而是一張殘缺不全的《參考消息》。話說那年頭的《參考消息》在報頭上印著「內部文件，注意保存」一行警示文字，它也可以說是機密文件，這就意味著它是一份草民百姓沒有資格看的報紙。決非「改革開放」以後的《參考消息》，隨著人心的「不古」而與時俱進地成為認錢不認人的「有奶便是娘」型報紙，花一元錢在任何一個報攤上都能買到。那年頭除了機關工作人員以外，一般平民百姓想弄點消息來參考一下的資格都沒有，更別說你是一個踩在共產鐵蹄下的犯人了。

正因為常人讀不到它就益發覺得它珍貴，但撿這種珍奇爛報紙的機會並不是很多，只有在途經中隊部或者大隊部也就是獄吏們住所的垃圾堆時、而且又在不被各種監視目光擊中的情況下才偶爾交上好運，那怕只撿到巴掌大一塊也有不虛此行之快感。雖然是在垃圾堆上撿得的爛報紙，犯人也不敢公開閱讀，因為這種報紙有一個響噹噹的綽號叫機密文件，犯人偷閱機密文件就叫敵對份子盜竊國家機密，這類行為對勞改犯來說也有一種定位——通通稱為重新犯罪，所以要謹慎小心地善待這些「地下讀物」。

回憶起來，我日積月累斷斷續續還看過不少殘缺不全的《參考消息》，這就是說，我盜竊過不少殘缺不全的國家機密。久而久之，我竟對這些被稱為機密的文章產生了某種懷疑 我想如果有一個外國間諜，他盜竊了若干張一種名叫《參考消息》的中國「機密文件」，歷盡千難萬險交給了他的外國上司，他的上司如果不搧他的耳光除非那天這位上司的手板心生了瘡。因為這些所謂的機密全是外國普通報紙上的普通文章，毫無情報價值。使這些外國和尚摸不著頭腦的，是這些東西怎麼一翻譯成中文就變成了機密文件？僅僅這個課題就夠各國情報機關的智多星們去絞盡腦汁了。

依我這個笨蛋的胡亂猜想，說不準還涉及了版權問題，如果這些外國消息的作者，知道我國有種發行量極大名為《參考消息》的報紙，翻譯後刊用了他們的稿件，進而要求中國方面支付稿酬，雖然那時我國並未參加什麼保護智慧財產權的國際締約，可以冒被他們扣上「無賴國家」帽子的風險而不予理睬，但麻煩惹多了終非好事，故而將這類不怎麼光彩的事作為機密，在內部予以「消化」，豈不更妙？

不過，在我看了許多殘缺不全的《參考消息》以後，竟對其參考價值產生了另外的一種疑竇，最後竟敢斗膽認定，這些從外國報章上摘轉下來的所謂消息，對崇尚新聞自由、言論出版自由的國家可以說是司空見慣，讓我國的一批專業人士從千千萬萬張外國報紙中，找幾句對「我黨」有利的話絕對易如反掌。說到底，所謂幹部們參考的消息，也就是讓中國的幹部們知道，外國人怎樣用「鳥語」拍「我黨」的馬屁，被外國人吹捧，用「鳥語」來鼓舞一下「我黨」的士氣，也可算走了一著好棋。

這一切都是上個世紀的「遠古史」，最近考慮到自己的「行將就木」，「三省吾身」中常常對往事進行一些梳理或回顧，這時我才發現，當年那些殘缺不全的《參考消息》上的某些文字，竟給我留下沒齒難忘的效果。我覺得能產生這種效果的文字必有其一定的原因，或者由於其入木三分，或者由於其角度新穎甚至思想深刻。現將我從這些殘缺不全的紙片上，讀到的一些殘缺不全的文字中，就我記得起的部份紀錄下來，同時記下我當年的感慨，這些感慨畢竟經過歷史的打磨，多少會出現些值得回憶的斑痕，寫下來與有興趣者分享。

擰緊的螺絲釘

我國在開展「學習雷鋒」這個全民運動後不久，新華社曾向全國發消息說：美國西點軍校已將雷鋒的肖像掛在了陳列室。我國報紙在刊發這條新聞時，也似乎並未詳細報導美國佬此舉的目的，究竟是讓西點的預備軍官們學習雷鋒「忠於革命忠於黨」的精神，還是希望這些軍官像雷鋒那樣給貧困山區的群眾捐錢捐物。《參考消息》並未讓國人去再行參考。

但是，沒多久我在另一片破《參考消息》上讀到一則消息說，美國竟有人對「學雷鋒運動」說三道四，他們中有的人說這個運動的目的就是讓中國人學習毛澤東；或者像雷鋒那樣熱愛毛澤東，雖然毛澤東親自題詞：「向雷鋒同志學習！」最終目的還是為了學他自己。

有一次，很少出現詩歌小說的《參考消息》上竟然轉載了一首詩，原來是一位美國評論家為評一首中國詩而引用了原詩的幾句。這位中國詩人彷彿姓袁，這首詩也是歌頌雷鋒精神的，詩中寫道：

我願作一顆小小螺絲釘
黨把我擰在哪裡我就站在哪裡

而且把我擰得很緊很緊

（因事隔多年，原文可能略有出入——引者注）

引了這首詩的美國作者寫道：「我們美國人永遠弄不懂，一個人怎麼會自願變成一顆螺絲釘，更弄不懂還願意讓人擰得很緊很緊」。

但是，我在心裡告訴美國人說，在中國不願被擰得很緊很緊的人，不是早已被殺，就是被關在了勞改隊裡。

基辛格博士在打瞌睡

那年頭中國人除了十個樣板戲以外，其他文藝節目統統被判為毒草，毛澤東說，毒草可以劃除肥田，被劃除的毒草文藝只能銷聲匿跡無影無蹤。不僅如此，演出樣板戲之前，還配有莊嚴肅穆的特殊儀式，我是通過家人來信，才知道這種盛況的。家人來信說，戲劇開演（或電影開映）之前，全體觀眾得先按號令起立，齊聲高呼：「敬祝我們的偉大領袖毛主席萬壽無疆！萬壽無疆！萬壽無疆！」接著再呼：「祝林副主席身體健康！永遠健康！永遠健康！」更恐怖的是在呼喊這些口號時，左鄰右舍的人相互不敢對視，似乎擔心音調的高低快慢惹出問題時將自己捲入進去。

時任美國國務卿的基辛格博士某次訪華不久，我撿到半張《參考消息》，上面有一篇美國記者報導該國國務卿訪華活動的新聞稿，這篇報導重點肯定是寫基辛格博士拜會毛主席或者和周總理會談之類的外交活動，那些司空見慣的官樣文章早已被我忘得一乾二淨。惟獨寫到這位博士當晚去觀賞革命現代京劇（也就是樣板戲）《杜鵑山》的一個細節，卻在我的記憶中牢牢鎖定。

那位美國記者對演出情況隻字未提，最後卻寫了這樣一句話：「當舞臺上出現農民鬥爭地主的場面時，人們發現，基辛格博士正在打瞌睡。」

我當時對這位記者簡直佩服得五體投地，特別對這個「一語中的」的結尾讚賞有加。他既沒有得罪中國主人，也沒得罪《杜鵑山》劇組，既沒有強調這位博士對京劇一無所知，也沒有指出該國務卿對階級鬥爭缺乏感情，而是用「打瞌睡」這樣一個「身體語言」替代了千言萬語，他告訴人們的潛臺詞應該是，當藝術已淪為圖解政治的工具時，這恰似貴婦墮落成了娼妓似的使人慘不忍睹。這種令人尷尬的「觀賞」，打瞌睡倒比較可以理解。

善意一點可以說基辛格博士疲勞過度。

敵對一些任你怎樣去「上綱上線」，鐵的事實只是基辛格博士打了下瞌睡。

沒有「思想」，也沒有「大革命」

在「舊社會」讀書時，我像當年所有的青年學生一樣，有正義感富有同情心，對政治特別對政治權術毫無興趣。一九四九年末，中國大陸在中共建政後，以鋪天蓋地的花言巧語重複一千次，承諾將帶來民主自由，時年十六歲的我便信以為真，誤入歧途般參加了所謂的解放軍。後來我漸漸地愛上了文學創作，但我仍然討厭那種謊話連篇的政治學習，再後來我當上了「政治犯」（此詞因中國是世界上稀有的無政治犯國家而欠規範，係暫時借用），才開始對體現時事政治的新聞報紙發生了些興趣，意在弄懂點政治，萬一被別人整死了，也算死個明白。因此，只要在沒有累得死去活來的情況下，我都將抽時間讀一點報紙，當然其中也包括從垃圾中撿來的這些「地下讀物」。我曾私下對我的「勞改死黨」說：「我是當了政治犯才開始學習政治的。」這句話似乎體現了「服從黨的安排」的「組織原則」，這個看法顯然是一種自嘲，否則就涉嫌「厚顏無恥」。

在學習時事政治中，我發現一個現象，我國不論獲得什麼成就，如氫彈爆炸成功、南京長江大橋通車、甚至修通一條引水渠，都是「戰無不勝的毛澤東思想的偉大勝利」（這是當年的原詞原句），或者是「史無前例的文化大革命的豐碩成果」（這也是當年的原詞原句），這類因思想因運動而取得的大小勝利嘮叨得太多以後，我竟產生了一種逆反心理。我想，像美帝國主義這種紙老虎國家，它既沒有毛澤東思想，又沒搞文化大革命，他們又憑什麼把宇航員送上了月球？憑什麼造出比俺們多一百倍的氫彈？

我能產生這類對比聯想，都是我當了政治犯、開始學習政治才產生的效果。又例如我曾在一片破《參考消息》上，看到過一則證實美帝腐朽的消息說，美國紐約的一位億萬富翁，為介紹他的女兒進入社交界，斥資數百萬美元（具體數字記憶中有些模糊，反正是一筆相當龐大的數字），舉辦了一個奢侈無比的大型宴會，報導詳細統計耗用了多少糖果點心（看這則消息時，我已經有六年沒嘗過一粒糖了），喝了多少香檳酒和威士卡（當年我國公民的煙、酒類消費品，都是按定量憑票證供應的，犯人不是公民，當然得不到連公民都供不應求的珍稀物資），吃了多少稀世美味（在中國平民百姓的心目中，最高檔的美味莫過於大塊肥肉），我當時心想，這需要多麼豐富的物資供應，「一天天爛下去的美帝國主義」（這仍是當年的原詞原句）到那兒去搜刮來的這些民脂民膏？

消息背後透露出了一種資訊：「日落西山，氣息奄奄的美帝國主義」（這也是當年的原詞原句），物資竟然比自詡為「欣欣向榮」的我們還豐富得多，簡直難以設想。

我能這樣「透過現象看本質」，也是我當了政治犯以後開始學習政治的收穫。

針刺麻醉與江湖術士

那一年，我國的報紙一片歡呼，文化大革命又有了新成果，這個振奮人心的成果就是針刺麻醉取得了成功。

所謂針刺麻醉，就是對做手術的病人不注射麻醉藥劑，而是用針灸的方法使患者喪失「切膚之痛」的感覺，當年的主流報紙對這個「人間奇蹟」像中國創造的其他「人間奇蹟」一樣，正進行著重複一千次的宣傳，以使其變為「事實」。有報紙說，有的患者在未施用麻醉藥劑的情況下，只需對某些穴位施以針刺，便可以對患者進行開腸破肚。患者在手術中還可以有條不紊地背誦毛主席語錄，或者呼喊「毛主席萬歲」的口號。我當時想，這真像《毛主席語錄》上說的「什麼人間奇蹟也可以造出來」。

這時中國和美國已經正式建立了外交關係，兩國間有了些人員交往，有一次，美國派了一個醫療代表團來到中國（記不起是全國性的或者是某個州派出的醫療代表團），我國的醫生當然要向這些美國醫生同行展示一下針刺麻醉的人間奇蹟，據《參考消息》介紹，這批美國醫生還真正看到了一位中國醫生為一個針刺麻醉了的病人做手術。

但是，美國人對一切涉及科學的問題都強調一個前提，那就是在理論上站得住腳的前提，他們問「針刺麻醉的理論根據是什麼？」在場的中國醫生沒有一個能作出回答，事實上以後很多年，中國醫學界召開了好多次有關學術會議，目的就是想攻破針刺麻醉的理論難關，以便使奇蹟距真實更近一點。直到今天，又快三十年的歲月過去了，理論站得住腳的人間奇蹟至今也沒有造出來。

至今記得這件事的原因是，一位美國醫生對針刺麻醉說了這樣一句話：「當然，我們美國決不會用這種『江湖術士』的手段去治療我們的病人的。」

沒有理論依託的伎倆稱之為江湖術士似乎也並不過份。

別看這僅僅是一句話，其分量肯定超過一記耳光，只是挨耳光的人，因為臉上妄自尊大的脂粉塗得太厚而感受不到疼痛罷了。

永不錯亂的順序

那是一個吉星高照的日子，我幾乎撿到了一張完整的《參考消息》，雖然它上面早已佈滿油污和灰塵，我還是迫不及待地又偷偷摸摸地看完了它，印象最深的就是這段文字標題上的七個字：「永不錯亂的順序」。

這同樣是一位外國記者寫的一篇報導，敘述了該記者幾度出席中國駐美國大使館的國慶招待會的感慨，他說：「招待會開始，大使館的外交官們魚貫進入會場，這時，我發現了一個有趣的現象，作為崇尚平等的社會主義中國，他們的外交官員出席這類活動時，絕對是按級別高低先後依次步入，任何時候、任何場合都一絲不苟，堪稱『永不錯亂的順序』，體現的是這個社會主義的國家的等級之森嚴，簡直到了令人難以置信的程度」。

我欽佩這位記者的慧眼，他通過官員出場時級別高低的順序，看出了我們這個等級社會的特色，也算是「透過現象看本質」的又一實例。

今天偶爾打開電視，看到官員們或出席會議，或「深入基層調研」，或「下到災區慰問」，總之，凡黨政官員出場作秀表演的場合，級別最高的一把手官員，肯定將走在二、三、四、五把手的前面，這個潛規則之嚴厲，用「僭越」這個帝王時代的專用詞彙也絲毫不涉嫌誇大其詞。

還有一個特殊現象也令我深思，因為我生活在這樣一個既愚昧又自負的共產黨國家，一個既血腥殘暴又道貌岸然的所謂毛澤東時代。從清匪反霸、鎮反肅反、土地改革直到文化大革命，漫長到三十年的殺人運動，我目睹過的殺人場面早已已難以數計，其共同形式是士兵們簇擁著一個背上插著死刑犯標誌的犯人，他身後除荷槍實彈的一群士兵外，更多的是黑鴉鴉一大群看熱鬧的、也是麻木不仁的「人民群眾」……

而真正令我驚異的是，這些死刑犯怎麼會和那些昂首闊步的一把手一樣，走在人群的最前面，難道高官和死囚、天堂和地獄在這個「尊者先行」的傳統文化上找到了交匯點？

二〇〇三年八月六日於成都寓中

十八、右派「改正」和「改正『右派』」

題記：

「右派『改正』」是中共在十一屆三中全會上，為右派份子量身定做的一項政策，「『改正』右派」則是因貫徹執行這項政策而產生的一個具有中國特色的嶄新族群。兩組完全相同的詞彙，只因前後次序的互換，便能像拍電影所用的「蒙太奇」技巧一樣，讓人們產生些千奇百怪的聯想……

右派為啥只能「改正」？

右派「改正」這個主謂短語簡直令人拍案叫絕，特別那充滿「政治權謀」的「改正」二字，它站立在平反和不平反之間不偏不倚面不改色，使身為政治賤民的右派們哭笑不得。因為這些「被改正者」眼巴巴地看著也是毛澤東死後，才放出勞改隊的原「走資本主義道路的當權派」，他們享受的是恢復名譽賠禮道歉補發全額工資的至高禮遇，而右派們「被改正」後，除收回工作以外便兩手空空一文莫名，雖然一貧如洗的右派們蒙受的家破人亡、任人踐踏的苦難已長達二十年以上，而得到經濟補償的「走資派」們只倒楣了七、八年。

官方正式文件為右派改正的理由大體是這樣表述的：反右運動基本上是正確的，「只是被嚴重地擴大化了」。這是一個違背邏輯、蠻不講理的胡說八道，是對中共自我標榜的實事求是口號的辛辣嘲諷。不僅如此連為什麼會「被嚴重擴大化」和誰人主使了這個「嚴重擴大化」也都諱莫如深隻字不提，是文過飾非的經典之作。

我接觸過的右派分子成千上萬，他們都百分之百地得到了「改正」，我所聽說過的右派名人也同樣得到了「改正」，只是傳聞說有那麼五、六個右派頭面人物似乎刻意留作標本沒有被「改正」。就以官方公佈的右派五十五萬名這個令人生疑的數字計算，其中只有十萬分之一的人是不予改正的所謂真右派。面對這個大得離譜的正、誤比例，除了一黨獨大的中國共產黨，誰還敢睜著眼睛說出「反右運動基本上是正確的」這句掩耳盜鈴的瞎話。

民間對這種自欺欺人的「擴大化」有一種解釋說，當年主持平反冤假錯案的中共領導人胡耀邦，在僵化頑固的共產黨人中屬於鳳毛麟角般的不可多得者。五七年反右時，他主政於共青團中央，眼看著身邊工作的一些青年幹部遭遇滅頂之災而無力救助，頗感內疚。他深知右派群體中人才濟濟藏龍臥虎，正是日後「以經濟建設為中心」的精英骨幹。他力主全盤否定反右運動，為全部右派徹底平反昭雪。奈何此主張遭到「太上皇」鄧小平的強力否決，其理由按民間人士的樸實判斷也不無道理：那是因為當年在黨中央具體主持反右運動的領導者、即中共中央整風領導小組的組長，正是這個老謀深算而又心狠手辣的鄧小平。反右結束後，報紙上公開發表了一份「反右運動總結報告」，其報告人和報紙轉載時的署名者，也是時任中共中央政治局書記處總書記的「總設計師」鄧小平。如果將一幕他親手導演的大戲定為謬誤全盤否定，豈不違背了投鼠忌器的「中國傳統」？

但面臨「十年浩劫」後黨內外為平反右派發出的強烈呼籲，「太上皇」為了對應群眾要求，也為了有效利用右派群體的文化知識，去填補文革所造成的文化斷層；還能給在階級鬥爭鐵蹄踐踏下、折磨了二十餘年的右派份子一絲誘惑，便化腐朽為神奇般將一個小學作業本上經常出現的「改正」二字，破格提升到中共中央紅頭文件中，去愚弄不諳中共「名詞魔術」的草根民眾，也算是這位「久經考驗的無產階級革命家」所下的一著好棋。

記得一九八〇年與我拿著同樣印有「徹底平反，無罪釋放」兩組關健片語的裁定書，走出勞改隊的人不在少數，其中凡入獄前為右派者享受的是頗具創意的「改正」待遇，而入獄前為「走資派」者，卻得到了高一個檔次的平反待遇。面對這種「在法律面前人與人並不平等」的異常現象，我向「組織上」提出了質疑，得到的答覆理直氣壯：「根據黨的政策，右派只是『改正』，不是平反」，這個回答使我茅塞頓開。原來在我們這個名為人民共和國，實為一黨專政的專制獨裁的國家，雖然高喊著「以法治國」的口號，其煞有介事的法律條款，原只是為在「共和國」這件時髦外衣上，添加的一層欺世盜名的保護色罷了，節骨眼上還是「黨的政策」說了算。

作為這些運動的親歷者，我不能不對「法律面前人與人並不平等」的原因進行一番探究，得出的結論絕對符合毛澤東那句「階級鬥爭一抓就靈」的最高指示：我認為所謂的「走資本主義道路的當權派」，這當權二字的份量絕不可低估，他們中的一、二號「走資派」領軍人物，就是大名鼎鼎的劉少奇和鄧小平。和我同時走出監獄的被蔑稱為「小爬蟲」者，也肯定是某個地方或者某個部門的前頭頭腦腦，這些「小走資派」在平反時被另眼看待，是因為在反右和此前開展的一系列整人害人的運動中，他們大多數都是「或策劃於密室，或點火於基層」（以上引文參見當年《人民日報》社論中對右派的誣陷詞句）的幫兇爪牙。總之，他們是立過汗馬功勞的「自己人」，是「黨內的有功之臣」。

回過頭再看右派份子，按中共主流意識的定位，除了極個別為黨內權力鬥爭失敗的「眼中釘」以外，其他的各型右派絕大多數是來自「舊社會」的讀書人，受的是資產階級的反動教育。在所謂萬惡的舊社會裡，能上學讀書的多半出身於剝削階級家庭，這類人都是需要「我黨」進行脫胎換骨徹底改造的「臭」知識份子，其中多數人的社會關係複雜，親屬中被關、管、殺者不在少數，有港、台或其他海外危險關係者大有人在。不論這些人經過幾年「黨文化」的洗腦教育，決心與出身階級劃清界限，但「組織上」只相信毛主席的教導「凡是反動的東西，你不打它就不倒……」、「他們人還在，心不死……」，這類「一句頂一萬句」的「最高指示」。右派們在被「揪」（這是當年對右派使用頻率極高的動詞之一）出之前，早已是「我黨」公安保衛部門、組織人事部門密切注視的對象，也就是「陽謀」計畫中「引蛇出洞」之「蛇」。

摸清以上兩類角色的底細以後，就可以知道平反和「改正」的分別對待，骨子裡更有其深層次的原因。這正如毛澤東那句著名廢話所說：「世界上沒有無緣無故的愛，也沒有無緣無故的恨」（說它是廢話的原因是除了精神病，世上所有的人誰都會有緣有故的愛和恨）。

認真一想，右派「改正」這個一箭雙雕的狡黠謀略，它最大的獲利贏家，其實並非反右以後二十多年，才得以「改正」的右派群體，他們中除了早已折磨致死陳屍荒野、變成一群孤墳野鬼以外，倖存者們一個個家破人亡妻離子散，青春不再又一貧如洗、尊嚴蕩然無存。真正的最大贏家，仍然是老謀深算的「總設計師」鄧小平，或者說是「好話說盡，壞事做絕」的中國共產黨，此說有以下事例可為佐證：

一九七三年，經突發性「林彪事件」的衝擊，文革初期黨內鬥爭落敗的鄧小平雙手高舉「永不翻案」的白旗，在毛澤東「人才難得」四字評語的默許下，從流放地江西南昌重返權力中心。一九七六年，殃民禍國的毛澤東死後，其卵翼下的「四人幫」隨即垮臺，在葉劍英等所謂老帥的輔佐下，足智多謀的鄧小平很快地登上了他覬覦已久的「太上皇」寶座。此時，不論是面對文化大革命留下的滿目瘡痍、「瀕臨崩潰的國民經濟」，還是他本人被「毛派」長期妖魔化了的政治臉譜，都極待修補重建。

那時，黨內一大批在文革中死裡逃生的如陸定一、周揚之類的反右打手，痛定思痛中有所反思，在「撥亂反正」的中共十一屆三中全會上大發牢騷，除強烈要求全盤否定文革外，也出現了徹底否定毛澤東、為右派份子平反等共同呼聲。這些人中更有清醒者知道，中共在大陸剛剛建政時，它的威望可謂如日中天，及至三十年後的民不聊生怨聲載道，皆源於建政後實行的一連串喪天害理的各種運動，其從頂峰滑落到谷底的轉捩點，便是臭名昭彰的反右運動。

最根本的原因是其始作俑者，是以「馬克思加秦始皇」自詡的毛澤東，他憑藉早已練就的封建權術基本功，利用「五四運動」以後，知識精英們迫切要求變革的訴求，從上升期中的馬列蘇維埃輸出紅色革命氣勢中抓住了機遇，尋得了強有力的後臺支撐。在抗日戰爭中他趁人之危又趁火打劫，終於登上天安門城樓陰陽怪氣地高喊「站起來了！」得意忘形之餘，乃至利令智昏地玩起了的「陽謀」騙局，掛「言者無罪」的羊頭，賣「引蛇出洞」的狗肉。實則他挑戰的是我中華民族的傳統倫理道德底線，顛覆的是我文明古國的誠信精神，自鳴得意間卻暴露出他「湖南痞子」的無賴原形，按中共慣用的句型便是那句「敵人也有一個表演的過程」。其一目了然的後續結果是，一九五八年以後開展的各種運動，如「大躍進人民公社總路線三面紅旗」、「反右傾」乃至十年浩劫的「文化大革命」等等，一系列勞民傷財、而又令草根百姓敢怒而不敢言的政治痙攣，無一不是「以整人開始以害己告終」，最終成為每況愈下一蹶不振的孤家寡人。

此刻，文革後復出且已身居要職的胡耀邦等黨內明智之士，反覆要求為反右運動徹底平反，已形成了一股難以扼殺的呼聲。一肚子政治壞水的「太上皇」也就來了個順水推舟，同意在不否定反右運動的原則下，將右派分子基本給予「改正」。可憐我被共產黨的「名詞魔術」忽悠了幾十年的同胞，迷迷糊糊中的他們，在目睹各地的右派返回原工作單位後，便未加深究地將「改正」和平反兩個貌合神離相去甚遠的詞彙劃上了等號，還大大咧咧地認為「右派改正」是「總設計師」的一項「德政」，為這個「三起三落」的政治油條換得了他迫切需要的幾聲喝采，甚至在天安門下的遊行隊伍中，還把「小平，您好！」這本該屬於胡耀邦的一份溫馨，陰差陽錯地獻給了早已聲名狼藉的前「二號走資派」。如果不是八九年「天安門大屠殺」的「震驚世界」，我樸質單純的同胞還不知將會給這個劊子手臉上塗上多少慈眉善目的脂粉。

不可否認，比起鄧小平的祖師爺毛澤東，他仍多了一份「人貴有自知之明」的優點：他沒有在天安門廣場的另一側，修一座「總設計師紀念堂」以陳列他那具腐屍，而是將他的骨灰灑向了虛無飄渺的空中，使覺醒的後代們失去像史達林那樣焚屍揚灰的「物質基礎」，這也是後話。

以下要說的是，一個名為「改正右派」的群體開始在神州大地上出現，他們的左右是非，恩愛情仇，被刻意掩埋的和被嚴肅發掘的都是些驚心動魄的人間正道。

「改正右派」的洗腦工程

當衣衫襤褸形容憔悴的「改正右派」們，從各自的流放地返回原單位的時候，沒有鮮花掌聲沒有握手擁抱，這漠然的接待規格暗示著來者的擋次的低下卑微，但私下裡對當年敢於直面官僚的好漢暗暗翹大拇指者也不乏其人。約莫三、五月之後，媒體上出現了一些「改正右派」積極工作做出突出成績的報導，我本人也曾享受過這類黨八股花邊新聞送來的秋波，所有類似表揚稿的落腳點仍然是黨的政策英明正確，才給了「改正右派」們以機會為黨作出成績云云。隨即又有一流文學期刊，隆重推出一些曾經臭名昭著的右派作家的新作，堂而皇之地證實右派改正政策的有效性。眾所熟知的「改正右派」中，還有名垂「黨史」的總理朱鎔基，貴為文化部長的王蒙之類的標誌性角色。

熙熙攘攘之中，一顆閃亮的明星登場了，他便是遼寧營口教育學院的曲嘯教授。這位「改正右派」在中共中央宣傳部刻意安排下，足跡遍及黃河上下，大江南北，向剛剛脫下勞改囚服、或離開「群眾監督」視線的「改正右派」們作「現身說法」的演講。只見他站在主席臺中央，眼裡含著熱淚哽咽著說：「當年共產黨批鬥我們右派，就像母親打兒子一樣，是為了孩子好……」這句話令我浮想連翩，我想起反右鬥爭時割腕自殺的老劉，想起在勞教隊修鐵路時被巨石砸死的小周、小李，更有隨後被「三年大饑荒」奪去了生命的小張老王老徐，不禁在心中納悶：「世界上哪有把兒子打得妻離子散死去活來的母親？」此時我抬頭四望，同坐台下的「改正右派」中，有的人臉上泛著苦笑，也有人似在搖頭歎息。

待到分組討論這「媽打兒」演講時，人們幾乎異口同聲地接受了曲嘯免費贈送的「媽打兒止痛片」，雖然我知道其中不乏口是心非的隨大流者，但畢竟占半數的人出自內心地感謝黨的「再造之恩」。因為此前的二十多年歲月，身為五類份子賤民中的一員，右派們長期生活在水深火熱之中，看不見一絲未來的光明，一朝得到「收回工作」的求之不得，其感激涕零狀也不難理解。隨後事實的發展也確切地證明有些「被媽媽打過的右派兒子」向黨真誠感恩的典型事例。同組討論的王君在「媽打兒」基礎上更有所發揮，他說：「幸好我當右派後送了勞教，不然有可能在文革中被群眾活活打死」。此後不久這位因勞教而保全了性命的老兄，在我們這個被「媽媽打過」的群體中脫穎而出，率先被提升為處級幹部，估計和他活學活用「福兮禍所伏」的辨證法有關。友鄰單位中，某位「改正右派」入了黨，這本屬他無可非議的個人信仰的選擇，奇怪的是入黨宣誓後，他偏偏來到我身前，拍著胸口用阿Q的口氣嘀咕著說：「老子們入黨就是為了向他們證明我從來沒有反過黨」，我又不是「他們」中的一員，又何苦向我這個局外人如此義憤填膺？我認為這可能是他的一種「症狀」。更令我哭笑不得的是，我早年的一位右派哥們，雖被「媽打兒」二十多年後，其「糞青」之癡心不改，入黨後便來勸我說：「多一些知識份子入黨才能救黨」，彼此是老朋友我的回答就十分爽快：「曾經說我是右派小集團弄去勞教，又說是叛國小集團判刑勞改，你不怕日後又說我們是『救黨小集團』而重蹈覆轍嗎」？

事實上我交往過的這幾位「改正右派」入黨後，執政者的利益分配早已就緒，盤根錯節的關係網絡已經牢不可破，不可能為你這位行將退休的「老革命」去重新洗牌。因此，這幾位新黨員除了在工資待遇、住房分配上撈到點小油水以外，連掙個像模像樣的貪官稱號都未能如願以償。進入二十一世紀以後，沒死的幾位也逐漸清醒，那位一心救黨的老「糞青」，眼看著這個黨越救越腐敗，只有自嘲地歎息：「連胡耀邦、趙紫陽都救不了的黨，更何況我這個異想天開的老頑童？」這也是按下不表的後話。

那時我一度對這場「媽打兒」的洗腦效果十分驚訝，心想受盡磨難的「改正右派」們，難道連母親打兒子，會不會打到妻離子散家破人亡的程度都無法正常判斷嗎？這「媽打兒」的說法既違背邏輯又不合常理，竟能在這個以知識份子為主的群體中，獲得這麼廣泛的認同，簡直令我匪夷所思。我為我這些右派同仁的愚昧感到深深的遺憾，直到電腦時代進入我的家庭，這才令我大開眼界彷彿跨進世外桃園：

因為互聯網告訴我，國外有心理學家發現了一種名叫「斯德哥爾摩綜合症」的心理疾病。其典型病狀是施害者不斷對受害人威脅恫嚇，但卻並不直接剝奪受害人的生命，反而供給受害人維持生存的食物和飲水。久而久之，受害人便會對控制其生命的施害者產生一種心理依賴，甚至將施害者視為救命恩人。其典型案例發生在瑞典首都斯德哥爾摩，該症乃以此城市名稱命名。據說幾個暴徒為搶劫錢財而綁架了某銀行的幾名男女職員，在所勒索的金錢未到手之前，便將這幾個人質秘密囚禁在一個地下室裡，不斷給受害人提供生活必需品，若干時日後案破，暴徒被擒歸案。

令全社會大吃一驚的是，在法庭公開審理此案時，竟有受害人拒絕出庭作證指控暴徒，相反認定自己在身居困境時，曾得到過暴徒給予的生活關照，有恩於己。更令人目瞪口呆的是，受害人中的一位妙齡女郎，竟當庭表示愛上了綁匪中的一位帥哥，並願以身相許下嫁為妻以謝救命之恩……

不妨再舉一個身邊人的故事，以證明斯德哥爾摩綜合症，是一個「放之四海而皆準」的常見病症，這個病例的患者和剛剛提到的那位決心嫁給暴徒的妙齡少女有異曲同工之妙：一九六一年，我從勞教隊越獄逃跑，兩月後在天津被捕歸案，押回四川都江堰紫坪鋪，關押在專司懲罰「反改造分子」的集訓隊，在這個以捆綁吊打為監管手段的嚴管中隊裡，我結識了同在這裡關押的許懷世，那時他二十一歲。反右時他是重慶建築工程學院建築學系二年級學生，因呼喚教授治校且家庭出身太壞被劃為右派後送築路支隊勞教，饑荒年代因多次盜竊廚房且有攻擊糧食政策言論捆進了集訓隊，我倆因床位相鄰戴手銬時能暗暗相助關係較好，後我被逮捕判刑便與他分手。

十五年後的一九七七年，在一次勞改隊的整編調動的過程中，我與行軍過路的他邂逅，勞改犯在這種「他鄉遇故知」的巧遇中，相互間最關注的問題通常是犯什麼案，判多少年？通過他本人講述和與他同行者的介紹，其案情的不可思議簡直令人歎為觀止。

一九五七年國務院公佈勞動教養條例，那時的條例上並無勞教時限的規定。一九五八年成千上萬的反右運動受害者投入了勞教，到一九七七年，許懷世在這個類似無期徒刑的黑洞中已沉淪了近二十年，他自嘲地戲稱自己是「勞教元老」，卻掩不住他內心的苦澀與無助。突然間奉若神明的毛澤東死去，「四人幫」被捕，這些重大事變對一直禁錮在集中營裡、並已身患心理疾病的他幾乎很難適應。案發那天，全中隊勞教分子奉命集合聽報告，該隊一把手指導員手執文件開始宣講，當他念到：「以華國鋒主席為首的黨中央，一舉粉碎了『四人幫』，並對江青為首的王洪文、張春橋、姚文元進行了逮捕……」這段話時，誰都不會想到，坐在小凳上的許懷世竟「呼」的一下從人群中站起，眼中噙著「曲嘯式」的熱淚哽咽著說：「毛主席的屍骨未寒，他的夫人便慘遭逮捕，我們將如何面對老人家的在天之靈？」說罷竟嚶嚶地哭了起來。

姓段的中隊長應付這類突發事件頗有經驗，他冷冷地對許懷世說，現在是指導員作報告的時間，你有什麼看法可以下去再談。說罷他轉向許懷世，把他叫去了中隊部辦公室，和顏悅色地對許懷世說：「你有什麼意見在會場上大吼大叫影響多不好，你應該下來找幹部談嘛。」又說：「今天的事我們也不再處分你了，下去寫個檢討交給我」。這時的許懷世也冷靜了下來，按慣例這種大鬧會場的事不打得皮開肉綻，也得捆過半死不活，他十分感激段中隊長對他的寬大仁慈，不到兩小時他那份長達三頁的反省交代書便送到了中隊部。

七天後許懷世被正式逮捕，四十天後他被住地法院判刑十二年，其主要罪行就是他在會場上說的那幾句話，不過判決書上印的卻是「呼喊反動口號，為『四人幫』鳴冤叫屈」。所幸一九七八年落實右派「改正」政策時，他作為在校學生雖無法收回原單位上班，也算是回到了原藉成都市。他便在送仙橋書畫市場內租下一個小門面以賣字畫為生。因擅於畫馬，江湖上皆以「許馬兒」相稱，在成都書畫界也算小有名氣的個體戶自由職業者。

我和他在談到斯德哥爾摩綜合症相關往事時，他唏噓不已恍如隔世，說他那時完全被毛澤東的迷魂湯灌瘋了。又說他到勞改隊以後，周圍的人聽說他為毛澤東、江青這類千古罪人喊冤叫屈時，都笑罵他是個認賊作父的精神病，還嘲笑他相信「坦白從寬」寫反省交代自我栽贓的愚昧無知。當我表示將為此寫一篇文章打算用他的真名實姓時，他爽朗地笑了，「就算為我的馬兒作個廣告吧」。隨著悠悠歲月的流逝，互聯網帶來一絲絲新鮮空氣，許懷世的心理疾病也似乎得到很大改善。但是恐怖的陰影像魔鬼一樣隱藏在我們心底深處，時不時將我們從惡夢中嚇醒。

許懷世於二〇〇九年病逝於成都。

進入二十一世紀以後，「改正右派」們年齡最小的也應該在七十歲上下，按常理，這個年齡段的古稀老人應該是無所畏懼了。但是當我們這群「改正右派」舉行定期聚會喝茶聊天時，如果某人大聲說出一句怒斥執政黨高官的「反動言論」時，座中必有一兩個嚇破了膽的老兄，用膽怯的眼神環顧周邊，似在察看是否有可疑「便衣」在監視我等。這個細節表明，對一直生活在極權恐怖中的人而言，「免於恐懼的自由」該有多麼需要，他們的內心世界裡，暗藏著一句用他們的遍體鱗傷換來的格言警句：「世上沒有共產黨幹不出來的壞事」。

如果我就這個恐懼的「眼神」向這些七老八十的過來人探詢究底，他們的回答驚人的一致：「我們已經無所謂了，只是擔心影響兒女」。可見這個壟斷了生存資源的統治者，給普通百姓構成的精神壓力有多麼巨大，它不僅恫嚇生前，而且恫嚇到死後。

右派份子的苦澀婚戀

眾所周知，中國這個自稱為人民民主專政的共和國，實則是一個穿著共和國時髦外衣的共產極權國家，其官僚體系之龐大，組織之嚴密，國民成員等級之森嚴，皆令歷代封建王朝所望塵莫及。在這個金字塔型的現代奴隸社會裡，被壓在底座的奴隸群體，是中共建政後所發動的一系列運動中的受害者及其家屬，官方授予這群「政治賤民」的蔑稱是「四類份子」，即地（主）、富（農）、反（革命）壞（份子）四個類別。一九五七年反右運動以後，「四類份子」與時俱進為「五類份子」，剛剛入甕的右派分子進入這個序列可謂不言而喻。

五類份子的「政治賤民」身份，不僅他本人將「永世不得翻身」，而且隨血緣世襲禍及子孫後代。這個「賤民」種群中的男女老少，無一不是經常開展的各類政治運動的打擊對象，面臨著勞教勞改判處管制甚至死刑等等懲處的危險。在社會生活中，他們的一言一行、一舉一動都在鷹犬爪牙們的監視之下。

這一切可以用恐怖二字概括的方方面面，乍看起來似乎是為了打擊這群所謂的「階級敵人」，實則為構成對無辜平民的威脅恫嚇。恰似「最高指示」橫行霸道登高一呼：「只准規規矩矩，不准亂說亂動」。凡「亂說亂動」者，就「立即取締，予以制裁」。於是乎一個個新的「五類份子」又誕生了，不論他判刑勞改或強制勞教，刑滿後就叫「刑滿釋放犯」，也像右派份子摘掉帽子後稱作「摘帽右派」一樣換湯不換藥，永遠是一個任人踐踏的「賤民」，他們是一個被壓在極權金字塔底座的現代奴隸種群。

試想想，在這塊被專政鐵蹄踐踏著的土地上，哪個男人願意娶這個「賤民」種群中的女人為妻，又有哪個女人願意選擇這個種群的男人為夫？一九五九年，同時在中國人民大學資料室「監督勞動」的男性右派分子甘粹和女性右派分子林昭，這「門當戶對」的兩個年輕戀人給黨支部遞交了請求批准結婚的報告，支部書記看完後，冷笑一聲便從鼻孔裡哼出一個振聾發聵的經典名句：「右派分子還結什麼婚？」

前文我評說這是個經典名句，因為這句話足以掂量出這位支部書記黨性的含金量，一個人一輩子能遇到經典名句的機率其實並不很高。我十多歲時，對鏗鏘有力弘揚正義的《共產黨宣言》讚賞有加如癡如醉，特別那句：「共產黨人可以用一句話把自己的理論概括起來：消滅私有制」，這個經典名句簡直令我熱血沸騰，激動不已。六十年以後，我目睹國內的共產黨高官，一個個腰纏萬貫富可敵國，早已登上了私有制的峰頂。具有諷刺意味的現狀更使我對年輕時崇拜的那個宣言，特別是宣言上高舉的那面「消滅私有制」的核心理論旗幟，產生極度的反感，結合我大半輩子的屈辱經歷，結合中共執政六十年的胡作非為，也結合支部書記批給林昭那個經典名句，認定在那面被門徒們污染得無比骯髒的旗幟上，真正應該書寫的核心理論應該是：「別把人當人」！

支部書記經典名句說罷十年以後的一九六八年，林昭被中共當局以反革命罪在上海槍殺，時年三十六歲的她終生不曾結婚。今天千千萬萬的中國人含著熱淚吟誦她的詩文，讚頌她為二十世紀的中國聖女，當然，這一切和她沒被批准結婚並無直接關係。

話題還是回到「五類份子」這個種群的苦澀婚戀……

如果只有占全人口少數的「政治賤民」，去充當這個人類社會有史以來規模最大的現代奴隸群體，那顯然不符合少數人壓迫多數人的奴隸制社會常態。幸好「高瞻遠矚」的「中共領導人」早已為社會體制設計好了的「城鄉二元制」解決了這個難題。該制度的一大特點便是以嚴格的戶口二元分割制度，將鄉村的農民死死地捆綁在貧窮落後的農村，統治集團以土地公有制的神聖名義，把被剝奪得一乾二淨的農民變成了「經濟賤民」，成為占全國人口最多的現代農奴。自稱代表工農利益的中共統治集團，用一頂「國家主人」的贗品桂冠騙走了農民們的話語權。最終農民們只能和「政治賤民」一起，共同奠基了這座等級制金字塔的巨大底座，這裡還可以用一個「人以群分」的實例來證明農奴們社會地位之卑下。

當年在勞教勞改中服滿刑期的政治犯（統治者稱為「反革命釋放犯」或「刑滿釋放犯」），原則上都會被安排他們「留隊就業」，也就是留在勞改隊所轄的就業中隊裡當一名每月可領點生活費用的就業人員，這種在法律上似乎已經可以稱作「公民」，而在實際生活中卻是被嚴密控制著的「政治賤民」，他們畢竟是人，人所具有的七情六慾他們無不具有，自然也會有建立家庭生兒育女的願望。在人人都被統治者打上了政治符號並標注了其等級身價的極權社會裡，一個普通的城市女孩決不會嫁給一個窮困潦倒的「刑滿就業人員」，除非她走火入魔發了瘋。同理，一個官員的公子哥兒也決不會娶一個農村女孩為妻，除非她是個絕色美女，又除非男方「我爸是李剛」，能易如反掌地將她的戶口「農轉非」。

現實生活中男就業人員和女就業人員的比例可能不足一百比二，找門當戶對的女就業人員當老婆比登天還難。可憐這群命途多舛的單身漢，在性饑渴的服刑期中熬過了五年八年乃至十年二十年，終於刑滿就業似有可能找個老婆以救燃眉之急，這本是人之常情不足為奇。但就業人員經過長期的「認罪」教育也有點自知之明，提醒著自己的「政治賤民」身份，也可說是為守護那點累受摧殘的自尊。除了尋找出身農村的「經濟賤民」門當戶對之外，很難再尋覓比這種同病相憐者更匹配的妻室了，我的勞改友人中，以這種配偶組成的家庭並不鮮見。

恰如一句在刑滿就業人員中流傳甚廣的順口溜所自嘲：「你不嫌我勞改過，我不嫌你棕包腳」（通常都建在邊遠山區的勞改隊，周邊的窮困村民冬季多以棕片包腳以禦寒）。這飽含著辛酸悽楚的話句，讓人們體會到「政治賤民」和「經濟賤民」結為患難夫妻的相依為命。我作為一名「資深勞改犯」還可以作證說，凡這些「經濟賤民」能嫁給「政治賤民」者，其本人及其家族不僅沒有絲毫臉上無光的羞辱感，相反還有一種交上好運的喜悅。這一切似與政治並無直接關係，「經濟賤民」的核心視點只是他們的一窮二白，他們祖祖輩輩掙扎在饑寒交迫的生存底線上，終於命運之神給了她一丁點改善的希望。那是因為就業人員每月還可以領得二十二元工資，雖然這只是「紅色」工人工資的半數，也畢竟比農民那點畫餅充饑的工分強得多，這難道還不能證明農民這個「經濟賤民」社會地位的卑微嗎？還不能證明這個共產制度是在挑戰「人人生而平等」的普世價值嗎？

我大半輩子都是和「政治賤民」們打交道，並以與他們為伍而自豪，也經常在這類賤民家庭中走進走出。我發現正因為這類家庭成員的某些「先天不足」，例如女方因係農村戶口而求職困難，弱勢的家庭背景使之成為社會不公的直接受害者，他們家徒四壁清貧拮据。這反而激發了全家人的勤勞簡樸團結拼搏，使整個家庭洋溢在進步和諧的健康氣氛之中。對比那些紙醉金迷的官太太、二奶三奶的爭寵奪財蜚短流長，這裡似乎更適於人類生存，我估計由於中國特色的歷史原因，「改正右派」們大部份都生活在這種因禍而得福的家庭氛圍裡。

「改正右派」們還有另一類型的婚戀遭遇：我國一九五四年所頒佈的婚姻法規定，男二十歲女十八歲即可登記結婚。反右時，包括我這個二十出頭的小夥子在內的、大多數右派都已經結婚生子。反右運動結束後，無微不至的「組織上」會以多種方式去開導不是右派的一方，啟發他們與「階級敵人劃清界限」，造成事實上的被迫離婚。也有的情深意切實難割棄，在淚眼相望中苦苦掙扎了三、五年，這時鐵的事實證明了「組織上」那「積極改造，早日新生」的宣講，只是一張遙遙無期的空頭支票。眼看著孩子一天天長大，日後的求學就業，很難邁過右派子女狗崽子這座「以階級鬥爭為綱」的鐵門檻，只有自我犧牲忍痛割愛分道揚鑣。朋友中離婚簽字後當場抱頭痛哭者，我能指名道姓說出的也不是個別少數，可見前文所指共產旗幟上那「別把人當人」的核心理論刺刀見紅。如果有人認為只要辦完離婚手續，「組織上」就判定他劃清了敵我界限，那就不免太低估中共在對敵鬥爭方面的「高度警惕性」了。關鍵是還必須再婚……唉！也太為難這些拖兒帶女的半老徐娘了，看來苦命的她只能在中共編導的千千萬萬部人間悲劇中，充當一名或者柔弱、也可能偉大的角色了。

不應忽視的是中共中央有關「改正右派」的紅頭文件上，有一條大意是這樣的規定：凡因受右派問題牽連而被迫離婚的夫妻，如「改正右派」方堅持要求重婚，離婚方又已經再婚而難以「物歸原主」，（這個粗俗的詞句是「理屈詞窮」的本文作者臨時挪用的，道貌岸然的紅頭文件哪怕事實如此也不會這樣拙劣地表述。）「組織上」可以出面協調……我本人和我的某些朋友在右派「改正」時，都遭遇過這份「捉鬼也是他，放鬼也是他」的紅頭文件之驚嚇，這個「餿主意」的原創者不想一想，再婚後跟著「冤枉的第三者」又已生兒育女的前右派家屬，面對「兒女都是母親身上的肉」的常情常理，又面對「組織上」一波未平一波又起的瞎折騰，怎一個「協調」二字了得。「組織上」的「別把人當人」的核心理論真正具有攻無不克，戰無不勝的魔力嗎？我以為這一切庸人自擾的根本原因還是那句頑固到底的「反右運動基本上是正確的」，因為不願以平反二字替代改正二字的執政者，為證明自己的「偉光正」假象，寧願挪用自己的影響力對受害者作一點點損人利己的道義修補，乃至在「紅頭文件」中難以自圓其說，最終的受害者，仍然是不幸的「改正右派」群體。

兒時曾讀《封神榜》，老來回憶這本價值平平的書，人物、故事早已忘得一乾二淨，不知為什麼，書中卻有一句話令我沒齒難忘，書中寫道：「只知有己，不知有人，謂之逆天，逆天者亡」。

屬於我的痛定思痛

二〇〇七年，我應邀出席了在美國普林斯頓大學召開的《反右運動五十周年理論研討會》，那時我已患「黃斑區眼底出血症」，這個眼科頑症幾乎全部剝奪了我的讀、寫講稿的能力，只能邊想邊說即席發言。其中我說了這樣一段話：「一九五七年，中共將我劃為右派是絕對錯誤的，因為那時我根本不是右派；一九八〇年，中共對我的右派問題進行『改正』，也是絕對錯誤的，因為經過二十三年的『脫胎換骨』，走出監獄的我，已經是一個貨真價實的右派了」。完全出乎意料的是，這純屬我個人感受的一段大實話，竟引來一場雷鳴般的掌聲。大多數鼓掌的人都和我一樣，都曾經是被譽為「五七戰士」的右派分子。他們的鼓掌是出於禮貌或者出於對我這個觀點的認同？反倒令我暗自思忖。

就是這個二〇〇七年的冬天，我和流沙河等幾位「改正右派」在成都大慈寺內喝茶聊天，原《四川日報》右派記者曾伯炎舊話重提說：「反右時四川省委宣傳部部長名叫明朗，是個參加過延安整風的『老革命』，他在剛剛創刊的《星星》詩刊上，讀到了流沙河那首散文詩《草木篇》之後，陰陽怪氣地對省委書記、著名『左王』李井泉說：『我總覺得《草木篇》裡面有一股王實味《野百合花》的味道』。『左王』就把這份『王實味味道』原汁原味地轉獻給了『左皇』毛澤東」。老記者曾伯炎透露的這則「老新聞」，讓我知道了反右運動開展前，曾經在各機關幹部中秘密傳達過毛澤東在中央宣傳工作會議上的講話稿，就在這份「不准記錄」的傳達報告中，我聽到「左皇」對《草木篇》暗藏殺機的一段評語，當時我曾質疑這首短詩怎會驚動「英明領袖」？此番我從曾伯炎的敘述中終於知道了，當年在「寵妃們」包圍中的「左皇」，怎麼會知道四川有個小不點詩人名叫流沙河？這時，我分明聽見對座的流沙河用他那背誦之乎也者的調門說了一句：「那時候我哪裡是右派，分明是左派嘛」。原來他這個「欽定右派」都派性不純，可見我那句「大實話」並非不實之詞。

當中共剛把「改正右派」的稱號授予我時，為了當之無愧，我曾泡進四川省圖書館，翻閱了有關五七年反右時期的若干史料。我發現北京大學等高校中，確實有一批具有遠見卓識且敢於向專制統制說不的初生牛犢，他們真正是令我肅然起敬的「五七戰士」，體制造成了這批精英人物的悲慘命運，更令人扼腕歎息。至於以「狼奶」為唯一食源的我等體制內井中之蛙，雖然有一點自由主義的原始衝動，但囿於「組織上」長期施以的心理壓力形成的自律，加上我所在的縣級機關開始整風大鳴大放時，中央級和省級機關單位早已開始雷厲風行的揭批右派言行，那些頭面人物在一片口號聲中的理屈詞窮似前車之鑒，除非智商有問題，「陽謀」圈套對我等的殺傷力並不很大，我等落網者仍然是黨組織根據檔案資料中所載家庭出身背景、社會關係等方面去尋找蛛絲馬跡，同時輔助線人密報材料，經核心領導成員策劃暗定為打擊對象，再分別交予各學習組發動積極份子予以圍剿。

不可否認的歷史事實是當年我等右派分子，絕大部份人作為中共的基層幹部，都曾經在文革中被稱為「走資派」的「黨委成員」的指揮下，按照黨中央制定的方針政策，積極地或比較積極地參與了減租退押、清匪反霸、土地改革、鎮反肅反、三反五反等等一系列整人殺人、實則摧毀中華文明基石的運動，在助紂為虐、當幫兇爪牙方面，唯恐自己「左」得不夠可愛。我等這群紅衛兵似的前共青團員、今「改正右派」和得到平反的「走資派」的唯一區別，也只不過是「五十步笑一百步」罷了，根本沒必要去論什麼高低大小。

一九五一年冬，我被臨時抽調到西南軍區土地改革工作團，先後參加了合江和敘永兩個縣所轄兩個鄉村的土地改革，那時我十八歲，是負責一個村的工作組組長，手下還有三名也是來自西南軍區直屬隊的組員，按規定還給我配發了一支自衛手槍。當年的我年輕氣盛，被「狼奶」餵養得意氣風發鬥志昂揚，恨不得能親手揪出一個「黃世仁」，以證明我這個共青團員的品種是多麼純正。但我的運氣太差，兩期土改工作過的兩個村，都在與貴州交界的邊遠山區，村裡劃出的兩三個小不點地主，別說沒有良田百畝三妻四妾，就連像樣的衣服都沒有幾套，我壯志未酬心中很是不爽。

眼看兩期土改即將結束，我們也將返回原來所在的部隊。臨行前土改工作隊在一個名叫農會橋的鄉政府所在的小鎮上，召開本期土地改革的總結大會，會上將給翻身農民分發沒收地主的浮財，同時還要把《土地所有證書》分發給農民們，大會最後還將對部份地、富、反、壞份子進行判刑管制等處理。開會前被忽悠得暈頭暈腦的年輕農民，在場鎮上敲鑼打鼓扭秧歌作歡天喜地狀，我則被頂頭上司安排在一間屋子裡，看守那群即將接受懲辦的階級敵人。只見我趾高氣揚地提著手槍站在一側，用仇恨的目光俯視著蹲在地上的三十多名四類份子。他們早已被鬥得垂頭喪氣灰頭土臉，為即將降臨的災難憂心忡忡。

突然間，我發現一個名叫李明樹的地主正在和身邊的人嘰嘰咕咕地說著什麼，他嘴邊抖動的鬍鬚和他側著的臉足以證明這一認定。在我主持的那個村子裡，這個年近五十多歲的李明樹簡直就是個死硬份子，在等候開會的間隙中他竟敢交頭接耳亂說亂動，我怒不可遏地跨到他身前，用手槍的槍口連連敲擊著他的額頭，一邊惡狠狠地罵道：「李明樹，你給老子小心點！」這時，我看見一串殷紅的血從他的額頭上緩緩地向下流淌，流過他閃著恐懼、乞求目光的雙眼，流過不斷抖動著的上唇，再分流至他扭曲了的嘴角……在事發當年，這點小敲小打幾乎是一樁不足掛齒的小動作，是任何一個鷹犬爪牙都可以對任何一個階級敵人任意施展的淫威，似乎因其司空見慣而不值得我多加追憶。

幾乎快要將這個細節淡出記憶的十年以後的一九六二年，像乾坤顛倒般我也成了一名反革命罪犯，獨居關押在灌縣陳家巷看守所的一間黑監裡。某日，一名年輕的看守兵在押送戴著腳鐐手銬的我，從審訊室返回黑監的途中，他在身後厲聲催促我：「走快點」！而我被沉重腳鐐拖曳著的步伐無法走快，心裡還懷恨著此前在審訊過程中所受的悶氣，便故意頂撞了他一句：「你來試試！」他沒有訓斥我。

打開監門後，他挑釁地責問我：「你剛才說的啥子？」我回頭準備回答，他卻飛快地舉起手上捏著的一大串鑰匙，那上面穿著一個大大的鐵環，用它猛擊在我的額頭上，頓時血流如注。我聽著這看守兵逐漸遠去的腳步聲，凝視著從臉上抹往手掌上的鮮血。這時一個奇蹟出現了，像電影特寫鏡頭般我分明看見李明樹那張淌血的臉，它彷彿是茫茫大海中的一座燈塔，引導著我跨進了自我反思的海域……

自從我捲入共產革命的洪流，幹過很多很多壞事，例如一九五〇年九月，我在大足縣警衛營擔任文化教員期間，部隊的任務是「剿匪」，當時所謂的匪並非打家劫舍的武裝強盜，而是抗拒中共佔領家鄉的「反共救國軍」，我對此卻毫無認識。在一次戰鬥中，有狙擊手打死了一個姓王的所謂「匪首」，指導員令一名戰士將其耳朵割下穿在繩子上，返回鄉鎮街上的駐地後，又令我將這只耳朵掛在街中間的一塊黑板上，並撰文介紹耳朵的主人怎樣被擊斃。我參與的這個殘忍暴戾的作法誠然可恥可惡，但畢竟是奉命行事似可減輕一分罪責，而前述我用槍口擊打李明樹的額頭，則純屬我秉性惡劣借用國家暴力對一個無辜弱者的恫嚇蹂躪，萬一敲打中手槍走火將其擊斃，我最多以過失犯罪判刑三、五年，他則失去了至為寶貴的生命。此外我手持殺人武器在一個與我父輩年歲相當的老人面前自稱老子，我的道德良心已蕩然無存，其行徑與流氓地痞毫無兩樣。

明天清早以前，我不可能得到一碗可以清洗血污的水。入睡前我又凝視著鮮血染紅的手掌，似乎未經思索地從口中迸出了一個陌生的詞彙：「報應」！

從此番「頭破血流」開始，我和我的三名「同案犯」，分別在這座看守所不同的三間監房裡，從不放風地獨居關押了三年另六個月，直至在生理上因長期饑餓而變得骨瘦如柴，長時間的啞口無言致使聲帶萎縮，但這一切對我來說都毫不重要，我慶幸的是我開始學會嚴肅地審視自己的生活歷程，這沉默孤獨的日日夜夜，讓我享受了一場精神盛宴，我甚至認為，如果我生命中缺少了這長年累月的冥思苦想自我反省，將是一個難以估量的損失。一句話，先人所稱的「三十而立」，我確是在漆黑監房裡「立」的。

走出這個看守所時，衣兜裡多了一張判刑十八年的判決書，隨即去到談虎色變的勞改隊，在漫長的服刑期中，前文所敘那位看守兵令我的頭破血流簡直是不足掛齒的小菜一碟。每當那「痛不欲生」四個字向我迎面撲來，我心底裡自會暗暗叨念：「報應！」是助紂為虐者的報應。

最後我想用捷克戲劇家、諾貝爾和平獎得主哈威爾的一段話來安慰我不斷思考的晚年生活，願與即將奔赴黃泉的「改正右派」們共勉，他說：

「……我們全都已經習慣了，適應了這個極權制度，接受了這個制度是不可改變的事實，從而成全了它的運行。換言之，我們大家都多多少少對這部極權機器之得以運行負有責任。我們當中沒有一個人僅僅是這部機器的受害者。要知道它之所以能運行，我們每個人都曾出了一份力」。

二〇一一年二月二十四日改定於成都寓中

二〇一二年年一月三日刊於《民主中國》

下輯

莫明堂雜文選

一、重慶的解放碑，中共的恥辱柱

一九四五年八月十五日，日本無條件投降的消息傳來，中華民族經歷了一次大狂歡，許多城市的鞭炮聲通宵達旦，歡慶酒宴上頻頻舉起酒杯一醉方休，慶功會上有歡樂的歌舞，報刊上湧現了許多優秀的文學作品。那時我剛剛考入初中，在空襲警報的淒厲呼號中長大的孩子，有強烈的愛國情懷。雖然至今已過去了六十多年，仍能記得當年那激動人心的場景，也牢記著一些感人至深的詩詞歌賦，在這類令我無法輕易忘懷的文句中，下面這副楹聯更讓我念念不忘：

中國捷克日本，
南京重慶成都。

以三個國家的名字構成的上聯，說明中國迅速打敗了日本侵略者。下聯對應的是我國三個重要城市的名稱。過去的首都南京其重要性自不待言，勝利後，她將歡慶重新成為首都，重慶被稱為陪都即戰時首都，那時是國家的心臟，成都為戰略大後方四川的省會。這副精妙絕倫的楹聯，它只用了簡單質樸的十二個字就道出了一個真相，是南京的中華民國政府，也就是抗日戰爭時期設在陪都重慶的中華民國政府，領導了這場偉大的衛國戰爭，並與全世界的反侵略國家一起共同戰鬥，直到最終取得徹底勝利，且

左圖是國民政府修建的抗戰勝利記功碑，右圖是中共建政後將原碑文塗改為所謂的解放碑。

因此使中華民國獲得了成為聯合國安全理事會五個常任理事國之一的殊榮。

這副被譽為「絕對」的楹聯，也是我中華民族歷史悠久的獨特文化具有無窮生命力的一個實證。

其實這一切慶祝活動都是民間自發進行的，政府極少組織如那些極權國家動輒舉行的那種勞民傷財的大型紀念活動。在我的記憶中，國民政府比較像樣的紀念活動就是在重慶市中心修建了一座高達二十七點五米的「抗戰勝利記功碑」。

政府為表彰我中華兒女奮勇抗敵的英雄業績，特在陪都重慶市中心，原紀念國父孫中山誕辰而建的名為「精神堡壘」的舊址上，修建了這座高聳入雲的燈塔型圓碑，碑身上由當時擔任重慶市長的張篤倫先生題寫了「抗戰勝利記功碑」七個鬥大的字，生性乾脆俐落的重慶老百姓親切地簡稱之為「記功碑」。

在挖掘「記功碑」的地基時，按設計要求，刻意留下深坑，將戰爭中繳獲的部分侵華日軍武器彈藥、鋼盔軍靴、指揮刀軍旗等戰利品埋於其中，以使我國民革命軍之軍威永垂大地；同時埋下的還有用鐵罐密封的美國總統羅斯福，為抗戰勝利專門寫給蔣中正委員長並轉致中國人民的一封賀信。

「抗戰勝利記功碑」的內牆上，密密麻麻鐫刻著我千千萬萬的陣亡將士名單，正是這個英雄群體用他們的血肉之軀構建的銅牆鐵壁，抗擊了武器裝備比我們精良得多的入侵之敵，捍衛了我們這個千年古國的尊嚴；更重要的是這個英雄群體用他們珍貴的生命，告訴人類正義戰勝邪惡這個永恆的真理。他們理應永遠屹立在這裡，接受我們這些子孫後代的頂禮膜拜，接受我們永遠的懷念，永遠的景仰。

但是誰能想到，自一九四九年十月一日，中共在大陸打造出一個假冒偽劣的所謂人民共和國以後，這座宏偉壯麗的「記功碑」便開始了她的厄運。四九年十一月中共攻佔了重慶，便匆匆忙忙地將記功碑上那七個大字鏟掉，時任西南地區共軍軍頭的劉伯承偷天換日，寫了「重慶人民解放紀念碑」幾個字鑲嵌在碑體上。中共這個將一黨私利置於國家民族利益之上的惡劣行為，暴露了以毛澤東為首的這群勢利小人，必然將國家主權拱手相讓於蘇聯「老大哥」的「既定方針」。在塗改這個碑名的同時，共產黨千方百計地改寫抗日戰爭的全部歷史，他們利用所壟斷著的全部宣傳機器，重複千萬次地謊稱，是遠離日軍正面進攻方向的延安中共，在中國最貧瘠的黃土高原上，以它當時擁有的數萬紅軍，領導了這場傾盡全國財力、物力、耗時長達十四年之久的衛國戰爭。毛澤東還血口噴人地誣衊說蔣中正委員長是「假抗日、真反共」，其實將這句話改為「假抗日、真賣國」，倒真還是共匪、尤其是老毛本人的原形畢露。

一九九一年十二月二十五日蘇聯解體，隨即東歐劇變，整個共產體系國家分崩離析。不久，在莫斯科成立了俄羅斯憲法大法院，邀請世界各國一流學術專家，列席旁聽了憲法大法院對蘇聯共產黨的公開審判。次年解密了大部分蘇共的秘密檔案。

令世人大跌眼鏡的是檔案中涉及中國共產黨的部分，主要是來往電文和會談紀要。確鑿的證據顯示，早在七十多年前的一九三一年，中共黨魁毛澤東即奉共產國際之命，在江西瑞金成立了國中之國的「中華蘇維埃共和國」，中共即成了製造「兩個中國」的元兇禍首。如果按刑法中的「分裂國家罪」治罪，並沿用叛國罪無限期追訴的法律規定，第一個應該嚴懲的賣國賊就是禍國殃民的毛澤東，然而這個把中國人民扔進災難深淵的千古罪人，至今依然躺在「黨中央」身邊的水晶棺材裡散發著惡臭。

二〇〇七年七月七日，即抗日戰爭勝利六十周年紀念日，中共中央機關報、北京《人民日報》發表一篇題為《中國共產黨是抗日戰爭的中流砥柱》的社論，通篇謊言彷彿都在為將「抗戰勝利記功碑」更名為「重慶人民解放紀念碑」編造藉口，謊稱是毛澤東帶領的幾萬八路軍、新四軍，而不是蔣委員長指揮的幾百萬國民革命軍打敗了幾百萬日本侵略軍。掩蓋中共在抗戰期間儘量避開與日軍正面交火減少傷亡，甚至秘密派大特務潘漢年通日，與侵略者協定《互不侵犯》，那時共軍還假借抗日名義拿著國民政府的津貼（為防止此絕密外泄，中共建政不久，便為時任上海公安頭目的潘漢年製造藉口，將這個中國人民和全世界都不知曉的禍種關押至死）。當年毛澤東已暗中定下保存實力，養精蓄銳，為他日奪取政權做準備的方針。果然，其陰謀得逞後，便將昔日民族英雄的功勳一筆勾銷，哪管他們魂歸何處？這是共黨的「政治需要」。

散佈「歷史健忘症」的病毒是控制言論自由者的拿手好戲，經過半個多世紀的苦心經營，今天四十歲以下的重慶人，很少有人知道昔日「記功碑」的豐功偉績，只是糊裡糊塗地跟著宣傳機器叫它「解放碑」，他們無法想像這座「紀念」重慶「解放」的所謂標誌性建築是國民黨政府修建的。

上世紀八十年代開始，在難以抵擋的互聯網鋪天蓋地地席捲之下，中共的愚民笑話一個個被戳穿，重慶的眾多有識之士，通過互聯網之類的公器向中共當局呼籲，要求還「記功碑」歷史以真面目，擔心

二、黑白分明

——紀念「六・四」二十周年的話外音

六・四二十周年到來之前，有人在互聯網上創議，在這個中華民族流血不止的日子裡，有切膚之痛的我們，將身著白色服裝，借此對二十年前，被解放軍用機槍和坦克屠殺在北京街頭的無辜同胞表示哀悼。這個既「在法律框架內」又「芒刺在背」可謂兩全其美的創議博得我會心一笑。

家住成都市至今殘存的我等右派老人，可說已寥若晨星，共同的苦難凝結的友誼回味無窮，大家相約每逢星期二都去大慈寺喝茶聊天敘舊。這個星期二是六月二日，再過兩天就是六・四這個「有約在先」的「白衣節」，何不提前穿上早已備好的白色衣服，夏天的這種穿著也再正常不過。

自我二〇〇六年患「眼底出血症」幾乎致盲以後，多數時間都由我妻子陪我外出助我分辨紅綠燈。六月二日那天，她除了穿著白衣以外還戴了頂白色的運動帽，我們夫婦的這身打扮，在刻意掩蓋罪行的那幫人眼裡，顯然是我等搞的一次穿白衣服的「軍事演習」，他們的「革命警惕性」早已鎖定在我這個涉嫌「擾亂社會秩序」、或者「危害國家安全」的古稀老頭身上，否則兩個鐘頭以後的「突發事件」就斷然不會發生。

在陳述這樁「突發事件」之前，還是得從茶館裡的事說起，在這家我經常光顧的茶館裡，這天我意外地碰見了一個老相識，這位名叫楊遠宏的退休副教授，有點名氣的文學評論家。此公如果早出生十年，肯定是個無比完美的極右份子，還不知道會在那個勞改隊和我們這群右派分子打擠。在熱血沸騰的一九八九年，我在主持《星星詩刊》函授部的工作時，他是我特聘的輔導教師之一，曾經與他有過一段愉快的合作，更確切地說，是六・四以後，我們共同度過了幾天以淚洗面的苦日子。我與他已有很久沒有見面了，令我刮目相看的是他上身穿著的那件價格不菲的耐克牌運動衫，那耀眼的白色甚至可奏過目不忘之效，和我身上這件「土特產」白色T恤相映成趣地「此時無聲勝有聲」。他身邊坐著幾位四十開外的中年人，似乎也同樣迫不及待的穿著白衣示眾，其中有位名叫盧剛的，這條「八九六四」時就讀於蘭州大學經濟系的漢子我們早已認識，他的住地在這個偌大的城市裡，與我的家可說是一牆之隔，和盧剛一起的是他當年的老同學丁矛，「八九六四」時是蘭州大學「高自聯」的糾察處處長，蘭大哲學系的高材生，因積極參與「六・四」被判刑十年，出獄後打工為生。一年前經盧剛介紹我與他認識，在得知他的出身經歷後，便打趣這位前糾察處長說：「你二十一歲就當處級幹部，少年得志，難免摔跟頭……」他回以苦笑。此番在茶館舊友重逢，便將桌椅搬到了一起，彼此心照不宣的說著些「題外話」。

將近下午一點，按慣例，已經是茶友們回家吃飯的時間。楊遠宏獨自騎自行車而去，我和妻子準備在附近吃碗麵條，又發現盧剛、丁矛和我剛剛認識、連名字都沒搞清楚的兩位中年男士走在我倆身後，便一同走出大慈寺向大街上走去，這浩浩蕩蕩的白衣隊伍，顯然是一群「六・四暴徒」的同情者，這個身份相當於歐洲中世紀黑暗時代被火刑燒死的異教徒。突然，我妻子發現身後有一群神色詭秘的彪形大漢尾隨而來，其中竟有兩個曾經和她打過照面的「國安」，那是二〇〇七年六月八日，成都市的一些殘存的右派分子在這座大慈寺裡，舉辦過一次反右運動五十周年的紀念活動，無孔不入的「國安」曾派出不少警力在會場四周監視，這才有前述的「打過照面」之說。而我那時正在美國普林斯頓大學參加「反右運動五十周年理論研討會」，使我與成都「國安」監管失之交臂，今天正好有了個補課的機會。

因為我知道國家從未頒佈過「禁穿白衣法」，或者「嚴禁紀念六．四條例」，我做的一切都在「法律框架內」，因而我理直氣壯毫無畏懼，我們從容地登上四路公車後，穿著便衣的眾「國安」也一擁而上。

在雙橋子下車時，剛認識的兩位白衣男子已不知去向，餘下我們四人便走過斑馬線，朝我家的方向走去——那裡有一家速食麵館。行進中便衣「國安」像長跑運動員在接近終點時發起衝刺一樣，迅速圍在我們四個白衣人周邊形成包圍圈，其中一個掏出個什麼證件向丁矛展示其特殊身份，我則不屑一顧地走自己的路，他們中有人將我攔住並要求「請配合」，我斷定此番「突發事件」絕非偶然，而是他們精心安排周密佈署的一次行動。在這種背景下，一切抗拒都是徒勞的，他們的武裝力量強大到敢於吹噓發動一場核戰爭，更何況統治者唯一遵守的遊戲規則只是「為達目的，不擇手段」的「我是流氓我怕誰」。而我們除了一腔熱血剩下的便是赤手空拳……好在抬眼望去「成都市公安局雙橋子派出所」的木牌正掛在一扇大鐵門旁邊，抓人的人和被抓的人都魚貫而入。

作為一名「前右派份子」，我在這個員警國家生活了近六十年，其間二十三年的青春年華都是在勞教勞改中度過的，曾經在我頭上作威作福的各式員警難以勝數，記憶中讓這類專政工具對平民百姓說出個「請配合」的「請」字，就像讓老虎給綿羊下跪般不可思議，我發現中國的員警最少在表面上抹了點「文明油彩」。走進派出所院內，又看見一排連體塑膠靠椅放在窗下，顯然是供來所的三教九流人等入座用，這個硬體更加重了「文明油彩」的濃度，我們就坐在「文明油彩」的塑膠椅上。

這時我的手機響了，我遠離左右接聽，原來是自由亞洲電臺記者聽說我被「弄」到了派出所，想問問情況，我說，「弄」進來兩小時，至今還未「過堂」，我也不知道為啥，請兩小時後再打來。此刻，我真正感到現代資訊的巨大威力，也許正是這類威力，才使我們這個崇尚殘酷鬥爭的極權國家，塗上了些「文明油彩」。

我向周圍的某位「國安」發問：「我已經被你們『弄』進這裡兩個多小時了，你是不是可以為這個作法取一個具有法律意義的名字，例如拘留、逮捕或者傳喚？」他笑容可掬的回答：「老先生，你耐煩點，等一下就完了」，說完又神秘一笑，「文明油彩」似乎又抹厚了一層。

然而，此時我對這類「文明油彩」不僅反感而且噁心，我所理解的文明二字，它的核心精神應該是對人的尊重，對人權這個普世價值的尊重，我們四個公民，不向我們出示任何法律文書，便將我們扣押在派出所，其間你們所展示的種種「文明油彩」實際上都是你們踐踏基本人權的遮羞布，是麻痹老百姓的假面具。

他們開始輪流訊問盧剛、丁矛和我的妻子，並查閱了他們攜帶的照相機，當他們要求翻看我妻子的手袋時遭她拒絕，因為他們沒有養成出示搜查證的習慣。

房間裡對他們三人作筆錄蓋指紋的同時，院子裡三兩個「國安」卻很輕鬆的和我聊天，其中一個二十出頭的小夥子對我說：「你是個作家，怎麼不寫《中國不高興》那樣的書，人家一本書就掙了一百多萬？」我對他說：「作家的水準並不一樣，有的能寫出傳世名作，也有的只能製造文字垃圾」。在旁的另外還有兩位「國安」正津津樂道於兩千六百點的股市行情，我生平無財運，對此也一竅不通如聽鳥語。

下午五時，有人在辦公樓上叫我的名字，有個聲音在身後說：「那是所長」。所指無疑是這家派出所的一把手，他接著又叫我妻子一同上去，在他的辦公室，他向我介紹了他的碩士學位，在有學問的人面前，最好說老實話，因此我對他說：「我和你的政治理念毫不相同」，他不予理睬卻說：「其實我們黨也有很多改進」。這句話如果在二十年前，即八九年六四以前對我說，也許還可以撥動我的某根心弦，而今天說已經太晚了。誠然「你們黨」也確實有些改進，你們開初把天安門學生運動定性為「暴亂」，然後「改進」為「動亂」，最後又「改進」為「風波」，試想想，「一場風波」都要動用坦克機槍、屠殺成百上千的同胞進行鎮壓，如果仍舊定性為「暴亂」或者「動亂」，豈不動用火箭原子彈？既然改口定性為風波，為什麼打死的、致傷致殘的、判刑流放的又不給予平反昭雪，還他們以清白？為什麼至今不准在媒體上提及六・四，封殺一切對六・四的講述，千方百計地讓人們遺忘，處心積慮地催人們麻木？

說到底，所長所說的改進，指的都是「文明油彩」的方方面面，都是胡弄走馬觀花的外國人和騙傻了的中國人，那個改進是「三鹿毒奶粉」似的「改進」。

以上的話句都只是我的內心獨白，我認為在當今這個物慾橫流的大陸中國，百分之九十們的人屬於以下兩類：什麼都明白卻什麼都不說；另一類則是什麼都不明白，卻什麼都胡說八道。剩下的百分之十，一半是堅決將祖國推向民主自由的仁人志士；剩下的一半就是衣兜裡揣著綠卡，卻大肆蠱惑民族主義的既得利益者。當我想從所長談話的抑揚頓挫中分辨出他是上述四類中的哪一類時，談話已宣告結束，他最後一席話才基本點破了今天這個「突發事件」的目的所在：

「六・四是個敏感時間，希望你不要東走西走」——用這種「人海戰術」的恫嚇，就為了要我這個七十五歲的瞎老頭，「在敏感時期不要東走西走」！

可憐的中國納稅人。

六月三日，我在家上網，因為我視力受損，很難閱讀網上文字。我分別使用「聽網」和「電腦播音員」兩個軟體，同時借助放大鏡使用滑鼠。我在自由亞洲電臺、看中國、博訊和阿波羅等網頁上，都讀到我昨天被抓的新聞報導，文中說我「自稱民間思想家」，這句純屬虛構的「歌詞」，幾乎把我醜化成厚顏無恥之徒，須知我生平除勉強接受過作家的稱謂外，就只有自己戲稱的勞改專家，別的我什麼家也不是，我是個連學士學位都沒有的平庸之輩。

六月四日清晨，我一想到這個敏感時期的敏感焦點就十分亢奮，早已把所長那「不要東走西走」的告誡忘得一乾二淨，除了法律誰有資格限制我的人身自由？

成都市雕塑公園可能是這座城市裡最小的一座公園，距離我家三、四百米，對一位盲人而言，這個距離意味著步行途中的安全，這裡的茶水每杯三元，這低廉的價格對工薪階層含有慈悲，它是我經常與朋友們喝茶聊天的去處之一。

除丁矛、盧剛兩位六・四的參與者外，老年朋友中的「六・四發燒友」我們早已有約在先，將在六・四這天身穿白衣來這裡聚會追思，我們預約在先而派出所長「不要東走西走」的招呼在後，按中國「言必信」的古訓，我肯定會守約前往。從我家去那裡為單一直線，不需我妻「導盲」我徑直前往，我當然無法看見居委會、街道辦事處和治安聯防、公安派出所等系列實體，早已各司其職在雕塑公園一帶如臨大敵嚴密布控。白衣朋友們陸續到達，便默哀一分鐘如儀，隨後各人自由發揮擺些自己想擺的龍門陣，我們都不知道周圍環境的險惡，反而無所畏俱自由自在。

直到十時三十分，我妻子才身著白色衣褲姍姍遲來，就座後她小聲告訴我，前天「控制」我等的一群「國安」、加上派出所長及他的部下、有的身著警服、有的身穿便衣，正坐在我等周圍的幾張茶桌上，還有兩部白色警車就停在我等茶桌旁邊備用（警車也漆成黑色豈不更好）。此外便是我居住地的相關起碼官，治安聯防以及說不出職稱的張三李四王二麻子等等共二十餘位「革命同志」。

一個現象吸引著我微弱的視力，在炎炎夏日中，這群「革命同志」竟沒有一個人穿白色的衣服，他們的深色衣著和我等的白色衣服形成黑白分明的兩個群體。估計他們的領導人也不會要求他們穿深色衣服，而只是嚴肅地告訴他們說，六月四日，將有些壞人穿白衣服……

我希望他不要用「白色恐怖」這個古老詞彙。

二〇〇九年七月十六日於成都

二〇〇九年九月刊於《縱覽中國》

三、員警國家與「警粹主義」
——軟禁中和員警辨偽

本文標題似有生造詞彙之嫌，作者不得不在行文之前略加聲明，前面的員警國家四字，除了我國主流媒體上不致出現以外，互聯網上網警們或偶有疏漏、或來不及刪除遮罩到常能見到，其詞義一目了然，也就是由員警直接統治或者以員警的行事方式對老百姓進行蠻橫統治的極權國家；至於緊隨其後的「警粹主義」，確實是本文作者在黔驢技窮的情況下、援民粹主義或國粹主義之先例引伸而出的生造詞，讀者讀完此文不難理解作者生造「警粹主義」一詞似乎也出於無奈。

二〇〇八年底，我在互聯網上讀到燴炙人口的《〇八憲章》，像一縷春風頓時將我休眠中的民主意識喚醒，按我國憲法賦予我的言論自由權，在眾多學者名流後面，親筆簽上了我這個自由撰稿人的真名實姓。我認為一個公民，光明磊落地表述自己對國家走向的看法應屬於言論自由的範圍，沒有人有權利干預我的行為。誰知幾天以後，突然當地派出所所長，街道辦事處主任，居民委員會主任，還有兩個可能沒有官稱而未曾「自我表彰」的年輕人，來到我家找我問話，開宗明義的就是問我簽署《〇八憲章》的事，他們竟然像審訊嫌疑犯那樣作了筆錄，又叫我對筆錄簽名認可，最後那身著警服的所長叮囑我說：「你簽了就算了，千萬別去擴張，特別不能到高等學校去散佈」，我冷笑著說：「就這麼個事，你們這樣興師動眾，有必要嗎？」幾位「公事人」尷尬一笑無人作支言片語地回答。

從此我就成了大陸人中的一個特殊品種：「敏感人物」，除了人物有特殊品種以外，還有「敏感時間」，如果這兩個「敏感」遇到了一起，即「敏感人物」碰到「敏感時間」就會有麻煩了。如那天我聽說將給我素昧平生的「敏感人物」譚作人進行宣判，我很想去法院看看熱鬧，當我剛剛走出社區大門，突然閃出的幾個行為詭異的便衣將我攔阻。自我在《〇八憲章》簽名以後，按「人貴有自知之明」的古訓，我早就是成都警方「鎖定」的目標。這就如毛主席他老人家說的「世上沒有無緣無故的愛，也沒有無緣無故的恨」那句著名廢話般一目了然。員警們知道我反對他們踐踏人權的胡作非為，便有緣有故地對我恨了起來。如果要弄清一再「控制」我的法律依據，只需要從狼吃山羊的那則寓言中去尋找答案，寓言中那隻狼不也曾振振有詞地向山羊回答了要吃它的「理由」嗎？

我堅決拒絕了員警們叫我到派出所去「配合」他們「瞭解點情況」的指令，在他們沒有出示逮捕證和拘留證的前提下，我也有一個不言自明的理由：「決定我去向的腿腳長在我的身上」。相持中我畢竟寡不敵眾，無奈之下，我只得回身往家裡走去，這個舉動肯定令眾員警滿意，因為他們此行的任務已取得了常說的「階段性成果」。面對強勢集團的蠻橫無理，憤憤不平的我萬分沮喪，只有求助於老祖宗阿Q，一邊往家走一邊嘟嘟囔囔地說：「你們不外乎把我非法軟禁起來」，沒想到跟在我身後的員警也嘟囔出一句「反以為榮」的黑色幽默：「大爺真是個耿直人」。

經過坐在客廳裡的一男一女、兩位「不速之警」的自我介紹，我知道了他倆雖然身著便服，卻都是成華區公安分局的正式警官而非「雜牌軍」。隨即他們分別表示今晨這一切意料之外都是「吃了這碗飯」、「不得已而為之」的職務行為。我認為這類「策略性」申明，不過只是為員警們自詡的「人性化服務」加添的一點假冒偽劣的佐料罷了。

今早，為「控制」我這個七十五歲、有嚴重視力障礙的瞎老頭，警方竟出動了十多名警力，在我這老弱病殘者的四周，形成了一個嚴嚴實實的包圍圈，難道是為了炫耀中國員警人多勢眾？我也曾聽過一些被捕維權人士和法輪功學員的家屬說，在抓捕他們的親人時，通常出動的警力是被捕人數的五倍、甚至十倍之多，不知這「人海戰術」究竟是共軍的一種傳統戰術，或者是一種缺乏自信的惡習。

最近在成都街頭，經常見到三三兩兩的、穿著一式淺藍色短袖夾克衫的年輕人，他們肩上甚至佩戴有類似警衛標誌的肩章，胸前還佩有警號，也有的騎著後座上寫有大大的「巡邏」二字的電瓶車在街頭巷尾轉悠，更有甚者，車後竟豎立著一盞忽閃著紅光的警燈，「這些站沒有個站像坐沒有個坐像的人是員警嗎？」我問兩位「不速之警」，他們聽出我話語中的貶義，竟異口同聲地辯白說不是，一個說是「治安聯防員」，一個說是「協警員」，反正這類角色既是正式工和臨時工之間的「兩棲類」，連專業警官也弄不清他們的正式職稱已經是個事實，而用納稅人的錢在養活他們則是一個更重要的事實。

我想起去年「六．四」「敏感」期間，坐在我家社區大門邊的那位「治安聯防員」也可能叫「協警員」，只要我走出社區大門，他便笑嘻嘻地跟在身後，我走到哪裡，他就跟到哪裡，真可譬為「如影隨行」，如果他真正是一隻沉默的影子我還好受一點，偏偏每隔三、兩分鐘，他衣兜裡的手機必會響起，他立即接聽並作出與我的行蹤相關的回答：「我們正朝雙橋子方向走去」，或者：「大爺說他要到天府茶樓去喝茶」，鬧得你心煩意亂，這大概就是人們所說的「黑社會化」的行為方式之一種。我受不了這種無賴式的折騰，便決定返回家去，記得我皺著眉頭說：「回去回去」後，跟蹤者臉上立刻展現出感激的笑容，而且連說兩次：「謝謝！謝謝！」似乎急於擺脫折騰的是他而不是我。

兩位警官斬釘截鐵地告訴我：「其實中國是世界上員警最少的國家之一」，又說：「按員警在人口中所占比例計算，中國員警比美國的員警少得多」這類頗有幾分自豪的「似是而非」。我說：「我只知道中國員警的名字比外國的多一倍，他既叫員警，也叫公安」。

從他倆理直氣壯的神情我斷定，上述說法來自某次公安系統的傳達報告，領導官員在主席臺上手舞足蹈地信口雌黃忽悠下面這群「愚民後遺症」患者，讓他們在「制度優越」的對比中當一隻井中之蛙。

他們難道忘了中國還有數十萬武警部隊，正疲於奔命地在貴州甕安、湖北石首，在拉薩在烏魯木齊，在全國各地撲滅著層出不窮的「群體性事件」，這種以鎮壓國內「星星之火」為主要使命的武警部隊，實際上比員警更員警的暴力機器，為世界上所有民主國家所羞於擁有，而它不屬公安部指揮卻屬中央軍委領導，在統計上抹去了武裝員警這筆可觀的人數，使「按員警在人口中所占比例計算，中國員警比美國員警少得多」這個以訛傳訛的無稽之談在數學上得到些支持。

也許有人不曾注意，也肯定有人「故意」忽略，遍佈全國大小企、事業單位、大專院校甚至中小學校，各級醫院裡的保衛處、保衛科，過去一直叫公安處、公安科，上世紀八十年代，該部門的工作人員曾一度身著警服，業務上至今一直屬單位所在地的公安部門領導，因這些單位多得難以計數，其總人數必然大大超過當地的在編員警，公安系統領發工資的花名冊上也不會有他們的姓名，在和美國員警人數作比較時，他們不認為是員警而失去這個大得驚人的群體應占的百分比。而美國不管是微軟公司、福特汽車公司，或者麥當勞肯德基哪怕再大的企業公司，也不會設有一個隸屬於當地警察局的保衛科，如果某些單位設有門衛，那只是保安公司在利用它的員工做生意。

事實上中國那些不稱作員警，卻「員警的幹活」的人多如牛毛，其占人口比例仍然超不過美國的話也不要緊，我們還有蜘蛛網般密密麻麻分佈在從中央到鄉村的黨（委）、政（府）、軍（隊）、工（會）、青（年團）、婦（聯），還有民主黨派有工商聯，文聯作家協會和學校醫院，假如它不設個叫組織部的部門，那就肯定設有組織部那個稱作人事科的雙胞胎兄弟，這部門被中共視為執掌個人命運的要害部門，其工作人員必為忠誠可靠的「優秀」黨員。它負有審查、任免幹部的職責，提到審查二字，再傻的人都應該知道，他們必然與員警系統攜手配合，按黨中央要求「將敵情消滅在萌芽狀態」。

哪怕再小的基層單位，如城市裡的街道辦事處乃至居民委員會，農村裡的鄉鎮政府乃至村民委員會，也專門設有治保委員以負責治安保衛工作，接受公安局的垂直領導，他們當然不是員警，但和員警的近似之處又不免太多。

將上列不由公安部發工資而實為員警的這幾撥人數加在一起，中國員警總數按人口比例計算拿不到冠軍那才是怪事。

既然已經穩拿冠軍，像那些貌似員警而實則並非員警的群體，如頭戴大蓋帽、身著不知從哪個非洲國家盜版的警服，腰皮帶上還吊著一根煞有介事的警棍、站在銀行、或者飯店、高檔社區門邊的保安，他們都不會被我算作中國員警去和美國員警比資料，他們只是些進城務工的農民工，在趾高氣揚的正式員警眼裡，他們是二等公民。如果真發生什麼突發事件，員警也可以喝令他去充當一名人肉盾牌，或者人海戰術中的一滴泡沫。

真正值得一提的是一個龐大的便衣員警隊伍，那就是以七千萬信眾而沾沾自喜的中國共產黨，從理論上說，這個嚴密而冷血的組織在對敵鬥爭方面是團結一致的。近年來，因東歐劇變、蘇聯解體等國際大氣候的變化，共產暴政的思想體系已日益沒落不得人心，加之科技昌明，互聯網以摧枯拉朽之勢將極權統治賴以生存的謊言欺騙淪為「昔日偉光正、今日假大空」的笑柄，跛足的暴力巨人面對千百萬受難者的控訴，連招架之功都沒有更遑論還手之力。因此這七千萬黨員也只是虛晃一槍的紙上談兵，目前，從組織上退了黨和思想上退了黨，再加上已經攜款逃往國外的黨員領導幹部估計總數約三千五百萬，占七千萬中共黨員的二分之一。

一九四五年當日本天皇發出詔書向同盟國投降，死不認輸的武士道軍官有一百多人切腹自殺。一九八九年蘇共解體時沒聽說有任何一個「優秀」黨員「以身殉黨」，他們都忙著去爭奪國有資產去了。在中國並不存在這個麻煩，因為這裡的「優秀」黨員，在所謂的改革開放中，已提前完成了他們對國有資產的侵吞。

一九五八年，我作為中國的「勞教元老」，正在四川省公安廳築路二支隊，和成千上萬名右派份子一起脫胎換骨地修鐵路。七月某日，我在報上讀到時任美國總統的艾森豪發表的一篇國情咨文，至今已過去五十餘年，那些洋洋萬言早已忘得一乾二淨，唯獨其中一句話，卻令我沒齒難忘，他說：「在我們這個時代，有許多名詞正被別人亂用著，他們把員警統治稱之為解放」。

統治十三億人，員警少了行嗎？如果中國政府的新聞發言人宣稱：「我們中國是世界上員警最少的國家，全國只有周永康一個，其他的都是『協警員』或者『治安聯防員』」，你又能將他怎麼樣？

二〇〇九年八月二十五日於成都

四、不去八寶山的中共領袖

眾所周知，位於北京西郊的八寶山，是中國共產黨高級領導人的骨灰安放地，除「偉大領袖」毛澤東獨自一人在專用紀念堂的水晶棺裡「永垂不朽」以外，其他「各路諸侯」（此係毛澤東本人的提法）的骨灰，不去八寶山者寥寥無幾。從形式上看，八寶山有些類似日本的靖國神社或者古代中國的忠烈祠，每逢清明節或死者的生辰忌日，常有相關人士前往參拜或者祭奠。但八寶山和遍佈全國各地的普通烈士陵園也有不同之處，它就像設在各地的高幹招待所、高幹病房一樣，對進入者的級別也有著嚴格的限制，這實際上是一個死者繼續享用他生前擁有的封建式特權的一種形式。

近代去世的中共中央領導人中，第一個以遺囑形式表示不去八寶山享受高幹待遇的，是當年的總理周恩來，這位地位和名望僅次於大獨裁者毛澤東的「二把手」，他臨終前作了一個富有詩意的決定——將骨灰拋向浩瀚無邊的大海。

那時，我和我的同胞頭腦都比較簡單，一般只認為是這位共產黨人不屑身後功名的高風亮節。若干年後才明白，事發當時，以毛澤東夫人江青為首（？）的「四人幫」，正積極推動著「文化大革命」中的「批林批孔批周公」運動，矛頭所指的正是這位權傾一方的副主席。更令人難以置信的是，當這位「二把手」患著晚期膀胱癌、已經躺在手術臺上、準備再度作手術的生死關頭，他竟針對當時被「造反派」炒得沸沸揚揚的所謂「伍豪叛徒」的陳年冤案，作了個「與我無關」的口頭聲明。這位共產黨建黨初期的特工老祖宗，竟還有「歷史問題」令他忐忑不安，擔心自己萬一在手術中「光榮犧牲」，會給政敵留下攻訐的空間，可見冤假錯案的能量之大和黨內鬥爭的嚴酷無情。更加上此前不久，發生在他身邊的劉少奇、彭德懷、林彪等「開國元勳」的死無葬身之地，給了他一個「兔死狗烹」的前車之鑒，才決定了他的「走為上」，也就是不到八寶山去，以免日後的政治風雲變幻打擾他的長眠。

這個背景終於向同胞們作了證明：他是政治家，不是詩人。

第二個不願去八寶山的領袖級人物是胡耀邦，這位提前二十年便身體力行貫徹「以人為本」的前中共中央總書記，這位極富人格魅力的卓越政治家，觸犯了極權主義的天條，被貼上「資產階級自由化」的黑色標籤，由時任軍委主席實為太上皇的鄧小平一腳踹下了政治舞臺，不久猝死。死後據說也是按他的遺願安葬在江西共青城，那裡是這位共青團創建者早期工作過的地方，似有落葉歸根之意。

至於他為什麼不去八寶山享受高幹待遇，內心世界是否還有什麼隱情，那是我輩不諳中國政治黑箱的平頭百姓難知究底的。不過根據此公生前那剛直不阿的性格，面對黨內日益猖獗的逢迎拍馬，而他不屑與那些勢利之徒在八寶山湊熱鬧也是很可能的。

第三個便輪到前文才提到的太上皇鄧小平，這位領袖如果不因「六四屠城」落得半世罵名，興許講究實惠的中國老百姓會在各自心中，為他修建一座比毛澤東那幢更為宏偉的紀念堂。老奸巨滑的他一定知道，歷史法庭最終會像前蘇聯那樣作出判決，將獨夫民賊史達林拖出水晶棺焚屍揚灰，倒不如步恩來兄後塵投向大海無影無蹤。

最近我從網上得知，前中共中央軍委副主席、國家主席楊尚昆，在「六四屠城」若干年後，曾經私下對前解放軍三零一醫院蔣彥永醫生說：「『六四』是我們黨犯下的最大錯誤。」不禁使我對這位老人肅然起敬，像他那樣忠心耿耿為「黨」獻出了畢生精力的領袖級人物，竟能以求實精神戰勝黨性的羈絆，說出不「與中央保持一致」的真心話堪稱難能可貴。

遺憾的是，在他距離「功德圓滿」只一步之遙的時候，僅僅因為「楊家將」三個字在軍內的赫赫聲威，遭到迫切攫取軍權卻又從未聽過槍響的江澤民暗算，以「莫須有」罪名在接近昏聵的鄧小平面前參了一本，連同這位國家元首的胞弟、時任軍委總政治部主任的楊白冰一同落馬，楊氏弟兄雖然還戴著「委員」之類的桂冠，但已無分管任何部門工作的實權，實際上剝奪了他倆在政治舞臺上的生存權。

一九九八年楊尚昆病逝，死前要求骨灰不去八寶山，其冠冕堂皇的說法是「回老家陪伴四哥」（即早年遇害的革命先烈楊闇公），終於得到中央正式批准。楊尚昆此舉的用意顯然是他看出「六四屠城」以後，共產黨已經徹底墮落成為千夫所指的反動集團，不願到八寶山去和那夥人同流合污。

因畢竟生前曾尊為國家主席，不能像草民百姓那樣草草掩埋，便指令其家鄉——四川潼南縣政府劃地修陵。但經辦此事的各級政府官員，個個精通中國官場的政治權術，知道現在已經坐穩江山的江核心曾將他視為政敵，弄不好就會給自己的仕途增添障礙。因此，對修陵園事，一個個仔細揣摩「上面」的意圖，小心翼翼地按「上面」的臉色行事，一會兒要壓縮陵園規模，一會兒建築經費被卡，結果修修停停，一座占地不足十畝的小小墓園工程，竟然像修建三峽水壩似的折騰了好幾年時間，一直拖到二〇〇二年，前國家主席的骨灰終於入土為安。

楊尚昆後事定奪之後，中共中央作出「英明」決定：今後任何人不得再修陵墓。其潛臺詞便是：大家都去八寶山，誰也別想躲過「糞土當年萬戶侯」的一劫。

前文提到的四位重量級領袖人物，四位開國元勳，四位在權力鬥爭中勝利過或者失敗過的政治明星，在他們走到生命的終點時，竟作出一個「不去八寶山」的相同決定，這難道僅僅是巧合嗎？這難道不發人深思嗎？

還有兩位值得一提的前中共領導人，兩位都是在權力鬥爭中敗下陣來的前總書記，那便是「略輸奸狡」的華國鋒和「稍遜殘暴」的趙紫陽，趙在被軟禁十五年後於今年元月去世，當然只能按「人在江湖，身不由己」的原則去了八寶山。至於華國鋒，這事歸「政治黑箱」管，如果你想知道，可以去問「黑箱」，至於它願不願意洩密，那是它的事。

二〇〇五年三月二日

載香港《爭鳴》，二〇〇二年

五、關於「崇洋媚外」的隨想

「崇洋媚外」是流行於上個世紀五、六十年代的一個貶義詞，別看它僅僅由四個漢字組成，在過去那「以階級鬥爭為綱」為「主旋律」的三分之一個世紀裡，它幾乎像一種政治罪行一樣加劇著許多中國知識份子的痛苦命運，特別在洶湧澎湃的政治運動中，它簡直具有和叛徒、賣國賊這類詞彙近似的殺傷力，今天在這裡舊話重提談到它，也是因為它的餘威尚存、陰魂至今不散的緣故。

它是一個成語嗎？其說不一。漢語的權威辭書《辭源》和《辭海》，都沒有將它作為成語列入詞條，常見的成語詞典也沒有將它收入。鮮見的例外是山西省高校聯合出版社出版的一本《學生實用成語詞典》（一九九五年六月第二版）的第七十三頁上，收錄了「崇洋媚外」這個他們所認定的成語詞條，緊隨其後又作了以下釋義：「崇拜洋人的一切，向外國人諂媚。」

當然，這本詞典並不具備什麼太大的權威性，但不可否認的是，詞典對這個他們所認定的成語向學生娃娃所作的解釋，絕對是符合統治當局的政治導向的、同時也是耐人尋味的，向那些混沌初開的單純腦袋，灌輸些有關愛憎取捨的知識，以便佔領一塊先入為主的思想陣地，是慣於對老百姓洗腦的共產黨所駕輕就熟的拿手好戲。

事實上在我還是個十多歲的年輕學生時，也是按這本詞典的說法來理解這個「成語」的。現今我已是個古稀老人，當我回過頭來審視自己的生活經歷中，曾經產生過的種種謬誤時發現，早年的我竟是那樣愚鈍盲從，我和我的同胞們常常用一種被強制灌入的政治偏見，頑強地抗拒著邏輯規則，從不進行獨立思考。

就以崇洋媚外這個司空見慣的詞語為例，所謂的崇洋即崇拜洋人，馬克思是德國人，恩格斯是英國人，列寧、史達林是當時的蘇聯人，原來這些共產黨的老祖宗，沒有一個不是洋人，也沒有一個不是共產黨強制國人崇拜的偶像，他們的巨幅肖像，掛在各地大禮堂迎面的牆壁上——那個位置又通常是中國人供奉祖宗牌位的地方——可見這些洋人在中共心目中的位置。

那年頭，我國在外交上有個叫「一邊倒」的政策，它的核心內容便是倒向當年的蘇聯這一邊。共產黨一千次地對國人說：「蘇聯人過著豐衣足食的幸福生活，他們的今天就是我們的明天。」報刊上一提到蘇聯，必尾隨著「老大哥」這個專司諂媚的詞彙，試想想，不是二哥三哥而是大哥，大哥前面再加個老字，足見此哥便理所當然的應該「受我一拜」，這難道還不算「向外國人諂媚」嗎？

記得那年頭有不少「蘇聯專家」（後來中蘇交惡，「黨」又說他們是間諜），在全國各地「支援建設」（後來「黨」又說他們在搞破壞），所到之處，替他們尋找做西餐的廚師，為他們安排高檔住房，某些大型企業還專門為他們修一幢專家樓，週末還體貼入微地為他們組織交誼舞會，總之，這類諂媚肯定是「前無古人」的了。

還有更上一層樓的諂媚「傑作」，有可靠資料證實，我國政府還把第二次世界大戰期中，日本人在我國東北修建的整座工廠設備白白讓蘇聯人拉走，更令我輩炎黃子孫痛心疾首的是，共產黨政府還把歷史上為沙皇垂涎而不可得手的整片整片的國土，拱手送給了這位貪得無饜的老大哥，要說媚外，這可能媚到了「史無前例」的地步了。比起李鴻章、汪精衛這些舉世聞名的賣國賊，共產黨的領導人堪稱技高一籌。

如果遵守邏輯上的同一律，而要正確表達我國當年的主流思想，崇洋媚外這個貶義詞的正確注釋應該是：「崇共產主義陣營之外的洋，媚蘇聯老大哥之外的外」。

這有點像繞口令，別以為這繞口令似的文字遊戲再也不會愚弄中國人了。這個繞口令已經真正離我們遠去了嗎？中國還有句古話說：「前事不忘，後事之師」呢。然而最近，中共中央總書記胡錦濤下達了一項重要指示，他說：「在宣傳工作上，我們應該像朝鮮和古巴的同志學習」，當然，這兩個臭名昭著的極權國家，也是當今地球村上對新聞進行嚴密封鎖的極少數流氓國家之二，當然，他倆是胡錦濤先生的「同志國家」。

面對「總書記」的「崇洋」指示，我又想到了前文提到的那句折磨了中國舌頭幾十年的繞口令。

二〇〇六年七月定稿於成都寓中
載香港《動向》，二〇〇六年

六、關於「打假」的隨想

充斥在市場上的假冒偽劣商品、官場上的假政績、搶險救災中的「豆腐渣工程」、媒體上的假新聞、領獎臺上的假英雄，主席臺上的假模範、人事檔案中的假文憑、假軍官、假員警、假鈔票、假髮票、假車票、假煙、假酒、假藥……把大陸上的中國同胞折騰得提心吊膽、神經衰弱，深害怕一不小心落入騙子們精心設計的陷阱。萬般無奈的人們只得抱怨說：「除了騙子是真的，別的都是假的」。

為對付「琳琅滿目」的假冒商品，工商行政部門還專門成立了「打假辦公室」，「打假」即是打擊「假冒偽劣」的簡稱。這個嶄新的詞彙，在眾多媒體的鼓噪下，很快地擠進了常用漢語的行列，在多姿多彩的漢語詞彙中，日益展示著它顯赫的風采，這是因為假風愈吹愈猛，假火越燒越旺的緣故。

中國有傳統名言說「斬草除根」、「除惡務盡」，而我們這個被「假」入骨髓的社會，不動大手術，僅僅治標不治本地搞些修修補補的所謂打假，當然收到的成效就是「野火燒不盡，春風吹又生」了。

我們這個號稱具有五千年文明史、今天又自詡「代表人類先進文化」的中國共產黨統治著的泱泱大國，實際上已經成為全世界最大的「製假窩點」，造成這種墮落的真正原因究竟是什麼，似乎再也不能迴避了。

我們不妨探測一下這個「假」根究竟在哪裡？

一九四九年十月一日中華人民共和國成立，那時沒幾個人能看清這個所謂的共和國，就是個人類歷史上最龐大的假冒偽劣「產品」，它實際上把共產黨一黨專制的獨裁統治，穿上一件共和的時髦外衣以便與「世界接軌」，並以此安慰以追求自由民主為己任的國內知識精英。共產黨將他所謂的聯合政府中的民主黨派羅列了一長串名單，但這些「政黨」的綱領首要的一條便是擁護共產黨的領導，這就決定了這些沒有自己獨立綱領的「政黨」，只是中共黨外的一個分部也可以叫「兒子黨」，他們的使命就是充當執政黨的政治花瓶或者叫應聲蟲。

別以為共產黨內部就不假了，一個所謂的「民主集中制」謊言就抽空了民主，把一切權力都集中到獨夫民賊毛澤東一個人手裡，讓這個大獨裁者在這片生來就缺乏民主傳統的土地上，用「順我者昌，逆我者亡」的暴君手法折騰了三十多年，將他認為可能威脅其獨裁寶座的所謂元老元勳元帥，一個個通過「文化大革命」幾乎整死害絕。這期間，據說當年副統帥林彪的著名「語錄」說：「不說假話辦不了大事」的真經，得以全面貫徹落實，很快地形成了「全國山河一片『假』」的「大好形勢」，為今天的假風勁吹假禍流行奠定了堅實的社會人文基礎。

直到華夏大地終於出現了兩件真事，其一是禍國殃民的「文化大革命」結束；其二是「殃民禍國」的毛澤東見了馬克思。這兩個好消息讓原本被騙得暈頭轉向的草民百姓以為可以鬆一口氣，但中共那「四個堅持」的真假摻半，又表達了堅持製假不動搖的全黨意志。

偉人必定明智，但明智的人大部份並不是偉人，接班人鄧小平也許可以在這大部份明智者中湊個數。他知道毛澤東那一套「假貨」在中國已經因為臭名昭著而失去了市場，便改頭換面地來一套「改革開放」、「把經濟搞上去」，讓高幹家族們「先富起來」的同時，也讓窮得只剩下內褲的老百姓多少得點實惠以重新騙得人心。

外資大量湧進以後，中共政權才嘗試到對洋人光來假的那一招肯定吃不開，像什麼「中國特色的社會主義」，又什麼「只有社會主義才能救中國」，這些連眾多共產黨人都不再相信的假話，只會讓前來投資的外國商人患牙痛病的囈語，當然成了新一代領導人與外商交談的禁忌詞。但在被新聞封鎖下的中國老百姓面前，偶爾還得呼喊兩聲，這是給共產黨統治的合法性服用的一碗補虛劑——哪怕它也是一劑假藥。

現在問題已經很清楚，全球最大的製假者中國共產黨，裝模作樣地在全國建立起千千萬萬的打假辦公室，準備向全球最大的假貨市場宣戰，那不是如同一個人想提著自己的頭髮離開地面一樣荒誕可笑麼。

英國廣播公司BBC於二〇〇五年二月七日播出

七、關於口號的隨想

口號引起我注意的事發生在一九五〇年十月下旬，當時十六歲的我是解放軍一所技術學校裡的學員，還是青年團的支部副書記。我們從小道消息中獲悉，中國人民解放軍喬裝而成的中國人民志願軍已進入朝鮮作戰。不久「抗美援朝，保家衛國」這個口號便成為廣播、報紙上反覆出現一千次的八個字。這當口，中共中央政治局委員、書記處書記，也是青年團的名譽主席任弼時同志突然患腦溢血逝世。沒過幾天，我們團支部書記也就是我們這個中隊的政治幹事（他是共產黨員），悄悄地告訴我說：「弼時同志就是因為想『抗美援朝，保家衛國』這八個字的口號，用腦過度才突然逝世的。」他這個「內部消息」對我的震撼非常之大，大到五十多年後的今天，我仍然記憶猶新，甚至他對任弼時的崇敬的語氣都餘音尚存。

當年這件事對我最直接的教育便是讓我知道了口號是無比重要的，不論任弼時這位「老一輩無產階級革命家」是否真正死於這八個字的「用腦過度」（那時我對此是深信不疑的），而為能擬出一個好的口號甚至可以付出生命的代價，這個實例使這則死訊的重量大大增加。

時至今日，越來越多的資料向我們證明，朝鮮戰爭的發動者並不是在口號中要求我們抗擊的「美帝」，相反是我們應該援助的朝鮮，在瞭解了這個歷史真相以後，再回頭品味這八個字的「起承轉合」，不得不對這句口號的發明者深表佩服，也順便讓我領教了口號絕對不可等閒視之。

一九五七年，共產黨發動了整風運動，號召各界人士向共產黨提意見，黨的領導幹部用兩句古老的成語組成口號，要求人們對共產黨的缺點「知無不言，言無不盡」。為了打消某些提意見者的顧慮，又用兩句成語構成的口號對提意見者信誓旦旦地保證說：「言者無罪，聞者足戒。」人們肯定為這種誠懇虛心的態度所感動，善意地提出了一些意見。沒多久真相大白，方知這只是一場「引蛇出洞」的「陽謀」遊戲，我和五十多萬知識份子一起成為右派份子。從此給我們下半輩子下達的任務又是一句「夾著尾巴做人」的口號，明明沒長尾巴而要夾著尾巴，肯定增加了做人的技術難度，有的人可能因為無法克服這個技術難題而自殺身亡。

以後的二十多年，我就在勞教隊和勞改隊中度過，那裡面的口號就比較單純，不外乎「改惡從善，前途光明；抗拒改造，死路一條。」之類的一目了然。直到上世紀八十年代初，我收到一張平反的判決書，讓我「回到人民行列」。

這時我已年近五十，頭腦不像過去那麼簡單，在改革開放的大潮中，我突然聽見一句嶄新的口號說：「允許一部份人先富起來。」這時我才如夢初醒般地發現，我和我的同胞們之所以一貧如洗，原來是有人不允許我們富起來，這個人是誰，他又為什麼只允許我們在「一部份人先富起來」以後才富起來？在我還沒弄懂這個問題時，卻看見那些「先富起來」的幸運兒的面孔，原來他們是距「中央」最近的一批高幹子弟以及他們的家族。

今年，又有一個「以人為本」的口號頗為激動人心，使我納悶的是，已經喊了五十多年的口號「為人民服務」，難道服務的對象不是「以人為本」？那又是在為什麼「珍稀動物」服務呢？顯然這只是新領導為翻新舊有口號時黔驢技窮的無奈罷了。

中國的口號還有一個舉世無雙的特點千萬不能含糊，那便是隨著黨內領導人權力鬥爭的詭秘多變，常常會將一些讓草民百姓喊破了聲帶的口號，突然下令終止呼喊，弄不好還得以「呼喊反動口號」論處。姑不論早年率先製造「兩個中國」的口號如「中華蘇維埃萬歲」，就以我們這代人所見所聞所喊，當年在神州大地一度響徹雲宵的「祝林副統帥身體健康，永遠健康！永遠健康！！」那年頭林彪摔死後你喊喊試試。

捷克的卸任總統哈威爾在自傳中寫有這樣一句話：「應該記住，共產黨統治下術語的使用就像在祭禮裡使用術語那麼重要。」我們憑自己畢生的經驗可以斷言，這裡捷克人所稱的「術語」，在中國就是口號！

二〇〇五年十月於成都家中

英國廣播公司BBC於二〇〇五年十一月播出

八、關於題辭的隨想

中國不愧為有五千年文明史的泱泱大國，文明之花異彩紛呈、爭奇鬥豔，令人眼花繚亂。題辭，便是其中之一種。

不論文人墨客、官吏豪紳，無不願意在春風得意之日，留下一些春風得意的文字紀念，或樹碑立傳於書籍文獻，或鐫刻手跡於山崖巨石，以便讓子孫後代們去觸物生情，瞻仰謨拜。因此名山大川、古剎老廟，常常展示著某些風雲人物書寫的匾額對聯、書法碑文，似乎是讓絢麗多彩的山川和奉為神明的祠廟，為他們的流芳百世或遺臭萬年助一臂之力，當然成百上千年以後的今天，這些手跡碑文也為某些旅遊景點的門票助了一臂之力。

眾所周知，中國是一個官本位的國家，地方官員甚至有一個美麗得令人陶醉的綽號叫父母官。今天你踏入任何一座城市都不難發現，許多建築物上都有題辭，或者是某某大廈、某某學校或某某醫院，你千萬別以為這只是幾個毛筆字的問題，其中還另有文章。

如果那些題辭的字形，凡不夠資格用書法兩個字來修飾的，多半就是地方官員顯示其「關心」之作，也就得與官員的官階職權微妙地掛勾，才能將「官本位」的民族傳統全面落實。例如凡題寫在高等學府大門上的學校名稱，多為中央領導人的「墨寶」（下級官員對上級官員題寫的文字均用這個帶有敬意的專業詞彙），這不知是否與高等學府的校長由中央任命有關。中小學幼稚園建築物上鑲嵌的單位名稱，就是當地主管文教的市長書記所題（或者叫所贈墨寶）。依此類推，各大小醫院就只好「有勞」主管衛生的書記市長，車站碼頭就是管交通的市長書記，像博物館、美術館、茶樓、飯店這類不三不四的單位，只有在單位負責人與主管官員關係不到位的特殊情況下，才輪到美術家書法家的份上。

官員們的題辭，雖然朝代更迭、仕途順逆，對早年已刻就的文句似乎並無多大影響，但二十世紀中葉以後（一句話，也就是中共在大陸建政以後），在題辭這個古老習俗方面，也有些移風易俗的表現，某些題辭的前因後果，軼聞趣事竟像口香糖一樣，可以讓我等凡夫俗子去反覆咀嚼。

例如五十年代初，胡耀邦同志曾在四川南充市就任川北行政公署主任，八十年代初，他升任為中共中央總書記，此時南充市修建了一座北湖公園，地方官員千里迢迢去到北京，使盡全身解數，請昔日父母官、今日黨和國家領導人為這座新公園題寫了北湖公園四個字的名稱，加上後面胡耀邦三個字的簽名立在大門上，為這座簡陋的公園增色不少。

誰知風雲突變，一九八七年胡耀邦突然失勢，不久猝死，中國政壇距胡耀邦宣導的開明政治越來越遠。這時堅決與中央保持一致的地方官員，非常自覺地把北湖公園大門上寫就的胡耀邦三個字的簽名抹掉了，我說此舉為地方官員「非常自覺地」幹這事，是因為四川省會成都市，市中心有個名叫商業場的著名建築物，其大門上也鑲嵌著胡耀邦的題辭，那上面所署的胡耀邦三個字的簽名就至今赫然在目，可見抹簽名之事並非從上到下的統一佈署。

一九九二年，筆者託公費旅遊之福，前往浙江溫州的雁蕩山「出差」，那裡山勢挺拔險峻，石崖高聳羅列。忽然我發現兩座並立的山崖上，分別由趙紫陽和李鵬兩位各領風騷若干年的總理題寫的兩個大字在山腰上「欲與天公試比高」，或者說是在那裡向過往行人展示。坦率地說，從書法的角度看，比起岳飛蘇東坡的「妙筆生花」，這兩位總理的書法只有自慚形穢的份，我不知道二位何苦留下這「有書為證」供後代去齒冷，只能認定他倆是上了地方官員阿諛奉承的當。

回頭再想想天安門廣場上那座令人毛骨悚然的龐大紀念堂，正門頂上高懸著的《毛主席紀念堂》六個大字，是當時的接班人華國鋒主席所寫，這位接班人主席像匆忙的歷史過客似的，在位的時日比袁世凱當皇帝的日子長不了幾天，以至於今天的少先隊員不知道這六個像高年級同學所寫的孬字憑什麼鑲嵌在這座紀念堂的房頂上？

再說中國道教的聖地四川青城山，有一個名叫上清宮的古老建築，正上方掛著一塊匾額，寫的就是上清宮三個字，幾十年來人們都不知道為何人書寫，直到改革開放以後的某年某月某日之後，人們才突然發現這三個字後面竟添上了蔣中正的名諱，當然這是蔣中正死後二十年才還以的真面目。與前述上清宮三字異曲同工的，則是峨眉山上的洗象池三個字和蔣先生的簽名，它們的重新出現，最少讓國人知道，這個數十年來被「欽定」為「美帝國主義的忠實走狗」的蔣某人，竟然還會把方塊字寫得如此工整。

總之，這些與政治兩個字沾親帶故的題辭，它們的突然消失又突然出現，肯定與一國兩制或者叫解放臺灣的「統戰政策」有關，也必然有相應的紅頭文件在背後支撐，地方小官員絕對不敢膽大妄為地讓已故蔣總統在大陸上「復辟」，雖然僅僅是三個字的名字。

如果哪位中國同胞有興趣對中國的報社、學校、大樓的題辭加以研究考證，說不定還能為中國當代史添加些色香味俱全的佐料。

二〇〇八年三月改定

英國廣播公司BBC，二〇〇四年五月播出

九、關於道歉的隨想

我一直珍藏著一張從報紙上剪下來的照片，這張照片拍攝於三十四年前的一九七〇年十二月七日上午，照片上的主人翁已去世多年，但畫面對我的震撼卻絲毫沒有因歲月的流失而減弱，這就是那張被稱為「外交史上最驚天動地的一跪」的照片。

前西德總理維利・勃蘭特（Willy Brandt）在訪問波蘭期間，來到位於華沙老城內的原猶太人聚居區內，那裡有一座為紀念二戰期間被納粹殺害的六百萬猶太人建立的紀念碑，在紀念碑前，這位德國領導人，這位與納粹份子截然不同、僅僅因為是日爾曼民族的後裔的現任德國領導者，懷著一顆沉重的心，替他的前輩懺悔道歉，在碑前跪下，這個驚人舉動令在場的眾多猶太人後裔淒然淚下。

後來，善良的人們為尊重這位總理的高尚，將一九七一年的諾貝爾和平獎授予了他，而且在他下跪的地點為他樹立了供後世瞻仰的紀念碑，碑上鐫刻著他下跪的側影。

最近，英、美兩國的新聞界揭露了美國士兵虐待伊拉克戰俘的消息，輿論譁然，對此，除了駐伊美軍負責人向伊拉克道歉外，美國總統也正式向伊拉克人民道歉。

中國報紙當然不會放棄這個對國人進行「正面教育」的機會，用大量篇幅告訴我們美國人的「殘暴」。今天（二〇〇四年五月九日）早上六點三十分左右，在功率強勁的打擊樂器的干擾聲中，我斷斷續續聽見「美國之音」廣播說：因虐俘事件「駐伊美軍負責人再一次向伊拉克人民道歉」。不禁使我浮想聯翩。

我是一個七十歲的中國老人，在我二十三歲的時候，被「黨和政府」劃為右派份子，以後勞教、勞改二十三年，那些歲月中的我，也算是「階級鬥爭」戰線上的「戰俘」，被關押在形式上與戰俘營相似的勞教隊、勞改隊。二十三年裡我所受的捆綁、吊打之類的肉刑，其數量和「品質」以個體承受量來比較，絕不會低於受虐待的任何一名伊軍戰俘，至今落下我左臂不能向上伸展的殘疾。而我耳聞目睹的那些餓死的、累死的和槍斃死的各類「戰俘」，可能比全部伊拉克戰俘還多幾十倍，受虐時間也比他們長幾十倍，只是這一切都深藏在鐵幕背後不為人知而已。

問題的另一面是這些伊拉克戰俘在被俘以前，他們曾手拿武器替薩達姆賣命殺美國人，而我和我有類似遭遇的五十多萬個「右派份子」，他們絕大多數都是真心實意為共產黨效忠的單純青年。今天大部份中國同胞都有一種誤解，他們說：「右派份子都平反了。」這真是天大的誤會，如果真的平反了，就意味著反右運動搞錯了，共產黨能認這個錯嗎？他們有勃蘭特總理那份勇氣嗎？

我們不妨重溫一下中共七屆六中全會通過的一個重要文件——《關於建國以來黨的若干歷史問題的決議》[1]，這個重要的決議的基本精神認為對右派份子「進行堅決的反擊是完全正確和必要的。但是反右派鬥爭被嚴重的擴大化了……」既然「是完全正確和必要的」運動。當然就不存在平反的問題（雖然擴大了9999.9%，仍然只叫擴大化。）。

---

1 見《十一屆三中全會以來重要文獻選編》第六十八頁，中共中央黨校出版社，一九八一年七月。

我可憐的那些被「擴大化」而冤死的同胞，還有那些被「自然災害」餓死的同胞，那些在「文化大革命的烈火中」「燒」死的同胞，我相信其總數肯定會超過第二次世界大戰中死難的猶太人的十倍以上，其受過肉刑折磨的人，也肯定是伊拉克被虐戰俘的十倍百倍甚至千倍。然而時至今日，有哪一位穿著畢挺西裝的中國領導人，向國人說過「道歉」兩個字，他們竭盡全力做的事就是幫助中國人遺忘。

我們的祖先有一句很有份量的格言說：「知恥近乎勇」。它告訴我們正視自己的恥辱是一種接近於勇敢的行為。一直自我標榜為英明、偉大、光榮、正確的中國共產黨，卻像一個懦夫一樣，不敢面對他們給國家民族造成的傷害。

我對一切敢於正視自己錯誤的人充滿了尊敬之情，他們因勇於道歉而顯得高尚。

英國廣播公司ＢＢＣ，於二〇〇四年八月播出

十、連戰訪問大陸的斷想

不可言說的原因

最近，前中國國民黨主席連戰率團訪問大陸，所到之處，掀起了一陣陣據說是群眾自發的歡迎熱浪，大陸媒體在分析掀起這股熱浪的原因時，有的說「是因為連戰先生此行順應了民意」（上海報紙）；也有的說「連戰先生此行係破冰之旅」（北京報紙）；更有人分析出一種自欺欺人的原因說：「群眾佩服連戰先生的勇氣」（連戰到達西安訪問後宰門小學，中央電視臺現場直播時一位佳賓的自問自答）。應當承認，上列原因都不是空穴來風。

也應當承認，還有一種原因也不是空穴來風。那就是大陸人民在內心深處，對共產黨腐敗統治的徹底失望。例如有消息稱，在南京歡迎連戰的人群中，突然有人拉開一幅「中國共產黨無法無天」的標語，此人雖然當場被抓，但他代表的是一部份大陸老百姓想向臺灣同胞訴說的心聲；另有消息說，連戰到達北京當天，「希望您將民主理念傳遞給中共領導人」幾乎成為眾多線民的共同呼聲。毫無疑問，這也是這批人歡迎連戰先生的原因。

靠共產黨養活的媒體，明知還有更多老百姓歡迎連戰先生的原因，但不敢說也不能說。

言不由衷

在北京的人民大會堂裡，連戰先生剛剛坐定，中共中央總書記胡錦濤便以背誦《論語》的調門說：「有朋自遠方來不亦樂乎」。連戰說：「相見恨晚」「化干戈為玉帛」。二人都以中國古代名言作開場白，實際上是借這些國人耳熟能詳的「祖傳秘方」，強調自己炎黃血統的純正。雖然歷史上中共一口咬定國民黨是「美帝國主義的走狗」，國民黨也毫不含糊地稱共產黨是「拿蘇聯盧布的匪諜」。

走狗也好，匪諜也罷，當時的喧囂只是兩黨抓取民心的需要；炎黃血統也好，龍的傳人也罷，這是今天兩黨政治作秀的臺詞，中國老百姓對政治家的言不由衷早已不再陌生。

不管他倆怎樣異口同聲，作為訓練有素的政黨領袖（又都具有正宗的炎黃血統），他們心裡想的只應該是另一句中國名言：「前事不忘，後事之師」。

其實等於零

連戰先生在好幾次演講中，都引用了「一加一不等於二」這句名言，並為它描出了一幅所謂「雙贏」的海市蜃樓。

人們有理由提問：「水火不容的民主制度和極權制度，真正能像小學算術習題那樣簡單地加在一起嗎？並且能『運算』出一個有意義的數位記號嗎」？

人們是不是還可以換一種思路提問：「正一和負一加在一起也確實能『雙贏』嗎」？

綜上所述，在下莫明堂認為，連先生的這個說說而已命題本身就只能等於零。

是報導的疏漏嗎？

率領中國國民黨代表團來大陸訪問的連戰先生，在西安他的「母校」演講時說：「昨天，胡總書記親手將我祖父要求保留中國國籍的申請書原件送給了我……」。

關於這份禮品，此前，中國大陸的眾多媒體在新聞報導中卻隻字未提，是宣傳工作的疏漏嗎？歷來把筆桿子看得和槍桿子同等重要的中國共產黨，決不會犯這類低級錯誤的。顯然是刻意所為，這又是為什麼？

胡錦濤總書記的這件禮品，暗喻的是出自愛國世家的連戰先生是愛國的。但是在共產黨統治下的中國大陸，從小學教科書到憲法上都這樣強調：愛國要有具體內容，它只能是愛共產黨領導下的社會主義祖國。因此大陸上的中國人只要誰敢吼一句：「我愛中華民國。」這廝在二十四小之內，必將扛著鋪蓋卷到勞教隊去報到。

不需要公安部門立案偵察，除了白癡都可以判定，連戰先生愛的是中華民國（他甚至想當中華民國總統），在大陸官員們的眼裡，他真實的身份應該是個潛在的勞教份子，或者叫勞教隊候補隊員。目前只是因為統戰工作的需要，暫時讓他逍遙法外風光風光。因此當著全國人的面，讓總書記親自給他掛上愛國者的金字招牌，這玩意幾乎相當於封建時代的免殺令，日後萬一有什麼風吹草動，需要重新給國民黨戴上反動帽子時，豈不會對中國共產黨那已經不及格的誠信紀錄雪上加霜。

因此，令「宣傳口」對「金字招牌」的「走向」問題「故意」不知道。

這一個回合，在美國得過博士學位的連戰先生，讓大陸這位清華本科生來了個始料不及，在訪問「母校」的現場直播中，連戰先生抓住這天賜良機，把那塊上面印有總書記指紋的愛國「金字招牌」高高地舉在了頭頂上。

意味深長的壓軸戲

川劇「變臉」，從劇情中剝離出來以後，似乎更近於魔術，喜歡炒作的大陸媒體稱這位演員為變臉大師。

在連戰離開北京的前夕，作為在京城活動的壓軸戲，東道主特地為連戰先生一行到著名的老舍茶館去「放鬆放鬆」（這是大陸官場的專用語彙，放鬆內容為吃喝嫖賭，為推進兩岸官員之間的瞭解，故借用此語，並引申其意為觀賞文藝節目）。

從電視新聞中看到，晚會的壓軸戲正是《變臉》，這很有意思。更有意思的是演到最後，變臉大師的臉幾乎湊到了連戰先生的鼻子跟前，我真不知道這位演員是怎麼想的？

作為政治家，他還需要向你學習變臉術不成？

載《爭鳴》，二〇〇五年七月號

十一、極權與「洋相」

洋相，被《現代漢語詞典》注解為「出醜」和「鬧笑話」。生活中因各種原因，隨時隨地都可能出現自己的和別人的洋相，因為是尋常人身上發生的尋常事，通常是一笑了之。

但是，國家元首級人物，在外事活動中出醜或者鬧笑話，就肯定會造成一定的國際影響甚至「震驚世界」，輕則使該元首個人形象受損或者矮化，重則降低國格傷及國家民族。因為這類洋相的非比尋常，完全有資格享受「國際洋相」的「美譽」。

當代史中，幾樁令全世界目瞪口呆的「國際洋相」無不發生在極權國家的元首們身上，最典型的如當年蘇聯領導人赫魯雪夫在聯合國大會上脫下皮鞋砸桌子，其次如契爾年科、江澤民等極權首領在「國際洋相」方面皆有不俗的「表演」。這是一種巧合還是另有什麼帶有規律性的原因，真有點發人深思。

若談到「國際洋相」的數量，並非我莫明堂的虛榮心作怪，故意給中國領導人開後門加分，因為事實上肯定沒人能比得上剛剛卸任的前中國黨政軍一把手江澤民，因為他經常不斷的洋相表演，有的外國媒體竟授予了他「東方戲子」的特殊稱號。

他曾從衣兜裡掏出一把小梳子，在眾目睽睽的主席臺上梳理自己的「秀髮」，這張照片的出現幾乎造成世界性的「洛陽紙貴」。這位表現慾異常旺盛的國家元首，像唱歌、拉二胡、背誦英文教科書這類小打小鬧的即興洋相層出不窮，倒也花費了世界各國的攝影記者們不少膠捲，也正因為其屢見不鮮反而未能取得轟動性效應。

直到在奧地利維也納參觀莫札特博物館那次，才真正讓這位「東方戲子」如願以償地搶了個頭彩。那天，當導遊引領著這位中國國家主席來到一台鋼琴面前時，這位「東方戲子」竟然嘻皮笑臉地對導遊提出要求說：「我想彈一下這台鋼琴。」一面對突如其來的要求，訓練有素的導遊只好說：「這是莫札特生前使用的鋼琴，按慣例參觀者是不允許彈奏的，考慮到您是一位大國的元首，我們只好破例。」這時迫不及待的江澤民，早已一屁股坐上了琴凳，叮叮咚咚地彈將起來……

要知道，維也納的當地居民絕不會給被譽為音樂之都的家鄉丟臉，他們幾乎人人具有極高的音樂鑒賞水準。像江澤民這類只會彈點《東方紅》之類的簡譜歌曲的班門弄斧者，除了給當地牙醫增加財源之外（估計有人會笑掉大牙），還會有什麼效果？難怪第二天當地一份最具影響的報紙，登出了一則江澤民彈鋼琴的巨幅漫畫，獨具匠心的畫家，畫在琴鍵上方飄浮的不是通常象徵音樂聲的音符符號，代之以共產極權的圖騰——刺目的鐮刀斧頭和五角星。這是一幅令人拍案叫絕的漫畫，人們看到的除了畫家的匠心之外，還有他的一雙慧眼，能看穿江澤民專制君王無法無天的慧眼。

在國內外出盡洋相的「東方戲子」卸任以後，許多提心吊膽的中國同胞終於鬆了一口氣，滿以為從此將結束中國領導人在國際舞臺上丟人現眼的「洋相生涯」，畢竟都是黃皮膚黑頭髮的中國人嘛。

這時，剛剛接任國家主席的胡錦濤登上了國際舞臺，這位五官還算端正的欽定接班人，只要他永遠不開口說話，在外觀上看起來也似乎並不令人十分厭惡，可他一踏上俄羅斯國土就說出幾句讓中國人丟盡臉面的話。當俄羅斯記者向這位新任國家主席問到他讀過些什麼俄羅斯文學作品時，這位清華大學畢業生回答的並不是舉世聞名的托爾斯泰、普希金的經典，而是流行於史達林時代的一本兒童文學

——《卓婭和舒拉的故事》，這個回答令全世界既吃驚於他的淺薄，又吃驚於他的「不以為恥，反以為榮」。

在即將到來的歲月中，人們可以拭目以待的，必然是貼著胡記商標而出臺的系列「國際洋相」。

現在不妨回過頭來，對這些極權國家領導人屢屢表演洋相的原因進行一番探究，其實這仍然是制度造成，因為一黨專政的極權統治者施行的是「朕即國家」的政策，黨魁就是皇帝就是「朕」，沒有人敢違抗「朕」的意旨。他個人的興趣愛好，也就是全黨甚至全國的興趣愛好。例如毛澤東喜歡利用跳交際舞的機會和妙齡女郎們「親密接觸」，在西方生活方式被視為瘟疫的共產群體中，這種被視為「腐朽的西方生活方式」的跳交際舞，卻能「一花獨秀」大行其道。又例如江澤民喜歡展示他唱歌之類的雕蟲小技，中央電視臺就會出現他帶領全體政治局委員合唱《國歌》，或者《團結就是力量》等「革命」歌曲的特寫畫面。而音樂不及格的毛澤東統治了大陸幾十年，他和他的委員們做夢也不敢想到當眾表演唱歌這類涉嫌「出洋相」的科目。

極權社會對統治者缺乏有效的監督，沒有真正獨立的在野黨的說三道四，也沒有自由媒體的說七說八，有的僅僅是獨裁暴君的「老子說了算」。這樣他在國內為所欲為，形成了唯我獨尊的習慣，到國外以後，仍然按老子天下第一的方式行事，高興梳頭就梳頭，要彈誰的鋼琴就彈誰的鋼琴，沒有任何人敢於阻止，如果錢其琛阻止他梳頭或者唐家璿不讓他彈鋼琴，回國後三天之內中國人就會被告知：「外交部長因健康原因已獲准辭職」。

二〇〇七年五月於成都家中

載美國《觀察》，二〇〇七年五月

十二、極權與「級別」

級別，在等級森嚴的極權社會裡，它的重要性決不能以「身外之物」四個字輕輕一筆帶過。它是鑒定身份的試金石，是昂首闊步或者低聲下氣的分水嶺，我們可以從下面幾則軼事中，掂量一下「等級」這個詞在共產中國社會裡的重量。

無所不在的「級別」

人們都習慣地將中共官員的級別和待遇聯繫在一起，這種看法其實並不完全對。同一級別的官員在經濟待遇上一般都是一樣的，但政治待遇就大不一樣了。按大陸中國國情，所有機關團體的一把手負責人肯定是中共黨員，在中、下級機關單位，或者某些非要害部門的副職領導，間或也可以任用一兩個「民主黨派」人士，那是為了向不明真相的糊塗蟲展示中共也有「多黨合作」的假像。這時同是廳局級幹部，中共黨員和非黨人士所能讀到的文件、出席的秘密會議就會有天壤之別，同級黨員幹部核心領導成員和非核心也不盡相同。總之，有關級別和待遇的詳細規定、說明和補充說明的文件可謂汗牛充棟，並為各個機關負責迎來送往的辦公室主任之類的小頭目倒背如流，因稍有疏忽就可能造成孔夫子所稱的「禮崩樂壞」的後果，中共在承襲封建等級傳統方面從古代王朝至今，沒哪位君王可以望其項背。

官員等級的高低將直接與他們的物質利益掛勾，如住房的樓層和面積的大小，工資福利的多寡和所坐轎車的排氣量，都有紅頭文件的表面文章，因為包括頒發這類文件的官員的內心也清楚，中國官場一個戰無不勝的潛規則是「上有政策，下有對策」。

今天，對那一群早已「先富起來」的「工人階級先鋒隊」而言，他們斂聚的個人財產已經使「組織上」配給的住房汽車成為小數點後面可以四捨五入的小菜一碟。真正吸引官員們奮不顧身買官向上爬的動力，還是那難以數計的灰色收入或稱不明財產來源，這筆天文數字和自己級別的高低也就是權力的大小成正比，而權力又與貪污受賄的機會和數目成正比。

我們這個人類歷史上擁有最為龐大官僚統治體系的極權帝國，更是把封建等級制度發揮到極致，中央到地方首長出行的保衛等級、驅散沿途人民群眾的警車數量都有規定，甚至高官所特用的轎車牌號、喇叭聲也與沒有級別和級別太低的人迥然不同。下級官員為了討好上司，利用手中特權「寧上勿下」地刻意拔高接待規格，讓到來的上級官員陶醉在甜滋滋地升官景象之中，已成為一種新型時尚。

遍佈全國的高幹招待所，特別是高幹病房，為現代奴隸主提供了無微不至的關懷。被蒙在鼓裡的平頭百姓哪裡知道，患同樣一種病，高幹病房的患者所用的藥絕對是世界頂尖級的新產品，甚至護理人員的素質也是百裡挑一的佼佼者。

難怪極權制度的官場，它幾乎成了物質和精神享受的聚寶盆，是吹吹拍拍弄虛作假的競技場，是逆向淘汰的哈哈鏡。

遺體級別

如果某位平民百姓家裡要舉辦喪事，準備在報紙上登一則某某逝世的訃告，縱使他跑遍中國大陸所有的報社，也任憑他願意按大陸慣例掏多少鈔票出來打通關節，絕對沒有一家報社敢於接手這筆肯定不會「危及國家安全」的廣告業務。工作人員將冷冰冰地回答說：「死者的級別不夠」。

這個在全世界的華文報紙上司空見慣的訃告，在充斥著偽造新聞、虛假廣告的大陸報紙上，卻很難找到這類向眾親友報喪的訃告，這個事實也從另一個方面向人們證實，中共當局對新聞媒體的控制確實嚴密到「針插不進，水潑不進」的程度。

原來中共早有紅頭文件規定，凡正廳級以上的官員去世，才准許由所在單位安排在報紙上發一則訃告。但如果這位正廳長的家屬想搶個風頭，到《人民日報》之類的中央級報紙上登這則訃告，工作人員也會冷冰冰地回答說：「死者的級別不夠」。看來在這個官本位為體制特徵的極權國家，發訃告也是由某些高官所壟斷的特權，它決不允許普通勞動人民染指這塊「風水寶地」。而且死去的省級官員也不能染指死去的中央級官員在中央級報紙上的那塊「風水寶地」。涇謂分明的社會主義等級制度，從生前延續到死後。

我國早年有位得到過「史達林文學獎」的女作家名叫丁玲，這位自我感覺過分良好的馬列主義老太太去世以後，其家人以死者在文學上的特殊貢獻為由，要求「組織上」恩准在她的遺體上覆蓋一面中共黨旗（也可能是這位馬列主義老太太生前留下的遺願），「組織上」拒絕了這個要求，理由同樣是由

「死者的級別不夠」七個字鑄成的銅牆鐵壁。照此看來，遺體的級別檔次在相關文件上定有不可僭越的硬性條文。

縱觀人類歷史，遺體級別最高的當屬古代埃及的法老，七千多年後的今天，那些當年不可一世的偉大遺體已成為世界上頂級博物館珍藏的木乃伊。近代史上，共產體制國家的獨裁帝王的遺體，自列寧史達林而毛澤東而胡志明而金日成，一個又一個躺在水晶棺材裡展示暴君的不可一世。蘇聯解體以前，暴君史達林的血腥罪行已遭清算，其遺體被覺醒了的人民焚屍揚灰，永遠進不了數千年後的博物館。而中國、越南、和朝鮮三個死不甘心的水晶棺材仍舊在一座座現代金字塔裡散發著污染環境的惡臭，其中又以毛澤東那具頂尖級別的遺體，因為他生前所犯罪惡的罄竹難書而更令人噁心。只是他的孝子賢孫們利用承襲下來的無法無天，掐斷了人民的發聲器官，但他們決不可能掐斷滄海桑田的歷史進程，將那座紀念堂改建成一座現代型的公共廁所的日子已不會太久遠。

我聽一位到過國外的朋友說，在許多國家的陣亡將士的墓園裡，普通的無名小卒和大名鼎鼎的將軍，其墳墓的外觀毫無區別，作為同樣是為國捐軀的英雄，其遺體怎能有高低貴賤的級別差異？

這種遺體級別的等級差異肯定是極權專制國家的一大特色，在神州大地，統治精英們給它取了個好聽的名字叫作「中國特色」，千萬別小看這四個筆劃並不複雜的漢字，它甚至還是一片厚重的烏雲，飄浮在中國的天空，阻止自由民主的陽光去照亮獨裁的陰暗制度「入侵」。

排名順序

在中美剛剛建立外交關係的上世紀七十年代，一位專門採訪中國新聞的美國記者，在華盛頓出席了幾次中國大使館舉辦的國慶招待會以後，他吃驚地發現了一個現象便撰文說：大使館官員每次進入會場時，有一個按官員級別高低依次出場而且「永遠不會錯亂的順序，」他又說「想不到這個社會主義國家在等級方面竟一絲不苟到如此地步……」

中國的領導人在出場順序上的「鐵的紀律」已為舉世公認，在報紙上領導人的排名先後也近乎神聖。據說某些國外的中國問題專家竟可以從排名前後的變化看出中共黨內鬥爭的詭秘奇譎，近年也有過報社在有關中央領導人的新聞報導中，因排名上出現錯誤而導致社長丟掉烏紗帽的慘痛教訓。

上星期有位老朋友遠道而來，品茗閒談中他講述了一件家鄉新聞，說他們那裡一位新上任的副縣長，在隨一把手下基層巡視工作時，這位性急的副縣長竟走到了一把手的前面，當縣電視臺播出這段有嚴重「政治錯誤」的本地新聞以後，電視臺長和新任縣官分別在黨委會上作了深刻檢討，隨後又將他倆調離了領導崗位。誰敢違犯官場的遊戲規則，誰就得品嚐被「紅牌罰下」的苦果。

有傳聞說，一位被大陸電視的垃圾節目污染眼球幾十年的老先生，對一把手先行的原則奉若神明，某夜，當放映國際新聞的螢幕上出現走在柯林頓總統前面的竟然是一條他的愛犬時，這位老兄竟因這個畫面對一把手的大不敬而過度驚嚇，竟至當場昏厥，所幸者醫生搶救及時而保住了一條老命。

二〇〇七年八月十五日於成都家中

載《議報》，第三一七期

十三、旅遊的顏色

一直生活在中國大陸的人，當然知道顏色的重要性。人有顏色，如當年的紅五類、黑五類；人生前程有又紅又專和白專道路的不同顏色；書刊、影碟有黃色的也有紅色的；連個人經濟收入也有灰色收入和黑色收入之分。總之，生活中凡能以顏色說明事物性質的，無不請紅黃藍白黑出面定奪。

即便顏色的功能如此強大，誰也不會想到共產黨會為休閒旅遊也塗上顏色。到今年全國學校放暑假的前夕，從中央政府到地方政府，從電視到報紙，都齊聲高呼要組織學生們進行「紅色旅遊」。

肯定中央認為這是一個高招，才讓它在全國大力推廣：用家長們的血汗錢，讓孩子們在旅遊玩耍的引誘之下，高高興興地去到所謂的革命老區，去接受所謂的革命傳統教育。這無本獲利的划算事，雞腸狗肚的中國共產黨當然會全力提倡。

「紅色旅遊」的閃亮登場才使我猛然想起，貌似輕鬆悠閒的旅遊，也確實可以塗上某種顏色，特別是最引國人注目的、那一擲千金的公費旅遊更是如此。它用納稅人的錢，讓奴役納稅人的官員們在國內國外換著花樣玩樂，他們難道不是在用自己的行為，為正在進行的玩樂塗染著某種中國特色的顏色麼？雖然這種旅遊比政府正在提倡的「紅色旅遊」規模大得多，耗費的人力財力與「紅色旅遊」相比，也像西瓜和芝麻一樣，因大小懸殊而根本無法比較。但官員們這筆無比龐大的財政開支，大陸媒體卻從來不進行宣傳報導，原因簡單得只有四個字，那就是欲蓋彌彰。

例如在我所居住的這座省會城市裡，就曾多次由政府職能部門出面組織各單位負責官員的旅遊，但這類旅遊的最大特點是用詞的嚴肅慎重，即不論以口述或者文字表述，一律將旅遊二字改為「考察」。眾所周知，中國大陸能呼風喚雨的官員，即便不是百分之百的共產黨員，也應該是百分之九十九，「保守黨內機密」可以說是他們的基本功。他們「考察」什麼和怎樣「考察」，一律被蓋上「國家機密」的印記用「黨性」加以封鎖。

幸好我有一個很鐵很鐵的哥們，參加了某次對泰國的「考察」，更幸好此公對共產黨那套「滿口仁義道德，一肚子男盜女娼」早有腹非，按共產黨的說法是一個「黨性不純份子」。回國以後他對我介紹了許多「考察」成果，如「人妖」是怎麼回事？紅燈區的遊戲規則，還繪聲繪色的讚揚了妓院服務之周全，衛生條件的無可挑剔，使包括我在內的眾多土包子大開眼界。我還曾悄聲問他，是否曾在紅燈區內「亂搞男女關係」，這位耿直的老弟說：「不僅我搞了，我們考察團每個人都搞了」。這時，我突然想起這一群在妓院門口探頭探腦的中國官員，用一隻手舉著「三個代表」的旗幟，用剩下的一隻手艱難地繫褲腰帶的狼狽相，覺得十分有趣。

更有趣的是他又介紹說，泰國還有專門為女性遊客服務的男妓，這些英武健壯的青年男子，集中在紅燈區的另一條街上。恰好他們同去「考察」的官員中，就有三位徐娘半老的女性，據這位鐵哥們介紹說，男性官員中有一位可能患有窺視症，曾跟蹤這三位女官員去往那條「男妓一條街」，但發現他們三人都沒有進入屋內接受服務，至於在「偵察地形」以後，這三人又曾否化整為零單獨行動，去「考察」過泰國男子的生理機能，這類高度機密，也就不得而知。

寫到這裡，官員們這次旅遊（不，應該叫考察）的顏色已經一目了然，按大陸的顏色定性法，它肯定叫黃色旅遊。遺憾的是，大陸官員們這種黃色旅遊，並非發生在某個單一城市的個案，而是遍及各地的「全國一盤棋」。

還有一種旅遊也屬於中國官員們的專利，我稱之為黑色旅遊，因為是官員們動用黑錢即贓款參與的旅遊。這就是最近被國外媒體廣泛注意的中國官員們紛至遝來涉足的境外賭博。有報導說，像緬甸、泰國、柬埔寨，甚至越南、朝鮮這些與中國接壤的周邊國紛紛在邊界城鎮趕修豪華賭場，以接待日益增多的中國客人，而中國的賭徒中，又以官員們的豪賭令全世界刮目相看。

在世界著名賭城澳門，甚至美國的拉斯維加斯，也活躍著三、五成群的中國散客，他們可能是某個大型國有企業的廠長經理，也有可能是某個在地圖上不易查到的小縣份的銀行行長，或者公安局長，他們給賭局下注時的神情，和來自歐美等國的大老闆毫無區別。

還有一種旅遊的顏色並不十分鮮明，但卻依稀可辨，那就是官員們明正言順的妻室兒女和偷偷摸摸的情婦二奶，他們或旅遊到巴黎買時裝，或者到紐約做美容手術，也有時到倫敦購買珠寶，在地球的每個旅遊景點，大把大把的花鈔票。有報導說，大陸某個縣的稅務局長在香港一家珠寶店裡待了一小時，便成為該店自開業以來最大的買主。

這種顏色依稀可辨的旅遊，被我稱之為灰色旅遊。

在共產黨號召青年學生進行「紅色旅遊」的同時，它的精英們正匆忙地在世界各地進行著各種顏色的旅遊，我不知道這些參加「紅色旅遊」的年輕人，日後是否會接任銀行行長或者公安局長。但我卻分明聽見現任官員正指著下崗工人和失地農民的鼻子說：「這就叫和諧社會，你們誰敢說不是？」

二〇〇六年六月二十二日成都寓所

原載美國《觀察》，二〇〇七年

十四、是龍子龍孫嗎？

二〇〇三年十二月二十六日，是中華民族的「大災星」毛澤東一百一十周年誕辰，那一天，中國大陸媒體好一番鼓噪，報紙電視喋喋不休地重複著毛澤東的「豐功偉績」，甚至說：「毛澤東是我們民族的驕傲。」或者說：「毛澤東拯救了苦難的中國。」振振有詞，煞有介事，似乎真要打造出一個所謂的「新一輪毛澤東熱」。

在這一輪新毛澤東熱的造勢中，過去極少在媒體上露面的毛澤東的子孫後代，開始頻頻亮相，反正輿論牢牢地掌控在造勢者手裡，反正偽造歷史文過飾非是他們的過硬本領。過去被「偉大領袖」折磨得死去活來的老傢伙們，死的死病的病，沒死沒病的也都是風燭殘年，只有力氣對著螢屏上毛澤東的兒孫們發幾句牢騷，或者對著解說詞哼出幾聲冷笑。

一陣喧囂過後，作為壓軸戲，突然爆出一個類似於「真命天子下凡」的重要新聞，二〇〇三年十二月二十七日《成都商報》的A2版上出現了這樣一篇報導，標題是《毛澤東曾孫昨天出生》，而昨天正是毛澤東一百一十年的誕辰。文章根據《京華時報》的報導說，在毛澤東生日那天出現了一個「巧合」，他的曾孫也就是他唯一的孫子毛新宇的兒子誕生了，誕生的地點在「北京協和醫院高幹病房……」，當然我等孤陋寡聞的凡夫俗子不知道毛新宇或者他的妻子是哪一個級別的「高幹」，也不可能知道什麼級別的高幹或他們的親屬才能入住那種名叫高幹病房的病房，更令我抓耳撓腮的是下面一句話：「這間09號產房門口有警衛守護。」一個嬰兒誕生為什麼要派警衛去守護？早年就聽說這個嬰兒的父親也就是毛澤東唯一的孫子毛新宇曾經是人民大學歷史系的學生，他在人大學習時我估計也不一定有「警衛守護」，而毛新宇的老婆生兒子卻要派警衛去守護。是怕恐怖份子去劫持「龍種」，或者怕「階級敵人」去偷襲「龍種」？令人百思而不得其解。

在百思不得其解中到了二〇〇四年一月二十一日的除夕之夜，《成都商報》A8版又轉載了《北京娛樂信報》的一條簡短報導告訴讀者說，毛澤東的曾孫「大名還沒定下來，小名則定為毛冬東」，這一目了然的名字顯然更像毛澤東了。

讀過這些文字，我總有一種不祥的預感，因為毛澤東早就說過：「歷史的經驗值得注意。」據說在帝王時代的古老中國，真命天子駕崩以後，必然會出現某些神奇的徵兆，這些徵兆可以被別有用心的人演繹成神乎其神的「上天的安排」或者像人們常說的「巧合」。當然在科學昌明的今天，某些江湖術士的伎倆很難「心想事成」，就像上面列舉的兩則新聞，雖不便坦然宣佈同一「生辰」的曾孫有朝一日會怎樣怎樣，但「高幹病房」、「警衛守護」、和特意安排的「巧合」，這類「心懷鬼胎」的神秘暗示，對著蒙在鼓裡的草民百姓擠眉弄眼則是不爭的事實。

原諒我的「神經衰弱」，我們這代人親眼目睹親身經歷了毛澤東那一套「以階級鬥爭為綱」的腥風血雨，好不容易盼到普世價值的福音像陽光一樣，在神州大地上徐徐閃現，遠去的愚昧終變成隱痛化作羞辱。今天，我們的希望只是子孫後代們別「吃二遍苦，受二茬罪」。

對「龍子龍孫」的呼喚，證明有人希望能復活天安門廣場上那具腐爛中的屍體，哪怕事實上辦不到，但這個想法仍然很可怕。

二〇〇四年二月五日

附記

在整理這本文集時，原本準備將這篇短文刪去，但由於朝鮮獨裁者金正日正逐步將其權力移交給他的第三個兒子金正銀（也譯作金正恩），甚至其一直住在澳門的大兒子金正南也正式表態，反對這種封建世襲的轉移權力的方式。

今天自絕於普世價值之外的朝鮮，與他沆瀣一氣的難兄難弟，整個地球村裡就只有我們這個同樣被稱為流氓國家的黑後臺，這一點我們中國人從金正日每次來華時受到的隆重接待中看出端倪。

我們已親眼目睹了朝鮮的龍子龍孫，這似乎也有點警示作用。

二〇一〇年十月十八日補記

十五、關於帽子的隨想

帽子，對曾經生活在上個世紀六七十年代的中國人是一個十分熟悉的詞，這倒不是指那些老頭們戴在頭上遮風禦寒的呢帽或者棉帽甚至皮帽子之類的帽子，也不是某些脫髮症患者掩蓋其禿頂病態的布帽子。那類堂而皇之招搖過市的帽子，因為它的隨處可見反而不值得為它浪費筆墨。真正令人歎為觀止的是那種確確實實戴在某些人的頭上，卻又看不見摸不著的帽子，如右派帽子、反革命帽子、地主帽子、壞份子帽子……別看那一頂頂看不見摸不著的帽子，其功能甚至超過孫悟空頭上的緊箍咒。凡戴著帽子的人，按當年的要求，就得「夾著尾巴做人」。這就是說，戴著這類無形帽子的人，應該像被主人打了一頓的狗那樣夾著尾巴頹喪萬分，要求沒長尾巴的人像頹喪的狗那樣夾著尾巴，顯然進一步增加了做人的技術難度，因此許多戴帽子的人就自殺身亡，但多數人還是「夾起了尾巴」或者做出一副夾著尾巴的樣子，估計我就是這類貨色之一，其無可置疑的鐵證便是我至今健在。

據說上世紀六十年代，中國有一位姓錢的大科學家，不幸的是他就是一位戴著右派帽子或者說「夾著尾巴」的科學家。有一位美國佬，也就是這位「夾著尾巴」的大科學家當年留學美國時的同學，因公出差來到北京，那年頭在中國的政治辭典裡還沒有出現「改革開放」這個具有劃時代意義的詞條。中國人雖然自己編著歌兒唱道：「我們的朋友遍天下」，實際上這首歌除了「四人幫」之類的政治局委員外，其他的「我們」都是利用歌聲來吹牛皮，因為普通的中國人如果有了一個外國朋友，那位外國朋友就已經不是歌中唱道的遍天下的朋友，而叫作海外關係。恰巧這是一個必須向領導交代清楚卻又最難交代清楚的關係，因為雖然你再三交代，但領導上也很不容易派「外調幹部」（即外出調查各類嫌疑者的專職幹部，在當年這是一個很有分量的職務）到國外去核查，只得委屈你背著歷史不清和社會關係不清的政治包袱接受考驗。那可不是一件輕鬆的事，事實上當年也戴著右派帽子的我，在勞教隊和勞改隊都遇到過不少背著這種包袱的人，說不定前面提到的那位姓錢的大科學家之所以成為右派，海外關係複雜也可能是他倒楣的原因之一。因為他挨批鬥時我也在挨批鬥，而我們又不在同一個單位，所以我說「很可能」，而不說肯定是。

其實這一點並不重要，重要的是他這不同凡響的外國同學來到中國以後，一定要求見一見他分別多年的老同學，也就是這位當了右派「夾著尾巴」的科學家。我估計是為了向「國際友人」展示我們的光明磊落，就讓這位美國佬去見了見錢科學家，這位美國佬見到錢右派科學家以後，竟死死地盯著錢右派的腦袋，然後用英語向他發問：「我聽說你戴了頂右派帽子，怎麼你頭上什麼也沒有？」就憑這美國佬提的這個愚蠢的問題，我可以斗膽判定，不論他是什麼名牌大學的什麼著名教授又是什麼著名社會活動家，其真正的社會知識水準，肯定不如我們國家的一個紅衛兵小將。也難怪當時地球上唯一享受過萬壽無疆讚譽的政治家，英明地給該國取了個名副其實的綽號叫紙老虎。

據我所知，早年中國人心知肚明的無形帽子，除了上述因政治需要而戴上的帽子以外，還有一種因生活作風上的原因而戴上的無形帽子，它的名字就叫綠帽子。對二十一世紀的新新人類而言，這可能是一個相當陌生的詞彙，他們對這種事也有一個新型的詞彙，就叫作婚外戀。不過用婚外戀三個字來解釋綠帽子也不確切，甚至進一步用婚外性行為來解釋綠帽子也不完全確切，因為這綠帽子的界定有一個性別前提，那就是只有有老婆的男人才能戴，而且要老婆偷了人的男人才能戴。這樣解釋不免過於粗俗，應該換一種說法，即妻子和別的男人發生了婚外性行為，丈夫就得戴綠帽子，雖然都是那麼回事，用這種方式表達更可顯出本文作者的文化品位。

綠帽子和右派帽子、反革命帽子的共同之處在於都是看不見摸不著的無形帽子，都是一旦戴上便終生摘不掉，甚至公開宣佈摘掉也只不過換成一頂「摘帽右派」的新帽子（仍然無形）。其不同之處決不僅僅是生活帽子和政治帽子在性質上的區別，戴的方式也大相徑庭，如戴綠帽子的人，無須像戴政治帽子那樣必經群眾鬥爭打翻在地，組織審批，有時還得履行一定的法律手續才能戴上。戴綠帽子則不經這些繁雜的手續，甚至只是有關知情者心知肚明，或者暗暗哀其不幸，深表同情，或者不露聲色，私下嘲笑，這樣就把綠帽子扣在了當事人的頭上。除非有以下兩種除非：一、除非該男士背後有一個懷有敵意的宿敵，蓄意擴大影響，使綠帽子更為鮮綠奪目，尋得良機，將這頂頗具殺傷力的秘密武器當眾抖落出來，致使對方在響噹噹的男子漢三個字面前氣急敗壞甚至口吐鮮血而亡；二、除非戴上三頂以上的綠帽子，也就是他老婆偷了三個以上的男人（也就是和不同的三個以上的男人發生了婚外性行為），這女人經過群眾鬥爭打翻在地組織審批當眾宣佈給她戴上一頂壞份子的帽子，與此同時也等於當眾宣佈給她那位不幸的丈夫戴上了一頂非同凡響的綠帽子。

多年以前，我偶然發現舊書攤賣有一本名叫中國各階層分析的書，作者是一位據說是很著名的作家，我當時手頭緊沒錢購買，失之交臂。但我也並沒有留下更多的遺憾，因為不久我終於明白，二十多年前的中國人根本沒必要分什麼複雜的階層，只需分成兩種類型，即給別人戴帽子類型和被別人戴帽子類型就更為簡明易懂，而指導國家機器運作的中心思想也只有七個字，就叫作「以階級鬥爭為綱」。

上述情況足以說明，上個世紀中國的事情其實很簡單。

二〇〇三年十月八日於成都

十六、其實政府就是主謀

最近大陸各類媒體掀起了一陣陣降低商品房價格的輿論狂風，他們爭先恐後地做出一副體恤民情、關心老百姓住房問題的姿態，假惺惺地說什麼「希望中央出臺政策遏制不斷上漲的房價」。更有人以開動腦筋尋找房價猛漲的原因，以便協助政府對症下藥。找來找去終於找到了一個新「職業」的頭上，它的名字就叫「炒房者」。不久，國務院也真的出臺了八條什麼新規定，並宣佈自六月一日起開始執行，各媒體好一番歡呼說：「這是針對『炒房者』的一擊重拳」。

應當承認這個叫炒房者的人群對房價的上漲有一定推波助瀾的作用，也希望政府這「一擊重拳」能將該人群打得暈頭轉向甚至昏迷不醒。但是，我還是要對這些在媒體開動腦筋的帥哥靚妹說一句大夥最不愛聽的話：「你們對政府提的什麼建議、什麼希望，找的什麼原因，其實全都是些不著邊際的廢話，要不然就是你們與政府聯手表演的一出掩耳盜鈴的雙簧戲」。

記得有一位法國老作家說過這樣一句話：「你只要弄清誰是這件事情的獲利者，你就能知道誰是這件事情的主謀。」

常識告訴我們，主導房價高低的不是炒不炒的問題，而是地皮的價格高低，例如今天，房價已超過美國紐約的中國上海，它的地皮價格也不會比紐約低。而地皮掌握在誰的手裡？誰又能最後敲定它的價格？答案一目了然，當然是中國的各級政府。誰又有權利把地皮「賣」（這是廣大工農兵使用的詞，官方則稱作是「土地使用權的有償轉讓」）給房地產開發商？當然還是大門口掛著「為人民服務」五個大字的那個政府。地皮的高價位轉讓，多收鈔票獲得暴利的當然還是那同一個政府，看來被那位法國老人的邏輯擊中要害的，導致房價「瘋漲」的還是那個善於賊喊捉賊的政府。

還有一個眾所周知的事實是，在房產樓市熱炒熱賣中，土地轉讓費的大筆收入，為地方財政源源不斷地「輸血」，用於當地領導們經常的出國「考察」、超標準豪華轎車的購置和維護、給上級機關的請客送禮（中國官場有專用黑話為「燒香拜佛」）……總之，一切打「擦邊球」需要的開支，無一不在這非中央撥款中靈活使用。

和所有的極權國家一樣，中國的政府同樣是個被官僚主義捆綁著的低效率政府，但是在「賣」地皮方面的大刀闊斧雷厲風行，真正令那些外國投資者刮目相看。近年來大陸「與時俱進」地出現過不少新詞彙，其中有「利益驅動」四個字，用在地方官員身上可謂實事求是。

人們一般認定的商業奇蹟是一本萬利，而中國政府經營的地產生意卻是無本萬利。例如：政府以國家利益的神聖名義，以低得可憐的價格把農民賴以生存的土地「徵」過來，轉手便以幾倍、十幾倍、幾十倍、甚至幾百倍的價格「轉讓」給房產開發商，不論是以黑箱「勾兌」（這個釀酒術語已演繹成行賄受賄的代詞）或者公開招標拍賣，反正形式最終是為內容服務。

說句題外話，如果五十年前，毛澤東和劉少奇具有這份「賣」地皮的智商，中國的老百姓早已被回鍋肉脹得嘴角流油了，哪裡還輪得上什麼「胡溫體制」去奔什麼小康。

還有一個地方政府與地皮有關的事不可不提：按中國傳統，各級政府及其下屬的職能部門，一般都設立在該城鎮的黃金地段，長年累月的人來人往，有的甚至形成了寸土寸金的商業口岸，這塊肥肉決不可能被經營地產業已積累了相當經驗的地方政府放過。於是，全國各地一座又一座機關部門大院，一個

十七、數據的故事

上世紀五十年代中期，我二十出頭的年紀，剛參加工作，在共產黨的一個縣委員會的辦公室工作，實際上我並沒有在那間名叫辦公室的屋子裡面辦過一天公。可能是上面的人從檔案中發現我的鋼筆字寫得還可以，便讓我參與名目繁多的各種工作組，深入農村基層搞所謂「調查研究」。其具體作法是由一位縣委委員（一般是部長）負責，率領三、五個「平頭」幹部，去到某鄉（或者某區）「蹲點」，搜集與這次調查研究目的相關的原始資料。

若干天後，眾「平頭」回到部長身邊，將各人瞭解的情況作口頭彙報。這時，我得全神貫注地作好記錄，因為最後我要將這些「七嘴八舌」整理成一篇起承轉合的黨八股。待帶隊部長看後認可，他便下令撤回每週末必開舞會的縣級機關，我等就一路浩浩蕩蕩返回縣委會——那裡正有新的工作組等我去寫材料。久而久之，我竟贏得了一個含混於褒義和貶義之間的綽號，叫筆桿子。

兩年的筆桿子生涯，令我頗為感慨的，還是這些報告中所涉及的資料問題，我開初當筆桿子時，老老實實地強調實事求是，強調資料一定要準確，有時反覆核對遲遲不敢落筆定稿。有一次帶隊的是農村工作部部長（他是我們中唯一有資格結婚的「老革命」），估計是他迫切想返回縣城陪老婆睡覺，便指著我手邊那摞等待核定數據的草稿小聲對我說：「你靈活一點不行嗎？有些數字可以分析、甚至可以估計的……」接著他又進一步說：「你以為他們每個人口頭彙報的數字都是精確的嗎？」從此，我似乎茅塞頓開，寫材料的時候再也不像過去那樣，一看到阿拉伯數字就左顧右盼地踟躕不前，而是敢於小心翼翼地去「分析」甚至「估計」。

印象最深地莫過於宣傳部長帶隊的那次，這位部長因為是「老革命」「工農幹部」，但卻具有這類幹部中比較少見的小學畢業文化程度，因而早已成為全縣聞名的一代才子，當然是所有重要文件起草的技術權威，我對他肯定是尊敬無比崇拜有加。也許這令他陶醉的精神享受感動了他，在四兩老窖大麯的驅動之下，他口若懸河：「寫材料的關鍵是把握兩點，一是階級觀點，二是科學分析。」說著他端起酒杯一飲而盡：「中央出臺任何新政策，不管你下到那個基層，怎樣搞調查，其結果肯定是地主、富農反對，貧、下中農擁護，如果調查結論不是這樣，調查者的立場就有問題；其次，」他端起我剛為他斟滿的酒杯接著說：「所謂科學分析，也就是按毛主席說的『兩頭小，中間大』的方法分析資料，也就是積極分子和落後分子一般只占百分之十左右的『兩頭小』，中間分子占百分之八十左右的『中間大』，按這種方式『總結』出的資料，肯定符合科學。」得到這份「祖傳秘方」，我激動萬分地到櫃檯上去付了賬。果然在得到這位名師真傳不久，我就成為了該縣的「著名筆桿子」。

真應了那句「天有不測風雲」的古訓，一九五七年，我被劃為右派份子，二十三年後已經變成「準老頭」的我，穿著破舊的勞改服從監獄「改正」回了縣城，偶然見到現已老態龍鍾卻仍然一身酒氣的原宣傳部長，這位離休幹部歎息著說：「唉，那時中央規定了百分之五的右派指標，誰敢不完成?!」此時我想，難道這冰冷無情的百分之五，就毀掉了幾十萬知識青年的一生？難道資料可以置人於死地……這當然是後話。

在以後出現的「大躍進」和「自然災害」中，當我通過廣播和報紙得知那自欺欺人的鋼鐵和糧食的產量資料時，我才進一步知道「祖傳秘方」的數字遊戲，幾乎變成愚弄人民的魔方。我再也無法相信共產黨在其御用媒體上公佈的一切資料，無法相信那些與地方官員政績掛勾、要經過縣委討論後才能上報的GDP，無法相信由於瓦斯爆炸死難礦工的人數，也無法相信監獄裡究竟關有多少政治犯。

在我和中國當局公佈的一切資料「絕交」數十年以後，沒想到前幾天中央電視臺突然播出新聞說，國家統計局長最近向全世界宣佈，中國公務員和老百姓的比例是一比一百九十八。沒想到這個讓中國人笑掉大牙的資料，一下子啟動了我那早已麻木了的「數據神經」。因為開初我以為是一百九十八個公務員管一個老百姓，這似乎太多了點，正準備建議政府加以精簡，後來才看到「魔方」的另一面，原來這位局長「統計」的是一個公務員監管一百九十八個老百姓，或者按主流媒體的說法是一個公務員為一百九十八個老百姓服務，這個服務人員所占比例，未免少得不近情理。但是，該統計局長還是滿意地強調說，我國公務員和老百姓的數量比例，基本上和世界各國不相上下。

眾所周知，自稱公務員與全世界不相上下的中國，與龐大的國家政權機器相平行的，還有一套與之人數不相上下的中國共產黨黨務機構，這些機構內的工作人員，同樣是由國庫開支的「國家公務員」，兩部平行的黨政機器裡擁擠著無數的冗員，怎一個一比一百九十八了得?!就憑這個舉世無雙的特點（古巴和朝鮮除外），世界各國的統計局長在玩弄資料魔方的技巧方面，誰能望中國的統計局長之項背？

被資料魔方愚弄得神經兮兮的中國老百姓說：「有一個資料毋庸置疑，那就是生你的母親只有一個」。

十八、靠什麼取得的勝利？

多少年來，我們幾乎聽膩了一種說法，即共產黨的宣傳機器大力鼓噪某項成就時，總會一千次地告訴他治下的平民百姓說，這是什麼什麼的勝利，或者是什麼什麼的成果。例如當年餓死幾千萬人的所謂大躍進，宣傳機器一方面編造「自然災害」之類的謊言掩蓋事實真相；另一方面也會虛構成就，然後說：「大躍進是反右鬥爭取得勝利的結果。」又例如若干年後在「文化大革命」時所說的：「揪出黨內最大的走資派劉少奇是文化大革命的偉大成果！」再例如中共九大後，全國人民都聽見中共中央帶頭高呼：「確定林彪副主席是毛主席的接班人，是毛主席無產階級革命路線的偉大勝利！」等等等等，不勝枚舉。

究竟是勝利還是失利，是成果還是惡果，不是這篇短文準備討論的話題，事實上也無須再討論，歷史已經作了與事發當時的宣傳截然相反的回答。

由於長期形成的思維慣性，面對近年來共產黨大力宣揚的，所謂的經濟建設上取得的舉世矚目的成就，我也在暗暗思考，這一切驚人成就（假如真正驚人的話）究竟是怎樣獲得的？還是用那句老話來說吧，這是靠什麼取得的勝利？

經過長時間的冥思苦想，我終於得出了一個結論，想出這個結論以後，反而把自己嚇出了一身冷汗，因為這個結論未能「與黨中央保持一致」，也就是黨中央的宣傳機器從來沒說過與我的結論近似的話。在中國（特別是在中國寫文章），這個「保持一致」簡直太太重要了，它不僅可以決定所寫文章的命運，甚至還可以決定寫文章的人的命運。所以我一直不敢吐出半點「雜音」，只準備在時機成熟的時候，和我的遺體一起火化，裝入那再也沒有考核必要的骨灰盒。

直到去年，事情似乎有了轉機，因為在二〇〇四年三月召開的全國人民代表大會上，重新修訂了憲法，把那個一直被共產黨稱作是萬惡之源的「私」字，「莊嚴」（因為據說憲法本身莊嚴）地修訂入憲法之中，不僅有「保護私有財產」的私字，而且還有「私營經濟」的私字，另外還有一種羞羞答答的提法叫「個體經濟」（按常理個體也應該姓「私」），這樣看來，真要把喊了幾十年的「大公無私」「修訂」為「大公『有』私」了。

這時，我發現我的那個結論，雖然不敢說與黨中央完全保持一致，最少也沒有完全不一致，也就是說，我也許不會犯原則性的錯誤，這才決心將那個準備帶進骨灰盒的結論公諸於世，以免終日提心吊膽，最後患上憂鬱症甚至精神失常。

我的結論便是，改革開放二十多年來取得的所謂日新月異的變化，既不是共產黨自吹的黨的政策的勝利，也不是共產黨自播的英明領導的結果，而是一種制度的勝利，坦率地說，那就是私有制的勝利。

私有制顯示它的威力首先是在農村，一九四九年全國大陸「解放」以後，以最擅長作農村工作而自詡的中國共產黨，從減租退押、土地改革、互助組、初級社、高級社直到人民公社，整整折騰了二十多年，付出了活活餓死三千萬中國同胞的慘重代價，換來的結果仍然是象徵著吃不飽穿不暖的一窮二白四個字。直到上世紀七十年代末，將歸為集體所有的土地交還給農民私人承包耕種，也就是請私有制來拯救生命垂危的公有制農村經濟，短短三年，農村面貌頓時改觀，農民不再為衣食發愁，使中國共產黨拍著胸口向全世界宣佈，說他「給」了中國人的生存權時，才稍稍有了點底氣。

再來看看城市，絕大多數國有企業（也就是公有制經濟的代表）都是虧損大戶，它們像寄生在人體上的腫瘤一樣，消耗著營養物質，也就是吞噬著銀行資金。面對尷尬，從中央到地方，要求改善投資環境，以達到引進外資的目的。可是千萬不可忘記的是，這些引進的、與天文數字接壤的外資，可都是私人資本，也就是私有制的產物，它們實際上起到的不僅是公有制經濟的強心劑作用，甚至還是起死回生的靈丹妙藥。

不論農村或者城市，在改革開放以前，同樣是這個自稱「光榮偉大」的黨在領導，也同樣執行著這個黨制定的「英明正確」的政策，為什麼同樣是被他領導著的「勤勞勇敢」的中國人民，卻始終和「一窮二白」，和「欠發達」、和「第三世界」這類令人遺憾的詞彙聯繫在一起，而今天卻能在經濟建設上取得「驚人成就」，其根本的區別說到底也只是「大公無私」和「大公『有』私」的區別。

共產黨口口聲聲說私有制是萬惡之源，高喊著「鬥私」的口號，「割資本主義尾巴」，結果萬惡之源竟變成了靈丹妙藥或者叫救命稻草，這簡直像諷刺小品似的現實，還不能警醒人們正視那私有制的強大生命力嗎？

鄧小平說：「不管白貓黑貓，逮到耗子的就是好貓。」可不可以這樣說：「不管私有制公有制，能促進經濟健康發展的就是好制度。」

事情可以這樣辦，而且這些年來也一直這樣辦著，但是話卻決不可以這麼說，憲法上更不能這樣寫。用不著對這種言行不一大驚小怪，因為它是一種特色，一種特色的社會主義，一種中國特色的社會主義。

《動向》二〇〇五年五月號刊出，更題為《私有制的勝利？》

十九、兒子，我為你感到驕傲

前段時間，我在一篇稿件中，心血來潮般寫了一句：「毫無疑問，我的朋友都是些右派份子，除非他們此前已經是個反革命」。說罷我仔細掂量了一下，發現我的熟人雖然難以數計，但真正可以用朋友二字定位的畢竟只有那「一小撮」，倒真還都是些享受了「改正」、「平反」這類特殊待遇的、前「不齒於人類的狗屎堆」。

當我走出坐了二十三年的牢房時，已經是上世紀的八十年代初，我已是個四十六歲的「準老頭」了，看著那些受盡磨難卻仍然完好的家庭，對應自己的家破人亡心中的酸甜苦辣簡直難以言表。作為單身漢，偶爾也到那些老朋友家裡混一頓家常菜換換單位伙食團的口味。閒談中，我發現這些老朋友的兒女們幾乎個個都很爭氣，很優秀。有的在恢復高考時為重點大學錄取，有的為外國名校選中。父母們自豪地說：「孩子們出生在『五類份子』家庭，在逆境中長大，父母的言傳身教和制度的不公使他們相信，他們沒有為官的父母搭建的晉升階梯，也沒有用金絲銀線編織的關係網。只有靠不懈地努力拼搏，用自己令人信服的實力才能贏得一塊生存空間。」

進入二十一世紀，這些右派後代有的創立了自己的公司，當上了老總；有的成為外資企業的高級雇員，買房買車、生兒育女，出資讓含辛茹苦的父母出國觀光旅遊，像童話般讓他們變成一隻隻跳出了水井的青蛙。

但是，只要遇到一個風雨交加的深夜，被雷電驚醒的仍然是魂牽夢繞的童年苦難，記憶中拳頭棍棒打倒在地的父母在痛苦的呻吟，自己因蒙受「狗仔子」的屈辱在家門外偷偷地啜泣……正是這些刻骨銘心的往事，催生了他們的理性批判。

共產黨煽起的階級仇恨，幾乎滌蕩了我們民族的傳統美德，使這個文明古國簡直變成了精神荒野。雖然共產黨用成噸的塗料來粉飾自己醜惡的歷史，但這批成熟的孩子已具備批判的智慧，他們能從極權統治者不斷編造的謊言中洞察出陰謀詭計的所在。

別看他們終日為生計忙碌，為事業的發展處心積慮，但心胸中奔突的仍然是永遠不會熄滅的正義之火，緊咬的牙關裡封藏的依舊是「位卑未敢忘憂國」、「家祭勿忘告乃翁」之類的千古遺訓。他們彷彿是一座座睡著的火山，封藏著足以讓獨裁宮殿化為灰燼的岩漿，耐心地期待著那個爆發的節日。

我為這些優秀的兒女們感到驕傲！

我還有一些朋友，他們都是「恢復公職」後即一九七七年以後才結婚生子，這批在「老年得子」滋潤下長大的孩子，其中有些我可以說是看著長大的，從幼稚園到大學畢業乃至結婚生子。當他們被拉入共產黨之前，也有的找我這個叔叔諮詢，我問他：「你為什麼入黨？」因為我在他那個年齡段上也曾經要求入黨，當年的黨支書就這樣問過我，那孩子淡淡一笑，頑皮地擠了擠眼睛說：「入了黨好找工作嘛」。他的回答和我當年對支書的回答一樣誠實，只是我說的是：「為共產主義事業奮鬥」這句夢囈。

他們說，現在大學生畢業之前，基本上是用突擊的方式拉入黨內，這一些年輕人知道的往往只是共產黨員能撈到些什麼好處。這個效果是共產黨員成為了既得利益集團的最大群體的現狀告訴孩子們的。

用這樣樸實的觀點看待這個腐朽糜爛的共產黨，你能說這些孩子不可愛嗎？和我們年輕時對共產黨的愚忠、對暴君毛澤東的迷信崇拜，為討好共產黨而不惜自我醜化等等劣跡相比，這些孩子登上的冷眼看世界的高峰，又真有相形見拙之歎了。

真正觸發我寫這篇稿件的是另外一個故事，我的一位右派老友，我們同樣對極權制度深惡痛絕，對當今世界的民主旗手的美國充滿敬慕之情。他「改正」後在一所大學當文學教授，那年比他小四十四歲的兒子考取了一所軍事學院，他那眉飛色舞的高興勁簡直難以形容，在賀喜的酒宴上人們頻頻舉杯。而我在心裡一直鼓搗著一個問題：「老夥計，萬一有一天中國和他的死敵、美國發生戰爭，你究竟希望誰打勝？」因為這個問題似乎有點殘忍，我不忍心說出來，就只好一直讓它埋在心裡。

我的家和這位老夥計的家相距一個多小時的車程，兩個龍鍾老人走動不是那麼方便，我們只是在逢年過節在電話中相互問候談談家常，他每一次告訴我的全是兒子的好消息：「他入黨了」；「他晉升中尉了」；「他有女朋友了」；「工資提到三千多了」；「當少校了」「……」

這時，我又想到他那張眉飛色舞的臉，只是我從來不提那個有點殘忍的問題。

上個週末，他老伴突然來電話說：「老莫，你的老夥計這次可真是到鬼門關去轉了一圈，昨天才從醫院回家吸氧，兒子專程回來看望，也回部隊去了，老頭子成天叨念著你，抽空過來坐坐吧」。

我心想老夥計肯定病得不輕，不然兒子也不會千里迢迢趕回來。直到見了面，才發現他的健康狀況比我想像的強多了。雖然比以往清瘦了一點，但精神狀態似乎比以往更好一些，我們交談了一些近期的所見所聞所想，話題自然又轉到兒子身上，我又看見了他的眉飛色舞，興奮地說：「你知道我兒子在離家回部隊時對我怎麼說的嗎？他說：『老爸，一定得挺住，一定得讓共產黨在你先垮！』」說罷，他伸出食指揩拭了眼角的淚水說道：「我的眼睛已經好幾年沒有得到語言的滋潤了」。

這個少校共產黨員用這句話做到了忠孝兩全。

兒子，我們怎能不為你感到驕傲！

刊於《議報》，二〇〇七年七月十七日

二十、新聞與表演

若干年前，我曾服役於解放軍某部，駐紮在一個少數民族地區，當地那些以農業為主要生計來源的老百姓不很重視水利建設，眼看春耕在即，灌溉水卻不足。在那位村長的再三要求下，我們連派了兩個排的官兵，花費了四天時間，為村上修築了一條簡陋的灌溉水渠。隨後，喜歡舞文弄墨的我，便將這樁增進軍民友誼的事寫成了一篇兩百多字的「黨八股」並在軍報上發表，連長看了很高興，還微笑著拍了幾下我的肩膀。

沒想到一個多月以後，突然從千里之外的軍報派來了一位攝影記者，聲稱要將修水渠的事拍成一組新聞照片。他並不知道幾天以前，一場比他的到來更為突然的山洪暴發，早已將軍報上讚揚過的那條水渠掃蕩得無影無蹤。但記者和連長仍然堅持要補拍「現場」照片，寫過報導稿件的我卻多少有些負疚感，認為水渠都毀了，還去拍什麼現場照片，簡直是一種諷刺。連長勃然大怒，用拍過我肩膀的那隻手指著我的鼻子吼道：「你敢不服從命令!?」

第二天，為了顯示修水渠時的「聲勢浩大」，連長命令全連官兵人人參加，並且在拍攝現場特意添置了些巨幅標語和好幾面大紅旗，又找村長借來鋤頭圓鍬等生產工具，總之，拍照片前的準備工作盡善盡美天衣無縫。開拍前，連長站在高處揮舞著手臂作了簡短的動員報告，他要求黨團員們帶頭完成這項拍新聞照片的「政治任務」。站在隊列中聽報告的我，卻分明記得兩個月前，我們來到修水渠的現場時，眼前這一切根本沒有發生過。

以後進行的事用不著詳細陳述，毫無疑問，攝影記者是這場「表演」的總導演，全連官兵都是演員，演員們按導演的要求，面帶微笑做出各種勞動姿勢，汗流滿面地在一塊沒有存在過水渠的荒地上，整整折騰了一個上午，終於拍完了一組「修」水渠的照片。

不久，我在軍報上看到了這組「新聞」照片，在這一組使我十分反感的照片中，最為令我深惡痛絕的是最後一張：一位穿著少數民族服裝的老大爺，坐在「某」條水渠邊，指著流水對著身邊的一個少數民族小孩說話。照片旁邊印有解說詞：「老大爺對他的孫子說，要記住，是解放軍替我們修了這條引水渠。」——我的天，那孩子分明是村長的兒子，他爺爺已死了好幾年。

這件事對我的震撼之大，怎樣估計也不會過份，可以毫不誇張地說，在我弄清「表演新聞」並非攝影記者的個人行為，而是共產黨宣傳機器的傳統作法之後，我看透了這個黨的虛偽甚至無恥，最後導致了我從思想上和這個「偽君子集團」的徹底決裂。

此後，凡是我在報紙上看到新聞照片，腦海中的第一個反應並不是照片本身解說的是什麼，而是想知道它掩蓋了什麼？或者虛構了什麼？比方說，它掩蓋了山洪沖毀了水渠（雖然它並非攝影者的初衷，只是無意間達到的效果），它虛構了一條用以灌溉農田的水渠，還虛構了一對少數民族爺孫，並借他們的嘴來證明自己是當地老百姓的恩人。

我們常常聽見身邊有這種歎息聲：「為什麼我在報紙上、電視裡看到的都是一片光明，而身邊發生的事卻總是一片黑暗？」誰要敢於這樣回答，誰就更接近了真理：「報紙上和電視裡出現的都是做假，那不是真正的新聞，那是在『演戲』。」

被中國有正義感的知識份子所憤怒討伐的中共中央宣傳部，就是這些「把戲」的總導演，分佈在各地區、甚至各宣傳機器內部的「分導演們」為「總導演」層層把關，按照黨不同時期的宣傳要求，去發現（即編造）、去挖掘（即歪曲）各類所謂的新聞。總之不惜用一切卑劣手段，去蒙蔽無法知道事實真相的普通老百姓，去為肆意圖解黨的各項方針政策服務。

只要想一下那些被組織安排到攝像機前、尷尬地擺好姿勢，或者充當爺爺、或者扮演孫子，用導演寫好的「臺詞」甚至提示的語調，結結巴巴地背誦著決非肺腑之言的話語，去「啟發」、去「教育」億萬觀眾，讓他們以為鏡頭前的你是一位真正的爺爺或者孫子，進而誤以為你周圍的一片光明貨真價實。

這遙遠的虛幻的光明能照亮人們身邊的黑暗嗎？這本是大小導演們刻意追求的效果。然而，一位平民出身、名叫林肯的美國總統用一句樸素的話擊中了「導演們」的要害，他說：「你可以騙人一時，不可能騙人一世」。

我恨那些愚弄人民的「導演」們，卻絲毫不恨那些不幸的「演員」們，我對這些不稱職的「演員」充滿了悲憫之情，就好像悲憫自己被愚弄過的青春所留下的遺憾。

二十一、關於「綁匪」的隨想

三天以前，基地份子綁架了在巴基斯坦修鐵路的兩名中國工程師，這兩位不幸的工程師卻在無意間為祖國的新聞媒體作出了一個「劃時代」的貢獻，迫使他們作了一次「正名」方面的改進，雖然他倆對此一無所知。

今年的伊拉克戰爭結束以後，由於種種可以理解的原因，該國國內局勢一直動盪不安，或人體炸彈、或火箭襲擊、或駐伊美軍被偷襲。中國的新聞媒體對實施這類破壞的恐怖份子，雖然沒有直接發去賀電，或者署文表示讚賞，但從來不予譴責則是不爭的事實。而從這類新聞稿件的字裡行間，透露出來的幸災樂禍的心情，明眼人倒是一看便知。

特別最近兩個月，有些在伊拉克工作的外國商人、工程師、新聞工作者，累累遭到綁架，綁架者提出各種苛刻要求，可以說是向人質所在國進行勒索，或者恫嚇說：「二十四小時不滿足其要求，將對人質實施斬首。」或者公佈人質為求生而祈求幫助的錄影帶，讓一切善良人為這些不幸的人提心吊膽。更有甚者，三、五天還會傳來某些人質被斬首後，將其腦袋和屍體扔在路邊示眾的血腥新聞。

恐怖份子（請注意這四個字未能「與中央保持一致」）對無辜平民犯下的這些令人髮指的罪行，顯然是違背人類公認的生活準則的，任何有良知的人都會義憤填膺地加以譴責，更不用說高舉著文明、正義大旗的新聞媒體。

然而我們中國，我們這個曾經自詡為「世界革命中心」的大國，今天自詡為「代表人類先進文化」的文明古國，在報刊雜誌上、在廣播電視裡，對這些綁架人質的恐怖份子給了一個非常中性、毫無貶義的稱呼，叫作「伊拉克武裝人員」。老實說我每次讀到和聽到這個有「中國特色」的中性稱呼時，我都有一種揪心的疼痛，因為我畢竟是中國人，我不願意看到我的國家對別人的不幸這般冷漠無情。為減少類似煩惱，我幾乎成了一個不愛看報也不愛看電視的中國人。

今天（十月十三日）大清早，我偶然心血來潮地打開電視，發現中央電視臺正在播放營救在巴基斯坦被綁架的中國人質的進展情況，播音員一律稱綁架者為「綁匪」，還公佈了「綁匪」的姓名和照片，還說該「綁匪」作為基地嫌疑份子，曾經在美國關塔那摩軍事基地關押，後因證據不足而將該「綁匪」釋放（中央電視臺使用的綁匪二字比本文所用的還多得多）。

我終於聽到了中國與世界同步的聲音，我更希望中國媒體取得這樣的認同：即綁架中國人質的人是綁匪，綁架外國人質的人也同樣是綁匪。對綁匪（當然是恐怖份子），我們應該一視同仁，而不需要「中國特色」的分別對待。

我還希望我們能以真心實意的行動，來證明自己反對國際恐怖主義的立場，來證明自己是一個對人類道義負責的大國。

更希望這「綁匪」之稱不是個案。

二十二、閒話胡錦濤

中國有句名言，叫做：「有其父必有其子」。然而這句名言卻萬萬不能用在中共當今「聖上」胡錦濤身上。因為他出生在一個傳承著茶商家業的家庭，這個「非無產階級」家庭和今天的總書記所領導的「無產階級先鋒隊」在理論上誓不兩立。胡錦濤七歲時家鄉「解放」了。小學裡他學會的第一首歌便是「東方紅，太陽升，中國出了個毛澤東，他為人民謀幸福，他是人民大救星」。這首當年比國歌更普及的頌歌，就是少年胡錦濤的政治啟蒙。從此他天天被灌輸的是共產黨英明，正確，光榮，偉大。十一歲到十四歲智力初開的中學階段，在中國大陸轟轟烈烈地開展了一場「對私營工商業的社會主義改造」運動，其目的是通過「運動」剝奪胡錦濤的祖父繼承下來的「資產階級」的資產，也順便剝奪了他們的經營權，讓他們到國營企業去「脫胎換骨」，當一名混碗飯吃的員工。它的根本意義在於，讓每一個中國人都禁錮在共產黨所控制的某個畫地為牢的「單位」裡。

誰敢說胡錦濤的父輩眼睜睜地看著自己的財產被「共」而毫無怨言，這倒不是違背了毛澤東那資產階級決不會自願退出歷史舞臺的論斷，更重要的是違背了人之常情。變成一無所有的茶商是怎樣反應的？尤其是這種反應對少年胡錦濤有過什麼影響？可惜這些史料今天都已經成為十分重大的「國家機密」，深藏在某座幽黯的洞穴裡。我們唯一能知道的是，胡錦濤出身的家庭和他今天所統治的帝國的主流意識南轅北轍，家庭影響和社會制度的巨大反差，終於使他成為一個具備雙重人格的、「根不正，苗卻紅」的多面怪胎。

由於胡錦濤非無產階級家庭出身的底氣不足，這種類型的人，想在這個弱肉強食的政治生態型的中國官場上脫穎而出，決不可缺少兩個過硬本領，也就是他的拿手招數。其一，他從青年時代作青年團工作時開始，就練就了小心謹慎、將自己的個人感情嚴嚴實實地包藏起來的硬功夫；其二，在各種運動考驗的緊要關頭，抱緊一把手的大腿不放，在對敵鬥爭中堅決無情無義，路線上寧可稍左而萬勿偏右。

這裡，我願意提供一個證據，來證明青年時代的胡錦濤「左」得多麼「可愛」。只要到圖書館去找一份一九六四年十月六日的《人民日報》。翻開第六版，有一篇題為《工人農民戰士學生座談音樂舞蹈史詩〈東方紅〉》的報導。文中引了清華大學學生胡錦濤的發言。如果有歷史學家需要搜集那個年代流行於大陸的標語口號，只需將胡錦濤這段發言複印一份，保證應有盡有。時年二十二歲的胡錦濤在短短三、五百字的這段發言中，十一次提到英明領袖毛主席和偉大的毛澤東思想。特別是那句：「我們要把黑暗的剝削制度從地球上剷除乾淨」的豪言壯語，巴不得立刻將中共黨旗插上白宮屋頂。今天環顧一下四十二年後的世界，那「黑暗的剝削制度」在中國大陸，官商勾結下橫行無忌。更加原始，下流。

在大陸的電視上，經常露面的「黨和國家領導人」胡錦濤，偶爾也會在某種場合「即席講話」，令人難堪的還不是他那怪聲怪氣的音色，而是他拖聲拖氣的「西皮慢板」。他說一句冠冕堂皇的套話所花的時間，正常人早該說完三句話了。這使人想起孔老夫子那千古名句：「君子坦蕩蕩，小人長戚戚」。其實，胡錦濤的「西皮慢板」也只是一種訓練有素的「正當防衛」罷了，因為他深知，只要一次快人快語說漏了嘴，正是覬覦他寶座的競爭者求之不得的鐵證如山。

我有一位參加共產黨比胡錦濤早十二年的密友，一位排字工人自學成才的新聞工作者。某日，他在回憶往事時對我說：「在三年大饑荒年代，我們到食堂吃飯，對著那碗清澈見底的、用幾顆米粒煮成的所謂稀飯，甚至不敢流露出一絲不滿的眼神……」在他對我說過的成千上萬句話中，這一句令人不寒而慄的話使我終生難忘。

最近，我從網上搜索到新華社所公佈的胡錦濤的簡歷中得知，一九五九年至一九六四年，也就是全國人民餓肚皮的「三年困難時期」，胡錦濤正就讀於清華大學水利工程系。他由入學時的普通共青團員中的積極分子，「進步」為基層團幹部，又「進步」為校團委幹部，甚至在畢業時加入了中共，畢業後又留校擔任專職共青團幹部。憑他那不具優勢的家庭出身，可以斷言的是他要向組織上打難以數計的小報告、也就是要坑害多少個他目光所及的無辜者，才能證明他立場的根本轉變……當然，在今天，總書記當年這段鬥爭經歷又已成為國家「高度機密」了，誰知道它藏在哪座深不可測的洞穴裡。

後來我終於弄清楚我那位密友對著清澈見底的稀飯為什麼不敢流露出一絲不滿的眼神。那就是由於人群中總有那麼幾個鬼鬼祟祟的胡錦濤似的積極份子在察顏觀色。他們的革命警惕性能分辨出哪種眼神是「對黨的糧食政策不滿」。當「胡錦濤們」將這個眼神繪聲繪色地向上級黨組織彙報以後，「戰無不勝的黨」就能輕而易舉地將這個眼神的流露者扔進地獄。共青團被稱為黨的助手和後備軍，胡錦濤在清華大學的團組織內不斷攀升，除了經常及時地密報外，不會有第二種「鬥爭經歷」。

胡錦濤在清華大學讀過一本他認定的「文學名著」，書名叫《卓婭和舒拉的故事》。這件事如果他自己不說，今天就沒有人會知道。那是他就任國家主席不久，去俄羅斯訪問期間，有俄國記者向他提問：「請問主席先生讀過些什麼俄羅斯文學名著」？他稍做踟躕以後回答：「我看過一本《卓婭和舒拉的故事》」。（註：那是流行於史達林時代的一本兒童文學小冊子）我真愧於想像，在場的各國記者聽了做何感想。一個國家主席人文學科知識淺薄至此，簡直就是我們的新國恥。

胡錦濤在共青團內節節攀升的年代，也正是彭德懷在廬山會議上，因為講了幾句真話，被毛澤東整成右傾機會主義份子，繼而又在全國大張旗鼓地開展反右傾鬥爭的歲月。胡錦濤經過這些鬥爭的考驗，成績突出。其實「成績」是由作惡多端積累起來的。因此他得到畢業後留校擔任政治輔導員的「殊榮」。明眼人一看便知，政治輔導員是一個很好聽的名字，這輔導二字甚至帶有點溫馨滋味。不過，在人們心裡，它還有個不好聽甚至有些恐怖色彩的名字，那就是專門監視學生言行的特務。第二層意義就是他的專業成績不怎麼樣。遠不及他的政治成績。

由上述事例人們不難看出，胡錦濤不同於趙紫陽，趙的文化啟蒙是在孔孟之道的天經地義中完成的，雖然毛澤東的教義也對他產生過影響，但傳統道德對他畢竟有過先入為主的影響；也不同於胡耀邦，胡耀邦雖然是紅小鬼出身，只認識不多幾個方塊字，但他生性勤奮好學，手不釋卷，博聞強記，收海納百川之效。故他倆在擔任總書記後，雖上有老佛爺鄧小平的打壓，卻仍有過不俗的表現。至於不值一提的江澤民，胡錦濤既缺乏江到底有一個烈士叔叔，也沒有那股勇氣，敢於打破長子不能過繼的民俗規則，硬要把自己過繼給江上青，弄一塊紅色尿布包在屁股上，混入子承父業的太子黨世襲種群。再說，江畢竟還是中共統治大陸以前的大學生，還會背誦「總理遺囑」，甚至「六．四」期間，這位上海一把手曾登上交大講壇，對著青年學生結結巴巴地用英語背誦了幾段美國「獨立宣言」，似乎想炫耀他比台下的娃娃們更懂得美國民主，為此他還在國際新聞界贏得了「東方戲子」的「雅號」，不排除他內心還有那麼點為黨爭光的沾沾自喜。胡錦濤就是胡錦濤，他清楚地知道自己的家庭出身不堪一擊，所以，必須隨時隨地都警惕著非無產階級意識對自己的侵蝕，兢兢業業，一切按組織安排行事。例如當年團中央安排團員必讀《卓婭和舒拉的故事》，他就唯讀這一本，決不會去讀同學們給他推薦的《戰爭與和平》。

結果，清華大學並沒有把胡錦濤培養成水利工程專家，而將他造就為一頭「冷酷無情的政治動物」。

新華社在公佈胡錦濤的簡歷時說：一九六五年至一九六八年他在清華大學水利工程系參加科研並兼任政治輔導員……稍有歷史常識的人都知道，這正是「史無前例的文化大革命」在它重要的策源地之一的清華大學如火如荼地開展的日子。在政治掛帥的當年，除了膽大包天的新華社，沒有誰敢安排作為政治輔導員的胡錦濤去搞什麼「科研」，走「白專道路」。當全國的技術權威作為臭老九都「打倒在地再踏上一隻腳」的時候，擅長說謊的新華社卻硬要讓八方串連、為揪鬥牛鬼蛇神而衝鋒陷陣的政治輔導員躲在實驗室裡搞什麼「科研」，豈不是在一貫重視政治的今日總書記的臉上抹黑嗎？這哪裡是塗金呢？

文化大革命，後來的黨中央給它定名為十年浩劫，確實是一段令很多很多中國人尷尬的歷史，它恰好也是中共黨內的政治投機份子成為暴發戶的年代，大暴發戶如王洪文、張春橋、姚文元都一夜「暴富」為政治局常委，小暴發戶如胡錦濤這位紅衛兵闖將，便敢於帶領清華大學的「戰友」，以火燒英國代辦處的勇敢行為，將義和團以來中國外交史上又一次震驚世界的行為，「震驚」了全球，卻讓胡錦濤掘得了第一桶政治黃金。

但今日，新華社卻硬是為了讓專門吃政治飯的胡錦濤、當年搞「打砸搶」的「革命闖將」，今天的總書記，臉上能夠光彩一點，便乾脆杜撰說，胡總書記竟然是史無前例時代躲進避風港搞科研的「書呆子」。雖然，在那個「全國山河一片紅」的中國版圖上，絕不曾存在過這樣一個風平浪靜的港灣。

按中國官場的遊戲規則，這類領袖級人物的簡歷，除了政治局正式拍板，別說新華社，就是它的頂頭上司中共中央宣傳部也不敢增刪一個標點符號。我更傾向於認定這個避風港就是胡錦濤自己選定的點睛之筆，因為除他本人有誰敢對他的歷史加油添醋？它和江澤民那塊紅色尿布有異曲同工之妙。這件事再一次證明，中國共產黨以及胡錦濤本人在胡編亂纂歷史方面具有多麼肆無忌憚的光榮傳統。

那麼，胡錦濤在文化大革命的風口浪尖上究竟幹了些什麼光明磊落的事，只要回憶當年清華大學學生在全國各地「獨領風騷」地煽風點火，那裡面怎能缺少一份革命闖將胡錦濤的功勞。毫無疑問，這類「功勞」更是高度國家機密，還是深藏在那個幽黯的洞穴裡……

胡錦濤能成為我們這個名為共和國、實質上卻類似帝制的國家的候補皇儲，也就是中共所謂的「第三梯隊」成員，得力於他當年在甘肅工作時的一把手宋平的提攜。宋平由甘肅調中央後恰好擔任中共中央組織部長，掌管著幹部任免大權，正在物色「第三梯隊」人選，身上掛著清華大學金字招牌又一貫緊抱一把手大腿的胡錦濤，因組織部長一錘定音，便在「第三梯隊」序列裡就位了。

既然名為梯隊，也就不會是一個人，如鄧小平也舉薦過王兆國。按中共考驗「皇儲」的常規，將胡錦濤先後下派到貴州和西藏鍛煉，也曾將王兆國派往江西。導致「老佛爺」鄧小平下決心定胡錦濤為接班人的關鍵因素，還是上世紀八十年代末期，胡錦濤在擔任中共西藏自治區黨委書記期間，西藏拉薩發生過一次大規模抗議中共暴政的示威，這次抗議行動最後在胡錦濤的指揮下以血腥鎮壓而告終。每日必看中央電視臺新聞聯播節目的垂簾聽政者，看見螢幕上的胡錦濤頭戴鋼盔、在拉薩街頭巡邏，一副誓死捍衛紅色政權的姿態，焉能不為這位「皇儲」的忠心耿耿所打動？如果說「六・四」前夕，江澤民在上海封殺《世界經濟導報》的下手狠毒，為北京的「元老院」相中，讓他登上當總書記的直升飛機。戴著鋼盔鎮壓西藏「動亂」便是胡錦濤奪得第三代皇冠的「決勝球」。

要想歸納幾件胡錦濤上臺幾年來堪稱政績的實例，可以說一件也找不出：是的，他出席過幾次大型國際會議，也出訪過幾個國家、接待過若干外賓，這些禮儀上的事務充其量背誦些「西皮慢板」，毫無創意可言。總之，不是乏善可陳，便是礙難啟齒。

假如一定要找出胡錦濤當政的特色，肯定得首推他在翻新各種陳舊口號方面所下的功夫。如他剛剛上臺便提出什麼「權為民所用」、「利為民所謀」和「情為民所繫」之類的冠冕堂皇，並大言不慚地自詡為「新三民主義」。其實只是對毛澤東那「為人民服務」的五字假大空加個自欺欺人的注釋而已。另一方面，如果胡錦濤知道孫中山先生的《三民主義》的劃時代意義，也不至於愚蠢到直至今日，還要學習當年那個蘇俄顧問鮑羅廷的下流手段，也要在中山先生死後和他的偉大著作前，製造出又一個所謂新三民主義、即假三民主義來。

或者由於無知，或者由於狂妄，不會有第三種理由。

總書記的十五字主義反應者寥寥，乾脆來了四個字的「以人為本」，令中國老百姓大惑不解：總書記就任以前，就統治了大陸四十多年的中國共產黨，難道它那「為人民服務」的陳詞爛調，指的不是以人為本？難道此前的中國共產黨是一個動物保護組織？

最近，胡錦濤在推廣口號方面，又大大向前跨了一步，他提出個什麼八榮八恥，囉哩囉嗦，累累贅贅，分明是給報考公務員的學子們新添了一道背誦難題。假如慣於坐井觀天的胡錦濤知道七十年前，有位被胡錦濤的父親尊稱為蔣委員長的古人，曾經提出過「禮義廉恥」的四字口號，早已高度概括了我中華民族的傳統榮辱觀，哪裡還需要他在這方面去大做文章。

當然不能說熱衷於翻新口號的胡錦濤在口號方面毫無推陳出新之舉，實際上他也提出過一個前無古人後無來者的嶄新口號，那便是在神州大地引起一片譁然的著名口號：「向古巴和朝鮮的同志們學習！」此口號剛一呼出，黨內黨外一片茫然，不知道總書記是號召全黨學古巴人抽雪茄煙，還是國家主席要求全國老百姓學朝鮮人餓肚皮？

本文作者是站在民間立場來評價胡錦濤所作所為的。假如站在統治者的立場來看待這位一把手的可愛之處，最突出的莫過於胡錦濤身上那「紅衛兵原教旨主義」的精神，任世界上人權理念怎樣高漲，民主潮流怎樣洶湧，怎樣駕馭著功能強大的互聯網衝擊著極權政治的愚民堤防，總書記撥款數億元打造所謂金盾工程，選用三萬多名電子員警建起「防火牆」，阻止資訊的自由流通，讓媒體失語、全民失憶，最終讓中華民族退化成他們那種類型的「井中之蛙」。

正因為這些作為，我才對他那些「與時俱進」、「與世界同步」的胡說八道，故意忽略不計。

今天的大陸，與胡錦濤相依為命的只是那一小撮腦滿腸肥的貪官污吏。這批既得利益者也便是這個千瘡百孔的腐敗體制的捍衛者。他們總有「樹倒猢猻散」的那一天。

二〇〇八年六月載美國《黃花崗》雜誌第二十二期

二十三、體育是中共最大的「面子工程」

——迎接二〇〇八北京奧運會

多年以來，中國大陸各省、市、縣的中共官員們紛紛為他們的一把手修建什麼「政績工程」「形象工程」之類的大興土木，剎時間在各地的市鎮中心地帶弄出一座座能容納幾萬甚至幾十萬人的什麼什麼大廣場，又弄出能浩浩蕩蕩並列八部汽車的什麼什麼迎賓大道。這些規模宏大的「工程」在為渴望升遷的地方土皇帝臉上貼金的同時，也因其造價的高昂，承包商付給地方官員的回扣肯定也相當可觀，這一箭雙雕的美不勝收促成「政績」、「形象」之類的工程如雨後春筍般在神州大地破土而出，御用媒體說，這是為了拉動內需。

這類為中共各種型號的官銜博弈者提供「機遇」的所謂工程，因受騙太多而變聰明了的草民百姓已知道官員們「葫蘆裡裝的什麼藥」，他們一針見血地為這類勞民傷財、目的只是為地方官員自我表彰的工程取了個漂亮名字叫「面子工程」，也就是為當地一把手的臉面而修建的工程。這個為中共官僚體制量身定做的詞彙還真正具有我中華民族的幽默神韻，這四個令統治精英們哭笑不得的字簡直可奏拍案叫絕之效。有位語言專家說過：「最具有民族特色的語言必然是最難翻譯的語言」。試問英文、法文、德文的翻譯家們，誰能不加注解地將這「面子工程」的原汁原味翻譯出來？

中共基層官員們小打小鬧的「面子工程」，雖然受害面很廣但因為他們佔有的資源畢竟有限，不可能幹出對國計民生傷筋動骨的大麻煩。而今天正統治著十三億中國人的中國共產黨，這個堪稱「面子工程」從設計到施工的一流專家，它一旦調動他掌控的全部國家資源、動員全黨七千萬真真假假的門徒，搞一個空前絕後的超級「面子工程」，那無疑將是一場災難。

不幸的是這場用愛國主義旗幟掩飾著的災難早已降臨在我們頭上。中共慷勞動者血汗之慨，花費大量的人力財力，去培養極少數的體育專業戶或稱之為獎牌工作者，這些人從幼兒時代起，就由國家出資對他們進行某項體育技能的培養訓練，賦予他們的使命便是有朝一日去奪取各種體育賽事的獎牌，特別是在舉世矚目的奧林匹克賽場上。中共美其名曰為國爭光，實質上是為這個「一黨專國」的獨裁國家爭光，讓那一枚枚金牌的亮光，去掩蓋它奴役下的這個極權國家的陰暗和血腥。在中國的奧運獎牌年年增加、幾乎要與美、俄等體育強國一比高下的激昂中，每當中國選手站立在奧林匹克賽場的領獎臺上，樂隊奏響《義勇軍進行曲》，國旗徐徐升起時，中國運動員噙著眼淚撫摩著胸前的金牌時，電視機前眾多炎黃子孫的眼球被民族主義的淚水覆蓋，他們再也看不清馬列邪教給自己的祖國帶來的深重災難。而這正是專制統治者刻意追求的效果，民族主義像魔術師的障眼法，使人們看不見這個世界上最善於搞「面子工程」的體育強國，很可能在全民參與的體育運動方面，是地球上最為落後的國家。

作為一個七十多歲、土生土長的中國人，我可以作證說，在我們國家，凡上過學的人，除了每週上兩小時體育課以外，走出校門後，絕大部分人直到壽終正寢，也不會再和體育二字發生任何關係。如果他僥倖成為白領而且萬事如意心情頗佳，他可能在業餘時間去參加一個營利性的健身俱樂部，在那些價格不菲的健身器材上扭動一下身軀以免脂肪在皮下沉澱，其目的是為了減肥，和真正意義上的競技性、對抗性的體育根本風馬牛不相及。白領之外的廣大農民工人之類，他們長年累月的「體育運動」便是挖地、挑糞、扛麻袋，在建築工地上砌牆抹灰，要不然便在黑磚窯裡運磚、在險象環生的煤井下挖煤。全國估計有百分之八十的人生平沒參加過一次籃球比賽，百分之九十八的人從生到死沒有用腳碰過一下足球，百分之九十九的中國同胞沒有進入觀眾席目睹過哪怕是最低級別的拳擊賽、網球賽、曲棍球賽或者馬術比賽之類的賽事。在占人口最大比例的藍領群體裡，他們認定的體育運動是屬於貴族們才能享受的奢侈品。

再看看應該由政府出資為納稅人修建的體育設施吧，傳說當年國家為黨魁毛澤東一個人修的游泳池不下二十座，他死後又搞了六個五年計劃的建設，這漫長的三十多年至今，國家為草民百姓修建了多少游泳池呢？估計五十萬個中國人也不可能共用一個。我們知道的是全國的江河溪流都因受污染而散發著惡臭。每到夏季，電視上常常映出某郊區的一個水塘邊，陳放著兩具淹死的小學生的屍體，還配有農民工父母為「討個說法」的號啕聲。這類警示畫面客觀上為城市裡那幾個奇貨可居的游泳池作了廣告，讓那些獨生子女的父母們去接受每場近二十元的高額門票費，它遠遠的超過了一個下崗工人一天的生活費用，這才能讓孩子們在「餃子鍋」似的游泳池裡去喝幾口髒水。今天六十歲以上的人，津津樂道地回憶他們童年時代在清澈的溪河裡游泳抓魚的無比快樂，那遙遠的天堂早已被專政的鐵蹄踐踏得面目全非。

在一座擁有數十萬人口的縣份裡，找一個標準的足球場幾乎不可能，在一、兩萬人的一個鄉鎮上，除了小學校裡有一個搖搖欲墜的籃球架以外，再也找不到第二個了；任何一所鄉村小學裡，如果能有一張符合標準的乒乓球桌，而且經常能有乒乓球在上面跳動，這個學校的體育教師就有資格評為先進工作者。

當溫飽生計都懸而未決的時候，哪裡騰得出時間去跳高賽跑？又哪來心情去摔跤拳擊？

上述事實足以證明，「面子工程」之所以被中國老百姓所嘲弄，一個重要原因是中國人心知肚明，站在「體育儀仗隊」最前排的是一列身強力壯的專職運動員排頭兵，是阻隔人們視線的「面子工程」。這列腿粗腰圓的排頭兵身後，正站著黑鴉鴉的一大群為了生計而疲於奔命的底層中國同胞，他們是對

「重在參與」的奧林匹克精神漠不關心的體育侏儒。

二〇〇八年將在北京舉辦奧林匹克運動會，這個能使中共的「面子工程」大放異彩的天賜良機，中共必然會使盡全身解數，將體育這個「面子工程」舞弄得花枝招展。我倒是希望開完本屆奧運會以後，中共統治當局不要像一九三六年柏林奧運會那樣，狂人希特勒利用高漲的日爾曼民族主義瘋狂，悍然發動了導致七千萬人死亡的第二次世界大戰。我希望中國共產黨不要利令智昏，不要像他們常說的那樣：「借這股東風」，「去實現解放全人類」的所謂理想。

中共在體育運動方面精心策劃的「面子工程」，和中國老百姓在綜合體育素質上所形成的強烈反差，才讓那一顆顆真正的中國心欲哭無淚。

載於美國《觀察》，二〇〇八年六月十一日

二十四、「歸隊的老同志」

——一個大陸老勞改犯眼中的李敖

一九八〇年八月二十日，我在服刑的勞改農場裡收到了平反裁定書。其實，早在一九五七年的反右派運動中，我就被中共劃為極右分子，判了五年管制，送了勞動教養。在勞教了三年零七個月後，因不堪忍受肉刑與饑餓的雙重折磨，便從鐵路施工工地上逃跑。兩個月後我被捕回，受盡酷刑煎熬再交住地公安局的看守所，獨居關押了三年多，其中有八個月在漆黑的小監裡，最後以投敵叛國罪，判刑十八年。假如沒有這二十三年的勞改經歷，我絕對不敢在這篇涉及歷史學家李敖的文字裡，狂妄地自稱老勞改犯，哪怕我和他是同齡人又同樣是坐過牢的人。

出獄後，我被安排在一家不入流的文學雜誌社當編輯，某日，一位年輕同事指著他正在看的一本書對我說：「這個臺灣作家如果生活在大陸，肯定是個右派份子。」我順勢翻開該書的封面，記住了被這位同事所認定、因生活在臺灣而躲過右派劫難的幸運兒名叫李敖。

隨後我也斷斷續續地看了六、七本李敖的書，印象中最突出的兩個特點就是對獨裁統治者快意恩仇地痛罵一通；其次便是按我們大陸語彙所稱的「玩弄婦女」方面的洋洋得意，或者手淫方面的沾沾自喜。而在李敖所學的歷史專業方面，其內容卻粗淺平庸，證明他只是個外行中的內行，內行中的外行的邊緣檔次的角色而已。

共產黨反覆告訴我們說（李敖的書中也這樣證實）：「國民黨是一黨專制的獨裁統治者」。按我們大陸人的思維習慣認定，在這種與共產黨統治相同的政治體制下，李敖的那些在獨裁者心目中的「反動言論」，怎麼會有機會公開發表？像他這種本應「夾著尾巴做人」的「勞改釋放犯」，「竟敢如此明目張膽地大量書寫反動文稿，瘋狂地向黨進攻，惡毒攻擊偉大領袖」（以上引號內文句摘自大陸某反革命死刑犯之判決書）。而且「在法西斯一黨專政下的臺灣」竟有刊物敢於發表，有出版社敢於彙集出書，國民黨的「中宣部」為什麼不管？那些刊物和出版社的負責人（按大陸常規肯定是執政黨黨員）的黨性到哪裡去了……？臺灣當局的「公、檢、法」為什麼不像我們大陸的執法部門通常做的那樣「重拳出擊」予以「嚴打」？難道臺灣島上的國民黨一黨專政比大陸共產黨的一黨專政溫柔，蔣氏父子的獨裁統治也比毛澤東的獨裁統治輕鬆？

此話似有道理，試想當年五十五萬名右派份子，比李敖學歷更高的何止五萬，這五萬人中，比李敖文章寫得好的又何止五千，今天碩果僅存的可以說只有一部《顧准文集》，那也是在作者死後二十多年後才得以見天日的，由此可以看出，中共對出版物監控之嚴密絕對令臺灣當局自歎弗如。

再說因政治異見、秉筆直書的文人如胡風，武將如彭德懷，哪一個的影響力不為當年的李敖所望塵莫及，但他們的悲慘結局和李敖今天的榮華富貴豈止是天壤之別。至於僅憑一腔熱血撲向暴君槍口的青年學子如林昭、如遇羅克、如李九蓮、如我那些慷慨就義的右派密友，乃至六．四英烈……這一連串令洛陽紙貴的名單，這一灘又一灘的淋漓鮮血，作為終日嘻皮笑臉、言必有「性」的歷史學家李敖都可以視而不見麼？

也許李敖有他自己的解釋，那就如他在北大所教導青年學子的：「你不要逼統治者開槍」論。回頭再看李敖的那些文章，不是一篇又一篇地在逼統治者開槍嗎？臺灣的統治者非但沒有開槍，而且讓李敖一直逼下去。我也只好按「不怕不識貨，只怕貨比貨」的古訓，將大陸和臺灣的獨裁者相比之後得出結論說，正是蔣氏父子的仁慈才嬌慣了李敖這個不知好歹的「老頑童」。

最令我大吃一驚的是，我在李敖寫的一篇憶及他坐牢經歷的文章中讀到，他曾在自己所住監房的牆壁上，貼滿了亮著大腿的美女照片，他就盯著這些美女照片犯手淫……作為一個老犯的我，很自然地會想到，飽暖思淫慾的臺灣「勞改犯」（如李敖），他們的糧食定量標準究竟是多少？勞動強度又如何？如果像我們大陸勞改犯那樣，在沒有副食品的情況下，每月只有二十八市斤吃不飽又餓不死的糧食定量，還要超負荷勞動十小時以上，然後倒在那一大排一大排的大通鋪上，你除了呻吟和打鼾還能作什麼？

除了饑餓和勞累，還有一個接一個的政治運動，如半年大評、年終總評，在監獄幹部督促下，人人過關，實際上是被獄吏們稱作「狗咬狗」的犯人鬥犯人，動輒就捆綁吊打，常年累月地折騰下來，你還有什麼精力如李敖所稱的「意淫」什麼大腿，甚至像他那樣去逍遙自在地大犯手淫。

如果說世界上有一種疾病不但不會增加患者的痛苦，相反卻能減少他們的痛苦，這唯一的可愛的病名就叫陽痿，被這種病拯救的人群就是數以百萬計的大陸勞改犯，因為在饑餓、勞累和政治高壓下使我們失去了對性的慾望乃至功能也逐步退化。

在臺灣「勞改」過的歷史學家李敖，他的想像力能進入人類生存的這個由中共刻意構建的底線嗎？

由於資訊的短缺，直到李敖到大陸三所著名大學作「洗腦之旅」後我才知道，原來李敖第二次判刑「勞改」半年，犯的並非他津津樂道的政治案，而是他難以啟齒的「侵佔他人財產罪」，被侵佔者竟然還是有恩於他的出版商蕭孟能。在我們大陸這類犯人就叫詐騙犯，屬於地、富、反、壞、右所謂五類份子中的老四，對壞分子這個大陸勞改品種而言，他李敖才真正如某大學的一位主持人所介紹的，是「一位歸隊的老同志」。我有充分的理由斷言，在李敖還來不及當前文所謂的「右派」之前，按上世紀五十年代大陸的規章法令，就憑李敖在大學裡「亂搞男女關係」或「玩弄婦女」或「流氓成性並累教不改」等等罪行，早已在我張某被勞教之前，他就已被「革命群眾扭送公安機關」，判了他三、五年徒刑並戴上了壞份子帽子了。其結果是我在本文副題中使用的「大陸老勞改犯」的這個謙稱，弄不好還會招來比我勞改資格更老者的抗議。但必須強調的是，取得這個抗議資格也絕非易如反掌，因為這個勞改犯一定要遵守監規紀律七章四十二條，外加「五報告、十不准」，如果他動輒強調什麼「性格使然」地一意孤行下去，每個勞改隊附近的墳場裡那一排排重疊的墳堆會告訴你結局。

今天，多元化的臺灣民主給李敖帶來了更多的「機會」。在我們大陸，任何一個「勞改釋放犯」決不可能當上全國人大代表，而號召北大學生「擁抱中共一千年」的李敖，卻在不民主的臺灣當上了立法委員，甚至於競選過總統。即便他可能是人類有總統競選史以來，得票率最低的一位競選人，但畢竟「過把癮就死」。

李敖曾說過「變節的共產黨人是最可怕的人類」的話，而我卻認為，那些忘恩負義的無恥之徒才是最可怕的人類。

以筆名「莫明堂」發表於二〇〇七年《動向》
二〇〇九年七月二十日校訂於成都寓中

附錄

「漏網之魚」

一、我和幾隻狗的恩怨

人會區別善與惡，這說明他的智力高於其他一切生物；但是，人會有意識地作惡，這也證明他不如其他一切生物，因為他們不會這樣作。

馬克・吐溫

抗日戰爭時期，我在湖北恩施讀小學五年級那年，母親和弟妹們為了躲避日本飛機的狂轟爛炸，都疏散到幾十里外的鄉間，我就隨父親住在他上班的機關裡，學校和這個機關都在一個名叫土橋壩的小鎮附近。

有一天，在我放學回家的途中，突然發現一隻剛出生不久的小狗在路旁的草叢中嚶嚶哼叫，在四下無人的環境裡，我相信它是一隻被丟棄的小狗，便把它抱了回去，給了它些吃食，放置在我們父子所住那間房子外面的一個角落裡。誰知到了半夜，也許是因為冷，也許是這小狗想念它的父母，竟發出嚶嚶的哼叫聲，這聲音首先把我的父親吵醒，隨即我被父親的怒吼聲驚醒：「你把這狗弄到機關裡來幹什麼？把它扔掉。」

第二天清早，勤雜工送來稀飯，父親對這勤雜工說：「把牆角那隻小狗弄出去丟了。」那個年代的孩子，對長輩的話從來不敢違抗，何況我父親對我一直十分嚴厲，我難過地低下了頭。

上學的時候，正看見這位勤雜工抱著小狗在前面走著，也看見他在不遠處扔下了小狗，待他走過，我又抱起了小狗，走到我放學必經的一個農民家裡，求那位大爺替我照看一下，我說：「放學時就來抱走。」這老農民經常看見我在他們前走上走下，知道我是住在他家附近的學生。

放學的時候，我再一次把狗抱了回去，悄悄地把它放回了牆角，並把我的一件舊衣服裹在它身上，我撫著它的頭叮嚀：「晚上千萬不要叫。」然後我提心吊膽地做完作業，又戰戰兢兢地鑽進被窩，似乎什麼都沒有發生。沒想到半夜裡重重的一記耳光，把我從夢中搧醒，在父親憤怒責罵的間隙，我聽見那隻小狗的嚶嚶慘叫聲，受連累的勤雜工當晚就把小狗提出去扔了，我想到這隻孤兒似的小狗，想到它在夜風中的戰抖，我捂在被子裡哭了好久好久，我覺得大人們都很殘忍。那晚的情景、那條小狗的慘叫聲，竟魂牽夢繞般伴著我走遍天涯海角，在我心裡盤桓了半個世紀。

抗日戰爭勝利後，我們全家「復員」回到武漢，住在漢口昌年里，我在武昌博文中學讀二年級。那是一所教會寄宿學校，星期六下午才放學乘輪渡回到漢口家中，少不了要扭著父母帶我們兄妹去看場電影。有次父親帶我們去看一部名叫《鹿苑長春》的美國電影，其情節大致是描寫一對美國中年夫婦，帶著一個十一、二歲的男孩在鄉下經營一家農場，父親在一次打獵中打死了一頭母鹿，而它身邊的一頭小鹿被他的孩子收養下來，和缺少同伴的孩子像朋友一樣相處著，後來小鹿漸漸長大，累次踐踏全家賴以生存的莊稼，父親在無可奈何的情況下，用獵槍打死了這頭小鹿，孩子痛失他的小鹿朋友，憤而離家出走，父親在山野林間，歷盡艱辛尋找因氣憤而離家的孩子，最後，在一條小河邊發現饑餓疲憊的孩子正在一條小船上沉睡，父親下到河邊抱著純潔善良的孩子，流下一串串男子漢的淚水……在哀婉的音樂、動人的畫面感染下，我似乎想起幾年前我失去的那隻小狗，觸景傷情痛哭抽泣。此時，坐在我身邊的父親，伸出他的手臂輕輕地把我摟在了他的腋下——難道他想起了三年前他是怎樣粗暴地扔掉我那隻可憐的小狗麼？

回家途中，我的淚花在昏暗的路燈下閃爍，突然，父親像自言自語又像是對我解釋似的說了一句：「人們為了自己的生存，有時不得不作出一些違心的事情。」我不知這句話是電影裡的臺詞還是他為孩子父親的殘忍行為所作的辯護，因為他能聽懂影片裡的英語對白，我只能看幻燈在銀幕旁邊映出的中文字幕。

誰能想到三十多年後的一九七八年，我正在四川大涼山裡的一個勞改農場當一名犯人時，我會鬼使神差般想起遙遠的童年關於那隻小狗的陳年舊夢：

起因是我在一九五七年的反右運動中，被劃為極右份子送了勞動教養，而我又不堪勞教隊的肉刑折磨憤而越獄逃跑，捕回後便以「叛國投敵罪」判我徒刑十八年，我便被關押在莽莽群山裏藏的勞改隊裡已經十七年又四個月，距我法定滿刑日一九八〇年十二月還有近兩年時間，「四人幫」倒臺近兩年，中共十一屆三中全會也已開過，勞改隊階級鬥爭的弦不像幾年前繃得那麼緊，農場的右派一個一個地放出去了，比我們這些政治犯更懂政治的管教人員似乎不像過去那樣，經常把矛頭對準我這類「老狐狸」、「座山雕」，也讓我從最勞累的水稻班調到茶林班，分配的任務又是在勞改隊稱為「安胎」的守茶林，也就是在採茶季節到來之前，為防止有人盜採鮮茶，派人在茶林邊守望，通常是由一些老弱病殘犯人幹的輕活：清早背上茶簍，帶上一個包穀粑悠悠緩緩地往山上爬，一個多小時爬到自己「守」的茶林，找一個平坦的石板坐下，撕塊破紙裹一支蘭花煙，坐累了起來走動走動，在這人跡罕至的高山老林邊，守茶只是象徵性的。

當然，也偶然有當地彝族老鄉或挖藥材、或打獵路過此地。有一天，來了個背著背兜的彝族老鄉走到我身邊，問我買不買狗，說著從背兜裡捉出了一條小狗，似乎在這孤寂的環境裡突然求得了一個朋友，我未加思索地便用一元錢買下了它。一元錢，是犯人每月零花錢收入的二分之一。

五十年代我作為一名解放軍的技術軍官，曾經在大涼山參加過平息「叛亂」的戰鬥，六十年代我作為一個勞教份子被押到大涼山修築成昆鐵路，直接和間接地接觸中我瞭解到，就像回族人不吃豬肉一樣，彝族人是絕對不吃狗肉的。彝族的「民族主義者」通常會用這樣一句話來嘲笑漢族人的骯髒，他們說：「漢人是什麼東西，他們連狗肉都要吃。」在漢人中都不是個東西的犯人，當然就更要吃狗肉了。實際上在我長期的勞改實踐中早已知道，雖然犯人私自煨、煮、燒、烤都列入亂說亂動的違紀範疇，但只要不是偷來的生產成品，犯人們燉狗肉、燒黃鱔、煮野菌，即使監管人員看見，也常常是睜一隻眼閉一隻眼，因為他們都自稱是唯物主義者，當然知道擔負著重體力勞動的犯人的肚皮也是需要用另一種物質來填充的。

可是，買狗來吃和買狗來餵養畢竟是兩碼事，我這個作法顯然是有很大風險的。

我敢於冒這個風險，又捨得用我月收入的二分之一去買這隻小狗，在潛意識裡，確確實實含有對三十多年前、我父親扔掉那隻小狗的粗暴行為的逆反心理。每天早上，當我背著茶簍裡的小狗，一步一步向山上攀登的中途，也偶爾會停下來歇息片刻。此時，我回首望著遠方那起伏的群山、飄浮的白雲，我不知道那雲端裡是否有我死去二十多年的父親的魂靈在飄浮，他能看到我茶簍裡背著一隻他所深惡痛絕的小狗嗎？

然而，一個星期以後，一位積極份子的小報告送到了中隊部，中隊長在晚點名的時候，用鬥志昂揚的聲調斥責道：「現在還有犯人在養狗，簡直囂張到極點，連自己的身份都搞忘了」。在勞改隊，「忘掉身份」是一個很有份量的警告，這意味著不認罪，而不認罪又據說是是犯人的萬惡之源。

我再次失去了這隻小狗，可我並不十分傷心，因為在這二十多年的監獄生活裡，我失去的比這條狗更寶貴的東西已經太多太多了，不過當我偶然想到這是不是我對父親的魂靈的挑釁而招來的報復時，倒真的還有點不寒而慄的感覺。

一九八〇年八月，毛澤東死後在中國進行的平反冤假錯案的工作已接近尾聲，我終於收到了四川省溫江地區中級法院寄來的一份判決書，其中一句寫道：「實踐證明，張先癡同志的觀點是正確的……」那麼，誰的觀點又是錯誤的卻諱莫如深隻字不提，直接進入「徹底平反，無罪釋放」的主題，似乎就此了結我這二十三年的深重苦難。不禁令我想到，用這種輕輕一筆帶過的方式去終結毛澤東時代給中華民族造成的巨大災難是絕對不夠的，留下的隱患也將是無窮無盡的。

我的二妹張先雲，風塵僕僕地從成都來農場接我出獄，當她走下長途汽車，終於在散亂的人群中辯認出我時，竟然蹲在地上號啕大哭地說道：「二哥，你怎麼老成這個樣子了……。」這時我才意識到我身上這棵被譽為英明正確的花朵，顯然是開得太晚了，胡開亂放的花，人們又怎能讚譽它？

現在，我有一個比我小五十二歲的兒子，他的同學在見到我的時候，都會悄悄地對他說：「我以為是你的爺爺。」唉，天真的孩子，幸福的孩子，我真希望你們長大後能知道這句誠實的話裡含有多少辛酸苦楚。

去年，我愛人被她所在公司指派到我的故鄉武漢去開展業務。我退休後在家賦閒，雖然談不上衣錦還鄉，最少也是問心無愧，便決定與她回到家鄉看看。待她基本安定後我再回成都，小學五年級的兒子就託我的一位退休老友住在我家代為照看，約定時間十五天。臨行前，擔心著獨生子女的孤寂，便到狗市上花六十元為他買了隻小狗陪伴，取名醜醜，這狗對任何人都十分親善，簡直像個蕩婦似的輕浮，我並不喜歡它。

我們到武漢的第三天，兒子打來傳呼，電話裡，兒子哭哭啼啼地說：「醜醜跑掉了。」我妻回話說：「別傷心，媽媽再給你買一隻。」

一九四九年以前，四川的老鼠可謂全國聞名，甚至有「川耗子」的戲稱廣為流傳。四十多年後回到武漢，比那陌生的街道更令我驚奇的是武漢的老鼠，可以毫不誇張地說，在「市場佔有率」上，簡直可以把「川耗子」這個「老字號」羞愧得無地自容，而我妻經營的產品為孔師傅樟茶板鴨，如果武漢的老鼠搶在武漢市民之前就大飽口福將板鴨品嘗得肢體不全，我妻也必然會很快從白領經理退化成一條被炒的魷魚。為了烏紗帽，決定像漢正街那些經營戶一樣，養上一隻貓。在貓市上，意外地發現這不准賣狗的貓市竟然有一位女子正抱著一隻狗在賣，而這狗的長相和毛色和我家丟失的那隻幾乎一模一樣，素來有點迷信的妻子可能認為這是「上帝的安排」，便決定買下，我堅決反對，理由是「怎麼能帶回成都？」現在的妻子已進入領導層，我身為勤雜工，無權抗衡，經過討價還價，最後以八十元的吉利數字為誘餌買下了它，仍取名醜醜。

帶回臨時住處，這狗兩天都不吃不喝，我送去的美味佳餚，它竟然不屑一顧地把臉調到一邊，我們知道它在懷念它過去的主人，我非但不生氣，反認為它和原來那隻蕩婦醜醜簡直有天壤之別，我妻則耐心地挑撥離間：「你莫想你原來的主人，她要是喜歡你就不得把你賣了。」我則對妻說：「它是湖北狗，根本不懂四川話，你說那些有啥用？」

我擔心這狗會絕食身亡，便採取另外一種極端的方式，打它一頓，我大吼大叫地踢了它幾腳，直嚇得它躲到桌下戰抖。也許狗也和人類的認識接近，即凡是能任意處置它的人便一定是它的頂頭上司，從此不敢對我這個新任上司送去的食物不屑一顧，恢復了進食並逐漸和我友善起來。

我們向許多人打聽，得到的回答都是：「火車上不准帶狗。」最後，我們找了一隻紙箱，四周錐了許多孔洞，以利狗的呼吸，又以它最愛吃的豬肝包裹了四粒安眠藥給它吃下去，一小時左右，只見醜醜像醉漢一樣步伐混亂，這四腳動物偏偏倒倒地表演小品，實在令人耳目一新。只是它仍不失警惕，堅決不進入這陌生的紙箱，此時，我們發現安眠藥的劑量似乎還沒給夠，但為時已晚，只好強制捆入箱內，任它在裡面東碰西撞。

在車站廣場，我因攜有「違禁物品」，遲遲不敢進入候車室，那裡有透視機器檢查旅客的箱包，我妻先隻身進去試探並準備必要時對鐵路員工進行「公關」，這時才得知火車上可以帶狗。我如釋重負將它帶上了車，我妻則返回漢口，去繼續完成引導武漢人品嚐板鴨的使命。

我買得的是中鋪票，旅客還沒上齊我就暫時坐在下鋪上打開紙箱，這狗一旦出了牢籠簡直興奮得跳上跳下，在我還未及制止之前就將別人下鋪的白床單上印出雜亂的梅花圖案，我只得把它拴在茶几下面。當下鋪的主人上車後，看著弄髒了的床單和茶几下的狗，面帶慍怒，我趕緊在他破口之前將我床上的床單取下換給他，並反覆道歉。隨即知趣地換到對面床上暫坐，待到這床的主人上車後，我向他說明情況，加上我又是個身手不便的帶狗老頭，這位戴眼鏡的小夥子十分乾脆地答應換鋪，為我解決了一大難題。

入夜，我把紙箱放在茶几下面，狗就拴在茶几下的鐵柱上，但這狗對紙箱曾給它的監禁還心有餘悸，一次次地跳到我的床頭打擠，甚至它那屁股敢於對準我的鼻孔。到凌晨三點左右，列車員工們開始交接班，臥鋪車廂過道上人來人往聲響雜亂，這狗竟吠叫起來，我擔心左鄰右舍的抗議，趕緊坐起來把它抱入懷中，甚至遠處稍有響動就捂住它那扁平的嘴巴。為它解決小便問題，我一次次帶它進入廁所，它卻偏偏在過道上撒出一片太平洋，讓我這老頭去忍受那一片譴責聲浪。總之，歷盡磨難，疲憊不堪的我總算把它帶回家裡，換得了兒子的歡呼雀躍。

在我還未洗淨旅途污穢前，便打開熱水器為它洗澡，用的是連我都捨不得用的洗髮香波，因時值隆冬，怕它感冒又用電吹風將它的皮毛吹乾，享受著星級賓館的服務。還在陽臺上為它安下軟臥席，使其高枕無憂。可是以後的幾天，它卻把我家的大小拖鞋當玩具銜著四處亂扔，兒子的乒乓球、作業本被它咬爛、撕碎，在沙發上跳來跳去，嚴重影響了「家容家貌」，我只得將它限制在陽臺上，儘量避免它進入客廳臥室。

更使我不安的是，每當我早晚牽它作戶外活動時，只要旁邊有晨跑者跑過，或有「上班族」騎自行車從它身邊駛過，它就立即吠叫追趕，嚇得眾少男少女驚叫呼號，社會影響很不好。我更擔心它一時野性發作，咬傷一位獨生子女，甚至可能使我這個工薪階層失去既得利益。據醫書介紹，這種長期的提心吊膽，可以發展成神經衰弱、失眠、癔病甚至精神分裂……。

我最希望它和我兒子親善友好，但它偏偏只十分專一地鍾情於我，雖然它也並不拒絕兒子的嬉戲邀請。每當我出門歸家，它聽見我的聲音或看見我的身影，便立即躁動不安，又跳又叫，不外乎叫我趕快到陽臺上去讓它親自接見。它舔我的腿、舔我的手，如果我坐在沙發上，它就立刻跳到我的懷裡，甚至妄圖親我的嘴。我是那種在螢幕上看見那些金髮女郎和寵物親吻，身上立即會出現雞皮疙瘩的保守型老頭，簡直不喜歡它這些卿卿我我的折騰，也很反感它這種打打鬧鬧的糾纏。因為我不管從生理或心理的角度，都已進入安度晚年的狀態，靜坐閒讀就是主要的安度方式。我故意疏遠它，讓它移情於我的兒子，我兒子也常常從冰箱裡取出好吃的東西去取寵，但成效甚微。萬般無奈之下，我還曾在陽臺上用湖北鄉音對它說：「你這沒良心的傢伙，你愛的人是這家裡最討厭你的人，而最愛你的人你卻愛理不理……」但它仍一意孤行。

這狗還有一個怪癖，即它的陽臺臥室除我之外，任何人都不得進入，家人進去時，他便發出「虎虎虎」的聲音以示警告，客人們則於五米以外就狂吠威脅，禁止靠近。我妻自武漢回來，剛剛坐定就叫我把醜醜喚來，看它能否記得這位救命恩人，它也果真記得，搖了搖尾巴表示認可，又在她鞋上嗅了嗅，實際是低調的歡迎禮儀。我妻則洋洋得意，喜笑顏開，誰知午後我妻到陽臺上去晾曬衣服，忽聽她突然大聲驚叫，我趕緊跑去營救，只見她嚇得面如土色，戰慄不已，聲稱這狗咬了她的腿，我俯身一看，果然她剛穿上的一雙絲襪已為洞穿，肉皮上有一個小小的齒痕，接著她指著醜醜大罵一通，這狗似乎也認為自己反應過激，加之我也在旁助威，便蜷縮一角，偷偷瞅著我們，我又只好安慰妻道：「罵也沒用，它還是聽不懂四川話。」

孩子上學早出晚歸，妻子上班朝去夕回，我退休後很快地由「一家之主」貶為「一家之僕」，心態還沒調整好，柴米油鹽、蒸炒煮燉已使我焦頭爛額，再加上這放狗、餵狗、洗狗的雞零狗碎事，弄得我比當柯林頓還緊張，回想退休時，領導和同事對我「安度晚年」、「頤養天年」的祝願似乎是一種諷刺。

春天到了，每日掃地下來，掃帚腳總有一捲狗毛，甚至菜盤裡也偶有狗毛出現。四川多雨，但仍得早晚帶它下樓方便方便，因我家的抽水馬桶，即使是世界上頂尖聰明的狗也肯定不會使用的。因此，只要天氣預報明天有雨，我頭晚上就開始著急，因為這小哈叭狗的肚皮距地面特近，即使天上不下，只要道路未乾，它回得家來在腹部以下就必定會帶回泥水若干，進到室內，也必定會反覆抖動振盪，使泥水脫落，凡它抖動之處，泥水四濺，周圍一片污穢，高興時它甚至能在沙發上我行我素，我又不得不一遍一遍地清掃。心想，給自己的妻兒當僕人，這多少涵有社會責任的崇高因素，而給一條品種平凡、價值不高的狗當僕人，是不是太掉價了？

我決定不再養狗，用試探的口氣問了問妻兒，他們都反對，妻的理由是兒子喜歡狗，事實上他們兩個從來沒有為這狗付出任何勞動，自然可以高姿態，兒子只要不上陽臺，這狗還是和他關係不錯的。

與此同時，我也在積極尋找機會將這狗弄出我家，早上放狗時如有人對我的狗表示讚賞，我會立即回上一句：「要不要，賣給你。」後來我主動的找一個蹬簡易三輪車的鄰居，對他說：「我買成八十元，你拿去賣，我只收五十元，其餘歸你。」他笑而不答，以後數日只要見到他，我就故意打招呼，實際上是提醒他別忘了賣狗的事。

終於有一天，陽臺上不是驚叫而是號啕，我跑去一看，兒子的腿又被它咬了，仍然只是傷皮而未出血，但他嚇壞了，因為我知道我兒子是多麼愛它，而它竟忘恩負義到如此地步，頭腦中一閃而過的想法是：把它從這四樓的窗口上扔下去摔死。幸好我抑制了衝動，否則知道我蹲過監獄的婆婆大娘肯定會懷疑我是殺人犯。我立即對兒子說：「算了，把它賣掉。」兒子則以他獨生子女的權威口氣哭著說：「馬上！」

妻子下班回來，我立即向她彙報了這狗咬兒的事件，並故意將狂犬病之類的嚴重後果向她強調，她質問道：「為什麼不帶他去打針？」我說：「只稍稍咬掉一點皮，主要是嚇得凶」。還補充道：「萬一今後咬出了血那還了得。」我妻比我還堅決：「賣！」我說：「狗市低迷，賣不了幾個錢。」

從這以後，我妻比我還積極，幾乎問過所有的親朋好友，但無人願意收養這個麻煩。而兩天後，我發覺我的兒子與狗又親善起來，心想，事不宜遲，終於第三天找到那位三輪車師傅說：「不管賣好多錢，反正你得十塊剩下歸我」，那師傅十分高興：「明天是趕狗市的日子，你早上牽來嘛！」

第二天，我用塑膠口袋裝了一小袋滷肉，也算為它餞行，連同狗一起交給了師傅，兩小時後，他給了我三十元錢，我當即抽出十元給他，並向他道謝。

兒子放學回來，第一件事就是去看狗，一見不在便問我：「醜醜呢？」我說：「賣了。」他立即眼淚汪汪地走開了。我招呼他：「快把作業做了。」

不一會，我到他那連著陽臺的房間去看時，他正站在陽臺上哭泣，我本想上前去勸說他一下，忽然發現我上午給他買的一瓶防蚊蟲的金銀花香水全部傾倒在原來醜醜的床位下面，七八塊錢就給他這樣糟蹋，我一時怒起，狠狠地打了他一巴掌，怒道：「老子的錢是撿來的嗎？你倒在地上幹什麼？」他大聲哭著說：「我紀念醜醜……」我心中一陣緊縮，趕緊轉身走開。

兒子今年讀五年級，和我當年為一條小狗挨一巴掌時年級相同，而且，所打的部位也和我父親打我的部位相同，當真「歷史常常是驚人的相似麼？」

半夜裡，兒子房間裡傳來嚶嚶的哭聲，我和妻都知道他在想念醜醜，假裝沒聽見，只聽他哭聲越來越高，甚至號啕起來，在我的記憶裡，似乎他從來沒有這樣傷心過，我妻也眼淚汪汪，我便起身到兒子床前輕輕地說：「早點睡，明天還要上學。」其實，我心裡還是十分難過，我想起這狗平常對我的親熱、馴服，我為了減少麻煩，辜負了它對我的絕對忠誠，實在太自私了。這時，我突然想起我父親那句話：「人們為了自己的生存，有時不得不做一些違心的事。」我沒有對兒子轉述，因為我想到我生命旅程中的腥風血雨，我害怕歷史在我兒子的身上又一次驚人的相似。

二〇〇一年三月於成都寓所

二、新聞泄出的醜聞

《成都商報》於二〇〇三年六月十一日推出的「獨家頭條」《楊立新秘密獻聲張國榮》，爆出了北京人民藝術劇院演員楊立新在影片《霸王別姬》中為張國榮配音的內幕。

該文這樣寫道：「獲得一九九三年坎城電影節金粽櫚獎的中國影片《霸王別姬》，其中張國榮的配音居然是來自人藝的演員楊立新，不過楊立新的名字卻連字幕也也沒有寫上去。楊立新告訴記者，當年是為了衝刺奧斯卡、坎城電影節，製片方才撒了個『謊』，讓他『榜上無名』。」

孤陋寡聞的我簡直弄不懂為什麼衝刺奧斯卡、坎城電影節非要撒謊，非要讓他「榜上無名」不可。直到讀完全文，我終於茅塞頓開，原來「這些電影節要求影片使用演員的原聲」，我們演員的原聲不行，「製片方才撒了個『謊』只好讓楊立新榜上無名」。

這段文字告訴我們，一九九三年坎城電影節，中國影片《霸王別姬》的獲獎是用弄虛作假的方法騙來的，這種行為和運動員使用違禁興奮劑是同樣惡劣的同一性質的行為。

而令人遺憾的是，對於人所不齒的行為，該「獨家頭條」不給予譴責抨擊，反以一種「沾沾自喜」的心態自我表彰，使我等草民百姓打起了寒顫。最近不是有人大聲疾呼提倡誠信嗎？這則《黨報》上隆重推出的「獨家頭條」，用一個生動的實例告訴人們，誠信距離這個國家究竟有多遠。

載《雜文月刊》，二〇〇三年八月號

三、電影《劉三姐》之我見

像《劉三姐》這樣為廣大群眾喜聞樂見、久映不衰的電影的確不多。年輕漂亮的女演員，在風景秀麗的桂林山水間上演的這一幕表現純真愛情戰勝邪惡的故事，特別是那富於民間特色的樂曲和歌聲，更是令人百聽不厭。這些應該是它生命之樹長盛不衰的理由。

但是，我並不喜歡這部電影。它最令我反感的原因是劇本為了符合黨的文藝方針，為拔高工農兵而不惜醜化以秀才為代表的知識份子。如聰明機智的主人公劉三姐問那群「知識小丑」，什麼時候種麥子或哪個季節挖花生。眾秀才面面相覷難以作答，他們的尷尬狼狽，引來觀眾席上的一片笑聲，這簡單愚昧的笑聲使我的內心陣陣緊縮。

其實這只是一種對當年流行的「臭老九」這個政治詞彙給予的藝術詮釋，是為了迎合那種不正常的政治需要而使該電影站得住腳。這對「臭老九」們似乎也並不公平。因為秀才們的主要任務是做學問而不是種莊稼，所謂五千年的文明史如果沒有秀才、「老九」們承先啟後的艱辛傳承，難道能有現今的進步嗎？秀才、「老九」們不知道農事季節，也就像劉三姐不能背誦四書五經一樣順理成章，也和聾俐不會造原子彈一樣合乎情理。

讀者們也許奇怪，為什麼這部電影放映了三十多年後，你才放這個「馬後炮」？事實上我也早已忘了這點習以為常的見怪不怪，只是因為最近電視上重播《劉三姐》時，我兒子那傻乎乎的笑容，又把我

四、一群愛國者的昨天和今天

——為紀念反右五十周年和抗日戰爭七十周年而作

人們常常說，童年是幸福的。我們童年的夢幻被曰本飛機扔下的炸彈炸碎，接踵而來的是父母牽著我們的小手奔波在「逃難」的旅途，由南京「逃」到武漢，再由武漢「逃」到當年的大後方。我們至今記得父輩教做的第一件正經事，便是怎樣將一塊布捆成一個小包袱，又怎樣將家中的細軟納入其中，又怎樣背上它逃過日本人在身後的追趕。那時，父輩們的態度是那樣嚴肅，語氣中蘊含著悲憤，給我們幼小的心靈中刻下的印象是，我們的生活裡，不再有輕佻的兒戲。

在重慶，我家住在江北。公園本該是孩子們玩耍的天堂，然而，跨進江北公園的大門，第一眼看到的卻是一個像一座古塔般粗大的炸彈模型，它警告人們說：「它隨時都可能在我們身邊爆炸」。因此，那淒厲哀號的警報聲把一家老小驅趕到防空洞裡面。永遠忘不了進入洞中時大人們那一張張咬緊牙關的臉，寫滿了屈辱也寫滿了對侵略者的仇恨。

有炸彈在洞外爆炸，洞裡能感到地動山搖的震撼，小妹妹因驚嚇而號哭，母親用手捂住小妹的嘴，她可能不願意讓日本人知道中國人在恐懼……我在防空洞裡待過半小時、一小時甚至半天、乃至一整天，我從來沒聽見有一個人在洞裡輕浮地開玩笑，沒有人爭吵，也沒人發牢騷吊二話。似乎人們都知道，我們唯一的選擇便是團結對敵，我們的政府正全力以赴地領導著人民抗擊侵略者，我們的許多英雄正在為捍衛這個偉大民族的尊嚴而拋灑熱血……

除了在洞內耳聞爆炸聲外，出洞後還得目睹那些被炸成殘垣斷壁的街道，甚至炸飛到電線桿上懸掛著的手足殘肢，那是我們民族的血肉之軀。如果說人生是一座大課堂，我相信世界上沒有比這些更刻骨銘心的場景，能啟迪一個成長中的孩子。對我們這代人而言，這也許比學校傳授的文化知識更為重要。

我和同學們常常在課外時間為前方戰士募捐寒衣，到醫院給傷兵們表演節目，每到雙十國慶日，我們都會興高采烈地湧向街頭，遊行示威，情緒激動地用尖細的童聲呼喊著：「打倒日本帝國主義！」「國家至上，民族至上！」等口號，用我們幼小的心靈，去接受「國家興亡、匹夫有責」這個愛國主義美德的滋潤。

進入初中，我們更感受到國家的恩惠，國民政府在承受巨額戰爭費用的壓力下，仍然給中學生以全額公費的待遇，不僅不交納學雜費用，而且服裝、伙食都由國家支付。當然，國難當頭，物資匱乏，生活過得十分艱苦，常年的主食是玉米粥，主要的蔬菜是黃豆芽，沒有肉，很少油，穿的是粗布衣服。但是，服飾上的寒酸並不妨礙一代中國男子漢的茁壯成長。

每一個學生都會唱《松花江上》這首催人淚下的歌，它能讓全校同學哽咽啜泣，陶冶中的愛國主義情操在我們心裡根深蒂固；有一位被譽為神童的小書法家，校內校外找他索字的人絡繹不絕，而他贈出的字，翻來覆去的都是岳飛那流芳百世的「還我河山」。這四個龍飛鳳舞的字，難道不是我中華民族向日本侵略者討還血債的吶喊麼？

生平第一個不眠之夜，就是在日本投降的那個晚上度過的，幾個陶醉在興奮中的小夥伴、或者倚在操場邊的雙槓旁，或者蹲在單槓下的沙坑邊，聆聽著城裡傳來的此起彼伏的鞭炮聲，那是一曲中國特色的交響樂，一曲中國人通宵達旦的大歡唱，直到所有的商店不再剩有一粒炮竹的存貨……那是我中華民族笑得最甜最美的一夜。

有人說，一個人的童年教育將決定他終生的命運，此話看來一點不假。我們這一群在抗日烽火中成長起來的知識青年，在一九四九年這個國家命運大轉折的年代，已變成十七、八歲的純真青年，在「指點江山，激揚文字」，不知天高地厚的懵懂中，共產黨用建造民主自由天堂的謊言，把我們騙成為它的門徒，我們竟然認賊作父，喪天害理，跟著共產暴徒去鬥地主，殺反革命，而我們竟真的以為在從事「解放全人類」的崇高事業。

二十多歲以後，我們嘗試著獨立思考，想到共產黨的教科書裡斬釘截鐵地說：「國民黨是假抗日、真反共」（我們無論如何也沒法顛覆童年時代關於抗日的記憶）；黨委書記振振有詞地宣講說：「日本投降後，蔣介石從峨眉山下來摘桃子……」（我們分明看見摘桃子的是從延安窯洞裡鑽出來的毛澤東）。我們在反思中從一場無恥的騙局中逐漸警醒，我們懷著一份助紂為虐的內疚而深深悔恨……

知識份子的獨立思考、勇於批判的精神，無疑是推行愚民政策的暴君的死敵，惱羞成怒的毛澤東乾脆撕下他自由民主的假面具，一場反右運動把目睹皇帝裸體而實話實說的孩子全部戴上了鐐銬，扔進了人間地獄。然而這一代承襲著中華文化傳統的優秀知識份子，這一代熱愛祖國、熱愛人民的志士仁人，在與暴君爭奪生存歲月的拼搏中，目睹了毛澤東那遺臭萬年的下場。

今天，我們這群勇敢頑強的愛國者，都已成為七十多歲的龍鍾老人。雖然毛澤東的孝子賢孫仍然用政治高壓、新聞封鎖的惡劣手段，延續著中華民族的這場共產災難。但畢竟越來越多的人認清了中共的偽善本質，人類邁向自由民主的步伐決不是那一小撮貪官污吏所能阻擋的。

行文至此，突然想起一首兒時喜歡高唱的進行曲，這首歌有一個令人熱血澎湃的名字：《中國不會亡》。

二〇〇七年七月九日於成都寓中

作者註：上列《新聞泄出的醜聞》、《電影劉三姐之我見》和《一群愛國者的昨天和今天》是作者在國內刊物上發表的三篇雜文。

跋 社會的無情與老人的癡情
——寫在先癡先生《格拉古實錄》書後

松橋

一、累累傷痕

我常常想，如果那些左得可愛的毛派人士，讀過這本《格拉古實錄》，或者哪怕只是讀過先癡老人苦難歲月的隻言片語，他們還會歡呼、鼓吹毛式主義嗎？他們還要將「一九七六年中斷了」的「革命高潮」繼續進行到底嗎？

通過革命來「解放全人類」的夢想，其實只有建立在無知的基石之上，才有可能生根發芽。這一點，張老在《大涼山詠歎調》一文中，為我們詮釋得淋漓盡致。

生活在大涼山裡的彝族人，是一個古老、封閉的民族。這個民族完全自成體系，他們到底以何為生、以何為樂、以何為宗、以何為法，外界知之甚少。因其「完美」的封閉性，中國歷代王朝從來都沒有對彝人社會透徹瞭解過，也從來沒有試圖對其有效統治過。但是，以赤貧的農民兄弟為主體的、幾近文盲的無產階級革命隊伍，硬是用槍桿子毫無商量餘地的「解放」了彝族同胞。當然，其代價是成百上千的彝漢兄弟失去了寶貴的生命。

無知者無畏。當年那幫英雄的農家子弟，憑著幾句一知半解的「唯物」、「無神」口號，全然不懂得一切敬畏。

奉命「解放」大涼山的指揮官們，為了一時的「戰略」需要，可以痛痛快快發毒誓、輕輕鬆鬆「鑽牛皮」，與彝人結為「永不反目的生死同盟」。莊嚴的盟誓，在「大無畏」的無神論者看來，無非一場可以利用的兒戲。兒戲之後，該打還打，該殺還殺。大涼山的天塹，就是從彝人的大敬畏和軍人的大無畏兩者之間的巨大反差中撕開一個巨大口子的。

沒有了宗教情懷的敬畏，世俗的恐怖便是一個可怕的東西。「領袖」們高懸著的利劍，隨時可能讓人的命運發生翻天覆地乾坤大逆轉，一夜之間從九天之上掉到九天之下。這種對現實命運的巨大無比的恐懼製造的人性扭曲，除了產生「像秋風掃落葉般冷酷無情」的對敵鬥爭效果之外，還會讓人在極度無奈之下產生嚴重的自輕、自賤、自虐。

瓦查隊長就是一個活生生的例子。他是彝人，因為出身的機緣巧合，成為重要的統戰對象，於是一連串好事便落在了他的頭上。但是，他深知這一切命運，只有靠自己對「組織」的無限「忠誠」來勉強維繫。為了表達對「組織」的忠誠，瓦查隊長「敏於事而慎於言」，「對敵鬥爭」絕不手軟。

但是，即便如此，瓦查隊長還是沒有逃過乾坤大逆轉的厄運。面對「無故加之」的巨大災難，他最後選擇了自殺，選擇了到一個世俗權力無法加害於他的、沒有恐怖的地方去。也只有在這個時候，他才敢於用歪歪斜斜的漢字，寫下「打倒毛澤東」的臨終遺言，表達自己曾經苟活於世的無奈。

無知、無畏，以及無奈的自輕、自賤、自虐，是那個時代的基本色調。毫無疑問，與時代基色最不搭調的，便是有知者。在這裡，「知識越多越反動」並非一句輕鬆的、可有可無的調侃，而是時代的鐵律。這一著名診斷的理論基礎是「知識等於反動」。你一旦有了知識，就會比較、分析、思考、判斷，就會發現不該讓你發現的東西。

沒有知識的參與，只有體制的運行。這個體制，便是一台無情的絞肉機器。

從「知識等於反動」這個理論基礎出發，我們便不難想像，在這台無情的機器的運轉之下，知識份子們的命運：要麼是消滅他的靈魂，要麼是消滅他的肉體。當然，以各種名義，成批量的消滅肉體，是最簡捷有效的辦法。有幸躲過消滅肉體命運的知識份子，便無一例外的淪為賤民。

張伯倫先生本是大知識份子。為了逃避消滅肉體的夙命，他「自甘墮落」，逃往大涼山，冒充黑彝家的奴隸娃子。正當他的奴隸夢做得有滋有味的時候，「能寫會說」這一基本特徵，最終還是暴露了他的知識份子身份。厄運一樣垂顧了他老先生。

即使同為階下囚，同在高牆內，知識份子的「政治地位」也遠在強姦、搶劫、殺人等等刑事犯人之下。那些刑事犯人，因其不會思考，說穿了終歸是「人民」，是可以改造回來的「自己人」；而知書識理、知所敬畏的知識份子們，卻是天生與「人民」作對的、不共戴天的階級敵人。消滅文化、消滅思考、消滅文化與思考的肉身載體——知識份子，便成為文化革命的首要任務。不管是號稱「大革命」也好，還是叫它「小革命」也好，或者叫它「繁榮」也好，「發展」也好，只要他是在「文化」兩個字上打主意來強化他的政權，推動他的革命，那麼，消滅文化、消滅思考、消滅文化與思考的肉身載體——知識份子，便是其首要任務。

從這個意義上說，知識份子的苦難，是從革命理論的根子上展開的。

但是，人間自有真情在。不管施暴者如何費盡苦心，人類靈魂深處的良知，畢竟會頑強的伸出她高昂的頭來。張老回憶所及，真情、真愛，無處不在。副班長何堅，就是其中最典型的一位。我與何老相識，並且有過短暫的接觸，對其豪俠仗義佩服有加。

文化革命不能盡滅的，還有與生俱來的、人之為人的本能。張老在書中專門為大牢裡的「性事」安排了一個章節。那些冒著生命危險和地位差異、特別是「無視階級仇恨」而演繹出來的宕蕩起伏的兩性故事，敘述著同一個主題：人之本能，並無階級性，它不因理想和主義而改變。推而廣之，我們不禁要問，人之為人，說到底，又有哪一樣是「階級性」三字所能描述的呢？

最喜劇的一個情節，莫過於犯兄黃倫先生被蠅索捆綁「升起」之後，突然高聲呼喊反動口號，以求速死。這時，意想不到的效果，竟然是流氓成性、殘暴之至、妄圖置黃倫於死地而後快的隊長大人「跪地求饒」。他生怕黃倫的口號，為自己帶來滅頂之災。他甚至用自己手中的權力，與黃倫做起交易，讓黃先生日後居然獲得某種程度上的優待。

這個戲劇性的情節，讓我們看到人性的脆弱：無論如何殘忍暴烈之人，靈魂深處，其實都有一個「怕」字。正是人們心底這個揮之不去的怕字，恰恰被人做足了文章。

面對時時會伸出頭來的人之良知，面對時時會突破階級界限的人之本能，繼續維持「人間天堂」的基本色調，最好的辦法便是這個「怕」字。毛氏在其名著《湖南農民運動考察報告》中說，「必須造成一個短時期的恐怖現象」，正是利用這種恐怖，實現了領袖對政權的絕對操控。至於這個恐怖的「短期」，能「短」到何種程度，則完全視領袖們的革命需要而定。就毛氏而言，這一時期從其弄權到手開始，一直「短」到一九七六年九月九日他的生命完美退場，才宣告終結。

二、深深憂慮

但是，這個「短時期的恐怖現象」，它還會來嗎？

張老說，這要看社會的進步、人們理性的崛起。老人並不認為當下中國便具有阻擋恐怖再來的能力。他分析說，當下中國檯面上的所謂主流社會，差不多完全是一個暴政思維主導的、毫無底線的暴戾的社會。暴戾發端於無情，無情發端於無知，無知發端於短視，短視發端於強制性健忘。檯面上的主流社會選擇的強制性健忘，是這個社會的總病根。它直接導致中華民族整個族群的無知和退化。

族群的整體無知與退化，並不是國人喪失學習思考的能力，而是國人壓根兒就沒有學習思考的素材。整個民族學習思考的素材，被一座嚴嚴實實的牆給強制性阻隔了。

或者，選擇讓民族強制性健忘的推手們本身是出於好意，他們只是希望把民族曾經遭遇過的苦難的一頁順利翻過去，「不想在傷口上撒鹽」，不願碰及當年徹骨的痛。但是，如此長期強制性健忘下去，整個社會理性的成長，必然跑不贏暴戾思維的成長，那麼，這個民族曾經遭遇過的苦難的一頁，不僅永遠翻不過去，而且還極有可能重新翻回來。

行文至此，我想起朱厚澤先生說過的一段話：「一個失去記憶的民族，是一個愚蠢的民族；一個忘了歷史的組織，只能是一個愚昧的組織；一個有意磨滅歷史記憶的政權，是一個非常可疑的政權；一個有計劃地自上而下地迫使人們忘卻記憶的國家，不能不說是一個令人心存恐懼的國家。」

人同此心，心同此理。張老具有與朱厚澤先生同樣的深深的憂慮。又特別是，張老本人就是一部喚醒民族記憶和思考的活素材，他幾乎是一塊完整的時代活化石。所以，老人不顧八十高齡，毅然克服嚴重眼疾，拼著老命堅持寫作，他是要用自己這塊活化石，在那堵人為建起來的厚厚的牆上撞出一個小小的窟窿。

三、眷眷癡情

我與張老相識，算來已有八個年頭。

二〇〇六年夏天，我出差成都，在一位朋友處看到張老的頭銜為「軍人／詩人／犯人／退休老人」的名片，並且名諱中那個「癡」字很是惹眼。帶著獵奇的心理，我撥通了老先生的電話。簡短交流之後，非常冒昧地提出登門拜訪。張老居然毫不猶豫的答應了我的請求。就這樣，我叩開了張老的大門。

對張老來說，與我的交往極不相稱：他是古稀老人，我是毛頭小子；他是民國公子，我是農家子弟；他是作家才子，我是底層職員；他是歷盡磨難，我是初生牛犢。

尤其要命的是，我頭腦裡殘存的「階級觀點和階級分析方法」，誤以為張老的文章，不外乎一種仇恨宣洩，宣洩的目的，無非稿酬與復仇，所以，我老是在他的面前喋喋不休的賣弄我的那些自以為是的「真知灼見」。

老先生對我倆的巨大反差，似乎視而不見；對我的喋喋不休，永遠願樂欲聞；對我的頻頻到訪，總是來者不拒。我成了張老家裡的常客。

通過張老的引薦和轉薦，我認識了一批真正的讀書人和思考者，也讀到了不少有見地的文章，接觸到了大量聞所未聞的資訊。這些資訊、文章和朋友，成為我一生寶貴的財富。

我與老人日漸投緣，終於成了無話不談的忘年交。

《格拉古實錄》甫一殺青，張老便把書稿發來，命我寫跋。我受寵若驚之餘，著實無從下筆。張老建議說，「那就記錄一點我們之間的交往，為友誼留下一段見證吧。」「我很看重這段忘年交情。」張老補充說。

張老身邊，有無數學者名流，哪個都是文章高手。但是張老偏偏屬意於我，我深知，老人看重的，除了交情之外，還在於我比他小整整四十歲的「年齡優勢」和草根得徹徹底底的「地位優勢」。張老所思所想，是把自己歷經磨難的寶貴素材，提供給最普通的年輕人去記憶、消化；把自己思考的種子，播灑在最普通的年輕人心間，讓他們去生發、成長。老人其實是通過我這個個案，告訴他深愛著的同胞們：思考不分賢愚，公民不問出處。

張老因為嚴重眼疾，寫作之艱難，非常人所能想像。他只能一手拿著放大鏡對準顯示幕，一手試探著對付手寫板，艱難的在電腦上寫出一號大字，然後艱難的連詞、成句、謀篇、佈局。其寫作速度之慢，勉強可以用蝸牛爬行作為比喻。

地藏王菩薩說：「我不入地獄，誰入地獄？不唯入地獄，地獄不空，誓不證佛道。」張老壯年歲月在煉獄中度過，極盡淒涼；晚年歲月，本當頤養天年，但是他毅然選擇艱難前行，與菩薩行持何異？只是，老人對證得佛道之事，卻並不上心。他如是調侃自己：「我二十三歲開始坐牢，坐了二十三年牢，原想加個二十三年，六十九歲走人。結果，閻王不收，只好寫寫回憶錄了。」

老人輕鬆調侃的背後，是沉重得不能再沉重的話題。也許，唯有其輕，堪承其重。

二〇一三年二月十四日

後記

二〇〇七年六月，我去美國普林斯頓大學參加「反右運動五十周年理論研討會」，會議結束前一天，我收到了溪流出版社從德克薩斯州寄到會場的幾十本《格拉古軼事》。面對這本在中國大陸因新聞封鎖而不能出版，只能像流亡海外的異議人士般命途多舛的處女作，真正是百感交集喜憂兼半。遺憾的是，此時的我因患「老年性黃斑變性眼底出血症」（很少聽說由十二個漢字組成的病名），這個不治頑症已基本剝奪了我在一般條件下閱讀和寫作的能力，對一個將精神依附於文字表達的老人而言，這個打擊的嚴重性怎樣估計也不會過份。

唯一能安慰我的是在寫《格拉古軼事》這第一本勞改回憶錄時，我學會了用中文寫字板軟件在電腦上練詞造句，也能在螢幕上作點複製黏貼的小動作，為應對視力的日漸退化，寫作時我將頁面上的字型放大為黑體二號字，必要時再輔以放大鏡核正，脫稿時再換成小四號或五號發出，雖然這種蝸牛般爬行速度緩慢無比，但也有「慢工出細活」的民諺相慰藉，甚至沾沾自喜地暗想，再聰明的編者，也很難想像這本《格拉古實錄》，竟是用這種笨拙的生產流程完成，還得加上我七十三歲到七十八歲之間的風燭殘年。

也有幾位目睹我寫作「慘狀」的慈悲心腸，勸告我何不找個打字高手，由我以口述方式請他用鍵盤敲成文字？我辦不到的原因有二，首先是我付不起這筆工資；其次是我絕對不具備「出口成章」的特異功能。

自我跨出倍受淩辱的勞改隊，不管我身居何位，也不論我地處何方，「位卑未敢忘憂國」這句千斤重擔都一直壓在我的心上，它才真正是我這個歷史見證者的生命主旋律，特別近年來眼看著當年共同赴難的老友，接二連三地被自然規律奪走他們劫後餘生的生命，我不止一次地在追思會上向親友們誇下海口：「這輩子我一定要寫完三本回憶錄再進骨灰盒」，本書的脫稿，顯然也為我的死不瞑目減少了三分之二的壓力，但眼病的日益惡化和與日俱增的老態龍鍾，又加劇著我的迫不及待。

在這本副題為「勞改回憶錄之二」的書裡面所收文稿，幾乎全是我近年來斷斷續續在海外媒體上發表過的。我粗略地將其分為三個分輯：上輯為真人真情，主要記敘我在二十三年的勞改歲月中，印象較深的人和事；中輯為實物實事，文中所附各種印刷品和手寫字條，都是當年我從勞改隊帶出來的「珍（真）品」。在此有必要強調指出的是，我如果不是平反出獄，而是滿刑或保外就醫出獄，按獄方公佈的《勞改犯人守則》第六章三十九條中、有關「勞改隊機密」的規定，早已在出監前的例行搜身檢查中被一網打盡，絕對不可能在本書中「奇文共欣賞」。

下輯的「莫明堂雜文選」，則是多年前為掙稿費補貼兒女龐大的學雜費用，我以莫明堂為筆名，先後在香港《爭鳴》、《動向》和英國《BBC廣播電臺》（那時該電臺付稿酬）發表的些許稿件。後來我突然想起中共在對政治犯、（那時他們稱反革命犯）判刑時，常常在判決書上，故意將該犯曾用的筆名「判」為化名，以暗示該犯的陰險狡詐。按我一貫「防人之心不可無」的處世原則，立即中止了此一「化名莫明堂」的行為，以免再度蒙受冤案時為「罪行」增加重量。

除「雜文選」以外的所有稿件，都是以張先癡的真名實姓，先後刊登在美國《觀察》、《人與人權》、《民主中國》和《黃花崗》等網刊上，在此我特向這些網刊的編者致以謝意，其中《黃花崗》主編給我的關心和支持，更令我肅然起敬；我將附錄稱為「漏網之魚」，實為我在大陸平面媒體上發表過的少量稿件中選刊的三篇以資紀念。

如果一定要為書中的文章尋找一個共同特點，想來想去，似乎所有的稿件我都領取過稿費，坦率地說，我很在乎這一點。

最後，我還得向多年來對我給過很多指正的錢理群教授、相識二十餘年被我戲稱老弟的冉雲飛先生表示衷心的感謝，他們都從百忙中抽出時間為本書作序，他倆在「新五類份子」中所受的景仰，也部分補償了本書的先天不足；松橋君刻意作跋以見證我們之間的忘年交，也給了我一份友情的滋潤。我一生坎坷多難，晚年亦寒傖窘迫，包括上述三君的崇高真情，還有眾多久經考驗的生死之交，共同哼吟了我的生命之曲，可稱大大豐富了我生命的鮮活，也是我在不幸中感到萬幸的理由。

因視力所困，後期的校訂補正工作，均得益於李波先生、謝顯寧先生和沈小都沈燕麟兩弟兄的幫助。在此均表示深切的謝意。

二〇一二年十二月三十一日於成都寓中

目擊中國17　史地傳記類　PC0376

格拉古實錄
——勞改回憶錄之二

作　　者／張先癡
主　　編／蔡登山
責任編輯／廖妘甄
圖文排版／詹凱倫
封面設計／陳怡捷

發 行 人／宋政坤
法律顧問／毛國樑　律師
出版發行／秀威資訊科技股份有限公司
114台北市內湖區瑞光路76巷65號1樓
電話：+886-2-2796-3638　傳真：+886-2-2796-1377
http://www.showwe.com.tw
劃撥帳號／19563868　戶名：秀威資訊科技股份有限公司
讀者服務信箱：service@showwe.com.tw
展售門市／國家書店（松江門市）
104台北市中山區松江路209號1樓
電話：+886-2-2518-0207　傳真：+886-2-2518-0778
網路訂購／秀威網路書店：http://www.bodbooks.com.tw
國家網路書店：http://www.govbooks.com.tw

2014年4月　BOD一版
定價：550元

國家圖書館出版品預行編目

格拉古實錄：勞改回憶錄之二 / 張先癡著. -- 一版. -- 臺
北市：秀威資訊科技, 2014. 04
面； 公分. -- (目擊中國17 ; PC0376)
BOD版
ISBN 978-986-326-236-7 (平裝)

1. 張先癡 2. 文化大革命 3. 回憶錄

782.887　　103003843

讀者回函卡

感謝您購買本書，為提升服務品質，請填妥以下資料，將讀者回函卡直接寄回或傳真本公司，收到您的寶貴意見後，我們會收藏記錄及檢討，謝謝！如您需要了解本公司最新出版書目、購書優惠或企劃活動，歡迎您上網查詢或下載相關資料：http:// www.showwe.com.tw

您購買的書名：________________________________

出生日期：________年________月________日

學歷：□高中（含）以下　□大專　□研究所（含）以上

職業：□製造業　□金融業　□資訊業　□軍警　□傳播業　□自由業
　　　□服務業　□公務員　□教職　□學生　□家管　□其它_____

購書地點：□網路書店　□實體書店　□書展　□郵購　□贈閱　□其他

您從何得知本書的消息？

□網路書店　□實體書店　□網路搜尋　□電子報　□書訊　□雜誌
□傳播媒體　□親友推薦　□網站推薦　□部落格　□其他__________

您對本書的評價：（請填代號　1.非常滿意　2.滿意　3.尚可　4.再改進）

封面設計____　版面編排____　內容____　文／譯筆____　價格____

讀完書後您覺得：

□很有收穫　□有收穫　□收穫不多　□沒收穫

對我們的建議：________________________________

____

____

____

請貼
郵票

11466
台北市內湖區瑞光路 76 巷 65 號 1 樓

秀威資訊科技股份有限公司　　收

BOD 數位出版事業部

（請沿線對折寄回，謝謝！）

姓　　名：__________________　年齡：________　性別：□女　□男

郵遞區號：□□□□□

地　　址：__________________________________

聯絡電話：(日) __________________ (夜) __________________

E-mail：__________________________________